U0113479

白话华严经

洪启嵩　译讲

第二册

上海三联书店

皈命颂

南无大智海毗卢遮那如来
南无大方广佛华严经
南无莲华藏海华严会上佛菩萨

皈命圣不动自性大悲者　大智海普贤现流清净道
因道果圆满毗卢遮那智　唯佛与佛究竟大华严经
净信为能入道源功德母　发心即成堕佛数成正觉
殊胜了义不可思议佛音　住不退真实随顺如来语
愿佛摄我莲华藏清净海　性起唯住帝珠正觉道场
相摄相入广大悲智力用　平等受用寂灭金刚法界
皈命大方广佛常住华严　随顺华严法流永无退转

目 录

卷第十三

《光明觉品》导读 /3

光明觉品第九 /4

《菩萨问明品》导读 /29

菩萨问明品第十 /31

卷第十四

《净行品》导读 /51

净行品第十一 /53

《贤首品》导读 /77

贤首品第十二之一 /79

卷第十五

贤首品第十二之二 /102

卷第十六

《升须弥山顶品》导读 /139

升须弥山顶品第十三 /140

《须弥顶上偈赞品》导读 /147

须弥顶上偈赞品第十四 /148

《十住品》导读 /167

十住品第十五 /169

卷第十七

《梵行品》导读 /197

梵行品第十六 /199

《初发心功德品》导读 /207

初发心功德品第十七 /208

卷第十八

《明法品》导读 /247

明法品第十八 /249

卷第十九

《升夜摩天宫品》导读 /275

升夜摩天宫品第十九 /276

《夜摩宫中偈赞品》导读 /283

夜摩宫中偈赞品第二十 /285

《十行品》导读 /303

十行品第二十一之一 /305

卷第二十

十行品第二十一之二 /324

卷第二十一

《十无尽藏品》导读 /359

十无尽藏品第二十二 /361

卷第二十二

《升兜率天宫品》导读 /385

升兜率天宫品第二十三 /386

卷第二十三

《兜率宫中偈赞品》导读 /419

兜率宫中偈赞品第二十四 /421

《十回向品》导读 /441

十回向品第二十五之一 /443

光明觉品第九

卷第十三

《光明觉品》导读

"世尊从两足轮下，放百亿光明"的境界是此品全部的内容。世尊以此不可思议光明遍照此三千大千世界，其中的各种万法万界也在此光明中显现。此光明又照至过此世界十佛土，乃至过十亿世界的百亿世界，而且还同时照耀至十方。文殊菩萨与前面所提的九位为首的菩萨与眷属，来到佛所。这十方菩萨又并非单一的，而是各各与十方菩萨共同前来，并同声说出十个偈颂。偈颂部分仍有许多法要，如：

> 了知差别法，不着于言说，无有一与多，是名随佛教。
> 多中无一性，一亦无有多，如是二俱舍，普入佛功德。
> 众生及国土，一切皆寂灭，无依无分别，能入佛菩提。
> 众生及国土，一异不可得，如是善观察，名知佛法义。

世尊如此的不可思议光明，其广大至明，真可令众生张大眼目！光明所至，一目了然，能观、所观浑然为一，真可令有情开大心境！由此觉悟法性无碍无边，愿行亦无尽无边，而得信心胜增，涌起修行之心！所以品名才称为"光明觉品"。所谓因光明而觉，因觉而光明也。

有云，这一品中世尊从两足放光，是代表为菩萨阶位的开头：十信位。因为是开始之阶，所以从踏地的两足放光，以表坚实的基础。从此品后，世尊又于说"十住位"时从足指端放光，明入圣之始。在"十行位"时，从足趺上放光。"十回向位"时，从膝上放光。"十地位"时，从眉间放光。这是可以善加体会的。

卷第十三
光明觉品第九

【原典】

尔时，世尊从两足轮下放百亿光明，照此三千大千世界百亿阎浮提、百亿弗婆提、百亿瞿耶尼、百亿郁单越、百亿大海、百亿轮围山、百亿菩萨受生、百亿菩萨出家、百亿如来成正觉、百亿如来转法轮、百亿如来入涅槃、百亿须弥山王、百亿四天王众天、百亿三十三天、百亿夜摩天、百亿兜率天、百亿化乐天、百亿他化自在天、百亿梵众天、百亿光音天、百亿遍净天、百亿广果天、百亿色究竟天，其中所有，悉皆明现。如此处见佛世尊坐莲华藏师子之座，十佛刹微尘数菩萨所共围绕。其百亿阎浮提中，百亿如来亦如是坐。悉以佛神力故，十方各有一大菩萨，一一各与十佛刹微尘数诸菩萨俱，来诣佛所。其名曰文殊师利菩萨、觉首菩萨、财首菩萨、宝首菩萨、功德首菩萨、目首菩萨、精进首菩萨、法首菩萨、智首菩萨、贤首菩萨。是诸菩萨所从来国，所谓金色世界、妙色世界、莲华色世界、蓍卜华色世界、优钵罗华色世界、金色世界、玻璃色世界、金刚色世界、宝色世界、平等色世界。此诸菩萨各于佛所净修梵行，所谓不动智佛、无碍智佛、解脱智佛、威仪智佛、明相智佛、究竟智佛、最胜智佛、自在智佛、梵智佛、观察智佛。尔时，一切处文殊师利菩萨，各于佛所，同时发声，说此颂言：

若有见正觉，解脱离诸漏，不著一切世，彼非证道眼。

若有知如来，体相无所有，修习得明了，此人疾作佛。

能见此世界，其心不摇动，于佛身亦然，当成胜智者。

若于佛及法，其心了平等，二念不现前，当践难思位。

若见佛及身，平等而安住，无住无所入，当成难遇者。

色受无有数，想行识亦然，若能如是知，当作大牟尼。

世及出世见，一切皆超越，而能善知法，当成大光耀。

若于一切智，发生回向心，见心无所生，当获大名称。

众生无有生，亦复无有坏，若得如是智，当成无上道。

一中解无量，无量中解一，了彼互❶生起，当成无所畏。

尔时，光明过此世界，遍照东方十佛国土。南、西、北方，四维、上、下，亦复如是。彼一一世界中，皆有百亿阎浮提，乃至百亿色究竟天，其中所有，悉皆明现。如此处见佛世尊坐莲华藏师子之座，十佛刹微尘数菩萨所共围绕。彼一一世界中，各有百亿阎浮提、百亿如来，亦如是坐。悉以佛神力故，十方各有一大菩萨，一一各与十佛刹微尘数诸菩萨俱，来诣佛所。其大菩萨，谓文殊师利等，所从来国，谓金色世界等，本所事佛，谓不动智如来等。尔时，一切处文殊师利菩萨，各于佛所，同时发声，说此颂言：

众生无智慧，爱刺所伤毒，为彼求菩提，诸佛法如是。

普见于诸法，二边皆舍离，道成永不退，转此无等轮。

不可思议劫，精进修诸行，为度诸众生，此是大仙力。

导师降众魔，勇健无能胜，光中演妙义，慈悲故如是。

以彼智慧心，破诸烦恼障，一念见一切，此是佛神力。

击于正法鼓，觉悟十方刹，咸令向菩提，自在力能尔。

不坏无边境，而游诸亿刹，于有无所著，彼自在如佛。

诸佛如虚空，究竟常清净，忆念生欢喜，彼诸愿具足。

一一地狱中，经于无量劫，为度众生故，而能忍是苦。

不惜于身命，常护诸佛法，无我心调柔，能得如来道。

尔时，光明过十世界，遍照东方百世界。南、西、北方，四维、上、下，亦复如是。彼诸世界中，皆有百亿阎浮提，乃至百亿色究竟天，其中所有，悉皆明现。彼一一阎浮提中，悉见如来坐莲华藏师子之座，十佛刹微尘数菩萨所共围绕。悉以佛神力故，十方各有一大菩萨，一一各与十佛刹微尘数诸菩萨俱，来诣佛所。其大菩萨，谓文殊师利等，所从来国，谓金色世界等，本所事佛，谓不动智如来等。尔时，一切处文殊师利菩萨，各于佛所，同时发声，说此颂言：

佛了法如幻，通达无障碍，心净离众著，调伏诸群生。

或有见初生，妙色如金山，住是最后身，永作人中月。

或见经行时，具无量功德，念慧皆善巧，丈夫师子步。

或见绀青目，观察于十方，有时现戏笑，为顺众生欲。

或见师子吼，殊胜无比身，示现最后生，所说无非实。

或有见出家，解脱一切缚，修治诸佛行，常乐观寂灭。

或见坐道场，觉知一切法，到功德彼岸，痴暗烦恼尽。

或见胜丈夫，具足大悲心，转于妙法轮，度无量众生。

或见师子吼，威光最殊特，超一切世间，神通力无等。

或见心寂静，如世灯永灭，种种现神通，十力能如是。

尔时，光明过百世界，遍照东方千世界。南、西、北方，四维、上、下，亦复如是。彼一一世界中，皆有百亿阎浮提，乃至百亿色究竟天，其中所有，悉皆明现。彼一一阎浮提中，悉见如来坐莲华藏师子之座，十佛刹微尘数菩萨所共围绕。悉以佛神力故，十方各有一大菩萨，一一各与十佛刹微尘数诸菩萨俱，来诣佛所。其大菩萨，谓文殊师利等，所从来国，谓金色世界等，本所事佛，谓不动智如来等。尔时，一切处文殊师利菩萨，各于佛所，同时发声，说此颂言：

> 佛于甚深法，通达无与等，众生不能了，次第为开示。
> 我性未曾有，我所亦空寂，云何诸如来，而得有其身？
> 解脱明行者，无数无等伦，世间诸因量，求过不可得。
> 佛非世间蕴，界处生死法，数法不能成，故号人师子。
> 其性本空寂，内外俱解脱，离一切妄念，无等法如是。
> 体性常不动，无我无来去，而能悟世间，无边悉调伏。
> 常乐观寂灭，一相无有二，其心不增减，现无量神力。
> 不作诸众生，业报因缘行，而能了无碍，善逝法如是。
> 种种诸众生，流转于十方，如来不分别，度脱无边类。
> 诸佛真金色，非有遍诸有，随众生心乐，为说寂灭法。

　　尔时，光明过千世界，遍照东方十千世界。南、西、北方、四维、上、下，亦复如是。彼一一世界中，皆有百亿阎浮提，乃至百亿色究竟天，其中所有，悉皆明现。彼一一阎浮提中，悉见如来坐莲华藏师子之座，十佛刹微尘数菩萨所共围绕。悉以佛神力故，十方各有一大菩萨，一一各与十佛刹微尘数诸菩萨俱，来诣佛所。其大菩萨，谓文殊师利等，所从来国，谓金色世界等，本所事佛，谓不动智如来等。尔时，一切处文殊师利菩萨，各于佛所，同时发声，说此颂言：

> 发起大悲心，救护诸众生，永出人天众，如是业应作。
> 意常信乐佛，其心不退转，亲近诸如来，如是业应作。
> 志乐佛功德，其心永不退，住于清凉慧，如是业应作。
> 一切威仪中，常念佛功德，昼夜无暂断，如是业应作。
> 观无边三世，学彼佛功德，常无厌倦心，如是业应作。
> 观身如实相，一切皆寂灭，离我无我著，如是业应作。
> 等观众生心，不起诸分别，入于真实境，如是业应作。

悉举无边界，普饮一切海，此神通智力，如是业应作。

思惟诸国土，色与非色相，一切悉能知，如是业应作。

十方国土尘，一尘为一佛，悉能知其数，如是业应作。

尔时，光明过十千世界，遍照东方百千世界。南、西、北方，四维、上、下，亦复如是。彼一一世界中，皆有百亿阎浮提，乃至百亿色究竟天，其中所有，悉皆明现。彼一一阎浮提中，悉见如来坐莲华藏师子之座，十佛刹微尘数菩萨所共围绕。悉以佛神力故，十方各有一大菩萨，一一各与十佛刹微尘数诸菩萨俱，来诣佛所。其大菩萨，谓文殊师利等，所从来国，谓金色世界等，本所事佛，谓不动智如来等。尔时，一切处文殊师利菩萨，各于佛所，同时发声，说此颂言：

若以威德色种族，而见人中调御师，是为病眼颠倒见，彼不能知最胜法。

如来色形诸相等，一切世间莫能测，亿那由劫共思量，色相威德转无边。

如来非以相为体，但是无相寂灭法，身相威仪悉具足，世间随乐皆得见。

佛法微妙难可量，一切言说莫能及，非是和合非不合，体性寂灭无诸相。

佛身无生超戏论，非是蕴聚差别法，得自在力决定见，所行无畏离言道。

身心悉平等，内外皆解脱，永劫住正念，无著无所系。

意净光明者，所行无染著，智眼靡不周，广大利众生。

一身为无量，无量复为一，了知诸世间，现形遍一切。

此身无所从，亦无所积聚，众生分别故，见佛种种身。

心分别世间，是心无所有，如来知此法，如是见佛身。

尔时，光明过百千世界，遍照东方百万世界。南、西、北方，四维、上、下，亦复如是。彼一一世界中，皆有百亿阎浮提，乃至百亿色究竟天，其中所有，悉皆明现。彼一一阎浮提中，悉见如来坐莲华藏师子之座，十佛刹微尘数菩萨所共围绕。悉以佛神力故，十方各有一大菩萨，一一各与十佛刹微尘数诸菩萨俱，来诣佛所。其大菩萨，谓文殊师利等，所从来国，谓金色世界等，本所事佛，谓不动智如来等。尔时，一切处文殊师利菩萨，各于佛所，同时发声，说此颂言：

> 如来最自在，超世无所依，具一切功德，度脱于诸有。
> 无染无所著，无想无依止，体性不可量，见者咸称叹。
> 光明遍清净，尘累悉蠲涤，不动离二边，此是如来智。
> 若有见如来，身心离分别，则于一切法，永出诸疑滞。
> 一切世间中，处处转法轮，无性无所转，导师方便说。
> 于法无疑惑，永绝诸戏论，不生分别心，是念佛菩提。
> 了知差别法，不著于言说，无有一与多，是名随佛教。
> 多中无一性，一亦无有多，如是二俱舍，普入佛功德。
> 众生及国土，一切皆寂灭，无依无分别，能入佛菩提。
> 众生及国土，一异不可得，如是善观察，名知佛法义。

尔时，光明过百万世界，遍照东方一亿世界。南、西、北方，四维、上、下，亦复如是。彼一一世界中，皆有百亿阎浮提，乃至百亿色究竟天，其中所有，悉皆明现。彼一一阎浮提中，各见如来坐莲华藏师子之座，十佛刹微尘数菩萨所共围绕。悉以佛神力故，十方各有一大菩萨，一一各与十佛刹微尘数诸菩萨俱，来诣佛所。其大菩萨，谓文殊师利等，所从来国，谓金色世界等，本所事佛，谓不动智如来等。尔时，一切处文殊师利菩萨，各于佛所，同时发声，说此颂言：

> 智慧无等法无边，超诸有海到彼岸，寿量光明悉无比，此功德者

方便力。

所有佛法皆明了，常观三世无厌倦，虽缘境界不分别，此难思者方便力。

乐观众生无生想，普见诸趣无趣想，恒住禅寂不系心，此无碍慧方便力。

善巧通达一切法，正念勤修涅槃道，乐于解脱离不平，此寂灭人方便力。

有能劝向佛菩提，趣如法界一切智，善化众生入于谛，此住佛心方便力。

佛所说法皆随入，广大智慧无所碍，一切处行悉已臻，此自在修方便力。

恒住涅槃如虚空，随心化现靡不周，此依无相而为相，到难到者方便力。

昼夜日月及年劫，世界始终成坏相，如是忆念悉了知，此时数智方便力。

一切众生有生灭，色与非色想非想，所有名字悉了知，此住难思方便力。

过去现在未来世，所有言说皆能了，而知三世悉平等，此无比解方便力。

尔时，光明过一亿世界，遍照东方十亿世界。南、西、北方，四维、上、下，亦复如是。彼一一世界中，皆有百亿阎浮提，乃至百亿色究竟天，其中所有，悉皆明现。彼一一阎浮提中，悉见如来坐莲华藏师子之座，十佛刹微尘数菩萨所共围绕。悉以佛神力故，十方各有一大菩萨，一一各与十佛刹微尘数诸菩萨俱，来诣佛所。其大菩萨，谓文殊师利等，所从来国，谓金色世界等，本所事佛，谓不动智如来等。尔时，一切处文殊师利菩萨，各于佛所，同时发声，说此颂言：

广大苦行皆修习，日夜精勤无厌怠，已度难度师子吼，普化众生是其行。

众生流转爱欲海，无明网覆大忧迫，至仁勇猛悉断除，誓亦当然是其行。

世间放逸著五欲，不实分别受众苦，奉行佛教常摄心，誓度于斯是其行。

众生著我入生死，求其边际不可得，普事如来获妙法，为彼宣说是其行。

众生无怙病所缠，常沦恶趣起三毒，大火猛焰恒烧热，净心度彼是其行。

众生迷惑失正道，常行邪径入暗宅，为彼大然正法灯，永作照明是其行。

众生漂溺诸有海，忧难无涯不可处，为彼兴造大法船，皆令得度是其行。

众生无知不见本，迷惑痴狂险难中，佛哀愍彼建法桥，正念令升是其行。

见诸众生在险道，老病死苦常逼迫，修诸方便无限量，誓当悉度是其行。

闻法信解无疑惑，了性空寂不惊怖，随形六道遍十方，普教群迷是其行。

尔时，光明过十亿世界，遍照东方百亿世界、千亿世界、百千亿世界、那由他亿世界、百那由他亿世界、千那由他亿世界、百千那由他亿世界，如是无数无量、无边无等、不可数、不可称、不可思、不可量、不可说，尽法界、虚空界所有世界。南、西、北方，四维、上、下，亦复如是。彼一一世界中，皆有百亿阎浮提，乃至百亿色究竟天，其中所有，悉皆明现。彼一一阎浮提中，悉见如来坐莲华藏师子之座，十佛刹微尘数菩萨所共围绕。悉以佛神力故，十方各有一大菩萨，一一各与十佛刹微尘数诸菩萨俱，来诣佛所。其大菩萨，谓文殊师利等，所从来国，谓金色世界等，本所事佛，谓不动智如来等。尔时，一切处文殊师利菩萨，各于佛所，同时发声，说此颂言：

一念普观无量劫，无去无来亦无住，如是了知三世事，超诸方便成十力。

十方无比善名称，永离诸难常欢喜，普诣一切国土中，广为宣扬如是法。

为利众生供养佛，如其意获相似果，于一切法悉顺知，遍十方中现神力。

从初供佛意柔忍，入深禅定观法性，普劝众生发道心，以此速成无上果。

十方求法情无异，为修功德令满足，有无二相悉灭除，此人于佛为真见。

普往十方诸国土，广说妙法兴义利，住于实际不动摇，此人功德同于佛。

如来所转妙法轮，一切皆是菩提分，若能闻已悟法性，如是之人常见佛。

不见十力空如幻，虽见非见如盲睹，分别取相不见佛，毕竟离著乃能见。

众生随业种种别，十方内外难尽见，佛身无碍遍十方，不可尽见亦如是。

譬如空中无量刹，无来无去遍十方，生成灭坏无所依，佛遍虚空亦如是。

注释

❶ "互"，大正本原作"亘"，今依前后文意改之。

【白话语译】

这时，世尊从其两足轮下，放射出百亿种光明，照耀着这个三千大千世界中的百亿座阎浮提洲❶、百亿座弗婆提洲❷、百亿座瞿耶尼洲❸、百亿座郁单越洲❹、百亿座大海、百亿座轮围山；也照耀着百亿位投胎受生的菩萨、百亿位出家的菩萨、百亿位成正觉的如来、百亿位转法轮的如来、百亿位入涅槃的如来；也照耀着百亿的须弥山王、百亿的四天王众天、百亿的三十三天、百亿的夜摩天、百亿的兜率天、百亿的化乐天、百亿的他化自在天、百亿的梵众天、百亿的光音天、百亿的遍净天、百亿的广果天、百亿的色究竟天；凡此一切境界，都清晰地在光明中显现。

世尊正安坐在莲华藏师子宝座上，四周围绕着十佛刹微尘数的菩萨们。同样的，在百亿座阎浮提洲中，也有百亿位如来安坐着。

这时，因为佛陀威神力的加持，十方世界中各有一位大菩萨，他们各与十佛刹微尘数的菩萨们一道，前来拜诣佛陀。

这些大菩萨的名号有文殊师利菩萨、觉首菩萨、财首菩萨、宝首菩萨、功德首菩萨、目首菩萨、精进首菩萨、法首菩萨、智首菩萨、贤首菩萨。

他们所来自的世界有金色世界、妙色世界、莲华色世界、蒼卜华色世界、优钵罗华色世界、金色世界、宝色世界、金刚色世界、玻璃色世界、平等色世界。

他们都各自在佛陀的教化之下，清净修习梵行。这些佛陀是不动智佛、无碍智佛、解脱智佛、威仪智佛、明相智佛、究竟智佛、最胜智佛、自在智佛、梵智佛、观察智佛。

这时，示现于一切处的文殊师利菩萨，各自于不同的佛陀所在，同时发出微妙的音声，宣说如下的偈颂：

> 若有见正觉者，解脱离于诸漏，
>
> 不着一切世间，彼非亲证道眼。

若有了知如来，体相空无所有，
修习得悉明了，此人疾速作佛。
若能见此世界，其心绝不摇动，
于佛身亦复然，当成胜智之人。
若能于佛及法，其心悉了平等，
二念不现于前，当实践难思位。
若见佛及我身，平等而能安住，
无住亦无所入，当能成难遇者。
色受无有差别，想行识亦复然，
若能如是了知，当先成大牟尼。
世及出世之见，一切悉皆超越，
而能善知法要，当成就大光耀。
若于一切智慧，发生回向之心，
见心无所出生，当获广大名称。
众生本无有生，亦复无有沮坏，
若得如是智慧，当成无上大道。
一中能解无量，无量中解如一，
了彼相互生起，当成就无所畏。

这时，光明经过了这个世界，遍照着东方十佛的国土；而在南方、西方、北方，以及四维上下的世界，也都是如此。这些世界都各有百亿个阎浮提，乃至于百亿个色究竟天；其中所有的境界，也都清晰地在光明中显现。

佛陀世尊正端坐在此处的莲华藏师子宝座上，四周并有十佛刹微尘数的菩萨围绕着。同样的，在其他每一个世界中，也各有百亿个阎浮提，也各有百亿位如来如此端坐。

在佛陀神力的加持之下，十方世界各有一位大菩萨，他们各与十佛刹微尘数的菩萨们一道，前来参拜佛陀。这些大菩萨的名号有文殊师利等菩萨，各来自于金色世界等佛国，原先所事奉的佛陀为不动智如来等诸佛。

这时，遍于一切处的文殊师利菩萨，各于诸佛的所在，同时发出微妙的音声，宣说如下的偈颂：

众生不具智慧，爱刺深毒所伤，
为彼趣求菩提，诸佛之法如是。
普见于诸法中，二边❺皆能舍离，
道成永不退转，转此无等法轮。
不可思议劫中，精进勤修诸行，
为度一切众生，此是大仙威力。
导师降伏众魔，勇健无能胜者，
光中畅演妙义，慈悲故能如是。
以彼智慧之心，破诸烦恼障碍，
一念普见一切，此是诸佛神力。
击于正法之鼓，觉悟十方刹土，
咸令趣向菩提，自在威力能尔。
不坏无边境界，而游诸亿刹土，
于有无所染着，彼得自在如佛。
诸佛宛如虚空，究竟常具清净，
忆念而生欢喜，彼诸大愿具足。
一一地狱之中，经于无量时劫，
为度众生之故，而能堪忍是苦。
永不惜于身命，常护持诸佛法，
无我心极调柔，能得如来大道。

这时，光明经过了十个世界，遍照着东方的一百个世界；而在南方、西方、北方，以及四维上下的世界，也都是如此。这些世界都各自有百亿个阎浮提，乃至于百亿个色究竟天；其中所有的境界，也都清晰地在光明中显现。

在这些阎浮提世界中，都能见到诸佛如来端坐在莲华藏师子宝座上，四周并有十佛刹微尘数的菩萨围绕着。

在佛陀神力加持之下，十方世界各有一位大菩萨，他们各与十佛刹微尘数的菩萨们一道，前来参拜佛陀。这些大菩萨的名号有文殊师利等菩萨，各来自于金色世界等佛国，原先所事奉的佛陀为不动智如来等诸佛。

这时，遍于一切处的文殊师利菩萨，各于诸佛的所在，同时发出微妙的音声，宣说如下的偈颂：

佛了诸法如幻，通达无有障碍，
心净离众染着，调伏一切群生。
或有见佛初生，妙色宛如金山，
住是最后生身，永作人中之月。
或见经行之时，具足无量功德，
念慧悉皆善巧，作丈夫师子步。
或见绀青之眼，观察遍于十方，
有时示现戏笑，为顺众生之欲。
或见作师子吼，殊胜无比妙身，
示现最后一生，所说无非实相。
或有见彼出家，解脱一切缠缚，
修治诸佛妙行，常乐观察寂灭。
或见端坐道场，觉知一切胜法，
到达功德彼岸；痴暗烦恼皆尽。
或见大胜丈夫，具足广大悲心，
转于正妙法轮，广度无量众生。
或见作师子吼，威光最为殊特，
超越一切世间，神通威力无等。
或见心住寂静，如世灯明永灭，

示现种种神通，十力乃能如是。

这时，光明经过了一百个世界，遍照着东方的一千个世界；而在南方、西方、北方，以及四维上下的世界，也都是如此。这些世界都各有百亿个阎浮提，乃至于百亿个色究竟天；其中所有的境界，也都清晰地在光明中显现。

在这些阎浮提世界中，都能见到诸佛如来端坐在莲华藏师子宝座上，四周并有十佛刹微尘数的菩萨围绕着。

在佛陀神力的加持之下，十方世界都各有一位大菩萨，他们各与十佛刹微尘数的菩萨们一道，前来参拜佛陀。这些大菩萨的名号有文殊师利等菩萨，各来自于金色世界等佛国，原先所事奉的佛陀为不动智如来等诸佛。

这时，遍于一切处的文殊师利菩萨，各于诸佛的所在，同时发出微妙的音声，宣说如下的偈颂：

佛于甚深微妙法，普遍通达无与等，
一切众生不能了，次第乃为遍开示。
无我实性未曾有，我所知是亦空寂，
云何示现诸如来，而得有其妙色身？
具足解脱明行❻者，无数无量无等伦，
世间一切因量❼论，求过乃为不可得。
佛非世间蕴❽所成，非住界处❾生死法，
世间数法❿不能成，是故号为人师子。
其性本然为空寂，内外一切俱解脱，
远离一切诸妄念，无等法尔本如是。
体性常住恒不动，无我我所无来去，
而能觉悟诸世间，无边众生悉调伏。
常乐观察寂灭相，一相如实无有二，
其心不增亦不减，示现无量神通力。

> 永不造作诸众生，众业果报因缘行，
>
> 而能了达于无碍，善逝法尔能如是。
>
> 种种一切诸众生，流转遍于十方界，
>
> 如来于此不分别，度脱众生无边类。
>
> 诸佛身相真金色，非有遍达于诸有，
>
> 能随众生心所乐，为说寂灭胜法要。

这时，光明经过了一千个世界，遍照着东方的十千个世界；而在南方、西方、北方，以及四维上下的世界，也都是如此。这些世界都各有百亿个阎浮提，乃至于百亿个色究竟天；其中所有的境界，也都清晰地在光明中显现。

在这些阎浮提世界中，都能见到诸佛如来端坐在莲华藏师子宝座上，四周并有十佛刹微尘数的菩萨围绕着。

在佛陀神力的加持之下，十方世界都各有一位大菩萨，他们各与十佛刹微尘数的菩萨们一道，前来参拜佛陀。这些大菩萨的名号有文殊师利等菩萨，各来自于金色世界等佛国，原先所事奉的佛陀为不动智如来等诸佛。

这时，遍于一切处的文殊师利菩萨，各于诸佛的所在，同时发出微妙的音声，宣说如下的偈颂：

> 发起广大悲心，救护一切众生，
>
> 永出人天之众，如是净业应作。
>
> 意常信乐诸佛，其心永不退转，
>
> 亲近诸佛如来，如是净业应作。
>
> 志乐佛陀功德，其心永不退转，
>
> 住于清凉慧地，如是净业应作。
>
> 一切威仪之中，常念诸佛功德，
>
> 昼夜无暂断时，如是净业应作。
>
> 观察无边三世，学彼佛胜功德，

常无疲厌于心，如是净业应作。

观察身如实相，一切悉皆寂灭，

离我无我执着，如是净业应作。

等观众生心念，不起诸般分别，

入于真实境界，如是净业应作。

悉举无边世界，普饮一切大海，

此大神通智力，如是净业应作。

思惟诸国刹土，色与非色之相，

一切悉能了知，如是净业应作。

十方国土微尘，一尘为一佛陀，

悉能了知其数，如是净业应作。

这时，光明经过了十千个世界，遍照着东方的百千个世界；而在南方、西方、北方，以及四维上下的世界，也都是如此。这些世界都各有百亿个阎浮提，乃至于百亿个色究竟天；其中所有的境界，也都清晰地在光明中显现。

在这些阎浮提世界中，都能见到诸佛如来端坐在莲华藏师子宝座上，四周并有十佛刹微尘数的菩萨围绕着。

在佛陀神力的加持之下，十方世界都各有一位大菩萨，各与十佛刹微尘数的菩萨们一道，前来参拜佛陀。这些大菩萨的名号有文殊师利等菩萨，各来自于金色世界等佛国，原先所事奉的佛陀为不动智如来等诸佛。

这时，遍于一切处的文殊师利菩萨，各于诸佛的所在，同时发出微妙的音声，宣说如下的偈颂：

若以威德色相种族，而见人中调御大师，

是为病眼颠倒之见，彼不能知最胜法要。

如来色形诸相等等，一切世间莫能测度，

亿那由劫共同思量，色相威德转更无边。

如来非以色相为体，但为无相寂灭法体，

身相威仪皆悉具足，世间随乐皆可得见。

佛法微妙难可测量，一切言说皆莫能及，

非是和合非不和合，体性寂灭无有诸相。

佛身无生超越戏论❶，非是蕴聚差别之法，

得自在力决定胜见，所行无畏离诸言道。

身心悉皆平等，内外皆得解脱，

永劫住于正念，无着亦无所系。

心意净光明者，所行无有染着，

智眼靡不周遍，广大利益众生。

一身化为无量，无量复化为一，

了知一切世间，现形遍于一切。

此身无所从来，亦是无所积聚，

众生分别之故，见佛种种身形。

此心分别世间，是心亦无所有，

如来了知此法，如是见于佛身。

　　这时，光明经过了百千个世界，遍照着东方的百万个世界；而在南方、西方、北方，以及四维上下的世界，也都是如此。这些世界都各有百亿个阎浮提，乃至于百亿个色究竟天；其中所有的境界，也都清晰地在光明中显现。

　　在这些阎浮提世界中，都能见到诸佛如来端坐在莲华藏师子宝座上，四周并有十佛刹微尘数的菩萨围绕着。

　　在佛陀神力的加持之下，十方世界都各有一位大菩萨，各与十佛刹微尘数的菩萨们一道，前来参拜佛陀。这些大菩萨的名号有文殊师利等菩萨，各来自于金色世界等佛国，原先所事奉的佛陀为不动智如来等诸佛。

　　这时，遍于一切处的文殊师利菩萨，各于诸佛的所在，同时发出微妙的音声，宣说如下的偈颂：

诸佛如来最自在，超于世间无所依，
具足一切功德藏，度脱于诸有众生。
无染亦无所执着，无想亦无有依止，
体性空寂不可量，见者心中咸称叹。
光明遍照悉清净，无始尘累悉蠲涤，
不动远离于二边，此是如来深智慧。
若有亲见于如来，身心远离于分别，
则于一切佛法要，永出一切诸疑滞。
如是一切世间中，处处常转正法轮，
无性空寂无所转，导师所示方便说。
于法决定无疑惑，永绝一切诸戏论，
不生种种分别心，如是念佛大菩提。
了知差别诸法相，如是不着于言说，
彻见无有一与多，是名随顺诸佛教。
多中无有一体性，一中亦无有多性，
如是二边皆俱舍，普入诸佛功德海。
众生以及国刹土，一切悉皆入寂灭，
无依亦无有分别，能入诸佛大菩提。
众生以及国刹土，一异两边不可得，
如是善于观察者，是名了知佛法义。

这时，光明经过了百万个世界，遍照着东方的一亿个世界；而在南方、西方、北方，以及四维上下的世界，也都是如此。这些世界都各有百亿个阎浮提，乃至于百亿个色究竟天；其中所有的境界，也都清晰地在光明中显现。

在这些阎浮提世界中，都能见到诸佛如来端坐在莲华藏师子宝座上，四周并有十佛刹微尘数的菩萨围绕着。

在佛陀神力的加持之下，十方世界都各有一位大菩萨，各与十佛刹微尘数的菩萨们一道，前来参拜佛陀。这些大菩萨的名号有文殊师利等菩萨，各来自于金色世界等佛国，原先所事奉的佛陀为不动智如来等诸佛。

这时，遍于一切处的文殊师利菩萨，各于诸佛的所在，同时发出微妙的音声，宣说如下的偈颂：

智慧无等法亦无边，超诸有海到达彼岸，
寿量光明悉无等比，此功德者方便大力。
所有佛法皆悉明了，常观三世无有厌倦，
虽缘境界不起分别，此难思者方便大力。
乐观众生具无生想，普见诸趣生无趣想，
恒住禅寂不系于心，此无碍慧方便大力。
善巧通达一切诸法，正念勤修涅槃大道，
乐于解脱离不平等，此寂灭人方便大力。
有能劝向诸佛菩提，趣如法界具一切智，
善化众生入于真谛，此住佛心方便大力。
佛所说法悉皆随入，广大智慧无所障碍，
一切处行悉已臻达，此自在修方便大力。
恒住涅槃宛如虚空，随心化现靡不周遍，
此依无相而化为相，到难到者方便大力。
昼夜日月以及年劫，世界始终成住坏相，
如是忆念悉皆了知，此时数智方便大力。
一切众生有生有灭，色与非色想与非想，
所有名字悉皆了知，此住难思方便大力。
过去现在未来三世，所有言说悉皆能了，
而知三世本悉平等，此无比解方便大力。

这时，光明经过了一亿个世界，遍照着东方的十亿个世界；而在南方、西方、北方，以及四维上下的世界，也都是如此。这些世界都各有百亿个阎浮提,乃至于百亿个色究竟天;其中所有的境界,也都清晰地在光明中显现。

在这些阎浮提世界中,都能见到诸佛如来端坐在莲华藏师子宝座上,四周并有十佛刹微尘数的菩萨围绕着。

在佛陀神力的加持之下,十方世界都各有一位大菩萨,各与十佛刹微尘数的菩萨们一道,前来参拜佛陀。这些大菩萨的名号有文殊师利等菩萨,各来自于金色世界等佛国,原先所事奉的佛陀为不动智如来等诸佛。

这时,遍于一切处的文殊师利菩萨,各于诸佛的所在,同时发出微妙的音声,宣说如下的偈颂:

广大苦行皆已修习,日夜精勤无有厌怠,
已度难度作师子吼,普化众生是其胜行。
众生流转爱欲大海,无明网覆大忧逼迫,
至仁勇猛悉能断除,誓亦当然是其胜行。
世间放逸耽着五欲,不实分别身受众苦,
奉行佛教常摄正心,誓度于斯是其胜行。
众生着我入于生死,求其边际了不可得,
普事如来获胜妙法,为彼宣说是其胜行。
众生无怙众病所缠,常沦恶趣心起三毒,
大火猛焰恒烧热恼,净心度彼是其胜行。
众生迷惑失于正道,常行邪径入于暗宅,
为彼大然正法明灯,永作照明是其胜行。
众生漂溺诸有大海,忧难无涯不可安处,
为彼兴造大法船舶,皆令得度是其胜行。
众生无知不见根本,迷惑痴狂险难途中,
佛哀愍彼为建法桥,正念令升是其胜行。
见诸众生身在险道,老病死苦常为逼迫,
修诸方便无有限量,誓当悉度是其胜行。

闻法信解无有疑惑，了性空寂心不惊怖，

随形六道遍十方界，普教群迷是其胜行。

这时，光明经过了十亿个世界，遍照着东方的百亿个世界，乃至于千亿个世界、百千亿个世界、那由他亿个世界、百那由他亿个世界、千那由他亿个世界、百千那由他亿个世界，如此无数的、无量的、无边的、无等的、不可数的、不可称的、不可思议、不可量测、不可说的、尽法界的、尽虚空界的所有世界。而在南方、西方、北方，以及四维上下的所有世界，也都是如此照耀着。

这些世界都各有百亿个阎浮提，乃至于百亿个色究竟天；其中所有的境界，也都清晰地在光明中显现。

在这些阎浮提世界中，都能见到诸佛如来端坐在莲华藏师子宝座上，四周并有十佛刹微尘数的菩萨围绕着。

在佛陀神力的加持之下，十方世界都各有一位大菩萨，各与十佛刹微尘数的菩萨们一道，前来参拜佛陀。这些大菩萨的名号有文殊师利等菩萨，各来自于金色世界等佛国，原先所事奉的佛陀为不动智如来等诸佛。

这时，遍于一切处的文殊师利菩萨，各于诸佛的所在，同时发出微妙的音声，宣说如下的偈颂：

一念普观无量时劫，无去无来亦无所住，

如是了知三世诸事，超诸方便圆成十力。

十方无比善名称者，永离诸难心常欢喜，

普诣一切国刹土中，广为宣扬如是妙法。

为利众生供养于佛，如其意获相似果报，

于一切法悉顺了知，遍十方中现大神力。

从初供佛心意柔忍，入深禅定谛观法性，

普劝众生发起道心，以此速成无上果位。

十方求法此情无异，为修功德皆令满足，

有无二相悉皆灭除，此人于佛为真实见。

普往十方诸佛国土，广说妙法大兴义利，

住于实际坚不动摇，此人功德等同于佛。

如来所转正妙法轮，一切皆是大菩提分，

若能闻已了悟法性，如是之人常见于佛。

不见十力空如幻视，虽见非见宛如盲睹，

分别取相不见于佛，毕竟离着乃能亲见。

众生随业种种差别，十方内外难能尽见，

佛身无碍遍十方界，不可尽见亦复如是。

譬如空中无量刹土，无来无去遍满十方，

生成灭坏无所依处，佛遍虚空亦复如是。

【注释】

❶ 阎浮提洲：梵语 Jambu-dvīpa，意指须弥山南方之大洲，又译为"赡部州"，为我们所住的世界。

❷ 弗婆提洲：梵语 pūrva-videha，全名作"弗利婆毗提诃"，又译为"胜神州"，位于须弥山东方之大洲。

❸ 瞿耶尼洲：梵语 Apara-godānīya，全名作"瞿陀尼耶"，又译作"牛货州"，位于须弥山西方之大洲。

❹ 郁单越洲：梵语 Uttara-kuru，全名作"郁尼罗究留"，又译作"俱卢州"，位于须弥山北方之大洲。

❺ 二边：指空、有二边。

❻ 明行：即般若之德行，依定慧到菩提称为明行足。

❼ 因量：为因明立量之意。因明，为论证规范的印度论理学；立量，即在论议中提出一完整的论式。

❽ 蕴：积集的意思。有五蕴，就是色蕴、受蕴、想蕴、行蕴、识蕴。

❾ 界处：指十八界与十二处。处是"出生"之意，即由六根（眼、耳、鼻、舌、身、

意）对应六尘（色、声、香、味、触、法）时，而产生了六识（眼识、耳识、鼻识、舌识、身识、意识）。所以，六根与六尘合称十二处，若再加以六识，则合称为十八界。

⑩ 数法：指世间的分类法，即有漏法。

⑪ 戏论：指说有、说无，说和合、说不和合等二见相对分别之言论。

菩萨问明品第十

卷第十三（续）
《菩萨问明品》导读

　　此品由文殊菩萨提出问题，一一地对前面所提的九位为首的菩萨发问，再由诸位菩萨同问文殊，如此交互酬答，研核教理，以悟群生，所以才称为"菩萨问明品"。明者，答也，使理征明，破暗决疑。前品世尊放光使众生生信，这一品则开示十信位修行之行门，并断疑惑更增信心。

　　一，文殊问觉首菩萨："心性是一，云何有种种差别？"这是问"缘起"之甚深事。

　　二，问财首菩萨："一切众生非众生。云何如来于如是诸众生中，为现其身，教化调伏？"这是问"教化"之甚深处。

　　三，问宝首菩萨："一切众生，等有四大，无我无我所，云何而有受苦受乐等等差别？"这是问"业果"之甚深义。

　　四，问德首菩萨："如来所悟唯是一法。云何乃说无量诸法，现无量刹等等？"这是问"说法"之甚深义。

　　五，问目首菩萨："如来福田等一无异，云何而见众生布施果报不同？"这是问"福田"之甚深义。

　　六，问勤首菩萨："佛教是一，众生得见。云何不即悉断一切诸烦恼缚，而得出离？"这是问"正教"甚深义。

　　七，问法首菩萨："如佛所说，若有众生受持正法，悉能除断一切烦恼。何故复有受持正法，而不断者？"这是问"正行"之甚深义。

　　八，问智首菩萨："于佛法中，智为上首。如来何故，或为众生赞叹布施等等诸法呢？"这是问"正助"甚深之理。

九，问贤首菩萨："诸佛世尊唯以一道，而得出离。云何今见一切佛土，所有众事种种不同？"这是问"一道"甚深之理。

十，诸位菩萨齐问文殊菩萨："何等是佛境界？何等是佛境界因？何等是佛境界度、入、智、法、说、知、证、现、广？"这是问"佛境"甚深之义。

九位菩萨各以自己所修行，以偈颂回答文殊菩萨；文殊亦以偈颂回答九位菩萨之问。文殊代表妙慧，而为根本；九位菩萨代表九种大行，而为叶茂。所以九位菩萨所回答的均是"为何是一，而起各各差别之理"的问题。而由文殊来总答佛境界之总德。他们如此交互问答，正也代表妙慧通于众行，众行成于妙慧。

卷第十三（续）
菩萨问明品第十

【原典】

尔时，文殊师利菩萨问觉首菩萨言："佛子！心性是一。云何见有种种差别？所谓往善趣、恶趣，诸根满缺，受生同异，端正丑陋，苦乐不同，业不知心，心不知业，受不知报，报不知受，心不知受，受不知心，因不知缘，缘不知因，智不知境，境不知智。"

时，觉首菩萨以颂答曰：

仁今问是义，为晓悟群蒙，我如其性答，惟仁应谛听。

诸法无作用，亦无有体性，是故彼一切，各各不相知。

譬如河中水，湍流竞奔逝，各各不相知，诸法亦如是。

亦如大火聚，猛焰同时发，各各不相知，诸法亦如是。

又如长风起，遇物咸鼓扇，各各不相知，诸法亦如是。

又如众地界，展转因依住，各各不相知，诸法亦如是。

眼耳鼻舌身，心意诸情根，以此常流转，而无能转者。

法性本无生，示现而有生，是中无能现，亦无所现物。

眼耳鼻舌身，心意诸情根，一切空无性，妄心分别有。

如理而观察，一切皆无性，法眼不思议，此见非颠倒。

若实若不实，若妄若非妄，世间出世间，但有假言说。

尔时，文殊师利菩萨问财首菩萨言："佛子！一切众生非众生。云何如来随其时、随其命、随其身、随其行、随其解、随其言论、随其心乐、随其方便、随其思惟、随其观察，于如是诸众生中，为现其身，教化调伏？"

　　时，财首菩萨以颂答曰：

　　　　此是乐寂灭，多闻者境界，我为仁宣说，仁今应听受。
　　　　分别观内身，此中谁是我，若能如是解，彼达我有无。
　　　　此身假安立，住处无方所，谛了是身者，于中无所著。
　　　　于身善观察，一切皆明见，知法皆虚妄，不起心分别。
　　　　寿命因谁起，复因谁退灭，犹如旋火轮，初后不可知。
　　　　智者能观察，一切有无常，诸法空无我，永离一切相。
　　　　众报随业生，如梦不真实，念念常灭坏，如前后亦尔。
　　　　世间所见法，但以心为主，随解取众相，颠倒不如实。
　　　　世间所言论，一切是分别，未曾有一法，得入于法性。
　　　　能缘所缘力，种种法出生，速灭不暂停，念念悉如是。

　　尔时，文殊师利菩萨问宝首菩萨言："佛子！一切众生等有四大，无我、无我所。云何而有受苦受乐，端正丑陋，内好外好，少受多受，或受现报，或受后报，然法界中无美无恶？"

　　时，宝首菩萨以颂答曰：

　　　　随其所行业，如是果报生，作者无所有，诸佛之所说。
　　　　譬如净明镜，随其所对质，现像各不同，业性亦如是。
　　　　亦如田种子，各各不相知，自然能出生，业性亦如是。
　　　　又如巧幻师，在彼四衢道，示现众色相，业性亦如是。
　　　　如机关木人，能出种种声，彼无我非我，业性亦如是。
　　　　亦如众鸟类，从壳而得出，音声各不同，业性亦如是。
　　　　譬如胎藏中，诸根悉成就，体相无来处，业性亦如是。

又如在地狱，种种诸苦事，彼悉无所从，业性亦如是。

譬如转轮王，成就胜七宝，来处不可得，业性亦如是。

又如诸世界，大火所烧然，此火无来处，业性亦如是。

尔时，文殊师利菩萨问德首菩萨言："佛子！如来所悟，唯是一法。云何乃说无量诸法，现无量刹，化无量众，演无量音，示无量身，知无量心，现无量神通，普能震动无量世界，示现无量殊胜庄严，显示无边种种境界，而法性中此差别相皆不可得？"

时，德首菩萨以颂答曰：

佛子所问义，甚深难可了，智者能知此，常乐佛功德。

譬如地性一，众生各别住，地无一异念，诸佛法如是。

亦如火性一，能烧一切物，火焰无分别，诸佛法如是。

亦如大海一，波涛千万异，水无种种殊，诸佛法如是。

亦如风性一，能吹一切物，风无一异念，诸佛法如是。

亦如大云雷，普雨一切地，雨滴无差别，诸佛法如是。

亦如地界一，能生种种芽，非地有殊异，诸佛法如是。

如日无云曀，普照于十方，光明无异性，诸佛法如是。

亦如空中月，世间靡不见，非月往其处，诸佛法如是。

譬如大梵王，应现满三千，其身无别异，诸佛法如是。

尔时，文殊师利菩萨问目首菩萨言："佛子！如来福田等一无异，云何而见众生布施果报不同？所谓种种色、种种形、种种家、种种根、种种财、种种主、种种眷属、种种官位、种种功德、种种智慧，而佛于彼，其心平等，无异思惟？"

时，目首菩萨以颂答曰：

譬如大地一，随种各生芽，于彼无怨亲，佛福田亦然。

又如水一味，因器有差别，佛福田亦然，众生心故异。

亦如巧幻师，能令众欢喜，佛福田如是，令众生敬悦。

如有才智王，能令大众喜，佛福田如是，令众悉安乐。

譬如净明镜，随色而现像，佛福田如是，随心获众报。

如阿揭陀药，能疗一切毒，佛福田如是，灭诸烦恼患。

亦如日出时，照曜于世间，佛福田如是，灭除诸黑暗。

亦如净满月，普照于大地，佛福田亦然，一切处平等。

譬如毗蓝风，普震于大地，佛福田如是，动三有众生。

譬如大火起，能烧一切物，佛福田如是，烧一切有为。

尔时，文殊师利菩萨问勤首菩萨言："佛子！佛教是一，众生得见，云何不即悉断一切诸烦恼缚而得出离？然其色蕴、受蕴、想蕴、行蕴、识蕴，欲界、色界、无色界，无明、贪爱，无有差别，是则佛教于诸众生，或有利益？或无利益？"

时，勤首菩萨以颂答曰：

佛子善谛听，我今如实答，或有速解脱，或有难出离。

若欲求除灭，无量诸过恶，当于佛法中，勇猛常精进。

譬如微少火，樵湿速令灭，于佛教法中，懈怠者亦然。

如钻燧求火，未出而数息，火势随止灭，懈怠者亦然。

如人持日珠，不以物承影，火终不可得，懈怠者亦然。

譬如赫日照，孩稚闭其目，怪言何不睹，懈怠者亦然。

如人无手足，欲以芒草箭，遍射破大地，懈怠者亦然。

如以一毛端，而取大海水，欲令尽干竭，懈怠者亦然。

又如劫火起，欲以少水灭，于佛教法中，懈怠者亦然。

如有见虚空，端居不摇动，而言普腾蹑，懈怠者亦然。

尔时，文殊师利菩萨问法首菩萨言："佛子！如佛所说：'若有众生，受持正法，悉能除断一切烦恼。'何故复有受持正法而不断者？随贪嗔痴、随慢、随覆、随忿、随恨、随嫉、随悭、随诳、随谄，势力所转，无有离心，能受持法，何故复于心行之内起诸烦恼？"

时，法首菩萨以颂答曰：

> 佛子善谛听，所问如实义，非但以多闻，能入如来法。
> 如人水所漂，惧溺而渴死，于法不修行，多闻亦如是。
> 如人设美膳，自饿而不食，于法不修行，多闻亦如是。
> 如人善方药，自疾不能救，于法不修行，多闻亦如是。
> 如人数他宝，自无半钱分，于法不修行，多闻亦如是。
> 如有生王宫，而受馁❷与寒，于法不修行，多闻亦如是。
> 如聋奏音乐，悦彼不自闻，于法不修行，多闻亦如是。
> 如盲缋众像，示彼不自见，于法不修行，多闻亦如是。
> 譬如海船师，而于海中死，于法不修行，多闻亦如是。
> 如在四衢道，广说众好事，内自无实德，不行亦如是。

尔时，文殊师利菩萨问智首菩萨言："佛子！于佛法中，智为上首，如来何故或为众生赞叹布施，或赞持戒，或赞堪忍，或赞精进，或赞禅定，或赞智慧，或复赞叹慈悲喜舍，而终无有唯以一法而得出离成阿耨多罗三藐三菩提者？"

时，智首菩萨以颂答曰：

> 佛子甚希有，能知众生心，如仁所问义，谛听我今说。
> 过去未来世，现在诸导师，无有说一法，而得于道者。
> 佛知众生心，性分各不同，随其所应度，如是而说法。
> 悭者为赞施，毁禁者赞戒，多嗔为赞忍，好懈赞精进。
> 乱意赞禅定，愚痴赞智慧，不仁赞慈愍，怒害赞大悲。
> 忧戚为赞喜，曲心赞叹舍，如是次第修，渐具诸佛法。

如先立基堵，而后造宫室，施戒亦复然，菩萨众行本。

譬如建城郭，为护诸人众，忍进亦如是，防护诸菩萨。

譬如大力王，率土咸戴仰，定慧亦如是，菩萨所依赖。

亦如转轮王，能与一切乐，四等亦如是，与诸菩萨乐。

尔时，文殊师利菩萨问贤首菩萨言："佛子！诸佛世尊，唯以一道而得出离，云何今见一切佛土，所有众事种种不同？所谓世界、众生界、说法调伏、寿量、光明、神通、众会、教仪、法住，各有差别，无有不具一切佛法而成阿耨多罗三藐三菩提者？"

时，贤首菩萨以颂答曰：

文殊法常尔，法王唯一法，一切无碍人，一道出生死。

一切诸佛身，唯是一法身，一心一智慧，力无畏亦然。

如本趣菩提，所有回向心，得如是刹土，众会及说法。

一切诸佛刹，庄严悉圆满，随众生行异，如是见不同。

佛刹与佛身，众会及言说，如是诸佛法，众生莫能见。

其心已清净，诸愿皆具足，如是明达人，于此乃能睹。

随众生心乐，及以业果力，如是见差别，此佛威神故。

佛刹无分别，无憎无有爱，但随众生心，如是见有殊。

以是于世界，所见各差别，非一切如来，大仙之过咎。

一切诸世界，所应受化者，常见人中雄，诸佛法如是。

尔时，诸菩萨谓文殊师利菩萨言："佛子！我等所解，各自说已，唯愿仁者，以妙辩才，演畅如来所有境界！何等是佛境界？何等是佛境界因？何等是佛境界度？何等是佛境界入？何等是佛境界智？何等是佛境界法？何等是佛境界说？何等是佛境界知？何等是佛境界证？何等是佛境界现？何等是佛境界广？"

时，文殊师利菩萨以颂答曰：

如来深境界，其量等虚空，一切众生入，而实无所入。

如来深境界，所有胜妙因，亿劫常宣说，亦复不能尽。

随其心智慧，诱进咸令益，如是度众生，诸佛之境界。

世间诸国土，一切皆随入，智身无有色，非彼所能见。

诸佛智自在，三世无所碍，如是慧境界，平等如虚空。

法界众生界，究竟无差别，一切悉了知，此是如来境。

一切世界中，所有诸音声，佛智皆随了，亦无有分别。

非识所能识，亦非心境界，其性本清净，开示诸群生。

非业非烦恼，无物无住处，无照无所行，平等行世间。

一切众生心，普在三世中，如来于一念，一切悉明达。

尔时，此娑婆世界中，一切众生所有法差别、业差别、世间差别、身差别、根差别、受生差别、持戒果差别、犯戒果差别、国土果差别，以佛神力，悉皆明现。如是东方百千亿那由他无数无量、无边无等、不可数、不可称、不可思、不可量、不可说，尽法界、虚空界、一切世界中，所有众生法差别，乃至国土果差别，悉以佛神力故，分明显现。南、西、北方、四维、上、下，亦复如是。

注释

❷ "锬"，大正本原作"錂"，今依三本及宫本改之。

【白话语译】

这时，文殊师利菩萨向觉首菩萨问道："佛子啊！心性如果是一，为何会见到种种的差别？这些差别有所谓的往生善趣、往生恶趣；诸根器官圆满、或残缺；投胎受生有同、有异；有些人端正庄严，有些人则丑陋怪异；每一个生命所受的苦、乐不同；业的造作力量不能了知心，而心也不能了知业的造作；我们感官的受用不了知因果报应，而果报也不了知感官的受用感觉；我们的心也不能完全了知感官受用，而感官受用也不完全与心相知；正因不了知外缘，外缘不了知正因；心智不了知外境，外境不了知心智。"

这时，觉首菩萨就以偈颂回答文殊菩萨：

> 仁者今问是义，乃为晓悟群蒙，
> 我如其性回答，惟仁应当谛听。
> 诸法本无作用，亦实无有体性，
> 是故彼一切法，各各确不相知。
> 譬如河中之水，湍流竞奔而逝，
> 各各本不相知，诸法亦复如是。
> 亦如大火聚燃，猛焰同时发起，
> 各各本不相知，诸法亦复如是。
> 又如长风发起，遇物咸皆鼓扇，
> 各各本不相知，诸法亦复如是。
> 又如一切地界，辗转相因依住，
> 各各本不相知，诸法亦复如是。
> 眼耳鼻舌与身，心意诸种情根，
> 以此常为流转，而实无能转者。
> 法性本来无生，示现而成有生，

是中无有能现，亦无所现之物。

眼耳鼻舌与身，心意诸种情根，

一切空无自性，妄心心分别有。

如理而实观察，一切皆无自性，

法眼不可思议，此见实非颠倒。

若实与若不实，若妄与若非妄，

世间与出世间，但仅有假言说。

这时，文殊师利菩萨问财首菩萨："佛子啊！一切众生本来都非众生。为何诸佛随其时、随其命、随其身、随其行、随其理解、随其言论、随其心中的欲乐、随其方便因缘、随其思惟、随其观察，而为众生示现妙色身，以教化调伏呢？"

这时，财首菩萨以偈颂回答：

此是乐于寂灭，具多闻者境界，

我为仁者宣说，仁者今应听受。

分别谛观内身，此中云谁是我？

若能如是解者，彼达有我有无。

此身假名安立，住处无有方所，

谛了如是身者，于中无所执着。

于身善于观察，一切皆悉明见，

了知法皆虚妄，心不生起分别。

寿命因谁而起？复因谁而退灭？

犹如旋转火轮，初后不可了知。

智者善能观察，一切有皆无常，

诸法空寂无我，永离于一切相。

众报随业而生，如梦皆不真实，

于念念常灭坏，如前中后亦尔。

世间所见诸法，但以心为主体，

随解而取众相，颠倒皆不如实。

世间所有言论，一切皆是分别，

未曾见有一法，得入于法性中。

能缘所缘之力，种种之法出生，

速灭而不暂停，念念悉皆如是。

这时，文殊师利菩萨问宝首菩萨："佛子啊！一切众生是由地、水、火、风四大要素和合而生。如果是无我，也无我所**⑫**，则为何会有受苦与欢乐的差别？为何会有端正与丑陋的差别？为何会有内好与外好的差别？为何会有小的受用与多的受用的差别？为何又会有受现世果报，或受后世果报等差别？法界之中不是没有美妙与丑恶的差别吗？"

这时，宝首菩萨以偈颂回答：

随其所行众业，如是果报出生，

作者皆无所有，诸佛之所宣说。

譬如清净明镜，随其所对质相，

现象各有不同，业性亦复如是。

亦如田中种子，各各不相了知，

自然而能出生，业性亦复如是。

又如工巧幻师，在彼四衢街道，

示现众种色相，业性亦复如是。

宛如机关木人**⑬**，能出种种音声，

彼亦无我非我，业性亦复如是。

亦如众鸟类等，从壳而得出生，

音声各不相同，业性亦复如是。

譬如胎藏之中，诸根皆悉成就，

体相无有来处，业性亦复如是。

又如在地狱中，种种诸般苦事，
彼悉无所从来，业性亦复如是。

譬如转轮圣王，成就胜王七宝，
来处了不可得，业性亦复如是。

又如诸世界中，为大火所烧然，
此火无有来处，业性亦复如是。

这时，文殊师利菩萨问德首菩萨："佛子啊！如来所了悟的唯有一法。但是，他为何又演说无量的诸法，示现无量的刹土，化导无量的众生，演畅无量的法音，示现无量的妙身，了知无量的心意，示现无量的神通，普遍震动无量的世界，示现无量的殊胜庄严，显示无边的种种境界呢？而在法性之中，这些差别现相不是了不可得吗？"

这时，德首菩萨以偈颂回答：

佛子所问义理，甚深难可了知，
智者乃能知此，常乐诸佛功德。

譬如地性唯一，众生各别安住，
地大无一异念，诸佛法亦如是。

亦如火性唯一，能烧一切众物，
火焰无有分别，诸佛法亦如是。

亦如大海唯一，波涛千万差异，
水无种种殊异，诸佛法亦如是。

亦如风性唯一，能吹一切万物，
风中无一异念，诸佛法亦如是。

亦如大云震雷，普雨一切大地，
雨滴无有差别，诸佛法亦如是。

亦如地界一相，能生种种芽苗，
非地有殊特异，诸佛法亦如是。

如日无云瞖遮，普照遍于十方，
　　光明无有异性，诸佛法亦如是。
　　亦如空中月光，世间靡不睹见，
　　非月住于其处，诸佛法亦如是。
　　譬如大梵天王，应现满三千界，
　　其身无差别异，诸佛法亦如是。

　　这时，文殊师利菩萨问目首菩萨："佛子啊！如来的福田，是平等如一而没有差异的。但我们为何见到众生会因布施之不同，而有不同的果报呢？更有所谓不同的各种色相、各种形状、各种居家、各种根器、各种财富、各种主从、各种眷属、各种官位、各种功德、各种智慧。佛陀对于彼等，应该都是持心平等，思惟无异罢？"

　　这时，目首菩萨以偈颂回答：

　　譬如大地齐一，随种各生苗芽，
　　于彼无有怨亲，诸佛福田亦然。
　　又如水性一味，因器而有差别，
　　诸佛福田亦然，众生心念故异。
　　亦如工巧幻师，能令大众欢喜，
　　诸佛福田如是，令众心生敬悦。
　　如有才智之王，能令大众欢喜，
　　诸佛福田如是，令众悉皆安乐。
　　譬如清净明镜，随色而现众像，
　　诸佛福田如是，随心而获众报。
　　宛如阿揭陀药❹，能疗一切众毒，
　　诸佛福田如是，能灭诸烦恼患。
　　亦如日出之时，普照曜于世间，
　　诸佛福田如是，灭除诸般黑暗。

亦如清净满月，普照明于大地，
诸佛福田亦然，一切处皆平等。
譬如毗蓝大风，普震动于大地，
诸佛福田如是，摇动三有众生。
譬如大火生起，能烧一切万物，
诸佛福田如是，焚烧一切有为。

这时，文殊师利菩萨问勤首菩萨："佛子啊！诸佛教法是同一的，众生皆得亲见。但是众生为何不能即刻断除一切的烦恼束缚，而达到出离烦恼的境界？如果依照教法所示，则色蕴、受蕴、想蕴、行蕴、识蕴，以及欲界、色界、无色界，乃至无明、贪爱等，都是没有差别的。这么说来，诸佛的教法对于一切的众生，究竟是有利益？或是无利益？"

这时，勤首菩萨以偈颂回答：

佛子应善谛听，我今如实回答，
或有速得解脱，或有难以出离。
若欲求除消灭，无量诸往过恶，
当于佛法之中，勇猛常生精进。
譬如微少火苗，樵湿速令熄灭，
于佛教法之中，懈怠者亦复然。
如钻燧求火焰，未出而数休息，
火势随即止灭，懈怠者亦复然。
如人手持日珠，不以物承日影，
火终不可得燃，懈怠者亦复然。
譬如赫日照耀，孩稚闭其双目，
怪言何不睹见，懈怠者亦复然。
如人无手无足，欲以芒草为箭，
遍射破诸大地，懈怠者亦复然。

如以一毛端上，而取大海之水，
欲令海尽干竭，懈怠者亦复然。
又如劫火生起，欲以少水熄灭，
于佛教法之中，懈怠者亦复然。
如有目见虚空，端居不稍摇动，
而言能普腾蹂，懈怠者亦复然。

　　这时，文殊师利菩萨问法首菩萨："佛子啊！如同佛陀所说的：'如果有众生受持正法，必定能断除一切烦恼。'则为何又有人受持正法，而不能断除烦恼呢？却随着贪、嗔、痴，随着轻慢，随着覆盖，随着忿怒，随着怨恨，随着嫉妒，随着悭吝，随着欺诳，随着谄媚，随着如上种种的势力所驱使，没有真实的出离心。如果能受持正法，为何这些众生又于心行之内生起种种烦恼呢？"

　　这时，法首菩萨以偈颂回答：

佛子应善谛听，所问如实真义，
非但仅以多闻，能入如来深法。
如人为水所漂，惧溺因而渴死，
于法若不修行，多闻亦复如是。
如人设有美膳，自饥饿而不食，
于法若不修行，多闻亦复如是。
如人善于方药，自生疾不能救，
于法若不修行，多闻亦复如是。
如人数他珍宝，自无半钱之分，
于法若不修行，多闻亦复如是。
如有生于王宫，而受食馁与寒，
于法若不修行，多闻亦复如是。
如聋演奏音乐，悦彼而不自闻，

于法若不修行，多闻亦复如是。

如盲者绩众像，示彼不能自见，

于法若不修行，多闻亦复如是。

譬如海中船师，而于海中死亡，

于法若不修行，多闻亦复如是。

如在四衢街道，广说大众好事，

内自无有实德，不行亦复如是。

这时，文殊师利菩萨问智首菩萨："佛子啊！佛法是以智慧为首。但是，诸佛如来因何缘故而为众生赞叹布施，或是赞叹持戒、赞叹忍辱、赞叹精进、赞叹禅定、赞叹智慧，或是赞叹慈、悲、喜、舍等四无量心呢？然而，却又没有任何人仅以其中一法而能出离众苦，证得无上正等正觉。"

这时，智首菩萨以偈颂回答：

佛子甚难得稀有，乃能了知众生心，

宛如仁者所问义，如实谛听我今说。

一切过去未来世，现在三世诸导师，

真实无有说一法，现前而得于道者。

佛陀了知众生心，性分各各不相同，

随其所应得度者，如是而为演说法。

悭者为赞叹布施，毁禁者赞叹持戒，

多嗔为赞叹忍度，好懈怠者赞精进。

乱意者赞叹禅定，愚痴者赞叹智慧，

不仁赞叹于慈悯，怒害为彼赞大悲。

忧戚为赞叹欢喜，曲心赞叹于直舍，

如是次第勤修习，渐具一切诸佛法。

宛如先安立基堵，而后乃营造宫室，
布施持戒亦复然，菩萨众行之根本。
譬如建设于城郭，为护诸人大众等，
忍度精进亦如是，防护一切诸菩萨。
譬如大力之国王，率土咸皆深戴仰，
禅定智慧亦如是，一切菩萨所依赖。
亦如转轮大圣王，善能施与一切乐，
四无量心亦如是，能与一切菩萨乐。

这时，文殊师利菩萨问贤首菩萨："佛子啊！诸佛世尊是以唯一之道而得出离的。为何现在却见到一切佛土之中，所有的事又有种种不同呢？所谓世界、众生界、说法调伏、寿量、光明、神通、大众集会、教法仪轨、佛法安住。如上种种，为何各有差别、各有不相同？为何见不到未具足一切佛法，就得证无上正等正觉者呢？"

这时，贤首菩萨以偈颂回答：

文殊法尔如是，法王唯有一法，
一切无碍之人，一道出离生死。
一切诸佛妙身，如是唯一法身，
一心及一智慧，十力无畏亦然。
如本趣向菩提，所有回向之心，
得成如是刹土，众会以及说法。
一切诸佛刹土，庄严悉皆圆满，
随顺众生行异，如是所见不同。
佛刹与佛妙身，众会以及言说，
如是诸佛法要，众生莫能得见。
其心已得清净，诸愿皆悉具足，

如是明达人等，于此乃能亲睹。

随顺众生心乐，及以业力果报，

如是所见差别，此佛威神力故。

佛刹无有分别，无憎亦无有爱，

但随众生心转，如是所见有殊。

以是于诸世界，所有各各差别，

此非一切如来，佛大仙之过咎。

一切诸世界等，所应受教化者，

常见人中大雄，诸佛法亦如是。

这时，诸菩萨向文殊师利菩萨说道："佛子啊！我们所理解的佛法，已经分别演说过了。现在，希望仁者你，也能以巧妙的辩才，演畅如来所有的境界，为我们解说什么是佛的境界？什么是佛境界的因？什么是佛境界的度化方式？什么是佛境界趣入的方法？什么是佛境界的智慧？什么是佛境界的法？什么是佛境界的演说？什么是佛境界的了知？什么是佛境界的证悟？什么是佛境界的示现？什么是佛境界的广大？"

这时，文殊师利菩萨以偈颂回答：

如来甚深境界海，其量广大等虚空，

一切众生入佛境，而实无有所入者。

如来甚深境界海，所有胜妙因缘等，

亿劫恒常而宣说，亦复不能有穷尽。

随其心生之智慧，诱进咸令得法益，

如是广度诸众生，诸佛如来之境界。

世间所有诸国土，一切皆得随顺入，

智慧法身无有色，非彼所能见睹者。

诸佛智慧大自在，三世皆无所障碍，

如是智慧妙境界，平等宛如虚空境。

一切法界众生界，究竟平等无差别，

一切如实悉了知，此是如来妙境界。

一切世间国土中，所有无量诸音声，

佛智悉皆随了知，亦无有所生分别。

此非意识所能识，亦非众生心境界，

其性本来大清净，开示一切诸群生。

非业亦非烦恼境，空寂无物无住处，

无照亦无有所行，如实平等行世间。

一切众生之心念，普在现前三世中，

如来能于一念间，一切皆悉通明达。

　　这时，由于佛陀威神力的加持，娑婆世界普遍显现出一切众生中所有法的差别、业的差别、世间的差别、身的差别、根的差别、投胎受生的差别、持戒果报的差别、犯戒果报的差别、国土果报的差别。

　　同样的，在东方百千亿那由他无数、无量、无边、无等、不可数、不可称、不可思、不可量、不可说，尽法界、尽虚空界的一切世界中，所有众生的法差别，乃至国土果报的差别，都由于佛陀威神力的加持，清晰地显现。同时，南方、西方、北方，四维上下的世界，尽皆如此。

【注释】

⑫ 我所："我所有"的简称。有我见的人，对于身外之物都会认为是我所有的，叫作"我所"。

⑬ 机关木人：机械木偶，此喻业无造受者。

⑭ 阿揭陀药：梵语 agada，意译作"无价"，又意译作"无病"等，乃不死灵药。

净行品第十一

卷第十四

《净行品》导读

此品由智首菩萨启问，文殊师利以偈颂来回答法义。前品已解释所疑所困，所谓"解行并重"，因此在这一品就以清净妙行为要旨，以使依理而入，随事而行，以达理事圆融，才不会虚费多闻而无益。

既说净行，就是以清净之心勤修法界万行，使身、语、意业清净，诸事庄严无染，获一切胜妙功德，所以才说："断一切恶，具足众善，当如普贤，色像第一，一切行愿皆得具足，于一切法无不自在，而为众生第二导师。"因为普贤代表的是大行，大者是指清净、广大而言，所以以普贤为喻，而正成净行之真意。

所以智首菩萨就以"云何得无过失身、语、意业？云何得不害身、语、意业？"等共二十个"云何"，总体而言是问各类的胜果之缘故。文殊答以"善用其心，则获一切胜妙功德"。如何"善用其心"呢？文殊共举了一百四十大愿门，以教导佛子在所作所行时，当如是用其心。这段偈颂是相当有名的，因为它把各类各式行住坐卧的举止，巨细靡遗地宣说出来，所以很多寺院都取其中一段制成标语，贴于墙上、门上等处所，以提醒修行人能做其事，善用其心。例如：

> 整衣束带，当愿众生，检束善根，不令散失。若著上衣，当愿众生，获胜善根，至法彼岸。

> 大小便时，当愿众生，弃贪嗔痴，蠲除罪法。事讫就水，当愿众生，

出世法中，速疾而往。

平时早晚课所做的三皈依，亦是出自此品：

　　自归于佛，当愿众生，绍隆佛种，发无上意。自归于法，当愿众生，深入经藏，智慧如海。自归于僧，当愿众生，统理大众，一切无碍。

这一百四十愿门，都是成佛道上的胜上缘力，因为所用之心、所发之愿，都是回向菩萨大愿，亦即上求佛法、下化众生之大道。这对整个修行的路途是否正确、通达，是相当重要的。所以文殊菩萨才会叮嘱要"善用其心"啊！

卷第十四

净行品第十一

【原典】

尔时，智首菩萨问文殊师利菩萨言："佛子！菩萨云何得无过失身、语、意业？云何得不害身、语、意业？云何得不可毁身、语、意业？云何得不可坏身、语、意业？云何得不退转身、语、意业？云何得不可动身、语、意业？云何得殊胜身、语、意业？云何得清净身、语、意业？云何得无染身、语、意业？云何得智为先导身、语、意业？云何得生处具足、种族具足、家具足、色具足、相具足、念具足、慧具足、行具足、无畏具足、觉悟具足？云何得胜慧、第一慧、最上慧、最胜慧、无量慧、无数慧、不思议慧、无与等慧、不可量慧、不可说慧？云何得因力、欲力、方便力、缘力、所缘力、根力、观察力、奢摩他力、毗钵舍那力、思惟力？云何得蕴善巧、界善巧、处善巧、缘起善巧、欲界善巧、色界善巧、无色界善巧、过去善巧、未来善巧、现在善巧？云何善修习念觉分、择法觉分、精进觉分、喜觉分、猗觉分、定觉分、舍觉分、空、无相、无愿？云何得圆满檀波罗蜜、尸波罗蜜、羼提波罗蜜、毗黎耶波罗蜜、禅那波罗蜜、般若波罗蜜，及以圆满慈、悲、喜、舍？云何得处非处智力、过未现在业报智力、根胜劣智力、种种界智力、种种解智力、一切至处道智力、禅解脱三昧染净智力、宿住念智力、无障碍天眼智力、断诸习智力？云何常得天王、龙王、夜叉王、乾闼婆王、阿修罗王、迦楼罗王、紧那罗王、摩睺罗伽王、人王、梵王之所守护，恭敬供养？云何得与一切众生为依、为救、为归、为趣、为炬、为明、为照、为导、为胜导、为普导？云何于一切众生中为第一、为大、为胜、为最胜、为妙、为极妙、为上、为无上、为无等、为无等等？"

尔时，文殊师利菩萨告智首菩萨言："善哉！佛子！汝今为欲多所饶益，多所安隐，哀愍世间，利乐天人，问如是义。佛子！若诸菩萨善用其心，则获一切胜妙功德，于诸佛法心无所碍，住去、来、今诸佛之道，随众生住，恒不舍离，如诸法相，悉能通达，断一切恶，具足众善，当如普贤色像第一，一切行愿皆得具足，于一切法无不自在，而为众生第二导师。佛子！云何用心能获一切胜妙功德？佛子！

> 菩萨在家，当愿众生：知家性空，免其逼迫。
>
> 孝事父母，当愿众生：善事于佛，护养一切。
>
> 妻子集会，当愿众生：冤亲平等，永离贪著。
>
> 若得五欲，当愿众生：拔除欲箭，究竟安隐。
>
> 妓乐聚会，当愿众生：以法自娱，了妓非实。
>
> 若在宫室，当愿众生：入于圣地，永除秽欲。
>
> 著璎珞时，当愿众生：舍诸伪饰，到真实处。
>
> 上升楼阁，当愿众生：升正法楼，彻见一切。
>
> 若有所施，当愿众生：一切能舍，心无爱著。
>
> 众会聚集，当愿众生：舍众聚法，成一切智。
>
> 若在厄难，当愿众生：随意自在，所行无碍。
>
> 舍居家时，当愿众生：出家无碍，心得解脱。
>
> 入僧伽蓝，当愿众生：演说种种，无乖诤法。
>
> 诣大小师，当愿众生：巧事师长，习行善法。
>
> 求请出家，当愿众生：得不退法，心无障碍。
>
> 脱去俗服，当愿众生：勤修善根，舍诸罪轭。
>
> 剃除须发，当愿众生：永离烦恼，究竟寂灭。
>
> 著袈裟衣，当愿众生：心无所染，具大仙道。

正出家时，当愿众生：同佛出家，救护一切。

自归于佛，当愿众生：绍隆佛种，发无上意。

自归于法，当愿众生：深入经藏，智慧如海。

自归于僧，当愿众生：统理大众，一切无碍。

受学戒时，当愿众生：善学于戒，不作众恶。

受阇梨教，当愿众生：具足威仪，所行真实。

受和尚教，当愿众生：入无生智，到无依处。

受具足戒，当愿众生：具诸方便，得最胜法。

若入堂宇，当愿众生：升无上堂，安住不动。

若敷床座，当愿众生：开敷善法，见真实相。

正身端坐，当愿众生：坐菩提座，心无所著。

结跏趺坐，当愿众生：善根坚固，得不动地。

修行于定，当愿众生：以定伏心，究竟无余。

若修于观，当愿众生：见如实理，永无乖诤。

舍跏趺坐，当愿众生：观诸行法，悉归散灭。

下足住时，当愿众生：心得解脱，安住不动。

若举于足，当愿众生：出生死海，具众善法。

著下裙❶时，当愿众生：服诸善根，具足惭愧。

整衣束带，当愿众生：检束善根，不令散失。

若著上衣，当愿众生：获胜善根，至法彼岸。

著僧伽梨，当愿众生：入第一位，得不动法。

手执杨枝，当愿众生：皆得妙法，究竟清净。

嚼杨枝时，当愿众生：其心调净，噬诸烦恼。

大小便时，当愿众生：弃贪嗔痴，蠲除罪法。

事讫就水，当愿众生：出世法中，速疾而往。

洗涤形秽，当愿众生：清净调柔，毕竟无垢。

以水盥掌，当愿众生：得清净手，受持佛法。

以水洗面，当愿众生：得净法门，永无垢染。

手执锡杖，当愿众生：设大施会，示如实道。

执持应器，当愿众生：成就法器，受天人供。

发趾向道，当愿众生：趣佛所行，入无依处。

若在于道，当愿众生：能行佛道，向无余法。

涉路而去，当愿众生：履净法界，心无障碍。

见升高路，当愿众生：永出三界，心无怯弱。

见趣下路，当愿众生：其心谦下，长佛善根。

见斜曲路，当愿众生：舍不正道，永除恶见。

若见直路，当愿众生：其心正直，无谄无诳。

见路多尘，当愿众生：远离尘坌，获清净法。

见路无尘，当愿众生：常行大悲，其心润泽。

若见险道，当愿众生：住正法界，离诸罪难。

若见众会，当愿众生：说甚深法，一切和合。

若见大柱，当愿众生：离我诤心，无有忿恨。

若见丛林，当愿众生：诸天及人，所应敬礼。

若见高山，当愿众生：善根超出，无能至顶。

见棘刺树，当愿众生：疾得翦除，三毒之刺。

见树叶茂，当愿众生：以定解脱，而为荫映。

若见华开，当愿众生：神通等法，如华开敷。

若见树华，当愿众生：众相如华，具三十二。

若见果实，当愿众生：获最胜法，证菩提道。

若见大河，当愿众生：得预法流，入佛智海。

若见陂泽，当愿众生：疾悟诸佛，一味之法。

若见池沼，当愿众生：语业满足，巧能演说。

若见汲井，当愿众生：具足辩才，演一切法。

若见涌泉，当愿众生：方便增长，善根无尽。

若见桥道，当愿众生：广度一切，犹如桥梁。

若见流水，当愿众生：得善意欲，洗除惑垢。

见修园圃，当愿众生：五欲圃中，耘除爱草。

见无忧林，当愿众生：永离贪爱，不生忧怖。

若见园苑，当愿众生：勤修诸行，趣佛菩提。

见严饰人，当愿众生：三十二相，以为严好。

见无严饰，当愿众生：舍诸饰好，具头陀行。

见乐著人，当愿众生：以法自娱，欢爱不舍。

见无乐著，当愿众生：有为事中，心无所乐。

见欢乐人，当愿众生：常得安乐，乐供养佛。

见苦恼人，当愿众生：获根本智，灭除众苦。

见无病人，当愿众生：入真实慧，永无病恼。

见疾病人，当愿众生：知身空寂，离乖诤法。

见端正人，当愿众生：于佛菩萨，常生净信。

见丑陋人，当愿众生：于不善事，不生乐著。

见报恩人，当愿众生：于佛菩萨，能知恩德。

见背恩人，当愿众生：于有恶人，不加其报。

若见沙门，当愿众生：调柔寂静，毕竟第一。

见婆罗门，当愿众生：永持梵行，离一切恶。

见苦行人，当愿众生：依于苦行，至究竟处。

见操行人，当愿众生：坚持志行，不舍佛道。

见著甲胄，当愿众生：常服善铠，趣无师法。

见无铠仗，当愿众生：永离一切，不善之业。

见论议人，当愿众生：于诸异论，悉能摧伏。

见正命人，当愿众生：得清净命，不矫威仪。

若见于王，当愿众生：得为法王，恒转正法。

若见王子，当愿众生：从法化生，而为佛子。

若见长者，当愿众生：善能明断，不行恶法。

若见大臣，当愿众生：恒守正念，习行众善。

若见城郭，当愿众生：得坚固身，心无所屈。

若见王都，当愿众生：功德共聚，心恒喜乐。

见处林薮，当愿众生：应为天人，之所叹仰。

入里乞食，当愿众生：入深法界，心无障碍。

到人门户，当愿众生：入于一切，佛法之门。

入其家已，当愿众生：得入佛乘，三世平等。

见不舍人，当愿众生：常不舍离，胜功德法。

见能舍人，当愿众生：永得舍离，三恶道苦。

若见空钵，当愿众生：其心清净，空无烦恼。

若见满钵，当愿众生：具足成满，一切善法。

若得恭敬，当愿众生：恭敬修行，一切佛法。

不得恭敬，当愿众生：不行一切，不善之法。

见惭耻人，当愿众生：具惭耻行，藏护诸根。

见无惭耻，当愿众生：舍离无惭，住大慈道。

若得美食，当愿众生：满足其愿，心无羡欲。

得不美食，当愿众生：莫不获得，诸三昧味。

得柔软食，当愿众生：大悲所熏，心意柔软。

得粗涩食，当愿众生：心无染著，绝世贪爱。

若饭食时，当愿众生：禅悦为食，法喜充满。

若受味时，当愿众生：得佛上味，甘露满足。

饭食已讫，当愿众生：所作皆办，具诸佛法。

若说法时，当愿众生：得无尽辩，广宣法要。

从舍出时，当愿众生：深入佛智，永出三界。

若入水时，当愿众生：入一切智，知三世等。

洗浴身体，当愿众生：身心无垢，内外光洁。

盛暑炎毒，当愿众生：舍离众恼，一切皆尽。

暑退凉初，当愿众生：证无上法，究竟清凉。

讽诵经时，当愿众生：顺佛所说，总持不忘。

若得见佛，当愿众生：得无碍眼，见一切佛。

谛观佛时，当愿众生：皆如普贤，端正严好。

见佛塔时，当愿众生：尊重如塔，受天人供。

敬心观塔，当愿众生：诸天及人，所共瞻仰。

顶礼于塔，当愿众生：一切天人，无能见顶。

右绕于塔，当愿众生：所行无逆，成一切智。

绕塔三匝，当愿众生：勤求佛道，心无懈歇。

赞佛功德，当愿众生：众德悉具，称叹无尽。

赞佛相好，当愿众生：成就佛身，证无相法。

若洗足时，当愿众生：具神足力，所行无碍。

以时寝息，当愿众生：身得安隐，心无动乱。

睡眠始寤，当愿众生：一切智觉，周顾十方。

"佛子！若诸菩萨如是用心，则获一切胜妙功德，一切世间诸天、魔、梵、沙门、婆罗门、乾闼婆、阿修罗等，及以一切声闻、缘觉，所不能动。"

注释

❶ "裙"，大正本原作"帬"，今依三本及宫本改之。

【白话语译】

这时，智首菩萨问文殊师利菩萨说："佛子啊！菩萨如何才能得到无过失的身业、语业与意业呢？如何才能得到不伤害的身、语、意业呢？如何才能得到不可毁的身、语、意业呢？如何才能得到不可坏的身、语、意业呢？如何才能得到不退转的身、语、意业呢？如何才能得到不可动的身、语、意业呢？如何才能得到殊胜的身、语、意业呢？如何才能得到清净的身、语、意业呢？如何才能得到无染着的身、语、意业呢？如何才能得到以智慧为先导的身、语、意业呢？

"如何才能得到生处的具足、种族的具足、家的具足、妙色的具足、相好的具足、意念的具足、智慧的具足、行为能力的具足、心意无畏的具足、觉悟能力的具足等修法、传法的条件？

"如何才能得到胜智慧、第一智慧、最上智慧、最胜智慧、无量智慧、无数智慧、不思议智慧、无与等智慧、不可量智慧、不可说智慧等各种智慧能力？

"如何才能得到因的力量、志欲的力量、方便的力量、缘的力量、所缘❶的力量、诸根的力量、观察的力量、奢摩他—止的力量、毗钵舍那❷—观的力量、思惟的力量等成道的力量？

"如何才能得到五蕴的善巧方便、十八界的善巧方便、十二处的善巧方便、缘起条件的善巧方便、欲界的善巧方便、色界的善巧方便、无色界的善巧方便、过去的善巧方便、未来的善巧方便、现在的善巧方便等法门的善巧方便？

"如何才能得到善于修习念觉分❸、择法觉分❹、精进觉分、喜觉分、猗觉分❺、定觉分、舍觉分❻等七种觉悟能力，以及空、无相、无愿❼等三种解脱法门？

"如何才能得到圆满的檀（布施）波罗蜜、尸罗（持戒）波罗蜜、羼提（忍辱）波罗蜜、毗黎耶（精进）波罗蜜、禅那波罗蜜、般若波罗蜜等菩萨的六波罗蜜，以及圆满慈、悲、喜、舍等四种无量心？

"如何才能得到佛陀的处非处智力、知三世业报智力、知诸根胜劣智力、种种界智力❽、种种解智力、一切至处道智力❾、诸禅解脱三昧染净智力、宿命住念智力❿、无障碍天眼智力、断诸习气智力等如来的十力？

"如何才能得到天王、龙王、夜叉王、乾闼婆王、阿修罗王、迦楼罗王、紧那罗王、摩睺罗伽王、人王、梵王等世界天神的守护与恭敬供养？

"如何才能给一切众生作为依止、作为救护、作为归依、作为趣向、作为火炬、作为光明、作为照耀、作为引导、作为胜导、作为普导？

"如何才能在一切众生当中，作为第一者、作为伟大者、作为胜利者、作为最胜者、作为微妙者、作为极妙者、作为上者、作为无上者、作为无等者、作为无等等者？"

这时，文殊师利菩萨告诉智首菩萨说："善哉！佛子啊！你现在是为了多方饶益众生，使众生得到安稳，并哀悯世间，利乐天人大众，而请问这些法门的意义。

"佛子啊！如果诸菩萨能够善用他们的心，则能够获得一切胜妙的功德；对所有的佛法，心中无有任何的挂碍，安住在过去、现在、未来的诸佛之道；随着众生安住，永远不舍离；对于诸法的实相，皆能通达无碍；断除一切诸恶，具足一切众善；就如同普贤菩萨一般，成就庄严第一的色相，一切行愿都得以具足，对于诸法无不自在，而成为众生的第二导师。

"佛子啊！如何用心才能获得一切胜妙的功德呢？佛子啊！请仔细聆听如下的偈颂：

> ⓫菩萨在家时，当愿诸众生：
> 知家性空寂，免其业逼迫。
> 孝事父母时，当愿诸众生：
> 善事于佛陀，护养于一切。
> 妻子集会时，当愿诸众生：
> 视冤亲平等，永离众贪着。

若得五欲时，当愿诸众生：
拔除众欲箭，究竟得安稳。

妓乐聚会时，当愿诸众生：
能以法自娱，了妓乐非实。

若在宫室时，当愿诸众生：
如入于圣地，永除众秽欲。

身着璎珞时，当愿诸众生：
舍弃诸伪饰，到达真实处。

上升楼阁时，当愿诸众生：
升于正法楼，彻见达一切。

若有所施时，当愿诸众生：
一切皆能舍，心中无爱着。

众会聚集时，当愿诸众生：
舍众积聚法，成就一切智。

若在厄难时，当愿诸众生：
随意能自在，所行无障碍。

❷当舍居家时，当愿诸众生：
出家无挂碍，心善得解脱。

入于僧伽蓝❸，当愿诸众生：
能演说种种，无乖违诤法。

拜诣大小师，当愿诸众生：
巧事于师长，勤习行善法。

求请出家时，当愿诸众生：
能得不退法，心中无障碍。

脱去俗服时，当愿诸众生：
勤修诸善根，舍离诸罪轭。

剃除须发时，当愿诸众生：
永离众烦恼，究竟得寂灭。

身着袈裟衣，当愿诸众生：
心中无所染，具足大仙道。

正行出家时，当愿诸众生：
如同佛出家，救护于一切。

自归于佛时，当愿诸众生：
绍隆于佛种，心发无上意。

自归于法时，当愿诸众生：
深入众经藏，智慧如大海。

自归于僧时，当愿诸众生：
统理于大众，一切无障碍。

受学戒法时，当愿诸众生：
善学于戒法，不作众恶行。

受阇梨❶教时，当愿诸众生：
具足众威仪，所行皆真实。

受和尚教时，当愿诸众生：
证入无生智，到于无依处。

受具足戒❶时，当愿诸众生：
具足诸方便，得证最胜法。

❶若入堂宇时，当愿诸众生：
升无上法堂，安住而不动。

若敷床座时，当愿诸众生：
开敷善妙法，彻见真实相。

正身端坐时，当愿诸众生：
安坐菩提座，心中无所著。

结跏趺坐时，当愿诸众生：
善根大坚固，证得不动地。

修行于定时，当愿诸众生：
以定法伏心，究竟无有余。

若修于观时，当愿诸众生：

彻见如实理，永无乖诤处。

舍跏趺坐时，当愿诸众生：

善观诸行法，悉归于散灭。

❶下足安住时，当愿诸众生：

心善得解脱，安住于不动。

若举于足时，当愿诸众生：

出生死大海，具众善妙法。

若着下裙时，当愿诸众生：

能服诸善根，具足惭愧衣。

整衣束带时，当愿诸众生：

检束诸善根，恒不令散失。

若着上衣时，当愿诸众生：

获胜善妙根，至法之彼岸。

着僧伽梨❶时，当愿诸众生：

入于第一位，证得不动法。

❶手执杨枝❷时，当愿诸众生：

皆得胜妙法，究竟得清净。

口嚼杨枝时，当愿诸众生：

其心调清净，吞噬诸烦恼。

大小便溺时，当愿诸众生：

弃诸贪嗔痴，蠲除众罪法。

事讫就水时，当愿诸众生：

于出世法中，速疾而往诣。

洗涤形秽时，当愿诸众生：

具清净调柔，毕竟无垢染。

以水盥掌时，当愿诸众生：

能得清净手，受持诸佛法。

以水洗面时，当愿诸众生：

能得净法门，永无众垢染。

㉑手执锡杖㉒时，当愿诸众生：

能设大施会，示现如实道。

执持应器㉓时，当愿诸众生：

成就为法器，受诸天人供。

发趾向道时，当愿诸众生：

趣佛所行道，入于无依处。

若在于道时，当愿诸众生：

能行诸佛道，趣向无余法。

涉路而去时，当愿诸众生：

足履净法界，心中无障碍。

见升高路时，当愿诸众生：

永出三界外，心无有怯弱。

见趣下路时，当愿诸众生：

其心能谦下，长佛善妙根。

见斜曲路时，当愿诸众生：

舍诸不正道，永除众恶见。

若见直路时，当愿诸众生：

其心具正直，无谄亦无诳。

见路多尘时，当愿诸众生：

远离于尘坌，获证清净法。

见路无尘时，当愿诸众生：

常行于大悲，其心能润泽。

若见险道时，当愿诸众生：

安住正法界，能离诸罪难。

若见众会时，当愿诸众生：

演说甚深法，一切具和合。

若见大柱时，当愿众生：

离我诤心念，无有忿恨意。

若见丛林时，当愿众生：

为诸天及人，所应敬礼者。

若见高山时，当愿众生：

善根最超出，无能至顶者。

见棘刺树时，当愿众生：

能疾得翦除，三毒之深刺。

见树叶茂时，当愿众生：

以定得解脱，而为众荫映。

若见华开时，当愿众生：

具神通等法，能如华开敷。

若见树华时，当愿众生：

众相宛如华，具三十二相。

若见果实时，当愿众生：

获最胜妙法，证得菩提道。

若见大河时，当愿众生：

得入预法流，入佛大智海。

若见陂泽时，当愿众生：

能疾悟诸佛，一味之妙法。

若见池沼时，当愿众生：

语业得满足，巧能演说法。

若见汲井时，当愿众生：

具足大辩才，演说一切法。

若见涌泉时，当愿众生：

方便能增长，善根无有尽。

若见桥道时，当愿众生：

广度一切众，犹如诸桥梁。

若见流水时，当愿诸众生：

恒得善意欲，洗除惑垢染。

见修园圃时，当愿诸众生：

五欲苗圃中，耘除贪爱草。

若见无忧林，当愿诸众生：

永离众贪爱，不生忧怖心。

若见园苑时，当愿诸众生：

勤修诸胜行，趣佛菩提道。

若见严饰人，当愿诸众生：

具三十二相，以为庄严好。

见无严饰人，当愿诸众生：

能舍诸饰好，具足头陀行㉔。

见乐着人时，当愿诸众生：

能以法自娱，欢爱而不舍。

见无乐着人，当愿诸众生：

有为诸事中，心无所乐着。

见欢乐人时，当愿诸众生：

常得大安乐，乐供养佛陀。

若见苦恼人，当愿诸众生：

获根本智慧，灭除众苦厄。

若见无病人，当愿诸众生：

入真实智慧，永无诸病恼。

见疾病人时，当愿诸众生：

了知身空寂，远离乖诤法。

若见端正人，当愿诸众生：

于诸佛菩萨，常生清净信。

见丑陋人时，当愿诸众生：

于诸不善事，不生乐着想。

若见报恩人，当愿众生：
于诸佛菩萨，能知大恩德。

若见背恩人，当愿众生：
于有恶之人，不加其回报。

若见沙门时，当愿众生：
调柔心寂静，毕竟得第一。

若见婆罗门㉕，当愿众生：
永持净梵行㉖，远离一切恶。

见苦行人时，当愿众生：
能依于苦行，得至究竟处。

见操行人时，当愿众生：
坚持愿志行，不舍于佛道。

见着甲胄人，当愿众生：
常服善铠甲，趣于无师法。

见无铠仗人，当愿众生：
永离于一切，不善之众业。

见论议人时，当愿众生：
于诸异论者，悉能善摧伏。

见正命人时，当愿众生：
能得清净命，不矫具威仪。

若见于国王，当愿众生：
得证为法王，恒转正法轮。

若见王子时，当愿众生：
从法而化生，而为真佛子。

若见于长者，当愿众生：
善巧能明断，不行诸恶法。

若见大臣时，当愿众生：
恒守于正念，勤习行众善。

若见城郭时，当愿诸众生：
能得坚固身，心中无所屈。

若见王都时，当愿诸众生：
功德共聚集，心恒住喜乐。

见处林薮时，当愿诸众生：
应为天人众，之所钦叹仰。

入里乞食时，当愿诸众生：
入于深法界，心中无障碍。

到人门户时，当愿诸众生：
能入于一切，佛法之门径。

入其家已时，当愿诸众生：
得入于佛乘，三世皆平等。

见不舍人时，当愿诸众生：
能常不舍离，胜妙功德法。

若见能舍人，当愿诸众生：
能永得舍离，三恶道㉗众苦。

若见空钵时，当愿诸众生：
其心得清净，空无众烦恼。

若见满钵时，当愿诸众生：
具足成圆满，一切善妙法。

若得恭敬时，当愿诸众生：
能恭敬修行，一切诸佛法。

不得恭敬时，当愿诸众生：
不行于一切，不善之恶法。

见惭耻人时，当愿诸众生：
具足惭耻行，密藏护诸根。

见无惭耻人，当愿诸众生：
舍离无惭行，安住大慈道。

若得美食时，当愿诸众生：

满足其胜愿，心中无羡欲。

得不美食时，当愿诸众生：

莫不皆获得，诸三昧法味。

得柔软食时，当愿诸众生：

大悲所熏习，心意极柔软。

得粗涩食时，当愿诸众生：

心中无染着，绝世间贪爱。

若于饭食时，当愿诸众生：

禅悦以为食，法喜常充满。

若于受味时，当愿诸众生：

得佛陀上味，甘露自满足。

若饭食已讫，当愿诸众生：

所作皆已办，圆具诸佛法。

若于说法时，当愿诸众生：

能得无尽辩，广宣众法要。

从舍中出时，当愿诸众生：

深入于佛智，永出离三界。

若入于水时，当愿诸众生：

入于一切智，知三世平等。

洗浴身体时，当愿诸众生：

身心无垢染，内外皆光洁。

盛暑炎毒时，当愿诸众生：

舍离众烦恼，一切皆能尽。

暑退凉初时，当愿诸众生：

圆证无上法，究竟得清凉。

讽诵经典时，当愿诸众生：

顺佛所说法，总持而不忘。

若得见佛时，当愿诸众生：
得具无碍眼，亲见一切佛。

谛观佛陀时，当愿诸众生：
皆如普贤王，端正庄严好。

见佛塔庙时，当愿诸众生：
尊重如塔庙，受天人供养。

敬心观塔时，当愿诸众生：
诸天及人等，所共同瞻仰。

顶礼于塔时，当愿诸众生：
一切天人众，无能见顶者。

右绕于塔时，当愿诸众生：
所行皆无逆，成具一切智。

绕塔三匝时，当愿诸众生：
勤求于佛道，心中无懈歇。

赞佛功德时，当愿诸众生：
众德悉具足，称叹无穷尽。

赞佛相好时，当愿诸众生：
成就佛妙身，证得无相法。

若于洗足时，当愿诸众生：
具足神足力，所行皆无碍。

以时安寝息，当愿诸众生：
身能得安稳，心中无动乱。

睡眠始悟时，当愿诸众生：
具一切智觉，周顾遍十方。

"佛子啊！如果一切的菩萨能如此用心，则能获得一切胜妙的功德；并且不为一切世间的诸天、魔、梵、沙门、婆罗门、乾闼婆、阿修罗等，以及以一切的声闻、缘觉所动摇。"

【注释】

❶ 所缘：缘是"攀缘"的意思，心识所攀缘的境界，叫作"所缘"。

❷ 毗钵舍那：梵语 vipaśyanā，意译作"观"，以正智观察事理之意。

❸ 念觉分：时时观念正法，常使定慧均等，觉了分明。

❹ 择法觉分：明察诸法，认取真实之法，不为虚伪所遮蔽。

❺ 猗觉分："猗"又作"轻安"。断除身心粗重的烦恼，而得轻安快乐。

❻ 舍觉分：舍离一切虚妄之法，而力行正法。

❼ "无愿解脱"又称"无作解脱"，是于一切生死法中，愿求离于造作之念，不生希求后世之有，以悟入涅槃。

❽ 种种界智力：即能普知众生种种境界不同的智力。

❾ 一切至处道智力：即能知一切众生之行道因果，如五戒、十善之行而至人间、天上，或八正道之无漏行法而至涅槃等，各知其为行因所致之果。

❿ 宿命住念智力：即能如实了知众生过去世之种种事的智力。

⓫ 以下偈颂共有一百四十一大愿，大约分作十部分。第一为在家时愿，有十一愿。

⓬ 第二，出家受戒时愿，有十五愿。

⓭ 伽蓝：是梵语 saṃghārāma 音译"僧伽蓝摩"之简称，意译为"众园"。众僧所住处，即寺院。

⓮ 阇梨：梵语 ācārya，完整音译作"阿阇梨耶"，意译作"规范师"，又作"教授师"。即足可为师范之高僧。

⓯ 具足戒：男女出家必受的戒法，如比丘二百五十戒、比丘尼五百戒即是。对一切境界，能离一切过错，故称为具足戒。

⓰ 第三，坐禅观时愿，有七愿。

⓱ 第四，起坐着衣时愿，有六愿。

⓲ 僧伽梨：梵语 saṅghāṭī，意译作"复衣"，又译作"上衣"等，即比丘三衣中之第一衣。

⓳ 第五，盥洗时愿，有七愿。

⑳ 杨枝：又译作"齿木"。即啮小枝之头为细条，刷牙齿用。

㉑ 第六，乞食时愿，共有五十五愿。

㉒ 锡杖：比丘的十八物之一，上有四股十二环，表示四谛十二因缘之义。比丘向人乞食，至门口时，即振动锡杖上之小环作声，以使人知晓。

㉓ 应器：又称为"应量器"，比丘所用食器，又名"铁钵"。

㉔ 头陀，梵语 dhūta 的音译，又音译作"拜撒"。满足于粗衣粗食、坐于树下石上的禁欲生活，称为"头陀行"。

㉕ 婆罗门：指印度固有的婆罗门教之行者。

㉖ 梵行："清净行"之意。"梵"，梵语 brāhmaṇa 的音译为"婆罗门"，"梵"为意译。

㉗ 三恶道：指地狱、恶鬼、畜生三道。

贤首品第十二

卷第十四（续）
《贤首品》导读

此品由贤首菩萨来回答，所以才以"贤首"为品名。文殊以种种净行之菩提心功德为何而问。

以四句为一偈，贤首共说了三百五十九颂半。总分为三大部分：最初四颂是表明功德无边，称扬不能尽之谦词；第二部分有三百四十六偈半，是正说广大胜德；第三部分有九偈，是劝众生信持此法。

第二部分是主旨所在，可分为五大段。

一，七颂是表显发心之所在，如"但为永灭众生苦，利益世间而发心"。

二，七颂宣说信乐之妙，如"信为道元功德母，长养一切诸善法"。

三，五十颂半开示信德所具所成诸行，如"若常信奉于诸佛，则能持戒修学处；若常持戒修学处，则能具足诸功德"。

四，二百零三颂宣说无边之大用，即三昧业用之无限。共有十门三昧业用：

1. 圆明海印三昧门；

2. 华严妙行三昧门；

3. 因陀罗网三昧门；

4. 手出广供三昧门；

5. 现诸法门三昧门；

6. 四摄摄生三昧门；

7. 俯同世间三昧门；

8. 毛光照益三昧门；

9. 主伴严丽三昧门；

10. 寂用无涯三昧门。

五，七十九颂举比喻来说明，菩萨行愿功德之不可思议，是用"以劣显胜"、"以小喻大"的方式，故言"欲以譬喻而显示，终无有喻能喻此，然诸智慧聪达人，因于譬故解其义"。

卷第十四（续）
贤首品第十二之一

【原典】

尔时，文殊师利菩萨说无浊乱清净行大功德已，欲显示菩提心功德故，以偈问贤首菩萨曰：

> 我今已为诸菩萨，说佛往修清净行，仁亦当于此会中，演畅修行胜功德。

尔时，贤首菩萨以偈答曰：

> 善哉仁者应谛听，彼诸功德不可量，我今随力说少分，犹如大海一滴水。
>
> 若有菩萨初发心，誓求当证佛菩提，彼之功德无边际，不可称量无与等。
>
> 何况无量无边劫，具修地度诸功德，十方一切诸如来，悉共称扬不能尽。
>
> 如是无边大功德，我今于中说少分，譬如鸟足所履空，亦如大地一微尘。
>
> 菩萨发意求菩提，非是无因无有缘，于佛法僧生净信，以是而生

广大心。

不求五欲及王位，富饶自乐大名称，但为永灭众生苦，利益世间而发心。

常欲利乐诸众生，庄严国土供养佛，受持正法修诸智，证菩提故而发心。

深心信解常清净，恭敬尊重一切佛，于法及僧亦如是，至诚供养而发心。

深信于佛及佛法，亦信佛子所行道，及信无上大菩提，菩萨以是初发心。

信为道元功德母，长养一切诸善法，断除疑网出爱流，开示涅槃无上道。

信无垢浊心清净，灭除骄慢恭敬本，亦为法藏第一财，为清净手受众行。

信能惠施心无吝，信能欢喜入佛法，信能增长智功德，信能必到如来地。

信令诸根净明利，信力坚固无能坏，信能永灭烦恼本，信能专向佛功德。

信于境界无所著，远离诸难得无难，信能超出众魔路，示现无上解脱道。

信为功德不坏种，信能生长菩提树，信能增益最胜智，信能示现一切佛。

是故依行说次第，信乐最胜甚难得，譬如一切世间中，而有随意妙宝珠。

若常信奉于诸佛，则能持戒修学处；若常持戒修学处，则能具足诸功德。

戒能开发菩提本，学是勤修功德地；于戒及学常顺行，一切如来所称美。

若常信奉于诸佛，则能兴集大供养；若能兴集大供养，彼人信佛不思议。

若常信奉于尊法，则闻佛法无厌足；若闻佛法无厌足，彼人信法不思议。

若常信奉清净僧，则得信心不退转；若得信心不退转，彼人信力无能动。

若得信力无能动，则得诸根净明利；若得诸根净明利，则能远离恶知识。

若能远离恶知识，则得亲近善知识；若得亲近善知识，则能修习广大善。

若能修习广大善，彼人成就大因力；若人成就大因力，则得殊胜决定解。

若得殊胜决定解，则为诸佛所护念；若为诸佛所护念，则能发起菩提心。

若能发起菩提心，则能勤修佛功德；若能勤修佛功德，则得生在如来家。

若得生在如来家，则善修行巧方便；若善修行巧方便，则得信乐心清净。

若得信乐心清净，则得增上最胜心；若得增上最胜心，则常修习波罗蜜。

若常修习波罗蜜，则能具足摩诃衍；若能具足摩诃衍，则能如法供养佛。

若能如法供养佛，则能念佛心不动；若能念佛心不动，则常睹见无量佛。

若常睹见无量佛，则见如来体常住；若见如来体常住，则能知法永不灭。

若能知法永不灭，则得辩才无障碍；若得辩才无障碍，则能开演无边法。

若能开演无边法，则能慈愍度众生；若能慈愍度众生，则得坚固大悲心。

若得坚固大悲心，则能爱乐甚深法；若能爱乐甚深法，则能舍离有为过。

若能舍离有为过，则离骄慢及放逸；若离骄慢及放逸，则能兼利一切众。

若能兼利一切众，则处生死无疲厌；若处生死无疲厌，则能勇健无能胜。

若能勇健无能胜，则能发起大神通；若能发起大神通，则知一切众生行。

若知一切众生行，则能成就诸群生；若能成就诸群生，则得善摄众生智。

若得善摄众生智，则能成就四摄法；若能成就四摄法，则与众生无限利。

若与众生无限利，则具最胜智方便；若具最胜智方便，则住勇猛无上道。

若住勇猛无上道，则能摧殄诸魔力；若能摧殄诸魔力，则能超出四魔境。

若能超出四魔境，则得至于不退地；若得至于不退地，则得无生深法忍。

若得无生深法忍，则为诸佛所授记；若为诸佛所授记，则一切佛现其前。

若一切佛现其前，则了神通深密用；若了神通深密用，则为诸佛所忆念。

若为诸佛所忆念，则以佛德自庄严；若以佛德自庄严，则获妙福端严身。

若获妙福端严身，则身晃耀如金山；若身晃耀如金山，则相庄严三十二。

若相庄严三十二，则具随好为严饰；若具随好为严饰，则身光明无限量。

若身光明无限量，则不思议光庄严；若不思议光庄严，其光则出
诸莲华。

其光若出诸莲华，则无量佛坐华上；示现十方靡不遍，悉能调伏
诸众生。

若能如是调众生，则现无量神通力。

若现无量神通力，则住不可思议土，演说不可思议法，令不思议
众欢喜。

若说不可思议法，令不思议众欢喜，则以智慧辩才力，随众生心
而化诱。

若以智慧辩才力，随众生心而化诱，则以智慧为先导，身语意业
恒无失。

若以智慧为先导，身语意业恒无失，则其愿力得自在，普随诸趣
而现身。

若其愿力得自在，普随诸趣而现身，则能为众说法时，音声随类
难思议。

若能为众说法时，音声随类难思议，则于一切众生心，一念悉知
无有余。

若于一切众生心，一念悉知无有余，则知烦恼无所起，永不没溺
于生死。

若知烦恼无所起，永不没溺于生死，则获功德法性身，以法威力
现世间。

若获功德法性身，以法威力现世间，则获十地十自在，修行诸度
胜解脱。

若获十地十自在，修行诸度胜解脱，则获灌顶大神通，住于最胜
诸三昧。

若获灌顶大神通，住于最胜诸三昧，则于十方诸佛所，应受灌顶
而升位。

若于十方诸佛所，应受灌顶而升位，则蒙十方一切佛，手以甘露
灌其顶。

若蒙十方一切佛，手以甘露灌其顶，则身充遍如虚空，安住不动
满十方。

若身充遍如虚空，安住不动满十方，则彼所行无与等，诸天世人
莫能知。

菩萨勤修大悲行，愿度一切无不果，见闻听受若供养，靡不皆令
获安乐。

彼诸大士威神力，法眼常全无缺减，十善妙行等诸道，无上胜宝
皆令现。

譬如大海金刚聚，以彼威力生众宝，无减无增亦无尽，菩萨功德
聚亦然。

或有刹土无有佛，于彼示现成正觉，或有国土不知法，于彼为说
妙法藏。

无有分别无功用，于一念顷遍十方，如月光影靡不周，无量方便
化群生。

于彼十方世界中，念念示现成佛道，转正法轮❷入寂灭，乃至舍
利广分布。

或现声闻独觉道，或现成佛普庄严，如是开阐三乘教，广度众生
无量劫。

或现童男童女形，天龙及以阿修罗，乃至摩睺罗伽等，随其所乐
悉令见。

众生形相各不同，行业音声亦无量，如是一切皆能现，海印三昧
威神力。

严净不可思议刹，供养一切诸如来，放大光明无有边，度脱众生
亦无限。

智慧自在不思议，说法言辞无有碍，施戒忍进及禅定，智慧方便
神通等。

如是一切皆自在，以佛华严三昧力，一微尘中入三昧，成就一切微尘定，

而彼微尘亦不增，于一普现难思刹。

彼一尘内众多刹，或有有佛或无佛，或有杂染或清净，或有广大或狭小，

或复有成或有坏，或有正住或傍住，或如旷野热时焰，或如天上因陀网。

如一尘中所示现，一切微尘悉亦然。

此大名称诸圣人，三昧解脱神通力，若欲供养一切佛，入于三昧起神变，

能以一手遍三千，普供一切诸如来。

十方所有胜妙华，涂香末香无价宝，如是皆从手中出，供养道树诸最胜。

无价宝衣杂妙香，宝幢幡盖皆严好，真金为华宝为帐，莫不皆从掌中雨。

十方所有诸妙物，应可奉献无上尊，掌中悉雨无不备，菩提树前持供佛。

十方一切诸妓乐，钟鼓琴瑟非一类，悉奏和雅妙音声，靡不从于掌中出。

十方所有诸赞颂，称叹如来实功德，如是种种妙言辞，皆从掌内而开演。

菩萨右手放净光，光中香水从空雨，普洒十方诸佛土，供养一切照世灯。

又放光明妙庄严，出生无量宝莲华，其华色相皆殊妙，以此供养于诸佛。

又放光明华庄严，种种妙华集为帐，普散十方诸国土，供养一切大德尊。

又放光明香庄严，种种妙香集为帐，普散十方诸国土，供养一切

大德尊。

又放光明末香严，种种末香聚为帐，普散十方诸国土，供养一切
大德尊。

又放光明衣庄严，种种名衣集为帐，普散十方诸国土，供养一切
大德尊。

又放光明宝庄严，种种妙宝集为帐，普散十方诸国土，供养一切
大德尊。

又放光明莲庄严，种种莲华集为帐，普散十方诸国土，供养一切
大德尊。

又放光明璎庄严，种种妙璎集为帐，普散十方诸国土，供养一切
大德尊。

又放光明幢庄严，其幢绚焕备众色，种种无量皆殊好，以此庄严
诸佛土。

种种杂宝庄严盖，众妙缯幡共垂饰，摩尼宝铎演佛音，执持供养
诸如来。

手出供具难思议，如是供养一导师，一切佛所皆如是，大士三昧
神通力。

菩萨住在三昧中，种种自在摄众生，悉以所行功德法，无量方便
而开诱。

或以供养如来门，或以难思布施门，或以头陀持戒门，或以不动
堪忍门。

或以苦行精进门，或以寂静禅定门，或以决了智慧门，或以所行
方便门。

或以梵住神通门，或以四摄利益门，或以福智庄严门，或以因缘
解脱门。

或以根力正道门，或以声闻解脱门，或以独觉清净门，或以大乘
自在门。

或以无常众苦门，或以无我寿者门，或以不净离欲门，或以灭尽

三昧门。

随诸众生病不同，悉以法药而对治；随诸众生心所乐，悉以方便而满足；

随诸众生行差别，悉以善巧而成就。

如是三昧神通相，一切天人莫能测。

有妙三昧名随乐，菩萨住此普观察，随宜示现度众生，悉使欢心从法化。

劫中饥馑灾难时，悉与世间诸乐具，随其所欲皆令满，普为众生作饶益。

或以饮食上好味，宝衣严具众妙物，乃至王位皆能舍，令好施者悉从化。

或以相好庄严身，上妙衣服宝璎珞，华鬘为饰香涂体，威仪具足度众生。

一切世间所好尚，色相颜容及衣服，随应普现惬其心，俾乐色者皆从道。

迦陵频伽美妙音，俱枳罗等妙音声，种种梵音皆具足，随其心乐为说法。

八万四千诸法门，诸佛以此度众生，彼亦如其差别法，随世所宜而化度。

众生苦乐利衰等，一切世间所作法，悉能应现同其事，以此普度诸众生。

一切世间众苦患，深广无涯如大海，与彼同事悉能忍，令其利益得安乐。

若有不识出离法，不求解脱离喧愦，菩萨为现舍国财，常乐出家心寂静。

家是贪爱系缚所，欲使众生悉免离，故示出家得解脱，于诸欲乐无所受。

菩萨示行十种行，亦行一切大人法，诸仙行等悉无余，为欲利益众生故。

若有众生寿无量，烦恼微细乐具足，菩萨于中得自在，示受老病死众患。

或有贪欲嗔恚痴，烦恼猛火常炽然，菩萨为现老病死，令彼众生悉调伏。

如来十力无所畏，及以十八不共法，所有无量诸功德，悉以示现度众生。

记心教诫及神足，悉是如来自在用，彼诸大士皆示现，能使众生尽调伏。

菩萨种种方便门，随顺世法度众生，譬如莲华不著水，如是在世令深信。

雅思渊才文中王，歌舞谈说众所欣，一切世间众技术，譬如幻师无不现。

或为长者邑中主，或为贾客商人导，或为国王及大臣，或作良医善众论。

或于旷野作大树，或为良药众宝藏，或作宝珠随所求，或以正道示众生。

若见世界始成立，众生未有资身具，是时菩萨为工匠，为之示现种种业。

不作逼恼众生物，但说利益世间事，咒术药草等众论，如是所有皆能说。

一切仙人殊胜行，人天等类同信仰，如是难行苦行法，菩萨随应悉能作。

或作外道出家人，或在山林自勤苦，或露形体无衣服，而于彼众作师长。

或现邪命种种行，习行非法以为胜，或现梵志诸威仪，于彼众中为上首。

或受五热随日转，或持牛狗及鹿戒，或著坏衣奉事火，为化是等作导师。

　　或有示谒诸天庙，或复示入恒河水，食根果等悉示行，于彼常思已胜法。

　　或现蹲踞或翘足，或卧草棘及灰上，或复卧杵求出离，而于彼众作师首。

　　如是等类诸外道，观其意解与同事，所示苦行世靡堪，令彼见已皆调伏。

　　众生迷惑禀邪教，住于恶见受众苦，为其方便说妙法，悉令得解真实谛。

　　或边咒语说四谛，或善密语说四谛，或人直语说四谛，或天密语说四谛，

　　分别文字说四谛，决定义理说四谛，善破于他说四谛，非外所动说四谛，

　　或八部语说四谛，或一切语说四谛，随彼所解语言音，为说四谛令解脱。

　　所有一切诸佛法，皆如是说无不尽，知语境界不思议，是名说法三昧力。

注释

❷ "轮"，大正本原作 "论"，今依前后文意改之。

【白话语译】

这时，当文殊师利菩萨说毕清净无染行的大功德，为了显示菩提心的功德，就用偈语请问贤首菩萨说：

> 我今已为诸菩萨大众，宣说佛往昔修清净行，
> 仁者亦当于此大会中，开演畅言修行胜功德。

这时，贤首菩萨就用偈语回答说：

> 善哉仁者今应谛听，彼诸功德实不可量，
> 我今随力宣说少分，犹如大海中一滴水。
> 若有菩萨初发心时，誓求当证诸佛菩提，
> 彼之功德无有边际，不可称量无与等者。
> 何况无量无边劫中，具修地度诸般功德，
> 十方一切诸佛如来，悉共称扬所不能尽。
> 如是无边大功德海，我今于中宣说少分，
> 譬如鸟足所履虚空，亦如大地中一微尘。
> 菩萨发意求大菩提，非是无因无有胜缘，
> 于佛法僧生起净信，以是而生广大发心。
> 不求五欲以及王位，富饶自乐诸大名称，
> 但为永灭众生苦恼，利益世间而发大心。
> 常欲利乐一切众生，庄严国土供养诸佛，
> 受持正法修诸深智，证菩提故因而发心。
> 深心信解常具清净，恭敬尊重一切诸佛，
> 于法及僧亦复如是，至诚供养而发道心。
> 深信于佛及诸佛法，亦信佛子所行胜道，

及信无上广大菩提，菩萨以是而初发心。

信为道元功德之母，长养一切诸善妙法，

断除疑网出于爱流，开示涅槃无上大道。

信无垢浊心恒清净，灭除骄慢恭敬为本，

亦为法藏第一胜财，为清净手信受众行。

信能惠施心无吝惜，信能欢喜入于佛法，

信能增长智慧功德，信能必到佛如来地。

信令诸根清净明利，信力坚固无能沮坏，

信能永灭烦恼根本，信能专向诸佛功德。

信于境界无所执着，远离诸难能得无难，

信能超出众魔之路，示现无上解脱大道。

信为功德不坏胜种，信能生长菩提妙树，

信能增益最胜智慧，信能示现一切诸佛。

是故依行演说次第，信乐最胜甚深难得，

譬如一切世间之中，而有随意胜妙宝珠。

若常信奉于诸佛陀，则能持戒精修学处❷；

若常持戒精修学处，则能具足一切功德。

戒能开发菩提根本，学是勤修功德胜地；

于戒及学恒常顺行，一切如来之所称美。

若常信奉于诸佛陀，则能兴集广大供养；

若能兴集广大供养，彼人信佛不可思议。

若常信奉于佛尊法，则闻佛法无有厌足；

若闻佛法无有厌足，彼人信法不可思议。

若常信奉清净僧众，则得信心恒不退转；

若得信心恒不退转，彼人信力无能动摇。

若得信力无能动摇，则得诸根清净明利；

若得诸根清净明利，则能远离诸恶知识。

若能远离诸恶知识，则得亲近诸善知识；

若得亲近诸善知识，则能勤修习广大善。

若能勤修习广大善，彼人成就广大因力；

若人成就广大因力，则得殊胜决定胜解。

若得殊胜决定胜解，则为诸佛之所护念；

若为诸佛之所护念，则能发起大菩提心。

若能发起大菩提心，则能勤修诸佛功德；

若能勤修诸佛功德，则得生在如来之家。

若得生在如来之家，则善修行巧妙方便；

若善修行巧妙方便，则得信乐心生清净。

若得信乐心生清净，则得增上最胜妙心；

若得增上最胜妙心，则常修习诸波罗蜜。

若常修习诸波罗蜜，则能具足摩诃衍❷乘；

若能具足摩诃衍乘，则能如法供养佛陀。

若能如法供养佛陀，则能念佛心不动摇；

若能念佛心不动摇，则常睹见无量诸佛。

若常睹见无量诸佛，则见如来体性常住；

若见如来体性常住，则能知法永不断灭。

若能知法永不断灭，则得辩才无有障碍；

若得辩才无有障碍，则能开演无边法要。

若能开演无边法要，则能慈悯广度众生；

若能慈悯广度众生，则得坚固广大悲心。

若能坚固广大悲心，则能爱乐甚深妙法；

若能爱乐甚深妙法，则能舍离有为过患。

若能舍离有为过患，则离骄慢以及放逸；

若离骄慢以及放逸，则能兼利一切大众。

若能兼利一切大众，则处生死无有疲厌；

若处生死无有疲厌，则能勇健无能胜者。

若能勇健无能胜者，则能发起大神通力；

若能发起大神通力，则知一切众生心行。

若知一切众生心行，则能成就一切群生；

若能成就一切群生，则得善摄众生智慧。

若得善摄众生智慧，则能成就四摄之法；

若能成就四摄之法，则与众生无限利益。

若与众生无限利益，则具最胜智慧方便；

若具最胜智慧方便，则住勇猛无上大道。

若住勇猛无上大道，则能摧殄诸魔之力；

若能摧殄诸魔之力，则能超出四魔❸境界。

若能超出四魔境界，则得至于不退转地；

若得至于不退转地，则得无生甚深法忍。

若得无生甚深法忍，则为诸佛之所授记❸；

若为诸佛之所授记，则一切佛现在其前。

若一切佛现在其前，则了神通深密妙用；

若了神通深密妙用，则为诸佛之所忆念。

若为诸佛之所忆念，则以佛德为自庄严；

若以佛德为自庄严，则获妙福端严色身。

若获妙福端严色身，则身晃耀宛如金山；

若身晃耀宛如金山，则具庄严三十二相。

若具庄严三十二相，则具随好为庄严饰；

若具随好为庄严饰，则身光明无有限量。

若身光明无有限量，则不思议光明庄严；

若不思议光明庄严，其光则生出诸莲华。

其光若生出诸莲华，则无量佛坐莲华上；

示现十方靡不周遍，悉能调伏一切众生。

若能如是调伏众生，则现无量神通威力。

若现无量神通威力，则住不可思议佛土，

演说不可思议法要，令不可思议众欢喜。

若说不可思议法要，令不可思议众欢喜，
则以智慧大辩才力，随众生心而化诱导。
若以智慧大辩才力，随众生心而化诱导，
则以智慧为先导引，身语意业恒无缺失。
若以智慧为先导引，身语意业恒无缺失，
则其愿力能得自在，普随诸趣而现其身。
若其愿力能得自在，普随诸趣而现其身，
则能为众演说法时，音声随类难以思议。
若能为众演说法时，音声随类难以思议，
则于一切众生心行，一念悉知遍无有余。
若于一切众生心行，一念悉知遍无有余，
则了知烦恼无所起，永不没溺于生死中。
若了知烦恼无所起，永不没溺于生死中，
则获功德法性之身，以法威力现于世间。
若获功德法性之身，以法威力现于世间，
则获十地十种自在，修行诸度得胜解脱。
若获十地十种自在，修行诸度得胜解脱，
则获灌顶❷大神通力，住于最胜诸三昧中。
若获灌顶大神通力，住于最胜诸三昧中，
则于十方诸佛所在，应受灌顶而升妙位。
若于十方诸佛所在，应受灌顶而升妙位，
则蒙十方一切诸佛，手以甘露灌于其顶。
若蒙十方一切诸佛，手以甘露灌于其顶，
则身充遍宛如虚空，安住不动遍满十方。
若身充遍宛如虚空，安住不动遍满十方，
则彼所行无与等者，诸天世人莫能了知。
菩萨勤修大悲胜行，愿度一切无不得果，
见闻听受若供养者，靡不皆令获得安乐。

彼诸大士威神之力，法眼常全无有缺减，
十善妙行等诸胜道，无上胜宝皆令现前。
譬如大海金刚所聚，以彼威力出生众宝，
无减无增亦无穷尽，菩萨功德积聚亦然。
或有刹土无有佛陀，于彼示现成等正觉，
或有国土不知法要，于彼为说胜妙法藏。
无有分别无功用行，于一念顷遍至十方，
如月光影靡不周遍，无量方便化导群生。
于彼十方世界之中，念念示现成就佛道，
转正法轮入于寂灭，乃至舍利广为分布。
或现声闻独觉之道，或现成佛普现庄严，
如是开阐三乘教法，广度众生无量时劫。
或现童男童女之形，天龙及以阿修罗形，
乃至摩睺罗伽等形，随其所乐悉令得见。
众生形相各有不同，行业音声亦皆无量，
如是一切皆能示现，海印三昧威神力故。
严净不可思议佛刹，供养一切诸佛如来，
放大光明无有边际，度脱众生亦无限量。
智慧自在不可思议，说法言辞无有障碍，
施戒忍进及禅定度，智慧方便神通力等。
如是一切皆得自在，以佛华严三昧力故，
于一微尘中入三昧，成就一切微尘禅定，
而彼微尘亦不增大，于一普现难思议刹。
彼一尘内众多刹土，或有佛陀或无佛陀，
或有杂染或清净土，或有广大或狭小刹，
或复有成或有住坏，或有正住或为傍住，
或如旷野热时之焰，或如天上因陀罗网。
如一尘中之所示现，一切微尘悉亦复然。

此大名称诸般圣人，三昧解脱神通威力，
若欲供养一切诸佛，入于三昧起大神变，
能以一手遍三千界，普供养一切诸如来。
十方所有胜妙之华，涂香末香无价珍宝，
如是皆从手中出生，供养道树一切最胜。
无价宝衣杂以妙香，宝幢幡盖悉皆严好，
真金为华以宝为帐，莫不皆从掌中雨下。
十方所有诸般妙物，应可奉献无上至尊，
掌中悉雨无不周备，菩提树前持以供佛。
十方一切诸妓乐等，钟鼓琴瑟非仅一类，
悉奏和雅微妙音声，靡不从于掌中出生。
十方所有诸类赞颂，称叹如来真实功德，
如是种种微妙言辞，皆从掌内而为开演。
菩萨右手施放净光，光中香水从空雨下，
普洒十方诸佛国土，供养一切照世之灯。
又放光明微妙庄严，出生无量众宝莲华，
其华色相悉皆殊妙，以此供养于诸佛陀。
又放光明妙华庄严，种种妙华积集为帐，
普散十方诸国土中，供养一切大德至尊。
又放光明妙香庄严，种种妙香积集为帐，
普散十方诸佛国土，供养一切大德至尊。
又放光明末香庄严，种种末香积聚为帐，
普散十方诸佛国土，供养一切大德至尊。
又放光明宝衣庄严，种种名衣积集为帐，
普散十方诸佛国土，供养一切大德至尊。
又放光明妙宝庄严，种种妙宝积集为帐，
普散十方诸佛国土，供养一切大德至尊。
又放光明莲华庄严，种种莲华积集为帐，

普散十方诸佛国土，供养一切大德至尊。

又放光明璎珞庄严，种种妙瓔积集为帐，

普散十方诸佛国土，供养一切大德至尊。

又放光明宝幢庄严，其幢绚焕备具众色，

种种无量悉皆殊好，以此庄严诸佛国土。

种种杂宝庄严宝盖，众妙缯幡共为垂饰，

摩尼宝铎开演佛音，执持供养诸佛如来。

手出供具难以思议，如是供养一大导师，

一切佛所悉皆如是，大士三昧神通威力。

菩萨住在三昧之中，种种自在摄持众生，

悉以所行功德妙法，无量方便而开诱导。

或以供养如来为门，或以难思布施为门，

或以头陀持戒为门，或以不动堪忍为门。

或以苦行精进为门，或以寂静禅定为门，

或以决了智慧为门，或以所行方便为门。

或以梵住神通为门，或以四摄利益为门，

或以福智庄严为门，或以因缘解脱为门。

或以根力正道为门，或以声闻解脱为门，

或以独觉清净为门，或以大乘自在为门。

或以无常众苦为门，或以无我寿者为门，

或以不净离欲为门，或以灭尽三昧为门。

随诸众生众病不同，悉以法药而为对治；

随诸众生心之所乐，悉以方便而为满足；

随诸众生所行差别，悉以善巧而为成就。

如是三昧神通妙相，一切天人莫能测度。

有妙三昧名为随乐，菩萨住此普善观察，

随宜示现度诸众生，悉使欢心从法教化。

劫中饥馑灾难之时，悉与世间诸种乐具，

随其所欲皆令满足，普为众生而作饶益。

或以饮食上好妙味，宝衣严具众妙宝物，

乃至王位悉皆能舍，令好施者悉皆从化。

或以相好庄严妙身，上妙衣服珍宝璎珞，

华鬘为饰妙香涂体，威仪具足度诸众生。

一切世间之所好尚，色相颜容以及衣服，

随应普现惬其心意，俾乐色者悉皆从道。

迦陵频伽㉝美妙音声，俱枳罗㉞等微妙音声，

种种梵音悉皆具足，随其心乐而为说法。

八万四千诸种法门，诸佛以此度诸众生，

彼亦如其差别之法，随世所宜而为化度。

众生苦乐利衰风等，一切世间所作法则，

悉能应现而同其事，以此普度一切众生。

一切世间众苦为患，深广无涯宛如大海，

与彼同事悉能安忍，令其利益而得安乐。

若有不识出离法要，不求解脱离于喧愦，

菩萨为现舍于国财，常乐出家心住寂静。

家是贪爱系缚所在，欲使众生皆悉免离，

故示出家而得解脱，于诸欲乐无所爱着。

菩萨示行十种胜行，亦行一切大人之法，

诸仙行等皆悉无余，为欲利益众生之故。

若有众生其寿无量，烦恼微细众乐具足，

菩萨于中能得自在，示受老病死众苦患。

或有贪欲嗔恚痴迷，烦恼猛火恒常炽然，

菩萨为现老病死苦，令彼众生悉皆调伏。

如来十力四无所畏，及以十八不共之法㉟，

所有无量诸般功德，悉以示现度诸众生。

记心㊱教诫以及神足，悉是如来自在妙用，

彼诸大士悉皆示现，能使众生尽皆调伏。

菩萨种种方便之门，随顺世法广度众生，
譬如莲华不着于水，如是在世令生深信。

雅思渊才文中之王，歌舞谈说众所欣敬，
一切世间众妙技术，譬如幻师无不示现。

或为长者邑中之主，或为贾客商人导师，
或为国王以及大臣，或作良医善于众论。

或于旷野而作大树，或为良药为众宝藏，
或作宝珠随所欣求，或以正道示导众生。

若见世界初始成立，众生未有资身之具，
是时菩萨巧为工匠，为之示现种种作业。

不作逼恼众生之物，但说利益世间诸事，
咒术药草等众论述，如是所有皆能演说。

一切仙人殊胜妙行，人天等类同信钦仰，
如是难行苦行之法，菩萨随应皆悉能作。

或作外道出家之人，或在山林自精勤苦，
或露形体无有衣服，而于彼众为作师长。

或现邪命❸种种众行，习行非法以为胜妙，
或现梵志❸具诸威仪，于彼众中而为上首。

或受五热❹随日而转，或持牛狗及鹿戒❹等，
或着坏衣奉事于火，为化是等而作导师。

或有示谒诸天之庙，或复示入浴恒河水，
食根果等悉示诸行，于彼常思己胜妙法。

或现蹲踞或为翘足，或卧草棘及灰土上，
或复卧杵以求出离，而于彼众作为师首。

如是等类诸种外道，观其意解而与同事，
所示苦行世靡堪受，令彼见已悉皆调伏。

众生迷惑禀于邪教，住于恶见而受众苦，

为其方便演说妙法，悉令得解真实义谛。

或边咒语❶演说四谛，或善密语巧说四谛，

或人直语示说四谛，或天密语而说四谛，

分别文字说明四谛，决定义理说四谛法，

善破于他说四谛法，非外所动说四谛法，

或八部❷语说四谛法，或一切语说四谛法，

随彼所解语言众音，为说四谛令得解脱。

所有一切诸佛胜法，悉皆如是说无不尽，

知语境界不可思议，是名说法三昧威力。

【注释】

❷❽ 学处：修学之处，如五戒亦名五学处。

❷❾ 摩诃衍：梵语 mahā-yāna，完整音译为"摩诃衍那"，即大乘。

❸⓪ 四魔："魔"，梵语 māra，完整音译作"魔罗"，意译作"夺命"、"破坏"等，指夺人命、妨善事者。有烦恼魔、五蕴魔、死魔、自在天魔四种，故称为"四魔"。

❸① 授记：佛陀对发菩提心之众生授与将来必当成佛的记别。

❸② 灌顶：印度国王在即位时，以四大海之水灌于头顶，表祝贺之意。而佛教引申灌者为大悲护念之义，顶者为佛果最上之义。菩萨由初地乃至等觉，将究竟佛果时，诸佛以大悲水灌其顶，即表自行圆满，得证佛果之意。

❸③ 迦陵频伽：鸟名，梵语 kalaviṅka，意译作"美音鸟"或"好声鸟"，据说在蛋壳中即以美妙音声鸣叫。

❸④ 俱枳罗：意译作"好眼鸟"或"好声鸟"，乃有美音之鸟。

❸⑤ 十八不共法：佛陀的十八种功德法，唯佛独有，不与三乘共有，故称为"不共"。

❸⑥ 记心：以佛心识别众生各种心行之差别。

❸⑦ 命："生活"之意。邪命，乃指修行者不应有的营生法。

❸⑧ 梵志：志求梵天之法者，即外道出家人。

❸⑨ 五热：热炙五体的一种苦行。

❹ 印度有学牛、狗等畜类的作法，以之为升天之因者，称为牛戒、狗戒。执持如此邪戒，佛教称之为"戒禁取见"。

❹ 边咒语：南印度边境之俗话。

❹ 八部：指天、龙、夜叉、乾闼婆、阿修罗、迦楼罗、紧那罗、摩睺罗迦等八部众。

卷第十五
贤首品第十二之二

【原典】

有胜三昧名安乐，能普救度诸群生，放大光明不思议，令其见者悉调伏。

所放光明名善现，若有众生遇此光，必令获益不唐捐，因是得成无上智。

彼光示现于诸佛，示法示僧示正道，亦示佛塔及形像，是故得成此光明。

又放光明名照耀，映蔽一切诸天光，所有暗障靡不除，普为众生作饶益。

此光觉悟一切众，令执灯明供养佛，以灯供养诸佛故，得成世中无上灯。

然诸油灯及酥灯，亦然种种诸明炬，众香妙药上宝烛，以是供佛获此光。

又放光明名济度，此光能觉一切众，令其普发大誓心，度脱欲海诸群生。

若能普发大誓心，度脱欲海诸群生，则能越度四瀑流，示导无忧解脱城。

于诸行路大水处，造立桥梁及船筏，毁訾有为赞寂静，是故得成此光明。

又放光明名灭爱，此光能觉一切众，令其舍离❶于五欲，专思解脱妙法味。

若能舍离于五欲，专思解脱妙法味，则能以佛甘露雨，普灭世间诸渴爱。

惠施池井及泉流，专求无上菩提道，毁訾五欲赞禅定，是故得成此光明。

又放光明名欢喜，此光能觉一切众，令其爱慕佛菩提，发心愿证无师道。

造立如来大悲像，众相庄严坐华座，恒叹最胜诸功德，是故得成此光明。

又放光明名爱乐，此光能觉一切众，令其心乐于诸佛，及以乐法乐众僧。

若常心乐于诸佛，及以乐法乐众僧，则在如来众会中，逮成无上深法忍。

开悟众生无有量，普使念佛法僧宝，及示发心功德行，是故得成此光明。

又放光明名福聚，此光能觉一切众，令行种种无量施，以此愿求无上道。

设大施会无遮限，有来求者皆满足，不令其心有所乏，是故得成此光明。

又放光明名具智，此光能觉一切众，令于一法一念中，悉解无量诸法门。

为诸众生分别法，及以决了真实义，善说法义无亏减，是故得成此光明。

又放光明名慧灯，此光能觉一切众，令知众生性空寂，一切诸法无所有。

演说诸法空无主，如幻如焰水中月，乃至犹如梦影像，是故得成此光明。

又放光名法自在，此光能觉一切众，令得无尽陀罗尼，悉持一切诸佛法。

恭敬供养持法者，给侍守护诸贤圣，以种种法施众生，是故得成此光明。

又放光明名能舍，此光觉悟悭众生，令知财宝悉非常，恒乐惠施心无著。

悭心难调而能调，解财如梦如浮云，增长惠施清净心，是故得成此光明。

又放光明名除热，此光能觉毁禁者，普使受持清净戒，发心愿证无师道。

劝引众生受持戒，十善业道悉清净，又令发向菩提心，是故得成此光明。

又放光明名忍严，此光觉悟嗔恚者，令彼除嗔离我慢，常乐忍辱柔和法。

众生暴恶难可忍，为菩提故心不动，常乐称扬忍功德，是故得成此光明。

又放光明名勇猛，此光觉悟懒堕者，令彼常于三宝中，恭敬供养无疲厌。

若彼常于三宝中，恭敬供养无疲厌，则能超出四魔境，速成无上佛菩提。

劝化众生令进策，常勤供养于三宝，法欲灭时专守护，是故得成此光明。

又放光明名寂静，此光能觉乱意者，令其远离贪恚痴，心不动摇而正定。

舍离一切恶知识，无义谈说杂染行，赞叹禅定阿兰若，是故得成此光明。

又放光明名慧严，此光觉悟愚迷者，令其证谛解缘起，诸根智慧悉通达。

若能证谛解缘起，诸根智慧悉通达，则得日灯三昧法，智慧光明成佛果。

国财及己皆能舍，为菩提故求正法，闻已专勤为众说，是故得成此光明。

又放光明名佛慧，此光觉悟诸含识，令见无量无边佛，各各坐宝莲华上。

赞佛威德及解脱，说佛自在无有量，显示佛力及神通，是故得成此光明。

又放光明名无畏，此光照触恐怖者，非人所持诸毒害，一切皆令疾除灭。

能于众生施无畏，遇有恼害皆劝止，拯济厄难孤穷者，以是得成此光明。

又放光明名安隐，此光能照疾病者，令除一切诸苦痛，悉得正定三昧乐。

施以良药救众患，妙宝延命香涂体，酥油乳蜜充饮食，以是得成此光明。

又放光明名见佛，此光觉悟将殁者，令随忆念见如来，命终得生其净国。

见有临终劝念佛，又示尊像令瞻敬，俾于佛所深归仰，是故得成此光明。

又放光明名乐法，此光能觉一切众，令于正法常欣乐，听闻演说及书写。

法欲尽时能演说，令求法者意充满，于法爱乐勤修行，是故得成此光明。

又放光明名妙音，此光开悟诸菩萨，能令三界所有声，闻者皆是如来音。

以大音声称赞佛，及施铃铎诸音乐，普使世间闻佛音，是故得成此光明。

又放光名施甘露，此光开悟一切众，令舍一切放逸行，具足修习
诸功德。

说有为法非安隐，无量苦恼悉充遍，恒乐称扬寂灭乐，是故得成
此光明。

又放光明名最胜，此光开悟一切众，令于佛所普听闻，戒定智慧
增上法。

常乐称扬一切佛，胜戒胜定殊胜慧，如是为求无上道，是故得成
此光明。

又放光明名宝严，此光能觉一切众，令得宝藏无穷尽，以此供养
诸如来。

以诸种种上妙宝，奉施于佛及佛塔，亦以惠施诸贫乏，是故得成
此光明。

又放光明名香严，此光能觉一切众，令其闻者悦可意，决定当成
佛功德。

人天妙香以涂地，供养一切最胜主，亦以造塔及佛像，是故得成
此光明。

又放光名杂庄严，宝幢幡盖无央数，焚香散华奏众乐，城邑内外
皆充满。

本❷以微妙妓乐音，众香妙华幢盖等，种种庄严供养佛，是故得
成此光明。

又放光明名严洁，令地平坦犹如掌，庄严佛塔及其处，是故得成
此光明。

又放光明名大云，能起香云雨香水，以水洒塔及庭院，是故得成
此光明。

又放光明名严具，令裸形者得上服，严身妙物而为施，是故得成
此光明。

又放光明名上味，能令饥者获美食，种种珍馔而为施，是故得成

此光明。

又放光明名大财，令贫乏者获宝藏，以无尽物施三宝，是故得成此光明。

又放光名眼清净，能令盲者见众色，以灯施佛及佛塔，是故得成此光明。

又放光名耳清净，能令聋者悉善听，鼓乐娱佛及佛塔，是故得成此光明。

又放光名鼻清净，昔未闻香皆得闻，以香施佛及佛塔，是故得成此光明。

又放光名舌清净，能以美音称赞佛，永除粗恶不善语，是故得成此光明。

又放光名身清净，诸根缺者令具足，以身礼佛及佛塔，是故得成此光明。

又放光名意清净，令失心者得正念，修行三昧悉自在，是故得成此光明。

又放光名色清净，令见难思诸佛色，以众妙色庄严塔，是故得成此光明。

又放光名声清净，令知声性本空寂，观声缘起如谷响，是故得成此光明。

又放光名香清净，令诸臭秽悉香洁，香水洗塔菩提树，是故得成此光明。

又放光名味清净，能除一切味中毒，恒供佛僧及父母，是故得成此光明。

又放光名触清净，能令恶触皆柔软，戈鋋剑戟从空雨，皆令变作妙华鬘。

以昔曾于道路中，涂香散华布衣服，迎送如来令蹈上，是故今获光如是。

又放光名法清净，能令一切诸毛孔，悉演妙法不思议，众生听者咸欣悟。

因缘所生无有生，诸佛法身非是身，法性常住如虚空，以说其义光如是。

如是等比光明门，如恒河沙无限数，悉从大仙毛孔出，一一作业各差别。

如一毛孔所放光，无量无数如恒沙，一切毛孔悉亦然，此是大仙三昧力。

如其本行所得光，随彼宿缘同行者，今放光明故如是，此是大仙智自在。

往昔同修于福业，及有爱乐能随喜，见其所作亦复然，彼于此光咸得见。

若有自修众福业，供养诸佛无央数，于佛功德常愿求，是此光明所开觉。

譬如生盲不见日，非为无日出世间，诸有目者悉明见，各随所务修其业。

大士光明亦如是，有智慧者皆悉见，凡夫邪信劣解人，于此光明莫能睹。

摩尼宫殿及辇乘，妙宝灵香以涂莹，有福德者自然备，非无德者所能处。

大士光明亦如是，有深智者咸照触，邪信劣解凡愚人，无有能见此光明。

若有闻此光差别，能生清净深信解，永断一切诸疑网，速成无上功❸德幢。

有胜三昧能出现，眷属庄严皆自在，一切十方诸国土，佛子众会无伦匹。

有妙莲华光庄严，量等三千大千界，其身端坐悉充满，是此三昧神通力。

复有十刹微尘数，妙好莲华所围绕，诸佛子众于中坐，住此三昧威神力。

宿世成就善因缘，具足修行佛功德，此等众生绕菩萨，悉共合掌观无厌。

譬如明月在星中，菩萨处众亦复然，大士所行法如是，入此三昧威神力。

如于一方所示现，诸佛子众共围绕，一切方中悉如是，住此三昧威神力。

有胜三昧名方网，菩萨住此广开示，一切方中普现身，或现入定或从出。

或于东方入正定，而于西方从定出；或于西方入正定，而于东方从定出；

或于余方入正定，而于余方从定出。如是入出遍十方，是名菩萨三昧力。

尽于东方诸国土，所有如来无数量，悉现其前普亲近，住于三昧寂不动。

而于西方诸世界，一切诸佛如来所，皆现从于三昧起，广修无量诸供养。

尽于西方诸国土，所有如来无数量，悉现其前普亲近，住于三昧寂不动。

而于东方诸世界，一切诸佛如来所，皆现从于三昧起，广修无量诸供养。

如是十方诸世界，菩萨悉入无有余，或现三昧寂不动，或现恭敬供养佛。

于眼根中入正定，于色尘中从定出，示现色性不思议，一切天人莫能知。

于色尘中入正定，于眼起定心不乱，说眼无生无有起，性空寂灭无所作。

于耳根中入正定，于声尘中从定出，分别一切语言音，诸天世人莫能知。

于声尘中入正定，于耳起定心不乱，说耳无生无有起，性空寂灭无所作。

于鼻根中入正定，于香尘中从定出，普得一切上妙香，诸天世人莫能知。

于香尘中入正定，于鼻起定心不乱，说鼻无生无有起，性空寂灭无所作。

于舌根中入正定，于味尘中从定出，普得一切诸上味，诸天世人莫能知。

于味尘中入正定，于舌起定心不乱，说舌无生无有起，性空寂灭无所作。

于身根中入正定，于触尘中从定出，善能分别一切触，诸天世人莫能知。

于触尘中入正定，于身起定心不乱，说身无生无有起，性空寂灭无所作。

于意根中入正定，于法尘中从定出，分别一切诸法相，诸天世人莫能知。

于法尘中入正定，从意起定心不乱，说意无生无有起，性空寂灭无所作。

童子身中入正定，壮年身中从定出，壮年身中入正定，老年身中从定出；

老年身中入正定，善女身中从定出；善女身中入正定，善男身中从定出；

善男身中入正定，比丘尼身从定出；比丘尼身入正定，比丘身中从定出；

比丘身中入正定，学无学身从定出；学无学身入正定，辟支佛身从定出；

辟支佛身入正定，现如来身从定出；于如来身入正定，诸天身中从定出；

诸天身中入正定，大龙身中从定出；大龙身中入正定，夜叉身中从定出；

夜叉身中入正定，鬼神身中从定出；鬼神身中入正定，一毛孔中从定出；

一毛孔中入正定，一切毛孔从定出；一切毛孔入正定，一毛端头从定出；

一毛端头入正定，一微尘中从定出；一微尘中入正定，一切尘中从定出；

一切尘中入正定，金刚地中从定出；金刚地中入正定，摩尼树上从定出；

摩尼树上入正定，佛光明中从定出；佛光明中入正定，于河海中从定出；

于河海中入正定，于火大中从定出；于火大中入正定，于风起定心不乱；

于风大中入正定，于地大中从定出；于地大中入正定，于天宫殿从定出；

于天宫殿入正定，于空起定心不乱。

是名无量功德者，三昧自在难思议，十方一切诸如来，于无量劫说不尽。

一切如来咸共说，众生业报难思议，诸龙变化佛自在，菩萨神力亦难思。

欲以譬喻而显示，终无有喻能喻此，然诸智慧聪达人，因于譬故解其义。

声闻心住八解脱，所有变现皆自在，能以一身现多身，复以多身为一身。

于虚空中入火定，行住坐卧悉在空，身上出水身下火，身上出火身下水。

如是皆于一念中，种种自在无边量。

彼不具足大慈悲，不为众生求佛道，尚能现此难思事，况大饶益自在力。

譬如日月游虚空，影像普遍于十方，泉池陂泽器中水，众宝河海靡不现。

菩萨色像亦复然，十方普现不思议，此皆三昧自在法，唯有如来能证了。

如净水中四兵像，各各别异无交杂，剑戟弧矢类甚多，铠胄车舆非一种。

随其所有相差别，莫不皆于水中现，而水本自无分别，菩萨三昧亦如是。

海中有神名善音，其音普顺海众生，所有语言皆辨了，令彼一切悉欢悦。

彼神具有贪恚痴，犹能善解一切音，况复总持自在力，而不能令众欢喜！

有一妇人名辩才，父母求天而得生，若有离恶乐真实，入彼身中生妙辩。

彼有贪欲嗔恚痴，犹能随行与辩才，何况菩萨具智慧，而不能与众生益！

譬如幻师知幻法，能现种种无量事，须臾示作日月岁，城邑丰饶大安乐。

幻师具有贪恚痴，犹能幻力悦世间，况复禅定解脱力，而不能令众欢喜！

天阿修罗斗战时，修罗败衄而退走，兵仗车舆及徒旅，一时窜匿莫得见。

彼有贪欲嗔恚痴，尚能变化不思议，况住神通无畏法，云何不能现自在！

释提桓因有象王，彼知天主欲行时，自化作头三十三，一一六牙皆具足；

一一牙上七池水，清净香洁湛然满；一一清净池水中，各七莲华妙严饰；

彼诸严饰莲华上，各各有七天玉女，悉善技艺奏众乐，而与帝释相娱乐。

彼象或复舍本形，自化其身同诸天，威仪进止悉齐等，有此变现神通力。

彼有贪欲嗔恚痴，尚能现此诸神通，何况具足方便智，而于诸定不自在！

如阿修罗变化❹身，蹈金刚际海中立，海水至深仅其半，首共须弥正齐等。

彼有贪欲嗔恚痴，尚能现此大神通，况伏魔怨照世灯，而无自在威神力！

天阿修罗共战时，帝释神力难思议，随阿修罗军众数，现身等彼而与敌。

诸阿修罗发是念，释提桓因来向我，必取我身五种缚，由是彼众悉忧悴。

帝释现身有千眼，手持金刚出火焰，被甲持杖极威严，修罗望见咸退伏。

彼以微小福德力，犹能摧破大怨敌，何况救度一切者，具足功德不自在！

忉利天中有天鼓，从天业报而生得，知诸天众放逸时，空中自然出此音。

一切五欲悉无常，如水聚沫性虚伪，诸有如梦如阳焰，亦如浮云水中月。

放逸为怨为苦恼，非甘露道生死径，若有作诸放逸行，入于死灭大鱼口。

世间所有众苦本，一切圣人皆厌患，五欲功德灭坏性，汝应爱乐真实法。

三十三天闻此音，悉共来升善法堂，帝释为说微妙法，咸令顺寂除贪爱。

彼音无形不可见，犹能利益诸天众，况随心乐现色身，而不济度诸群生！

天阿修罗共斗时，诸天福德殊胜力，天鼓出音告其众，汝等宜应勿忧怖！

诸天闻此所告音，悉除忧畏增益力。时阿修罗心震惧，所将兵众咸退走。

甘露妙定如天鼓，恒出降魔寂静音，大悲哀愍救一切，普使众生灭烦恼。

帝释普应诸天女，九十有二那由他，令彼各各心自谓，天王独与我娱乐。

如天女中身普应，善法堂内亦如是，能于一念现神通，悉至其前为说法。

帝释具有贪恚痴，能令眷属悉欢喜，况大方便神通力，而不能令一切悦！

他化自在六天王，于欲界中得自在，以业惑苦为罥网，系缚一切诸凡夫。

彼有贪欲嗔恚痴，犹于众生得自在，况具十种自在力，而不能令众同行！

三千世界大梵王，一切梵天所住处，悉能现身于彼坐，演畅微妙梵音声。

彼住世间梵道中，禅定神通尚如意，况出世间无有上，于禅解脱不自在！

摩醯首罗智自在，大海龙王降雨时，悉能分别数其滴，于一念中皆辨了。

无量亿劫勤修学，得是无上菩提智，云何不于一念中，普知一切众生心！

众生业报不思议，为大风力起世间，巨海诸山天宫殿，众宝光明万物种。

亦能兴云降大雨，亦能散灭诸云气，亦能成熟一切谷，亦能安乐诸群生。

风不能学波罗蜜，亦不学佛诸功德，犹成不可思议事，何况具足诸愿者！

男子女人种种声，一切鸟兽诸音声，大海川流雷震声，皆能称悦众生意。

况复知声性如响，逮得无碍妙辩才，普应众生而说法，而不能令世间喜！

海有希奇殊特法，能为一切平等印，众生宝物及川流，普悉包容无所拒。

无尽禅定解脱者，为平等印亦如是，福德智慧诸妙行，一切普修无厌足。

大海龙王游戏时，普于诸处得自在，兴云充遍四天下，其云种种庄严色：

第六他化自在天，于彼云色如真金，化乐天上赤珠色，兜率陀天霜雪色，

夜摩天上琉璃色，三十三天玛瑙色，四王天上玻璃色，大海水上金刚色，

紧那罗中妙香色，诸龙住处莲华色，夜叉住处白鹅色；阿修罗中山石色；

郁单越处金焰色，阎浮提中青宝色，余二天下杂庄严，随众所乐而应之。

又复他化自在天，云中电耀如日光，化乐天上如月光，兜率天上阎浮金，

夜摩天上珂雪色，三十三天金焰色，四王天上众宝色，大海之中

赤珠色，

紧那罗界琉璃色，龙王住处宝藏色，夜叉所住玻璃色，阿修罗中玛瑙色，

郁单越境火珠色，阎浮提中帝青色，余二天下杂庄严，如云色相电亦然。

他化雷震如梵音，化乐天中大鼓音，兜率天上歌唱音，夜摩天上天女音，

于彼三十三天上，如紧那罗种种音，护世四王诸天所，如乾闼婆所出音，

海中两山相击声，紧那罗中箫笛声，诸龙城中频伽声，夜叉住处龙女声，

阿修罗中天鼓声，于人道中海潮声。

他化自在雨妙香，种种杂华为庄严；化乐天雨多罗华，曼陀罗华及泽香；

兜率天上雨摩尼，具足种种宝庄严，髻中宝珠如月光，上妙衣服真金色；

夜摩中雨幢幡盖，华鬘涂香妙严具，赤真珠色上好衣，及以种种众妓乐；

三十三天如意珠，坚黑沉水栴檀香，郁金鸡罗多摩等，妙华香水相杂雨；

护世城中雨美膳，色香味具增长力，亦雨难思众妙宝，悉是龙王之所作。

又复于彼大海中，注雨不断如车轴，复雨无尽大宝藏，亦雨种种庄严宝。

紧那罗界雨璎珞，众色莲华衣及宝，婆利师迦末利香，种种乐音皆具足；

诸龙城中雨赤珠；夜叉城内光摩尼；阿修罗中雨兵仗，摧伏一切诸怨敌；

郁单越中雨璎珞，亦雨无量上妙华；弗婆瞿耶二天下，悉雨种种庄严具；

阎浮提雨清净水，微细悦泽常应时，长养众华及果药，成熟一切诸苗稼。

如是无量妙庄严，种种云电及雷雨，龙王自在悉能作，而身不动无分别。

彼于世界海中住，尚能现此难思力，况入法海具功德，而不能为大神变！

彼诸菩萨解脱门，一切譬喻无能显，我今以此诸譬喻，略说于其自在力。

第一智慧广大慧，真实智慧无边慧，胜慧及以殊胜慧，如是法门今已说。

此法希有甚奇特，若人闻已能忍可，能信能受能赞说，如是所作甚为难。

世间一切诸凡夫，信是法者甚难得，若有勤修清净福，以昔因力乃能信。

一切世界诸群生，少有欲求声闻乘，求独觉者转复少，趣大乘者甚难遇。

趣大乘者犹为易，能信此法倍更难，况复持诵为人说，如法修行真实解！

有以三千大千界，顶戴一劫身不动，彼之所作未为难，信是法者乃为难。

有以手擎十佛刹，尽于一劫空中住，彼之所作未为难，能信此法乃为难。

十刹尘数众生所，悉施乐具经一劫，彼之福德未为胜，信此法者为最胜。

十刹尘数如来所，悉皆承事尽一劫，若于此品能诵持，其福最胜过于彼。

时，贤首菩萨说此偈已，十方世界六反震动，魔宫隐蔽，恶道休息。十方诸佛普现其前，各以右手而摩其顶，同声赞言："善哉！善哉！快说此法！我等一切悉皆随喜。"

注释

❶"离"，大正本原作"难"，今依前后文意改之。

❷"本"，大正本原作"木"，今依前后文意改之。

❸"功"，大正本原作"切"，今依三本及宫本改之。

❹"化"，大正本原作"作"，今依三本改之。

【白话语译】

有胜三昧其名安乐，能普救度一切群生，
放大光明不可思议，令其见者悉得调伏。

所放光明名为善现，若有众生遇此光明，
必令获益功不唐捐，因是得成无上智慧。

彼光示现于诸佛陀，示法示僧示现正道，
亦示佛塔及其形象，是故得成此大光明。

又放光明名为照耀，映蔽一切诸天光明，
所有暗障靡不除尽，普为众生作大饶益。

此光觉悟一切众生，令执灯明供养佛陀，
以灯供养诸佛陀故，得成世中无上灯明。

然诸油灯及酥油灯，亦然种种诸光明炬，
众香妙药上宝蜡烛，以是供佛获此光明。

又放光明名为济度，此光能觉一切大众，
令其普发大誓愿心，度脱欲海一切群生。

若能普发大誓愿心，度脱欲海一切群生，
则能越度四种瀑流❶，示导无忧解脱之城。

于诸行路大水之处，造立桥梁及船筏等，
毁訾有为赞叹寂静，是故得成此大光明。

又放光明名为灭爱，此光能觉一切众生，
令其舍离于五欲❷中，专思解脱微妙法味。

若能舍离不着五欲，专思解脱微妙法味，
则能以佛甘露法雨，普灭世间诸种渴爱。

惠施池井以及泉流，专求无上菩提大道，
毁訾五欲赞叹禅定，是故得成此大光明。

又放光明名为欢喜，此光能觉一切众生，

令其爱慕诸佛菩提，发心愿证无师大道。

造立如来大悲法像，众相庄严坐莲华座，
恒叹最胜诸般功德，是故得成此大光明。

又放光明名为爱乐，此光能觉一切大众，
令其生心乐于诸佛，及以乐法乐于众僧。

若常生心乐于诸佛，及以乐法乐于众僧，
则在如来众会之中，逮成无上甚深法忍。

开悟众生无有限量，普使念佛法僧三宝，
及示发心功德胜行，是故得成此大光明。

又放光明名为福聚，此光能觉一切众生，
令行种种无量布施，以此愿求无上佛道。

设大施会无有遮限，有来求者皆得满足，
不令其心有所匮乏，是故得成此大光明。

又放光明名为具智，此光能觉一切众生，
令于一法一念之中，悉解无量诸法门义。

为诸众生分别诸法，及以决了真实妙义，
善说法义无有亏减，是故得成此大光明。

又放光明名为慧灯，此光能觉一切众生，
令知众生其性空寂，一切诸法本无所有。

演说诸法空无所主，如幻如焰水中之月，
乃至犹如梦幻影像，是故得成此大光明。

又放光名法自在者，此光能觉一切众生，
令得无尽陀罗尼门，悉持一切诸佛法要。

恭敬供养诸持法者，给侍守护一切贤圣，
以种种法布施众生，是故得成此大光明。

又放光明名为能舍，此光觉悟悭吝众生，
令知财宝悉为非常，恒乐惠施心无执着。

悭心难调而能调伏，解财如梦宛如浮云，

增长惠施清净生心，是故得成此大光明。

又放光明名为除热，此光能觉诸毁禁❸者，
普使受持诸清净戒，发心愿证无师之道。

劝引众生受持净戒，十善业道❹悉得清净，
又令发向胜菩提心，是故得成此大光明。

又放光明名为忍严，此光觉悟具嗔恚者，
令彼除嗔远离我慢，常乐忍辱柔和之法。

众生暴恶难可安忍，为菩提故心住不动，
常乐称扬忍胜功德，是故得成此大光明。

又放光明名为勇猛，此光觉悟诸懒惰者，
令彼常于三宝之中，恭敬供养无有疲厌。

若彼常于三宝之中，恭敬供养无有疲厌，
则能超出四魔境界，速成无上佛菩提果。

劝化众生令彼进策，常勤供养于诸三宝，
法欲灭时专致守护，是故得成此大光明。

又放光明名为寂静，此光能觉诸乱意者，
令其远离贪恚愚痴，心不动摇而入正定。

舍离一切众恶知识，无义谈说杂染诸行，
赞叹禅定阿兰若处，是故得成此大光明。

又放光明名为慧严，此光觉悟愚迷之人，
令其证谛解了缘起，诸根智慧悉能通达。

若能证谛解了缘起，诸根智慧悉能通达，
则得日灯三昧胜法，智慧光明得成佛果。

国财及己悉皆能舍，为菩提故勤求正法，
闻已专勤为众宣说，是故得成此大光明。

又放光明名为佛慧，此光觉悟诸含识等，
令见无量无边佛陀，各各安坐宝莲华上。

赞佛威德以及解脱，说佛自在无有限量，

显示佛力及大神通，是故得成此中光明。

又放光明名为无畏，此光照触诸恐怖者，

非人所持❺诸毒所害，一切皆令速疾除灭。

能于众生施大无畏，遇有恼害悉皆劝止，

拯济厄难诸孤穷者，以是得成此大光明。

又放光明名为安隐，此光能照众疾病者，

令除一切诸苦痛等，悉得正定三昧大乐。

施以良药救众疾患，妙宝延命众香涂体，

酥油乳蜜以充饮食，以是得成此大光明。

又放光明名为见佛，此光觉悟将殁之人，

令随忆念见佛如来，命终得生其净国土。

见有临终劝念佛陀，又示尊像令彼瞻敬，

俾于佛所深心归仰，是故得成此大光明。

又放光明名为乐法，此光能觉一切众生，

令于正法常生欣乐，听闻演说及书写等。

法欲尽时能为演说，令求法者心意充满，

于法爱乐勤修众行，是故得成此大光明。

又放光明名为妙音，此光开悟诸菩萨众，

能令三界所有音声，闻者皆是如来法音。

以大音声称赞佛陀，及施铃铎诸妙音乐，

普使世间闻佛法音，是故得成此大光明。

又放光明名施甘露，此光开悟一切众生，

令舍一切放逸众行，具足修习诸大功德。

说有为法非安隐道，无量苦恼悉皆充遍，

恒乐称扬寂灭妙乐，是故得成此大光明。

又放光明名为最胜，此光开悟一切众生，

令于佛所普皆听闻，戒定智慧增上之法。

常乐称扬一切佛陀，胜戒胜定殊胜妙慧，

如是为求无上大道，是故得成此大光明。

又放光明名为宝严，此光能觉一切众生，
令得宝藏无穷无尽，以此供养诸佛如来。

以诸种种上妙珍宝，奉施于佛及佛塔庙，
亦以惠施诸贫乏者，是故得成此大光明。

又放光明名为香严，此光能觉一切众生，
令其闻者心悦可意，决定当成诸佛功德。

人天妙香用以涂地，供养一切最胜之王，
亦造塔庙以及佛像，是故得成此胜光明。

又放光明名杂庄严，宝幢幡盖聚无央数，
焚香散华奏众乐音，城邑内外悉皆充满。

本以微妙妓乐妙音，众香妙华宝幢盖等，
种种庄严供养佛陀，是故得成此胜光明。

又放光明名为严洁，令地平坦犹如掌面，
庄严佛塔及其处所，是故得成此大光明。

又放光明名为大云，能起香云雨众香水，
以水洒塔及庭院等，是故得成此大光明。

又放光明名为严具，令裸形者得服上服，
严身妙物而为布施，是故得成此大光明。

又放光明名为上味，能令饥者获得美食，
种种珍馔而为布施，是故得成此大光明。

又放光明名为大财，令贫乏者获诸宝藏，
以无尽物布施三宝，是故得成此大光明。

又放光明名眼清净，能令盲者见诸众色，
以灯布施佛及佛塔，是故得成此大光明。

又放光明名耳清净，能令聋者悉得善听，
鼓乐以娱佛及佛塔，是故得成此大光明。

又放光明名鼻清净，昔未闻香今皆得闻，

以香布施佛及佛塔，是故得成此大光明。

又放光明名舌清净，能以美音称赞佛陀，
永除粗恶及不善语，是故得成此大光明。

又放光明名身清净，诸根缺者能令具足，
以身礼敬佛及佛塔，是故得成此大光明。

又放光明名意清净，令失心者咸得正念，
修行三昧悉得自在，是故得成此大光明。

又放光明名色清净，令见难思诸佛妙色，
以众妙色庄严佛塔，是故得成此大光明。

又放光明名声清净，令知声性本然空寂，
观声缘起宛如谷响，是故得成此大光明。

又放光明名香清净，令诸臭秽悉皆香洁，
香水洗塔及菩提树，是故得成此大光明。

又放光明名味清净，能除一切味中之毒，
恒供佛陀僧及父母，是故得成此大光明。

又放光明名触清净，能令恶触悉皆柔软，
戈铤剑戟从空雨下，皆令变作妙华宝鬘。

以昔曾于道路之中，涂香散华垂布衣服，
迎送如来令蹈于上，是故今获光明如是。

又放光明名法清净，能令一切诸毛孔中，
悉演妙法不可思议，众生听者心咸欣悟。

因缘所生实无有生，诸佛法身亦非是身，
法性常住宛如虚空，以说其义光明如是。

如是等比诸光明门，如恒河沙无限其数，
悉从大仙毛孔流出，一一作业各有差别。

如一毛孔所放光明，无量无数宛如恒沙，
一切毛孔皆悉亦然，此是大仙三昧威力。

如其本行所得光明，随彼宿缘同行之人，

今放光明故能如是，此是大仙智慧自在。
往昔同修于众福业，及有爱乐能生随喜，
见其所作皆亦复然，彼于此光咸得亲见。
若有自修众福业者，供养诸佛无央其数，
于佛功德常愿欣求，是此光明所开觉者。
譬如生盲不能见日，非为无日出于世间，
诸有目者悉皆明见，各随所务修治其业。
大士光明亦复如是，有智慧者皆悉能见，
凡夫邪信劣解之人，于此光明莫能睹见。
摩尼宫殿及辇乘具，妙宝灵香亦以涂莹，
有福德者自然完备，非无德者所能安处。
大士光明亦复如是，有深智者咸得照触，
邪信劣解凡愚之人，无有能见此大光明。
若有闻此光明差别，能生清净生深信解，
永断一切诸疑惑网，速成无上大功德幢。
有胜三昧各能出现，眷属庄严皆得自在，
一切十方诸佛国土，佛子众会无与伦匹。
有妙莲华光明庄严，量等三千大千世界，
其身端坐皆悉充满，是此三昧神通威力。
复有十刹微尘数量，妙好莲华共所围绕，
诸佛子众于中安坐，住此三昧大威神力。
宿世成就胜善因缘，具足修行诸佛功德，
此等众生围绕菩萨，悉共合掌观无厌倦。
譬如明月在众星中，菩萨处众悉亦复然，
大士所行法本如是，入此三昧大威神力。
如于一方之所示现，诸佛子众共同围绕，
一切方中悉亦如是，住此三昧大威神力。
有胜三昧名为方网，菩萨住此广大开示，

一切方中普现其身，或现入定或从定出。
或于东方入于正定，而于西方从定而出；
或于西方入于正定，而于东方从定而出。
或于余方入于正定，而于余方从定而出。
如是入出遍于十方，是名菩萨三昧威力。
尽于东方诸佛国土，所有如来其数无量，
悉现其前普皆亲近，住于三昧寂然不动。
而于西方诸佛世界，一切诸佛如来所在，
皆现从于三昧中起，广修无量一切供养。
尽于西方诸佛国土，所有如来其数无量，
悉现其前普皆亲近，住于三昧寂然不动。
而于东方诸佛世界，一切诸佛如来之所，
皆现从于三昧中起，广修无量一切供养。
如是十方诸佛世界，菩萨悉入无有余者，
或现三昧寂然不动，或现恭敬供养于佛。
于眼根中入于正定，于色尘中从定而出，
示现色性不可思议，一切天人莫能了知。
于色尘中入于正定，于眼起定心念不乱，
说眼无生无有所起，性空寂灭真无所作。
于耳根中入于正定，于声尘中从定而出，
分别一切语言音声，诸天世人莫能了知。
于声尘中入于正定，于耳起定心中不乱，
说耳无生无有所起，性空寂灭真无所作。
于鼻根中入于正定，于香尘中从定而出，
普得一切微妙上香，诸天世人莫能了知。
于香尘中入于正定，于鼻起定其心不乱，
说鼻无生无有所起，性空寂灭真无所作。
于舌根中入于正定，于味尘中从定而出，

普得一切诸上妙味，诸天世人莫能了知。

于味尘中入于正定，于舌起定其心不乱，

说舌无生无有所起，性空寂灭真无所作。

于身根中入于正定，于触尘中从定而出，

善能分别一切胜触，诸天世人莫能了知。

于触尘中入于正定，于身起定其心不乱，

说身无生无有所起，性空寂灭真无所作。

于意根中入于正定，于法尘中从定而出，

分别一切诸法实相，诸天世人莫能了知。

于法尘中入于正定，从意起定其心不乱，

说意无生无有所起，性空寂灭真无所作。

童子身中入于正定，壮年身中从定而出，

壮年身中入于正定，老年身中从定而出。

老年身中入于正定，善女身中从定而出；

善女身中入于正定，善男身中从定而出；

善男身中入于正定，比丘尼身从定而出；

比丘尼身入于正定，比丘身中从定而出；

比丘身中入于正定，学、无学❻身从定而出；

学无学身入于正定，辟支佛身从定而出；

辟支佛身入于正定，现如来身从定而出；

于如来身入于正定，诸天身中从定而出；

诸天身中入于正定，大龙身中从定而出；

大龙身中入于正定，夜叉身中从定而出；

夜叉身中入于正定，鬼神身中从定而出；

鬼神身中入于正定，一毛孔中从定而出；

一毛孔中入于正定，一切毛孔从定而出；

一切毛孔入于正定，一毛端头从定而出；

一毛端头入于正定，一微尘中从定而出；

一微尘中入于正定，一切尘中从定而出；

一切尘中入于正定，金刚地中从定而出；

金刚地中入于正定，摩尼树上从定而出；

摩尼树上入于正定，佛光明中从定而出；

佛光明中入于正定，于河海中从定而出；

于河海中入于正定，于火大中从定而出；

于火大中入于正定，于风起定其心不乱；

于风大中入于正定，于地大中从定而出；

于地大中入于正定，于天宫殿从定而出；

于天宫殿入于正定，于空起定其心不乱。

是名无量大功德者，三昧自在难可思议，

十方一切诸佛如来，于无量劫演说不尽。

一切如来咸共宣说，众生业报难以思议，

诸龙变化诸佛自在，菩萨神力亦难思议。

欲以譬喻而为显示，终无有喻能喻此者，

然诸智慧聪达之人，因于譬故得解其义。

声闻心住八解脱❼中，所有变现皆得自在，

能以一身示现多身，复以多身而为一身。

于虚空中入于火定，行住坐卧悉在空中，

身上出水身下出火，身上出火身下出水。

如是皆于一念之中，种种自在无边无量。

彼不具足大慈大悲，不为众生欣求佛道，

尚能现此难思议事，况大饶益自在威力。

譬如日月游于虚空，影像普遍于十方界，

泉池陂泽器中之水，众宝河海靡不现前。

菩萨色相亦复皆然，十方普现不可思议，

此皆三昧大自在法，唯有如来乃能证了。

如净水中四兵之像，各各别异无有交杂，

剑戟弧矢其类甚多，铠胄车舆非仅一种。
随其所有众相差别，莫不皆于水中现前，
而水本自无有分别，菩萨三昧亦复如是。
海中有神名为善音，其音普顺大海众生，
所有语言皆能辨了，令彼一切悉皆欢悦。
彼神具有贪恚痴毒，犹能善解一切音声，
况复总持自在力者，而不能令众生欢喜？
有一妇人名为辩才，父母求天而得出生，
若有离恶乐真实者，入彼身中得生妙辩。
彼有贪欲嗔恚愚痴，犹能随行与诸辩才，
何况菩萨具足智慧，而不能与众生利益？
譬如幻师了知幻法，能现种种无量化事，
须臾示作日月岁时，城邑丰饶生大安乐。
幻师具有贪恚痴毒，犹能幻力悦于世间，
况复禅定解脱威力，而不能令众生欢喜？
天阿修罗斗战之时，修罗败衄而速退走，
兵仗车舆及以徒旅，一时窜匿莫得可见。
彼有贪欲嗔恚愚痴，尚能变化不可思议，
况住神通无畏大法，云何不能示现自在？
释提桓因❽有大象王，彼知天主欲行之时，
自化作头有三十三，一一六牙皆悉具足。
一一牙上具七池水，清净香洁湛然盈满；
一一清净池水之中，各七莲华妙宝严饰；
彼诸严饰莲华之上，各各具有七天玉女，
悉善技艺奏众妙乐，而与帝释共相娱乐。
彼象或复舍其本形，自化其身同于诸天，
威仪进止悉皆齐等，有此变现神通之力。
彼有贪欲嗔恚愚痴，尚能现此诸神通力，

何况具足方便智慧，而于诸定不得自在？

如阿修罗变化作身，蹈金刚际海中而立，
海水至深备及其半，首共须弥正与齐等。

彼有贪欲嗔恚痴毒，尚能现此大神通力，
况伏魔怨照世间灯，而无自在大威神力？

天阿修罗共战之时，帝释神力难可思议，
随阿修罗军众数量，现身等彼而与对敌。

诸阿修罗心发是念："释提桓因必来向我，
必取我身以五种缚。"由是彼众悉心忧悴。

帝释现身具有千眼，手持金刚生出火焰，
被甲持杖极为威严，修罗望见咸皆退伏。

彼以微小福德之力，犹能摧破此大怨敌，
何况能救度一切者，具足功德而不自在？

忉利天中具有天鼓，从天业报自生而得，
知诸天众放逸之时，空中自然演出此音。

一切五欲悉皆无常，如水聚沫其性虚伪，
诸有如梦宛如阳焰，亦如浮云水中之月。

放逸为怨为大苦恼，非甘露道生死之径，
若有作诸放逸行者，入于死灭大鱼之口。

世间所有众苦根本，一切圣人悉皆厌患，
五欲功德具灭坏性，汝应爱乐真实妙法。

三十三天闻此音声，悉共来升善法堂中，
帝释为说微妙之法，咸令顺寂除灭贪爱。

彼音无形不可得见，犹能利益诸天大众，
况随心乐示现色身，而不济度诸群生众？

天与阿修罗共斗时，诸天福德殊胜威力，
天鼓出音告其大众："汝等宜应勿生忧怖！"

诸天闻此所告音声，悉除忧畏增益威力；

时阿修罗心生震惧，所将兵众咸皆退走。
甘露妙定宛如天鼓，恒出降魔寂静法音，
大悲哀悯救度一切，普使众生灭除烦恼。
帝释普应诸天女众，九十有二那由他数，
令彼各各心中自谓："天王独自与我娱乐。"
如天女中其身普应，善法堂内亦复如是，
能于一念示现神通，悉至其前而为说法。
帝释具有贪恚痴毒，能令眷属悉生欢喜，
况大方便大神通力，而不能令一切欣悦？
他化自在第六天王，于欲界中得大自在，
以业惑苦而为罥网，系缚一切诸凡夫众。
彼有贪欲嗔恚痴毒，犹于众生得大自在，
况具十种自在威力，而不能令大众同行？
三千世界大梵天王，一切梵天所住之处，
悉能现身于彼中坐，演畅微妙大梵音声。
彼住世间梵道之中，禅定神通尚能如意，
况出世间无有上者，于禅解脱不得自在？
摩醯首罗❾大智自在，大海龙王降雨之时，
悉能分别数其雨滴，于一念中皆能辨了。
无量亿劫精勤修学，得是无上大菩提智，
云何不于一念之中，普知一切众生之心？
众生业报不可思议，为大风力起于世间，
巨海诸山天宫殿中，众宝光明万物种种。
亦能兴云降下大雨，亦能散灭诸般云气，
亦能成熟一切谷类，亦能安乐诸群生众。
风不能学波罗蜜法，亦不能学佛诸功德，
犹成不可思议诸事，何况具足诸大愿者！
男子女人种种音声，一切鸟兽诸音声等，

大海川流雷震声响，皆能称悦众生心意。
况复知声性空如响，逮得无碍上妙辩才，
普应众生而为说法，而不能令世间欢喜？
海有稀奇殊特之法，能为一切平等之印，
众生宝物以及川流，普悉包容无所推拒。
无尽禅定大解脱者，为平等印亦复如是，
福德智慧诸上妙行，一切普修无有厌足。
大海龙王游戏之时，普于诸处得大自在，
兴云充遍四天下中，其云种种庄严妙色。
第六他化自在天上，于彼云色宛如真金，
化乐天上如赤珠色，兜率陀天如霜雪色，
夜摩天上如琉璃色，三十三天为玛瑙色，
四王天上为玻璃色，大海水上如金刚色，
紧那罗中现妙香色，诸龙住处成莲华色，
夜叉住处乃白鹅色，阿修罗中显山石色，
郁单越处示金焰色，阎浮提中如青宝色，
余二天下杂庄严色，随众所乐而相应之。
又复他化自在天上，云中电耀宛如日光，
化乐天上宛如月光，兜率天上如阎浮金，
夜摩天上成珂雪❿色，三十三天为金焰色，
四王天上显众宝色，大海之中示赤珠色，
紧那罗界如琉璃色，龙王住处成宝藏色，
夜叉所住现玻璃色，阿修罗中为玛瑙色，
郁单越境如火珠色，阎浮提中常帝青色，
余二天下如杂庄严，如云色相电光亦然。
他化雷震宛如梵音，化乐天中如大鼓音，
兜率天上如歌唱音，夜摩天上如天女音，
于彼三十三天之上，宛如紧那罗种种音；

护世四天王诸天所，宛如乾闼婆所出音。

海中两山相击音声，紧那罗中如箫笛声，

诸龙城中如频伽声，夜叉住处龙女之声；

阿修罗中如天鼓声，于人道中成海潮声。

他化自在雨下妙香，种种杂华而为庄严；

化乐天中雨多罗华，曼陀罗华⓫以及泽香⓬；

兜率天上雨下摩尼，具足种种珍宝庄严，

髻中宝珠宛如月光，上妙衣服成真金色；

夜摩天中雨幢幡盖，华鬘涂香妙庄严具，

亦具真珠色上好衣，及以种种众妓乐等；

三十三天如意宝珠，坚黑沉水⓭栴檀妙香，

郁金⓮鸡罗多摩⓯香等，妙华香水相杂雨下；

护世城中雨美膳食，色香上味具增长力，

亦雨难思众妙宝物，悉是龙王之所作业。

又复于彼大海之中，注雨不断宛如车轴，

复雨无尽广大宝藏，亦雨种种庄严珍宝。

紧那罗界雨下璎珞，众色莲华衣及众宝，

婆利师迦⓰末利妙香，种种乐音悉皆具足；

诸龙城中雨下赤珠；夜叉城内有光摩尼；

阿修罗中雨诸兵仗，摧伏一切诸般怨敌；

郁单越中雨下璎珞，亦雨无量上妙宝华；

弗婆瞿耶二天下中，悉雨种种宝庄严具；

阎浮提雨清净之水，微细悦泽当恰应时，

长养众华及果药等，成熟一切诸般苗稼。

如是无量上妙庄严，种种云电以及雷雨，

龙王自在悉能作业，而身不动无所分别。

彼于世界海中安住，尚能现此难思议力，

况入法海具大功德，而不能示现大神变？

彼诸菩萨解脱妙门，一切譬喻无能显示，
我今以此诸种譬喻，略说于其自在大力。
第一智慧广大智慧，真实智慧无边智慧，
胜慧及以殊胜智慧，如是法门今已宣说。
此法稀有甚为奇特，若人闻已而能忍可，
能信能受广能赞说，如是所作甚为难行。
世间一切诸凡夫众，信是法者甚为难得，
若有勤修清净福德，以昔因力乃能生信。
一切世界诸群生等，少有欲求声闻之乘，
求独觉者转复减少，趣大乘者甚为难遇。
趣大乘者犹为易事，能信此法倍复更难，
况复持诵为人宣说，如法修行真实体解？
有以三千大千世界，顶戴一劫其身不动，
彼之所作未为难事，信是法者乃复为难。
有以手擎十佛刹土，尽于一劫空中安住，
彼之所作未为难事，能信此法乃复为难。
十刹尘数众生所在，悉施乐具经于一劫，
彼之福德未为胜事，信此法者乃为最胜。
十刹尘数如来之所，悉皆承事尽于一劫，
若于此品能为诵持，其福最胜过于彼事。

　　这时，贤首菩萨说毕偈颂，十方所有的世界，生起了六反震动；顷刻之间，一切的魔宫均被隐蔽，所有的恶业之道也都止息。十方诸佛普现在贤首菩萨之前，各以右手抚摩贤首菩萨的头顶，同时赞叹说："善哉！善哉！贤首菩萨啊！这个大法讲得太好了！我们对于这一切的法要都将随喜啊！"

【注释】

❶ 四瀑流：欲（以欲界贪嗔痴为本之烦恼）、有（以色界、无色界贪慢为本之烦恼）、见（身见、邪见等见惑）、无明（三界无明）四种烦恼皆使善德流失，故称为"瀑流"。

❷ 五欲：指爱着色、声、香、味、触五境的五官爱欲。

❸ 毁禁：即破毁戒禁。

❹ 不杀生、不偷盗、不邪淫、不妄语、不两舌、不恶口、不绮语、不贪、不嗔、不痴等十善行业，为生于善处之道，故称为"十善业道"。

❺ 非人所持：即为鬼畜所魅摄。

❻ 研究真理，以断妄惑，谓之"学"；真理究，妄惑尽，无更可修学者，谓之"无学"。小乘之学、无学，以前三果为学，阿罗汉果为无学。大乘之学、无学，以菩萨之十地为学，佛果为无学。

❼ 八解脱：又名"八背舍"，指背离三界烦恼，解脱其系缚的八种禅定。

❽ 释提桓因：梵语 Śakra Devānāmindra，即忉利天（三十三天）之主，简称"帝释"。

❾ 摩醯首罗：梵语 Maheśvara，完整译作"摩醯伊显伐罗"，为位于色界顶上之大自在天的天主。

❿ 珂雪：如雪而白之贝。

⓫ 曼陀罗华：梵语 māndāra，意译作"白团花"，又译作"悦意花"。

⓬ 泽香：即涂香。

⓭ 沉水：梵名曰"阿伽嚧"，取自木之心节的一种香。

⓮ 郁金：草名，全名"恭矩磨"，意译作"熏香"。

⓯ 鸡罗多摩：全名"鸡萨罗多摩罗"，天花蕊所作之香。

⓰ 婆利师迦：梵语 vārṣika，意译作"雨时花"，又译作"夏生花"等，生于夏季的一种花。

升须弥山顶品第十三

卷第十六
《升须弥山顶品》导读

　　此品世尊"不离一切菩提树，而上升须弥，向帝释殿"，所以才有品名如此。世尊将从此品起到《明法品》共六品中说"十住"之法。前面以在人间地上的普光明殿中说"十信"之心。"须弥"义为妙高，所以世尊今升此须弥峰顶，表境之高举，升妙高之山顶，以明"十信"入"十住"。由于地点有了转变，所以此品是第三会的开始。

　　《华严经》中在场所闻法者，不是菩萨便是世主。而以菩萨为主，所以在开示法门上便有菩萨修行之阶位，一般是以十信、十住、十行、十回向、十地来分。

　　世尊至须弥山后，帝释迎请世尊入妙胜殿，帝释忆念过去有十佛都曾来过此殿，而发赞言。这个场面，也同时在十方一切诸世界中一一各别出现。是此会说法前的各种盛况与预备。

卷第十六
升须弥山顶品第十三

【原典】

尔时，如来威神力故，十方一切世界，一一四天下阎浮提中，悉见如来坐于树下，各有菩萨承佛神力而演说法，靡不自谓恒对于佛。

尔时，世尊不离一切菩提树下，而上升须弥，向帝释殿。时，天帝释在妙胜殿前遥见佛来，即以神力庄严此殿，置普光明藏师子之座，其座悉以妙宝所成。十千层级迥极庄严，十千金网弥覆其上，十千种帐、十千种盖周回间列，十千缯绮以为垂带，十千珠璎周遍交络，十千衣服敷布座上，十千天子、十千梵王前后围绕，十千光明而为照耀。

尔时，帝释奉为如来敷置座已，曲躬合掌，恭敬向佛，而作是言："善来！世尊！善来！善逝！善来！如来、应、正等觉！唯愿哀愍，处此宫殿！"

尔时，世尊即受其请，入妙胜殿，十方一切诸世界中，悉亦如是。

尔时，帝释以佛神力，诸宫殿中所有乐音自然止息，即自忆念过去佛所种诸善根，而说颂言：

迦叶如来具大悲，诸吉祥中最无上，彼佛曾来入此殿，是故此处最吉祥。

拘那牟尼见无碍，诸吉祥中最无上，彼佛曾来入此殿，是故此处最吉祥。

迦罗鸠驮如金山，诸吉祥中最无上，彼佛曾来入此殿，是故此处
最吉祥。

毗舍浮佛无三垢，诸吉祥中最无上，彼佛曾来入此殿，是故此处
最吉祥。

尸弃如来离分别，诸吉祥中最无上，彼佛曾来入此殿，是故此处
最吉祥。

毗婆尸佛如满月，诸吉祥中最无上，彼佛曾来入此殿，是故此处
最吉祥。

弗沙明达第一义，诸吉祥中最无上，彼佛曾来入此殿，是故此处
最吉祥。

提舍如来辩无碍，诸吉祥中最无上，彼佛曾来入此殿，是故此处
最吉祥。

波头摩佛净无垢，诸吉祥中最无上，彼佛曾来入此殿，是故此处
最吉祥。

然灯如来大光明，诸吉祥中最无上，彼佛曾来入此殿，是故此处
最吉祥。

如此世界中，忉利天王以如来神力故，偈赞十佛所有功德；十方世界
诸释天王，悉亦如是，赞佛功德。尔时，世尊入妙胜殿，结跏趺坐。此殿
忽然广博宽容，如其天众诸所住处，十方世界，悉亦如是。

【白话语译】

这时，因为如来的大威神力所加持的缘故，十方的一切世界里，在每一个四天下的阎浮提之中，都见有佛陀端身安坐在菩提树下；而且在菩提树下又各有菩萨，承受着佛陀威神力的加持而演说妙法，他们都认为自己所面对的是唯一的佛陀。

这时，世尊示现不可思议的大神通，在不离开一切菩提树的状况之下，忽然升上了须弥山顶，向帝释天王的宫殿前去。

这时，帝释天王在在妙喜见城中的妙胜殿前，他用天眼观见佛陀前来，就赶紧以神通之力庄严妙胜殿，在大殿中安置了一座普光明藏师子宝座。这个宝座是全部用珍妙的宝物所建造成的，不只有万层的台阶，显示了最究极的庄严，更有万种的金色宝网盖覆在宝座之上，有万种的宝帐、万种的宝盖围绕错置，并用万种缯绮作为垂布的彩带，万种的真珠璎珞周遍相交、映成网络，万种的衣服敷设布满在宝座上，有万位的天子与梵王前后拥绕着，更有万种的光明照耀着宝座。

这时，帝释天王为如来敷置了宝座之后，就曲躬合掌，恭敬地向佛陀说道："善来❶啊，世间所敬爱的至尊！善来啊，伟大的善逝者！善来啊，最尊贵的如来、应供、正等觉！我至诚地祈愿您能够哀悯我们，光临这一座宫殿。"

这时，世尊接受他的祈请，进入了妙胜殿中；十方一切诸世界中的佛陀，也都是如此。

这时，帝释天王由于佛陀神力加持的缘故，使一切宫殿中所有的乐音自然止息。然后，他开始怀念起在过去诸佛时所种下的各种善根，而宣说如下的偈颂：

迦叶❷如来具大悲，诸吉祥中最无上，
彼佛曾来入此殿，是故此处最吉祥。

拘那牟尼❸见无碍，诸吉祥中最无上，
彼佛曾来入此殿，是故此处最吉祥。
迦罗鸠驮❹如金山，诸吉祥中最无上，
彼佛曾来入此殿，是故此处最吉祥。
毗舍浮❺佛无三垢❻，诸吉祥中最无上，
彼佛曾来入此殿，是故此处最吉祥。
尸弃❼如来离分别，诸吉祥中最无上，
彼佛曾来入此殿，是故此处最吉祥。
毗婆尸❽佛如满月，诸吉祥中最无上，
彼佛曾来入此殿，是故此处最吉祥。
弗沙❾明达第一义，诸吉祥中最无上，
彼佛曾来入此殿，是故此处最吉祥。
提舍❿如来辩无碍，诸吉祥中最无上，
彼佛曾来入此殿，是故此处最吉祥。
波头摩佛净无垢，诸吉祥中最无上，
彼佛曾来入此殿，是故此处最吉祥。
然灯如来大光明，诸吉祥中最无上，
彼佛曾来入此殿，是故此处最吉祥。

在这些世界当中，忉利天的帝释天王由于如来神力加持的缘故，用偈颂赞叹十位佛陀的所有功德；在十方的世界当中，所有的帝释天王也都是如此的赞叹佛陀的功德。

这时，世尊进入了妙胜殿中，在宝座上双足结跏趺端坐。忽然之间，这一座妙胜殿变得十分的广博，其大无比；而其他天众的所有住处，于十方世界当中也都变得如此。

【注释】

❶ 善来：印度比丘欢迎来客所用的客套话，即"其来正好"之意。

❷ 迦叶：梵语 Kāśyapa，意译作"饮光"。迦叶佛为过去七佛之第六位。

❸ 拘那牟尼：即拘那含牟尼，梵语 Kanakamuni，意译作"金寂"，又译作"金山"。
　为过去七佛之第五位。

❹ 迦罗鸠驮：梵语 krakucchanda，意译作"所应断"。为过去七佛之第四位。

❺ 毗舍浮：梵语 Viśvabhū，意译作"遍一切"，又译作"遍胜"。为过去七佛之第
　三位。

❻ 三垢：指烦恼的现行、种子与习气。

❼ 尸弃：梵语 Śikhin，意译作"持髻"。过去七佛之第二位。

❽ 毗婆尸：梵语 Vipaśyin，意译作"净观"、"胜见"。过去七佛之第一位。

❾ 弗沙：梵语 Tisya，意译作"增盛"。为释迦牟尼佛于三大阿僧祇劫修行圆满后，
　进修百劫相好时所奉的佛。

❿ 提舍：意译作"度说"，说法度生之意。

须弥顶上偈赞品第十四

卷第十六（续）

《须弥顶上偈赞品》导读

十方菩萨皆来集，而由十位为首的菩萨分别赞颂佛陀、法要。所以此品名称如此，以作为宣法前的助缘。

世尊在此品中，从两足指放百千亿妙色光明，普照十方一切世界之须弥顶，而诸佛与大众都能互见互明。

此会之十位为首菩萨分别为法慧、一切慧、胜慧、功德慧、精进慧、善慧、智慧、真实慧、无上慧、坚固慧菩萨。这些菩萨将于此会作为启请应答佛法之人。这十位菩萨也各别代表不同的进位修法，代表了"十住位"，所以说颂言时，也因自己当位之所修所行宣说，使大众能悟入。分析而言，又以第一位法慧菩萨所说偈赞为总显佛德，其余九位则赞佛之差别德。

卷第十六（续）
须弥顶上偈赞品第十四

【原典】

尔时，佛神力故，十方各有一大菩萨，一一各与佛刹微尘数菩萨俱，从百佛刹微尘数国土外诸世界中而来集会，其名曰法慧菩萨、一切慧菩萨、胜慧菩萨、功德慧菩萨、精进慧菩萨、善慧菩萨、智慧菩萨、真实慧菩萨、无上慧菩萨、坚固慧菩萨。所从来土，所谓因陀罗华世界、波头摩华世界、宝华世界、优钵罗华世界、金刚华世界、妙香华世界、悦意华世界、阿卢那华世界、那罗陀华世界、虚空华世界。各于佛所净修梵行，所谓殊特月佛、无尽月佛、不动月佛、风月佛、水月佛、解脱月佛、无上月佛、星宿月佛、清净月佛、明了月佛。是诸菩萨至佛所已，顶礼佛足，随所来方，各化作毗卢遮那藏师子之座，于其座上结跏趺坐。如此世界中，须弥顶上，菩萨来集，一切世界，悉亦如是，彼诸菩萨所有名字、世界、佛号，悉等无别。

尔时，世尊从两足指放百千亿妙色光明，普照十方一切世界须弥顶上帝释宫中，佛及大众靡不皆现。

尔时，法慧菩萨承佛威神，普观十方，而说颂曰：

佛放净光明，普见世导师，须弥山王顶，妙胜殿中住。

一切释天王，请佛入宫殿，悉以十妙颂，称赞诸如来。

彼诸大会中，所有菩萨众，皆从十方至，化座而安坐。

彼会诸菩萨，皆同我等名，所从诸世界，名字亦如是。

本国诸世尊，名号悉亦同，各于其佛所，净修无上行。

佛子汝应观，如来自在力，一切阎浮提，皆言佛在中。

我等今见佛，住于须弥顶，十方悉亦然，如来自在力。

一一世界中，发心求佛道，依于如是愿，修习菩提行。

佛以种种身，游行遍世间，法界无所碍，无能测量者。

慧光恒普照，世暗悉除灭，一切无等伦，云何可测知？

尔时，一切慧菩萨承佛威力，普观十方，而说颂言：

假使百千劫，常见于如来，不依真实义，而观救世者。

是人取诸相，增长痴惑网，系缚生死狱，盲冥不见佛。

观察于诸法，自性无所有，如其生灭相，但是假名说。

一切法无生，一切法无灭，若能如是解，诸佛常现前。

法性本空寂，无取亦无见，性空即是佛，不可得思量。

若知一切法，体性皆如是，斯人则不为，烦恼所染著。

凡夫见诸法，但随于相转，不了法无相，以是不见佛。

牟尼离三世，诸相悉具足，住于无所住，普遍而不动。

我观一切法，皆悉得明了，今见于如来，决定无有疑。

法慧先已说，如来真实性，我从彼了知，菩提难思议。

尔时，胜慧菩萨承佛威力，普观十方，而说颂言：

如来大智慧，希有无等伦，一切诸世间，思惟莫能及。

凡夫妄观察，取相不如理，佛离一切相，非彼所能见。

迷惑无知者，妄取五蕴相，不了彼真性，是人不见佛。

了知一切法，自性无所有，如是解法性，则见卢舍那。

因前五蕴故，后蕴相续起，于此性了知，见佛难思议。

譬如暗中宝，无灯不可见，佛法无人说，虽慧莫能了。

亦如目有翳，不见净妙色，如是不净心，不见诸佛法。

又如明净日，瞽者莫能见，无有智慧心，终不见诸佛。

若能除眼翳，舍离于色想，不见于诸法，则得见如来。

一切慧先说，诸佛菩提法，我从于彼闻，得见卢舍那。

尔时，功德慧菩萨承佛威力，普观十方，而说颂言：

诸法无真实，妄取真实相，是故诸凡夫，轮回生死狱。

言辞所说法，小智妄分别，是故生障碍，不了于自心。

不能了自心，云何知正道？彼由颠倒慧，增长一切恶。

不见诸法空，恒受生死苦，斯人未能有，清净法眼故。

我昔受众苦，由我不见佛，故当净法眼，观其所应见。

若得见于佛，其心无所取，此人则能见，如佛所知法。

若见佛真法，则名大智者，斯人有净眼，能观察世间。

无见即是见，能见一切法，于法若有见，此则无所见。

一切诸法性，无生亦无灭，奇哉大导师，自觉能觉他。

胜慧先已说，如来所悟法，我等从彼闻，能知佛真性。

尔时，精进慧菩萨承佛威力，观察十方，而说颂言：

若住于分别，则坏清净眼，愚痴邪见增，永不见诸佛。

若能了邪法，如实不颠倒，知妄本自真，见佛则清净。

有见则为垢，此则未为见，远离于诸见，如是乃见佛。

世间言语法，众生妄分别，知世皆无生，乃是见世间。

若见见世间，见则世间相，如实等无异，此名真见者。

若见等无异，于物不分别，是见离诸惑，无漏得自在。

诸佛所开示，一切分别法，是悉不可得，彼性清净故。

法性本清净，如空无有相，一切无能说，智者如是观。

远离于法想，不乐一切法，此亦无所修，能见大牟尼。

如德慧所说，此名见佛者，所有一切行，体性皆寂灭。

尔时，善慧菩萨承佛威力，普观十方，而说颂言：

希有大勇健，无量诸如来，离垢心解脱，自度能度彼。

我见世间灯，如实不颠倒，如于无量劫，积智者所见。

一切凡夫行，莫不速归尽，其性如虚空，故说无有尽。

智者说无尽，此亦无所说，自性无尽故，得有难思尽。

所说无尽中，无众生可得，知众生性尔，则见大名称。

无见说为见，无生说众生，若见若众生，了知无体性。

能见及所见，见者悉除遣，不坏于真法，此人了知佛。

若人了知佛，及佛所说法，则能照世间，如佛卢舍那。

正觉善开示，一法清净道，精进慧大士，演说无量法。

若有若无有，彼想皆除灭，如是能见佛，安住于实际。

尔时，智慧菩萨承佛威力，普观十方，而说颂言：

我闻最胜教，即生智慧光，普照十方界，悉见一切佛。

此中无少物，但有假名字，若计有我人，则为入险道。

诸取著凡夫，计身为实有，如来非所取，彼终不得见。

此人无慧眼，不能得见佛，于无量劫中，流转生死海。

有诤说生死，无诤即涅槃，生死及涅槃，二❶俱不可得。

若逐假名字，取著此二法，此人不如实，不知圣妙道。

若生如是想：此佛此最胜。颠倒非实义，不能见正觉。

能知此实体，寂灭真如相，则见正觉尊，超出语言道。

言语说诸法，不能显实相，平等乃能见，如法佛亦然。

正觉过去世，未来及现在，永断分别根，是故说名佛。

尔时，真实慧菩萨承佛威力，普观十方，而说颂言：

宁受地狱苦，得闻诸佛名，不受无量乐，而不闻佛名。

所以于往昔，无数劫受苦，流转生死中，不闻佛名故。

于法不颠倒，如实而现证，离诸和合相，是名无上觉。

现在非和合，去来亦复然，一切法无相，是则佛真体。

若能如是观，诸法甚深义，则见一切佛，法身真实相。

于实见真实，非实见不实，如是究竟解，是故名为佛。

佛法不可觉，了此名觉法，诸佛如是修，一法不可得。

知以一故众，知以众故一，诸法无所依，但从和合起。

无能作所作，唯从业想生，云何知如是？异此无有故。

一切法无住，定处不可得，诸佛住于此，究竟不动摇。

尔时，无上慧菩萨承佛威力，普观十方，而说颂言：

无上摩诃萨，远离众生想，无有能过者，故号为无上。

诸佛所得处，无作无分别，粗者无所有，微细亦复然。

诸佛所行境，于中无有数，正觉远离数，此是佛真法。

如来光普照，灭除众暗冥，是光非有照，亦复非无照。

于法无所著，无念亦无染，无住无处所，不坏于法性。

此中无有二，亦复无有一，大智善见者，如理巧安住。

无中无有二，无二亦复无，三界一切空，是则诸佛见。

凡夫无觉解，佛令住正法，诸法无所住，悟此见自身。

非身而说身，非起而现起，无身亦无见，是佛无上身。

如是实慧说，诸佛妙法性，若闻此法者，当得清净眼。

尔时，坚固慧菩萨承佛威力，普观十方，而说颂言：

伟哉大光明，勇健无上士，为利群迷故，而兴于世间。

佛以大悲心，普观诸众生，见在三有中，轮回受众苦。

唯除正等觉，具德尊导师，一切诸天人，无能救护者。

若佛菩萨等，不出于世间，无有一众生，而能得安乐。

如来等正觉，及诸贤圣众，出现于世间，能与众生乐。

若见如来者，为得大善利，闻佛名生信，则是世间塔。

我等见世尊，为得大利益，闻如是妙法，悉当成佛道。

诸菩萨过去，以佛威神力，得清净慧眼，了诸佛境界。

今见卢舍那，重增清净信，佛智无边际，演说不可尽。

胜慧等菩萨，及我坚固慧，无数亿劫中，说亦不能尽。

注释

❶ "二"，大正本原作 "一"，今依三本及宫本改之。

【白话语译】

这时，由于佛陀威神力的加持，十方各有一位大菩萨，他们每一位都与佛刹微尘数的菩萨一起，从百佛刹微尘数国土之外的诸世界，前来妙胜殿集会。这些菩萨为法慧菩萨、一切慧菩萨、胜慧菩萨、功德慧菩萨、精进慧菩萨、善慧菩萨、智慧菩萨、真实慧菩萨、无上慧菩萨、坚固慧菩萨。他们分别来自如下的十个世界：因陀罗华世界、波头摩华世界、宝华世界、优钵罗华世界、金刚华世界、妙香华世界、悦意华世界、阿卢那❶华世界、那罗陀❷华世界、虚空华世界。他们又分别在殊特月佛、无尽月佛、不动月佛、风月佛、水月佛、解脱月佛、无上月佛、星宿月佛、清净月佛、明了月佛，等十位佛陀的道场勤修梵行。

这些菩萨到达佛陀所在的妙胜殿后，马上五体投地顶礼佛足，接着随他们所来的方位，以神通力化现出毗卢遮那藏师子宝座，并双足结跏趺端身安坐其上。

如同这个世界中须弥山顶上的妙胜殿前，有众多的菩萨前来集会；一切世界当中的须弥山顶上，也都有众多的菩萨前来集会，而这些菩萨的名字、所来自的世界名称，以及所尊奉的佛号，也都是等无差别。

这时，世尊从他的两足指当中，放射出百千亿的妙色光明，普照十方一切世界须弥山顶上的帝释天宫，使得妙胜殿中的佛陀及大众均炽然显现。

这时，法慧菩萨承受着佛陀威神力的加持，普遍观察十方，而宣说如下的偈颂：

> 佛陀放净光明，普见世间导师，
> 须弥山王顶上，妙胜殿中安住。
> 一切帝释天王，恭请佛入宫殿，
> 悉以十妙偈颂，称赞诸佛如来。
> 彼诸大会之中，所有菩萨大众，

皆从十方而至，化宝座而安坐。

彼会诸菩萨众，皆同我等名称，

所从来诸世界，名字亦如是同。

本国诸佛世尊，名号悉亦同等，

各于其佛方所，净修无上梵行。

佛子汝应观察，如来大自在力，

一切阎浮提洲，皆言佛在其中。

我等今见佛陀，住于须弥山顶，

十方悉亦皆然，如来自在威力。

一一世界之中，发心勤求佛道，

依于如是大愿，修习菩提胜行。

佛以种种妙身，游行遍于世间，

法界无所障碍，无有能测量者。

慧光恒普照明，世间暗悉除灭，

一切无等伦比，云何可测了知？

这时，一切慧菩萨承受着佛陀威神力的加持，普遍观察十方，而宣说如下的偈颂：

假使百千时劫中，恒常见于佛如来，

不依真实第一义，如实而观救世者。

是人妄取于诸相，增长愚痴迷惑网，

系缚生死牢狱中，盲冥不见佛如来。

观察于诸法实相，自性空寂无所有，

如其生灭一切相，但是无实假名说。

一切诸法本无生，一切诸法亦无灭，

若能如是亲证解，诸佛常现于其前。

法性本来空寂相，无取亦无有所见，

性空即是佛如来，如是不可得思量。

若能了知一切法，体性寂然皆如是，

斯人现前则不为，烦恼妄念所染着。

凡夫所见一切法，但随于相而转动，

不能了知法无相，以是不见于佛陀。

佛陀牟尼离三世，诸相圆满悉具足，

如是住于无所住，普遍一切而不动。

今我谛观一切法，现前皆悉得明了，

如今见于佛如来，决定无有诸疑惑。

法慧先前已宣说，如来真实之体性，

我从彼处所了知，菩提甚深难思议。

这时，胜慧菩萨承受着佛陀威神力的加持，普遍观察十方，而宣说如下的偈颂：

如来广大智慧，稀有无与等伦，

一切诸世间人，思惟莫能及此。

凡夫虚妄观察，取相不如实理，

佛离一切众相，非彼所能证见。

迷惑无知大众，妄取五蕴诸相，

不了彼真实性，是人不能见佛。

了知一切法义，自性空无所有，

如是解了法性，则见卢舍那佛。

因前五蕴缘故，后蕴相续而起，

于此体性了知，见佛难可思议。

譬如暗中珍宝，无灯不可得见，

佛法无人宣说，虽慧莫能了知。

亦如目有眼翳，不见清净妙色，

如是不净之心，不能见诸佛法。

又如明净日光，瞽者莫能眼见，

无有智慧妙心，终不能见诸佛。

若能除尽眼翳，舍离于众色想，

不见执于诸法，则得亲见如来。

一切慧已先说，诸佛菩提妙法，

我今从于彼闻，得见卢舍那佛。

这时，功德慧菩萨承受着佛陀威神力的加持，普遍观察十方，而宣说如下的偈颂：

诸法无有真实相，虚妄执取真实相，

是故一切诸凡夫，轮回生死牢狱中。

言辞所说一切法，小智虚妄而分别，

是故心生诸障碍，不能了知于自心。

不能了知于自心，云何了知于正道？

彼由颠倒梦想慧，增长一切诸恶根。

不能了见诸法空，恒受生死众苦恼，

斯人于今未能有，具足清净法眼故。

我昔所受众苦恼，由我不见佛实相，

是故当具净法眼，观其所应亲见者。

若能得见于佛陀，其心如实无所取，

此人则必能亲见，如佛所知一切法。

若能见佛真实法，是则名为大智者，

斯人具足净法眼，能普遍观察世间。

无见即是如实见，能见一切真实法，

于法若有所见者，此则无所见诸法。

一切诸法之体性，本然无生亦无灭，

奇哉世尊大导师，自觉亦能觉他人。

胜慧先已广宣说，如来所悟之妙法，

我等从彼而听闻，今能了知佛真性。

这时，精进慧菩萨承受着佛陀威神力的加持，普遍观察十方，而宣说如下的偈颂：

若人住于分别，则坏清净法眼，

愚痴邪见增长，永不见于诸佛。

若能了诸邪法，如实而不颠倒，

了知妄本自真，见佛则生清净。

有见则为垢生，此则未为真见，

若远离于诸见，如是乃能见佛。

世间诸言语法，众生妄生分别，

了知世皆无生，乃是彻见世间。

若见见于世间，是见则世间相，

如实等无有异，此名真实见者。

若见等无有异，于物不生分别，

是见离于诸惑，无漏而得自在。

诸佛所有开示，一切分别法义，

如是悉不可得，彼性本清净故。

法性本来清净，如空无有诸相，

一切无能言说，智者如是观察。

远离于诸法想，不乐着一切法，

此亦无所修习，能见佛大牟尼。

宛如德慧所说，此名真见佛者，

所有一切诸行，体性悉皆寂灭。

这时，善慧菩萨承受着佛陀威神力的加持，普遍观察十方而宣说如下的偈颂：

稀有大勇健者，无量诸佛如来，
离垢心得解脱，自度亦能度彼。
我见世间灯明，如实不生颠倒，
如于无量时劫，能积智者所见。
一切凡夫所行，莫不速归于尽，
其性宛如虚空，故说无有穷尽。
智者宣说无尽，此亦无所言说，
自性本无尽故，得有难思之尽。
所说无尽之中，无有众生可得，
了知众生性尔，则能见大名称。
无见说名为见，无生说为众生，
若见及若众生，了知本无体性。
能见以及所见，见者悉皆除遣，
不坏于真法义，此人了知佛陀。
若人了知佛陀，及佛所说妙法，
则能照明世间，宛如佛卢舍那。
正觉善于开示，一法清净之道，
如精进慧大士，演说无量要法。
若有若无有者，彼想悉皆除灭，
如是则能见佛，安住于实际中。

这时，智慧菩萨承受着佛陀威神力的加持，普遍观察十方，而宣说如下的偈颂：

我闻最胜教法，即生智慧光明，

普照十方世界，悉见一切佛陀。

此中无有少物，但惟有假名字，

若计有我人等，则为入于险道。

一切取着凡夫，计身以为实有，

如来非所取着，彼终不得得见。

此人不具慧眼，不能得见于佛，

当于无量劫中，流转生死大海。

有诤❸而说生死，无诤即为涅槃，

生死及涅槃中，一一俱不可得。

若逐求假名字，取着于此二法，

此人不知如实，不知圣妙大道。

若生如是想念："此佛此是最胜。"

颠倒非真实义，不能亲见正觉。

能知此实体性，寂灭真如妙相，

则见正觉世尊，超出诸语言道。

言语所说诸法，不能显了实相，

平等乃能得见，如法佛陀亦然。

正觉过去世中，未来及现在世，

永断分别诸根，是故说名为佛。

这时，真实慧菩萨承受着佛陀威神力的加持，普遍观察十方，而宣说如下的偈颂：

宁受地狱众苦恼，愿得听闻诸佛名，

不受无量诸大乐，而不听闻佛名称。

所以我于往昔中，无数时劫受苦恼，

流转生死大海中，不闻佛陀名号故。

于法不生颠倒想，如实而能得现证，

离于一切和合相，是则名为无上觉。

现在一切非和合，过去未来亦复然，

一切诸法本无相，是则为佛真体性。

若能如是善观察，诸法甚深真实义，

则能彻见一切佛，法身本然真实相。

于实了见于真实，非实了见不实相，

如是究竟亲证解，是故名为佛如来。

一切佛法不可觉，了此乃名为觉法，

诸佛如是精勤修，一法如实不可得。

了知以一故成众，了知以众故成一，

诸法性空无所依，但从和合因缘起。

无有能作与所作，唯从业想而出生，

云何了知如是义？异此一切无有故。

一切诸法本无住，以其定处不可得，

一切诸佛住于此，究竟寂灭不动摇。

这时，无上慧菩萨承受着佛陀威神力的加持，普遍观察十方，而宣说如下的偈颂：

无上摩诃萨埵，远离众生想念，

无有能过此者，是故号为无上。

诸佛所得之处，无作亦无分别，

粗者得无所有，微细亦复皆然。

诸佛所行境界，于中无有众数，

正觉远离众数，此是佛真实法。

如来光明普照，灭除众生暗冥，

如是光非有照，亦复非无照者。

于法无所执着，无念亦无染着，

无住亦无处所，不坏于真法性。

此中无有二数，亦复无有一数，

大智善见之人，如理善巧安住。

无中亦无有二，无二亦复为无，

三界一切空寂，是则诸佛所见。

凡夫无能觉解，佛令安住正法，

诸法无所安住，悟此证见自身。

非身而说有身，非起而现起相，

无身亦无有见，是佛无上妙身。

如是实慧所说，诸佛微妙法性，

若听闻此法者，当得清净法眼。

这时，坚固慧菩萨承受着佛陀威神力的加持，普遍观察十方，而宣说如下的偈颂：

伟哉广大光明，勇健无上大士，

为利群迷之故，而出兴于世间。

佛以广大悲心，普观一切众生，

见❶在三有之中，轮回受众苦恼。

唯除正等觉者，具德至尊导师，

一切诸天人等，无有能救护者。

若佛及菩萨等，不出兴于世间，

当无有一众生，而能获得安乐。

如来等正觉者，及诸贤圣大众，

出现于世间中，能与众生安乐。

若见佛如来者，为得大善利益，

闻佛名生正信，则是世间塔庙。

我等见佛世尊，为得大利益事，

听闻如是妙法，悉皆当成佛道。

诸菩萨过去时，以佛大威神力，

证得清净慧眼，了达诸佛境界。

今见佛卢舍那，重增清净信心，

佛智慧无边际，演说不可穷尽。

胜慧等诸菩萨，及我名坚固慧，

无数亿劫之中，说亦不能穷尽。

【注释】

⑪ 阿卢那：梵语 aruṇa 的音译，意思是日出时之红赤色相，此名花之色。

⑫ 那罗陀：梵语 nālaka，那罗陀华意译作"人持花"。此花有妙香，人好佩持，故
称之。

⑬ 诤："烦恼"之意。

⑭ 见："出现"之意。

十住品第十五

卷第十六（续）

《十住品》导读

此品是这一会中的正文，表显"十住位"行法，由法慧菩萨宣说，也答《如来名号品》中菩萨十住之问。这十种修行，能在诸佛大智慧中住，入空界住空性位，而入此位永不退还，住三世诸佛家，所以才名为"住"。其本身而言，经文说："菩萨住处广大，与法界虚空等。"

首先，法慧菩萨承佛威力，而入"菩萨无量方便三昧"。入此三昧，且又重明能入此三昧是因为诸佛以神力共同加持、毗卢遮那如来往昔愿力威神之力，以及法慧菩萨所修善根力的缘故。这是华严经共通的心法。

而得诸佛赞叹、加持、摩顶等胜妙境界，并得诸佛交付演说菩萨十住法之责，法慧菩萨再起定而为大众宣讲。说十住位之所行所修之后，各个世界皆起六种震动，现出各种神变瑞相。这时，十方各过一万佛刹微尘数世界，有十佛刹微尘数的菩萨，他们皆同名为法慧，齐来到此处作证。证明十方所有世界，所说的十住法和此处所说的无有增减、皆同如是。法慧菩萨便又以偈颂再宣说此"十住法"，并以其难得、难量，而勤勉修持。

这十住法中，每一住中分别宣明十种增上、发心之法，十种当位之中所修之法，亦即自勉学又劝人学者。分别是：

一，初发心住。由十信行足信心圆满，遂依智而创发大心，发心即住，是为初住。

二，治地住。练治调柔心性，而发利益心、大悲心、安乐心等十心。劝学诵习多闻、近善知识、发言和悦等十法。而八万四千法门清净，悲智得以增明。

三，修行住。巧妙以空性、无常、无我之行等十行，善观察众生、法等十界。

四，生贵住。从圣教中生，成就永不退转于诸佛所、深生净信、善观察法等十法，而了知、修集、圆满三世一切佛法。

五，具足方便住。修诸善巧方便，以饶益一切众生，显现以真随俗之相，知众生无边、无自性、无所有等十法。

六，正心住。成就般若实相之法，闻知各类赞毁、易难、成坏、有无等十法，皆心定不动故。劝学一切法无相、一切法无分别等等法。

七，不退住。入于无生毕竟空性，止观双运，闻有法、无法，于佛法中心不退转、坚固不失。劝学无相即相，相即无相等广大法。

八，童真住。心不生倒，不起邪魔，住身行无失、语行无失等十种业。应勤学知一切佛刹、动一切佛刹、领受无数佛法、现变化自在身等十法。

九，法王子住。从法王教中生解，当绍佛位，故名"法王子"。善知诸众生受、诸烦恼现起、习气相续、所行方便等十种法。而应劝学法王善巧，以及诸多进退威仪等十法。可以为法王，故称为"法王子"。

十，灌顶住。从上面九住观空，而得最上无生之心，故得诸佛法水灌心顶。此住成就震动无数世界，照耀无数世界，令无数众生调伏。应劝学三世智、佛法智等十种智。

以对治而言，前三住，是总明修出世间心，破诸世间烦恼缠缚，以出缠心胜。第四住，是对治世间法则，以及生死不自在之障，而令其自在。第五住，是对治真俗身边二见，令大智境界得自在。第六住，对治智慧寂用不自在障。以上解说世间和出世间之对立，使之和会。第七住，对治大慈大悲摄生不圆满障，令其圆满。第八住，对治行悲时纠缠于同事、世间余习、智不清净之障，令其清净．第九住，对治法不自在障，令自在。第十住，对治悲智不自在清净障，令得清净。

卷第十六（续）
十住品第十五

【原典】

　　尔时，法慧菩萨承佛威力，入菩萨无量方便三昧。以三昧力，十方各千佛刹微尘数世界之外，有千佛刹微尘数诸佛，皆同一号，名曰法慧，普现其前，告法慧菩萨言："善哉！善哉！善男子！汝能入是菩萨无量方便三昧。善男子！十方各千佛刹微尘数诸佛，悉以神力共加于汝。又是毗卢遮那如来往昔愿力、威神之力，及汝所修善根力故，入此三昧，令汝说法。为增长佛智故，深入法界故，善了众生界故，所入无碍故，所行无障故，得无等方便故，入一切智性故，觉一切法故，知一切根故，能持说一切法故，所谓发起诸菩萨十种住。善男子！汝当承佛威神之力，而演此法。"

　　是时，诸佛即与法慧菩萨无碍智、无著智、无断智、无痴智、无异智、无失智、无量智、无胜智、无懈智、无夺智。何以故？此三昧力，法如是故。是时，诸佛各申右手，摩法慧菩萨顶。法慧菩萨即从定起，告诸菩萨言："佛子！菩萨住处广大，与法界虚空等。佛子！菩萨住三世诸佛家，彼菩萨住，我今当说。诸佛子！菩萨住有十种，过去、未来、现在诸佛，已说、当说、今说。何者为十？所谓初发心住、治地住、修行住、生贵住、具足方便住、正心住、不退住、童真住、王子住、灌顶住，是名菩萨十住，去、来、现在诸佛所说。

　　"佛子！云何为菩萨发心住？此菩萨见佛世尊，形貌端严，色相圆满，人所乐见，难可值遇，有大威力，或见神足，或闻记别，或听教诫，或见众生受诸剧苦，或闻如来广大佛法，发菩提心，求一切智，此菩萨缘十种难得法而发于心。何者为十？所谓是处非处智、善恶业报智、诸根胜劣智、种种解差别智、种种界差别智、一切至处道智、诸禅解脱三昧智、宿命无碍智、天眼无碍智、三世漏普尽智，是为十。佛子！此菩萨应劝学十法。何者为十？所谓勤供养佛、乐住生死、主导世间令除恶业、以胜妙法常行教诲、叹无上法、学佛功德、生诸佛前恒蒙摄受、方便演说寂静三昧、赞叹远离生死轮回、为苦众生作归依处。何以故？欲令菩萨于佛法中心转增广，有所闻法，即自开解，不由他教故。

"佛子！云何为菩萨治地住？此菩萨于诸众生发十种心。何者为十？所谓利益心、大悲心、安乐心、安住心、怜愍心、摄受心、守护心、同己心、师心、导师心，是为十。佛子！此菩萨应劝学十法。何者为十？所谓诵习多闻、虚闲寂静、近善知识、发言和悦、语必知时、心无怯怖、了达于义、如法修行、远离愚迷、安住不动。何以故？欲令菩萨于诸众生增长大悲，有所闻法，即自开解，不由他教故。

"佛子！云何为菩萨修行住？此菩萨以十种行观一切法。何等为十？所谓观一切法无常、一切法苦、一切法空、一切法无我、一切法无作、一切法无味、一切法不如名、一切法无处所、一切法离分别、一切法无坚实，是为十。佛子！此菩萨应劝学十法。何者为十？所谓观察众生界、法界、世界，观察地界、水界、火界、风界，观察欲界、色界、无色界。何以故？欲令菩萨智慧明了，有所闻法，即自开解，不由他教故。

"佛子！云何为菩萨生贵住？此菩萨从圣教中生，成就十法。何者为十？所谓永不退转，于诸佛所，深生净信，善观察法，了知众生、国土、世界、业行、果报、生死、涅槃，是为十。佛子！此菩萨应劝学十法。何者为十？所谓了知过去、未来、现在一切佛法，修习❷过去、未来、现在一切佛法，圆满过去、未来、现在一切佛法，了知一切诸佛平等。何以故？欲令增进于三世中，心得平等，有所闻法，即自开解，不由他教故。

"佛子！云何为菩萨具足方便住？此菩萨所修善根，皆为救护一切众生，饶益一切众生，安乐一切众生，哀愍一切众生，度脱一切众生，令一切众生离诸灾难，令一切众生出生死苦，令一切众生发生净信，令一切众生悉得调伏，令一切众生咸证涅槃。佛子！此菩萨应劝学十法。何者为十？所谓知众生无边、知众生无量、知众生无数、知众生不思议、知众生无量色、知众生不可量、知众生空、知众生无所作、知众生无所有、知众生无自性。何以故？欲令其心转复增胜，无所染著，有所闻法，即自开解，不由他教故。

"佛子！云何为菩萨正心住？此菩萨闻十种法，心定不动。何者为十？所谓闻赞佛、毁佛，于佛法中，心定不动；闻赞法、毁法，于佛法中，心定不动；闻赞菩萨、毁菩萨，于佛法中，心定不动；闻赞菩萨、毁菩萨所行法，于佛法中，心定不动；闻说众生有量、无量，于佛法中，心定不动；闻说众生有垢、无垢，于佛法中，心定不动；闻说众生易度、难度，于佛法中，心定不动；闻说法界有量、无量，于佛法中，心定不动；闻说法界有成、有坏，于佛法中，心定不动；闻说法界若有、若无，于佛法中，心定不动。是为十。佛子！此菩萨应劝学十法。何者为十？所谓一切法无相、一切法无体、一切法不可修、一切法无所有、一切法无真实、一切法空、一切法无性、一切法如幻、一切法如梦、一切法无分别。何以故？欲令其心转复增进，得不退转无生法忍，有所闻法，即自开解，不由他教故。

"佛子！云何为菩萨不退住？此菩萨闻十种法，坚固不退。何者为十？所谓闻有佛、无佛，于佛法中，心不退转；闻有法、无法，于佛法中，心不退转；闻有菩萨、无菩萨，于佛法中，心不退转；闻有菩萨行、无菩萨行，于佛法中，心不退转；闻有❸菩萨修行出离、修行不出离，于佛法中，心不退转；闻过去有佛、过去无佛，于佛法中，心不退转；闻未来有佛、未来无佛，于佛法中，心不退转；闻现在有佛、现在无佛，于佛法中，心不退转；闻佛智有尽、佛智无尽，于佛法中，心不退转；闻三世一相、三世非一相，于佛法中，心不退转。是为十。佛子！此菩萨应劝学十种广大法。何者为十？所谓说一即多、说多即一、文随于义、义随于文、非有即有、有即非有、无相即相、相即无相、无性即性、性即无性。何以故？欲令增进，于一切法善能出离，有所闻法，即自开解，不由他教故。

"佛子！云何为菩萨童真住？此菩萨住十种业。何者为十？所谓身行无失、语行无失、意行无失、随意受生、知众生种种欲、知众生种种解、知众生种种界、知众生种种业、知世界成坏、神足自在、所行无碍，是为十。佛子！此菩萨应劝学十种法。何者为十？所谓知一切佛刹、动一切佛刹、持一切佛刹、观一切佛刹、诣一切佛刹、游行无数世界、领受无数佛法、现变化自在身、出广大遍满音、一刹那中承事供养无数诸佛。何以故？欲令增进，于一切法能得善巧，有所闻法，即自开解，不由他教故。

"佛子！云何为菩萨王子住？此菩萨善知十种法。何者为十？所谓善知诸众生受生、善知诸烦恼现起、善知习气相续、善知所行方便、善知无量法、善解诸威仪、善知世界差别、善知前际后际事、善知演说世谛、善知演说第一义谛，是为十。佛子！此菩萨应劝学十种法。何者为十？所谓法王处善巧、法王处轨度、法王处宫殿、法王处趣入、法王处观察、法王灌顶、法王力持、法王无畏、法王宴寝、法王赞叹。何以故？欲令增进，心无障碍，有所闻法，即自开解，不由他教故。

"佛子！云何为菩萨灌顶住？此菩萨得成就十种智。何者为十？所谓震动无数世界、照曜无数世界、住持无数世界、往诣无数世界、严净无数世界、开示无数众生、观察无数众生、知无数众生根、令无数众生趣入、令无数众生调伏，是为十。佛子！此菩萨身及身业，神通变现，过去智、未来智、现在智成就佛土，心境界、智境界皆不可知，乃至法王子菩萨亦不能知。佛子！此菩萨应劝学诸佛十种智。何者为十？所谓三世智、佛法智、法界无碍智、法界无边智、充满一切世界智、普照一切世界智、住持一切世界智、知一切众生智、知一切法智、知无边诸佛智。何以故？欲令增长一切种智，有所闻法，即自开解，不由他教故。"

尔时，佛神力故，十方各一万佛刹微尘数世界六种震动，所谓动、遍动、等遍动，起、遍起、等遍起，涌、遍涌、等遍涌，震、遍震、等遍震，吼、遍吼、等遍吼，击、遍击、等遍击。雨天妙华、天末香、天华鬘、天杂香、天宝衣、天宝云、天庄严具，天诸音乐不鼓自鸣，放大光明及妙音声。如此四天下须弥山顶帝释殿上，说十住法，现诸神变；十方所有一切世界，悉亦如是。又以佛神力故，十方各过一万佛刹微尘数世界，有十佛刹微尘数菩萨，来诣于此，充满十方，作如是言："善哉！善哉！佛子善说此法！我等诸人，同名法慧；所从来国，同名法云；彼土如来，皆名妙法。我等佛所亦说十住，众会眷属，文句义理，悉亦如是，无有增减。佛子！我等承佛神力，来入此会，为汝作证。如于此会，十方所有一切世界，悉亦如是。"

尔时，法慧菩萨承佛威力，观察十方，暨于法界，而说颂曰：

见最胜智微妙身，相好端严皆具足，如是尊重甚难遇，菩萨勇猛初发心。

见无等比大神通，闻说记心及教诫，诸趣众生无量苦，菩萨以此初发心。

闻诸如来普胜尊，一切功德皆成就，譬如虚空不分别，菩萨以此初发心。

三世因果名为处，我等自性为非处，欲悉了知真实义，菩萨以此初发心。

过去未来现在世，所有一切善恶业，欲悉了知无不尽，菩萨以此初发心。

诸禅解脱及三昧，杂染清净无量种，欲悉了知入住出，菩萨以此初发心。

随诸众生根利钝，如是种种精进力，欲悉了达分别知，菩萨以此初发心。

一切众生种种解，心所好乐各差别，如是无量欲悉知，菩萨以此初发心。

众生诸界各差别，一切世间无有量，欲悉了知其体性，菩萨以此初发心。

一切有为诸行道，一一皆有所至处，悉欲了知其实性，菩萨以此初发心。

一切世界诸众生，随业漂流无暂息，欲得天眼皆明见，菩萨以此初发心。

过去世中曾所有，如是体性如是相，欲悉了知其宿住，菩萨以此初发心。

一切众生诸结惑，相续现起及习气，欲悉了知究竟尽，菩萨以此初发心。

随诸众生所安立，种种谈论语言道，如其世谛悉欲知，菩萨以此初发心。

一切诸法离言说，性空寂灭无所作，欲悉明达此真义，菩萨以此初发心。

欲悉震动十方国，倾覆一切诸大海，具足诸佛大神通，菩萨以此初发心。

欲一毛孔放光明，普照十方无量土，一一光中觉一切，菩萨以此初发心。

欲以难思诸佛刹，悉置掌中而不动，了知一切如幻化，菩萨以此初发心。

欲以无量刹众生，置一毛端不迫隘，悉知无人无有我，菩萨以此初发心。

欲以一毛滴海水，一切大海悉令竭，而悉分别知其数，菩萨以此初发心。

不可思议诸国土，尽抹为尘无遗者，欲悉分别知其数，菩萨以此初发心。

过去未来无量劫，一切世间成坏相，欲悉了达穷其际，菩萨以此初发心。

三世所有诸如来，一切独觉及声闻，欲知其法尽无余，菩萨以此初发心。

无量无边诸世界，欲以一毛悉称举，如其体相悉了知，菩萨以此初发心。

无量无数轮围山，欲令悉入毛孔中，如其大小皆得知，菩萨以此初发心。

欲以寂静一妙音，普应十方随类演，如是皆令净明了，菩萨以此初发心。

一切众生语言法，一言演说无不尽，悉欲了知其自性，菩萨以此初发心。

世间言音靡不作，悉令其解证寂灭，欲得如是妙舌根，菩萨以此初发心。

欲使十方诸世界，有成坏相皆得见，而悉知从分别生，菩萨以此初发心。

一切十方诸世界，无量如来悉充满，欲悉了知彼佛法，菩萨以此初发心。

种种变化无量身，一切世界微尘等，欲悉了达从心起，菩萨以此初发心。

过去未来现在世，无量无数诸如来，欲于一念悉了知，菩萨以此初发心。

欲具演说一句法，阿僧祇劫无有尽，而令文义各不同，菩萨以此初发心。

十方一切诸众生，随其流转生灭相，欲于一念皆明达，菩萨以此初发心。

欲以身语及意业，普诣十方无所碍，了知三世皆空寂，菩萨以此初发心。

菩萨如是发心已，应令往诣十方国，恭敬供养诸如来，以此使其无退转。

菩萨勇猛求佛道，住于生死不疲厌，为彼称叹使顺行，如是令其无退转。

十方世界无量刹，悉在其中作尊主，为诸菩萨如是说，以此令其无退转。

最胜最上最第一，甚深微妙清净法，劝诸菩萨说与人，如是教令离烦恼。

一切世间无与等，不可倾动摧伏处，为彼菩萨常称赞，如是教令不退转。

佛是世间大力主，具足一切诸功德，令诸菩萨住是中，以此教为胜丈夫。

无量无边诸佛所，悉得往诣而亲近，常为诸佛所摄受，如是教令不退转。

所有寂静诸三昧，悉皆演畅无有余，为彼菩萨如是说，以此令其不退转。

摧灭诸有生死轮，转于清净妙法轮，一切世间无所著，为诸菩萨如是说。

一切众生堕恶道，无量重苦所缠迫，与作救护归依处，为诸菩萨如是说。

此是菩萨发心住，一向志求无上道，如我所说教诲法，一切诸佛亦如是。

第二治地住菩萨，应当发起如是心，十方一切诸众生，愿使悉顺如来教。

利益大悲安乐心，安住怜愍摄受心，守护众生同己心，师心及以导师心。

已住如是胜妙心，次令诵习求多闻，常乐寂静正思惟，亲近一切善知识。

发言和悦离粗犷，言必知时无所畏，了达于义如法行，远离愚迷心不动。

此是初学菩提行，能行此行真佛子，我今说彼所应行，如是佛子应勤学。

第三菩萨修行住，当依佛教勤观察，诸法无常苦及空，无有我人无动作。

一切诸法不可乐，无如名字无处所，无所分别无真实，如是观者名菩萨。

次令观察众生界，及以劝观于法界，世界差别尽无余，于彼咸应劝观察。

十方世界及虚空，所有地水与火风，欲界色界无色界，悉劝观察咸令尽。

观察彼界各差别，及其体性咸究竟，得如是教勤修行，此则名为真佛子。

第四生贵住菩萨，从诸圣教而出生，了达诸有无所有，超过彼法生法界。

信佛坚固不可坏，观法寂灭心安住，随诸众生悉了知，体性虚妄无真实。

世间刹土业及报，生死涅槃悉如是，佛子于法如是观，从佛亲生名佛子。

过去未来现在世，其中所有诸佛法，了知积集及圆满，如是修学令究竟。

三世一切诸如来，能随观察悉平等，种种差别不可得，如是观者达三世。

如我称扬赞叹者，此是四住诸功德，若能依法勤修行，速成无上佛菩提。

从此第五诸菩萨，说名具足方便住，深入无量巧方便，发生究竟功德业。

菩萨所修众福德，皆为救护诸群生，专心利益与安乐，一向哀愍令度脱。

为一切世除众难，引出诸有令欢喜，一一调伏无所遗，皆令具德向涅槃。

一切众生无有边，无量无数不思议，及以不可称量等，听受如来如是法。

此第五住真佛子，成就方便度众生，一切功德大智尊，以如是法而开示。

第六正心圆满住，于法自性无迷惑，正念思惟离分别，一切天人莫能动。

闻赞毁佛与佛法，菩萨及以所行行，众生有量若无量，有垢无垢难易度，

法界大小及成坏，若有若无心不动，过去未来今现在，谛念思惟恒决定。

一切诸法皆无相，无体无性空无实，如幻如梦离分别，常乐听闻如是义。

第七不退转菩萨，于佛及法菩萨行，若有若无出不出，虽闻是说无退转。

过去未来现在世，一切诸佛有以无，佛智有尽或无尽，三世一相种种相，

一即是多多即一，文随于义义随文，如是一切展转成，此不退人应为说。

若法有相及无相，若法有性及无性，种种差别互相属，此人闻已得究竟。

第八菩萨童真住，身语意行皆具足，一切清净无诸失，随意受生得自在。

知诸众生心所乐，种种意解各差别，及其所有一切法，十方国土成坏相。

逮得速疾妙神通，一切处中随念往，于诸佛所听闻法，赞叹修行无懈倦。

了知一切诸佛国，震动加持亦观察，超过佛土不可量，游行世界无边数。

阿僧祇法悉谘问，所欲受身皆自在，言音善巧靡不充，诸佛无数

咸承事。

第九菩萨王子住，能见众生受生别，烦恼现习靡不知，所行方便
皆善了。

诸法各异咸仪别，世界不同前后际，如其世俗第一义，悉善了知
无有余。

法王善巧安立处，随其处所所有法，法王宫殿若趣入，及以于中
所观见。

法王所有灌顶法，神力加持无怯畏，宴寝宫室及叹誉，以此教诏
法王子。

如是为说靡不尽，而令其心无所著，于此了知修正念，一切诸佛
现其前。

第十灌顶真佛子，成满最上第一法，十方无数诸世界，悉能震动
光普照。

住持往诣亦无余，清净庄严皆具足，开示众生无有数，观察知根
悉能尽。

发心调伏亦无边，咸令趣向大菩提，一切法界咸观察，十方国土
皆往诣。

其中身及身所作，神通变现难可测，三世佛土诸境界，乃至王子
无能了。

一切见者三世智，于诸佛法明了智，法界无碍无边智，充满一切
世界智，

照耀世界住持智，了知众生诸法智，及知正觉无边智，如来为说
咸令尽。

如是十住诸菩萨，皆从如来法化生，随其所有功德行，一切天人
莫能测。

过去未来现在世，发心求佛无有边，十方国土皆充满，莫不当成
一切智。

一切国土无边际，世界众生法亦然，惑业心乐各差别，依彼而发

菩提意。

始求佛道一念心，世间众生及二乘，斯等尚亦不能知，何况所余功德行！

十方所有诸世界，能以一毛悉称举，彼人能知此佛子，趣向如来智慧行。

十方所有诸大海，悉以毛端滴令尽，彼人能知此佛子，一念所修功德行。

一切世界抹为尘，悉能分别知其数，如是之人乃能见，此诸菩萨所行道。

去来现在十方佛，一切独觉及声闻，悉以种种妙辩才，开示初发菩提心。

发心功德不可量，充满一切众生界，众智共说无能尽，何况所余诸妙行！

注释

❷ "习"，大正本原作"集"，今依元、明本改之。

❸ "有"，大正本原无此字，今依元、明、宫本增之。

【白话语译】

这时，法慧菩萨承受着佛陀威神力的加持，证入了菩萨无量方便三昧的微妙禅定三昧境界。以这个三昧的威力，在十方各一千佛刹微尘数的世界之外，同时出现了一千佛刹微尘数的诸佛，他们也都同样名为法慧如来。这些如来普现在法慧菩萨之前，告诉法慧菩萨说："善哉！善哉！善男子啊！你能证入菩萨无量方便三昧真是太好了。善男子啊！这是由于十方各一千佛刹微尘数的诸佛如来，都以大威神力共同加持于你，而且又是毗卢遮那如来往昔的愿力、威神之力，以及你自己往昔所修习的善根之力的缘故，你才能证入这个三昧境界，使你来说法；这是为了增长佛陀智慧的缘故，深入法界的缘故，善巧了知众生界的缘故，所入无碍的缘故，所行无障的缘故，得到无等方便的缘故，趣入一切智慧体性的缘故，觉悟一切法的缘故，了知一切根的缘故，及能够总持宣说一切法的缘故。这个法就是所谓的发起诸菩萨的十种住法。善男子啊！你应当承受着佛陀威神之力的加持，而演说这个菩萨十住的大法。"

这时，诸佛就赐与法慧菩萨无碍的智慧、无着的智慧、无断的智慧、无痴的智慧、无异的智慧、无失的智慧、无量的智慧、无胜的智慧、无懈的智慧、无夺的智慧。为何诸佛会赐与法慧菩萨这些智慧呢？这是因为法慧菩萨所证入的三昧力，本来就会得到诸佛的智慧加持。

这时，十方的诸法慧佛都伸出了右手，抚摩法慧菩萨的头顶。于是，法慧菩萨从定中而起，告诉诸菩萨说："佛子啊！菩萨的住处实在是十分的广大，甚至可说是与法界虚空同等的广大。佛子啊！菩萨是如实安住在三世诸佛之家，我现在应当向大家解说这些菩萨的住处。

"诸佛子啊！菩萨的住处有十种，是三世的诸佛如来已经宣说、应当宣说及现在宣说的。这十种菩萨的住处是什么呢？一，初发心住；二，治地住；三，修行住；四，生贵住；五，具足方便住；六，正心住；七，不退住；八，童真住；九，法王子住；十，灌顶住。以上名为菩萨的十住，是过去、未来、现在三世诸佛所宣说的。

"佛子啊！什么是菩萨的初发心住呢？就是当菩萨见到了佛陀世尊的形貌端正庄严，色相圆满具足，能为大家所乐见，而且是异常珍贵难可值遇，并且有广大威力；或是见到了神足大神通变化；或是听闻授记；或是听闻教诫；或是见到了众生受各种剧苦；或是听闻到佛陀如来的广大佛法。菩萨因此而发起菩提心，勤求一切智慧，而成为初发心住菩萨。发心住菩萨是以十种难得的智慧而发起菩提心。这十种难得的智慧是什么呢？一，是处非处智慧；二，善恶业报的智慧；三，诸根胜劣的智慧；四，种种解差别的智慧；五，种种界差别的智慧；六，一切至处道的智慧；七，诸禅解脱三昧的智慧；八，宿命无碍的智慧；九，天眼无碍的智慧；十，三世的烦恼普遍尽除的智慧。

"佛子啊！初发心住的菩萨应劝勉自己学习以下十种法。一，精勤地供养佛陀；二，为了众生而乐于安住在生死之中；三，主导世间，祛除一切恶业；四，常以胜妙之法来教诲大众；五，赞叹无上的大法；六、学习佛陀的功德；七，出生在诸佛之前，永远蒙受佛陀的摄受；八，能方便的演说寂静三昧；九，赞叹能远离生死轮回者；十，作为苦恼众生的归依处。初发心住菩萨为何要学习这十种法呢？这是为了使菩萨对于佛法的发心能转增广大；而且，只要听闻到佛法，就能自行开悟了解，不必再经由他人教诲。

"佛子啊！什么是菩萨的治地住呢？治地住的菩萨必须对众生发起十种心。一，利益心；二，大悲心；三，安乐心；四，安住心；五，怜悯心；六，摄受心；七，守护心；八，同己心；九，师心；十，导师心。

"佛子啊！治地住菩萨应当劝勉自己学习十种大法。一，读诵学习以具足多闻；二，常处于寂静处；三，亲近善知识；四，发言十分的和悦；五，凡有言语必定恰当知时；六，心中无有怯怖；七，了达于义理；八，如法修行；九，远离愚痴；十，安住于正法不动。为何治地住菩萨要学习这十种法呢？这是为了使菩萨能对众生增长大悲心；而且，只要听闻到佛法，就能自行开悟了解，不必再经由他人教诲。

"佛子啊！什么是菩萨的修行住呢？修行住的菩萨必须以十种现象来观察一切法。这十种现象是什么呢？一，观察一切法无常；二，观察一切法为苦；三，观察一切法空；四，观察一切法无我；五，观察一切法无造作；六，观察一切法无味；七，观察一切法非为名相；八，观察一切法无有处所；九，观察一切法离于分别；十，观察一切法无有坚实。

"佛子啊！修行住菩萨应当劝勉自己学习十种法。这十种法是什么呢？一，观察众生界；二，观察法界；三，观察世界；四，观察地界；五，观察水界；六，观察火界；七，观察风界；八，观察欲界；九，观察色界；十，观察无色界。为何修行住菩萨要学习这十种法呢？这是为了使菩萨的智慧明了；而且，只要听闻到佛法，就能自行开悟了解，不必再经由他人教诲。

"佛子啊！什么是菩萨的生贵住呢？生贵住菩萨乃是从圣教中出生，而成就十种法。一，永不退转于诸佛之所；二，心中深生净信；三，善于观察诸法；四，了知众生；五，了知国土；六，了知世界；七，了知业行；八，了知果报；九，了知生死；十，了知涅槃。

"佛子啊！生贵住菩萨应当劝勉自己学习十种法。一，了知过去的一切佛法；二，了知未来的一切佛法；三，了知现在的一切佛法；四，修习过去的一切佛法；五，修习未来的一切佛法；六，修习现在的一切佛法；七，圆满过去的一切佛法；八，圆满未来的一切佛法；九，圆满现在的一切佛法；十，了知一切诸佛平等。为何生贵住菩萨要学习这十种法呢？这是为了使菩萨在三世之中更能够得到平等心；而且，只要听闻到佛法，就能自行开悟了解，不必再经由他人教诲。

"佛子啊！什么是菩萨具足方便住呢？具足方便住菩萨往昔所修的一切善根，都是为了：一，救护一切众生；二，饶益一切众生；三，安乐一切众生；四，哀悯一切众生；五，度脱一切众生；六，使一切众生远离所有灾难；七，使一切众生脱离于生死的苦恼；八，使一切众生的心中生起清净的信仰；九，使一切众生都能得到教化调伏；十，使一切众生都能证得涅槃。

"佛子啊！方便住菩萨应当劝勉自己学习以下的十种法。一，了知众生无边；二，了知众生无量；三，了知众生无数；四，了知众生不可思议；五，了知众生有无量色相；六，了知众生不可称量；七，了知众生性空；八，了知众生无所造作；九，了知众生无所有；十，了知众生无自性。为何方便住菩萨要学习这十种法呢？这是为了使菩萨的心转而更加清净，没有任何染着；而且，只要听闻到佛法，就能自行开悟了解，不必再经由他人教诲。

"佛子啊！什么是菩萨的正心住呢？正心住菩萨在听闻到以下十种法时，由于处于甚深的定境，所以他的心都能安定不动。一，闻赞佛、毁佛；二，闻赞法、毁法；三，闻赞菩萨、毁菩萨；四，闻赞菩萨、毁菩萨所行诸法；五，闻说众生有量、无量；六，闻说众生有垢、无垢；七，闻说众生易度、难度；八，闻说法界有量、无量；九，闻说法界有成、有坏；十，闻说法界若有、若无。

"佛子啊！正心住菩萨应当劝勉自己学习十种法。一，一切法无相；二，一切法无体；三，一切法不可修；四，一切法无所有；五，一切法无真实；六，一切法空；七，一切法无性；八，一切法如幻；九，一切法如梦；十，一切法无分别。为何正心住菩萨必须学习这十种法呢？这是为了使菩萨的心转而更加增进，得到不退转的境界，证得无生法忍⑮；而且，只要听闻到佛法，就能自行开悟了解，不必再经由他人教诲。

"佛子啊！什么是菩萨不退住呢？不退住菩萨在听闻了十种法之后，因为对佛法信心坚定，所以于菩提心不生退转。一，闻有佛、无佛；二，闻有法、无法；三，闻有菩萨、无菩萨；四，闻有菩萨行、无菩萨行；五，闻菩萨修行出离、修行不出离；六，闻过去有佛、过去无佛；七，闻未来有佛、未来无佛；八，闻现在有佛、现在无佛；九，闻佛智有尽、佛智无尽；十，闻三世一相、三世非一相。

"佛子啊！不退住菩萨应当劝勉自己学习十种广大的佛法。一，说一即是多；二，说多即是一；三，文随于义；四，义随于文；五，非有即是有；六，有即是非有；七，无相即是相；八，相即是无相；九，无性即是性；十，性即是无性。为何不退住菩萨必须学习这十种法呢？这是为了使菩萨更能够善巧出离一切法；而且，只要听闻到佛法，就能自行开悟了解，不必再经由他人教诲。

"佛子啊！什么是菩萨的童真住呢？童真住菩萨安住在十种净业中。一，身行无失；二，语行无失；三，意行无失；四，能随意投胎受生；五，了知众生种种的心欲；六，了知众生种种的知解；七，了知众生种种的境界；八，了知众生种种的业行；九，了知世界的成坏；十，能够具足神足自在而所行无碍。

"佛子啊！童真住菩萨应当劝勉自己学习十种法。一，了知一切佛刹；二，动摇一切佛刹；三，执持一切佛刹；四，观察一切佛刹；五，往诣一切佛刹；六，游行无数的世界；七，领受无数的佛法；八，展现变化自在之身；九，发出广大遍满的音声；十，在一刹那中承事供养无数的诸佛。为何童真住菩萨必须学习这十种法呢？这是为了使菩萨在一切法当中更能得到善巧自在；而且，只要听闻到佛法，就能自行开悟了解，不必再经由他人教诲。

"佛子啊！什么是菩萨的王子住呢？王子住菩萨善于了知十种法。一，善于了知所有众生的种种差别；二，善于了知所有烦恼现起的状况；三，善于了知习气相续的情形；四，善于了知所行的一切方便；五，善于了知无量的法；六，善于了知所有的威仪；七，善于了知世界的差别；八，善于了知前际、后际的事情；九，善于了知演说世谛的道理；十，善于了知第一义谛的究竟之理。

"佛子啊！王子住菩萨应当劝勉自己学习十种法。一，法王处❶的善巧方便；二，法王处的仪轨制度；三，法王处的宫殿威仪；四，法王处的趣入；五，法王处的观察；六，法王的灌顶仪式；七，法王的总持威力；八，法王的无畏自在；九，法王的宴寝轨范；十，法王的赞叹。为何王子住菩萨必须学习这十种法呢？这是为了使菩萨的心中更加无有障碍；而且，只要听闻到佛法，就能自行开悟了解，不必再经由他人教诲。

"佛子啊！什么是菩萨的灌顶住？灌顶住菩萨成就了十种智慧。一，震动无数的世界；二，照耀无数的世界；三，住持无数的世界；四，往诣无数的世界；五，庄严清净无数的世界；六，开示无数的众生；七，观察无数的众生；八，了知无数众生之根器；九，使无数的众生趣入佛道；十，使无数的众生得到教化调伏。

"佛子啊！灌顶住菩萨的身及身业，与神通变化的现证境界，与过去智、未来智、现在智所成就的佛土，以及心的境界、智慧的境界，都是甚深不可了知的，甚至连法王子住的菩萨也都无法测度。

"佛子啊！灌顶住菩萨应当劝勉自己学习诸佛的十种智慧。一，三世智；二，佛法智；三，法界无碍智；四，法界无边智；五，充满一切世界智；六，普照一切世界智；七，住持一切世界智；八，知一切众生智；九，知一切法智；十，知无边诸佛智。为何灌顶住菩萨必须学习诸佛的十种智慧呢？这是为了增长菩萨的一切种智；而且，只要听闻到佛法，就能自行开悟了解，不必再经由他人教诲。"

这时，因为佛陀威神力所加持的缘故，十方各一万个佛刹微尘数世界，都生起六种震动：一，动、遍动、等遍动；二，起、遍起、等遍起；三，涌、遍涌、等遍涌；四，震、遍震、等遍震；五，吼、遍吼、等遍吼；六，击、遍击、等遍击。除了大地的六种震动之外，虚空中雨下了天上的妙花、天上的末香、天上的华鬘、天上的杂香、天上的宝衣、天上的宝云、天上的庄严具等。又，天上的各种音乐也都不鼓自鸣，并散放出广大的光明及微妙的音声。

就如同以上所述，在这个四天下的须弥山顶帝释宫殿上，演说着十住的大法，并示现出各种不可思议的神变；而十方的一切世界，也都是如此。

又因为佛陀威神力加持的缘故，十方各过一万佛刹微尘数的世界，都有十佛刹微尘数的菩萨，共同来到此处，充塞着十方，他们说道："善哉！善哉！佛子能够善巧地宣说这个微妙的大法，实在是太好了！我们这些人都同名为法慧。我们所来的国土，也是同名为法云佛刹。在我们所安住的法云国土中的佛陀，也都同名为妙法如来。在我们国土中的佛陀道场，也宣说着十住的大法。所有的法会大众、随从眷属，以及所宣说的文句义理，也都与此处相同，没有任何的增减差别。佛子啊！我们承受着佛陀威神力的加持来参加这个法会，是要为你作证：十方的一切世界，也如同这个法会一般。"

这时，法慧菩萨承受着佛陀威神力的加持，普遍观察十方及全体法界，宣说如下的偈颂：

> 见最胜智微妙色身，相好端严圆满具足，
> 如是尊重甚难值遇，菩萨勇猛初发心时。
> 见无等比广大神通，闻说记心以及教诫，
> 诸趣众生无量苦恼，菩萨以此而初发心。
> 闻诸如来普胜世尊，一切功德悉皆成就，
> 譬如虚空不生分别，菩萨以此而初发心。
> 三世因果名为理处，我等自性⑰为非理处，
> 欲悉了知真实义理，菩萨以此而初发心。
> 过去未来与现在世，所有一切善恶诸业，
> 欲悉了知无不穷尽，菩萨以此而初发心。
> 诸禅解脱以及三昧，杂染清净具无量种，
> 欲悉了知入住出⑱境，菩萨以此而初发心。
> 随诸众生根器利钝，如是种种大精进力，
> 欲悉了达分别了知，菩萨以此而初发心。
> 一切众生种种意解，心所好乐各各差别，
> 如是无量欲悉了知，菩萨以此而初发心。
> 众生诸界各有差别，一切世间数无有量，
> 欲悉了知其中体性，菩萨以此而初发心。
> 一切有为诸种行道，一一皆有所至处所，
> 悉欲了知其真实性，菩萨以此而初发心。
> 一切世界诸众生等，随业漂流无有暂息，
> 欲得天眼皆能明见，菩萨以此而初发心。

过去世中曾所有者，如是体性如是显相，
欲悉了知其宿昔住，菩萨以此而初发心。

一切众生诸结迷惑，相续现起及诸习气，
欲悉了知究竟穷尽，菩萨以此而初发心。

随诸众生所有安立，种种谈论语言之道，
如其世谛悉欲了知，菩萨以此而初发心。

一切诸法离于言说，性空寂灭无有所作，
欲悉明达此真实义，菩萨以此而初发心。

欲悉震动十方国土，倾覆一切诸大海水，
具足诸佛广大神通，菩萨以此而初发心。

欲一毛孔放大光明，普照十方无量国土，
一一光中觉悟一切，菩萨以此而初发心。

欲以难思诸佛刹土，悉置掌中而不动摇，
了知一切宛如幻化，菩萨以此而初发心。

欲以无量刹土众生，置一毛端而不迫隘，
悉知无人亦无有我，菩萨以此而初发心。

欲以一毛而滴海水，一切大海悉令竭尽，
而悉分别了知其数，菩萨以此而初发心。

不可思议诸佛国土，尽抹为尘无有遗者，
欲悉分别了知其数，菩萨以此而初发心。

过去未来无量时劫，一切世间成坏众相，
欲悉了达穷其边际，菩萨以此而初发心。

三世所有诸佛如来，一切独觉以及声闻，
欲知其法穷尽无余，菩萨以此而初发心。

无量无边诸世界中，欲以一毛皆悉称举，
如其体相悉全了知，菩萨以此而初发心。

无量无数众轮围山，欲令悉入毛孔之中，
如其大小皆得了知，菩萨以此而初发心。

欲以寂静惟一妙音，普应十方随类演说，
如是皆令清净明了，菩萨以此而初发心。
一切众生语言众法，一言演说无不穷尽，
悉欲了知达其自性，菩萨以此而初发心。
世间言音靡不能作，悉令其解证得寂灭，
欲得如是微妙舌根，菩萨以此而初发心。
欲使十方诸世界中，有成坏相悉皆得见，
而悉了知从分别生，菩萨以此而初发心。
一切十方诸世界中，无量如来悉皆充满，
欲悉了知彼佛妙法，菩萨以此而初发心。
种种变化无量色身，一切世界微尘数等，
欲悉了达从心而起，菩萨以此而初发心。
过去未来及现在世，无量无数诸佛如来，
欲于一念皆悉了知，菩萨以此而初发心。
欲具演说一句法要，阿僧祇劫无有穷尽，
而令文义各不相同，菩萨以此而初发心。
十方一切所有众生，随其流转生灭诸相，
欲于一念皆悉明达，菩萨以此而初发心。
欲以身语以及意业，普诣十方无所障碍，
了知三世悉皆空寂，菩萨以此而初发心。
菩萨如是发大心已，应令往诣十方国土，
恭敬供养诸佛如来，以此使其永无退转。
菩萨勇猛勤求佛道，住于生死绝不疲厌，
为彼称叹使随顺行，如是令其无有退转。
十方世界无量刹土，悉在其中为作尊主，
为诸菩萨如是宣说，以此令其无有退转。
最胜最上最为第一，甚深微妙清净妙法，
劝诸菩萨宣说与人，如是教诲令离烦恼。

一切世间无与等比，不可倾动摧伏之处，
为彼菩萨常能称赞，如是教令永不退转。
佛是世间大力主宰，具足一切诸胜功德，
令诸菩萨住于其中，以此教化为胜丈夫。
无量无边诸佛所在，悉得往诣而能亲近，
常为诸佛之所摄受，如是教化令不退转。
所有寂静诸三昧境，悉皆演畅无有穷余，
为彼菩萨如是宣说，以此令其得不退转。
摧灭诸有生死轮转，转于清净微妙法轮，
一切世间无所执着，为诸菩萨如是宣说。
一切众生堕于恶道，无量重苦之所缠迫，
与作救护归依处所，为诸菩萨如是宣说。
此是菩萨发心住位，一向志求无上佛道，
如我所说教诲大法，一切诸佛亦复如是。
第二治地住位菩萨，应当发起如是大心，
十方一切诸众生等，愿使悉顺如来教诲。
利益大悲生安乐心，安住怜悯大摄受心，
守护众生同己妙心，师心以及导师之心。
已住如是殊胜妙心，次令诵习广求多闻，
常乐寂静正心思惟，亲近一切诸善知识。
发言和悦离于粗犷，言必知时无所畏惧，
了达于义如法而行，远离愚迷心不动摇。
此是初学菩提胜行，能行此行乃真佛子，
我今说彼所应行者，如是佛子应精勤学。
第三菩萨修行住位，当依佛教精勤观察，
诸法无常与苦及空，无有我人亦无动作。
一切诸法不可乐着，无如名字亦无处所，
无所分别亦无真实，如是观者是名菩萨。

次令观察众生界等，　以及劝观于诸法界，
世界差别穷尽无余，　于彼咸应勤劝观察。
十方世界以及虚空，　所有地水及与火风，
欲界色界及无色界，　悉劝观察咸令穷尽。
观察彼界各有差别，　及其体性咸皆究竟，
得如是教精勤修行，　此则名为真实佛子。
第四生贵住位菩萨，　从诸圣教而出生者，
了达诸有皆无所有，　超过彼法而生法界。
信佛坚固不可毁坏，　观法寂灭心得安住，
随诸众生皆悉了知，　体性虚妄无有真实。
世间刹土业力及报，　生死涅槃悉亦如是，
佛子于法如是观察，　从佛亲生名真佛子。
过去未来及现在世，　其中所有一切佛法，
了知积集以及圆满，　如是修学令得究竟。
三世一切诸佛如来，　能随观察悉皆平等，
种种差别悉不可得，　如是观者了达三世。
如我称扬及赞叹者，　此是第四住诸功德，
若能依法精勤修行，　速成无上诸佛菩提。
从此第五住诸菩萨，　说名具足方便住位，
深入无量善巧方便，　发生究竟功德净业。
菩萨所修一切福德，　皆为救护所有群生，
专心利益及与安乐，　一向哀悯令得度脱。
为一切世除去众难，　引出诸有令得欢喜，
一一调伏无所遗者，　皆令具德向于涅槃。
一切众生无有边际，　无量无数不可思议，
及以不可称量数等，　听受如来如是教法。
此第五住真实佛子，　成就方便度化众生，
一切功德大智尊者，　以如是法而为开示。

第六正心圆满住位，于法自性无有迷惑，
正念思惟离于分别，一切天人莫能倾动。
闻赞毁佛及与佛法，菩萨及以所行诸行，
众生有量若无有量，有垢无垢难易救度。
法界大小以及成坏，若有若无心中不动，
过去未来及今现在，谛念思惟恒能决定。
一切诸法皆无有相，无体无性空幻无实，
如幻如梦离于分别，常乐听闻如是妙义。
第七不退转位菩萨，于佛及法菩萨妙行，
若有若无出与不出，虽闻是说无有退转。
过去未来及现在世，一切诸佛有或以无，
佛智有尽或无有尽，三世一相种种众相。
一即是多多即是一，文随于义义随于文，
如是一切辗转相成，此不退人应为宣说。
若法有相以及无相，若法有性以及无性，
种种差别互为相属，此人闻已皆得究竟。
第八菩萨童真住位，身语意行皆已具足，
一切清净无诸缺失，随意受生能得自在。
知诸众生心中所乐，种种意解各各差别，
及其所有一切众法，十方国土成坏诸相。
逮得速疾微妙神通，一切处中随念而往，
于诸佛所听闻妙法，赞叹修行无有懈倦。
了知一切诸佛佛国，震动加持悉亦观察，
超过佛土不可限量，游行世界无有边数。
阿僧祇法悉咨询问，所欲受身皆得自在，
言音善巧靡不充足，诸佛无数咸皆承事。
第九菩萨王子住位，能见众生受生差别，
烦恼现习靡不了知，所行方便悉皆善了。

诸法各异威仪有别，世界不同前后之际，
如其世俗第一义谛，悉善了知无有穷余。
法王善巧所安立处，随其处所所有妙法，
法王宫殿自若趣入，以及于中所有观见。
法王所有灌顶大法，神力加持无有怯畏，
宴寝宫室及其叹誉，以此教诏诸法王子。
如是为说靡不穷尽，而令其心无所执着，
于此了知勤修正念，一切诸佛现在其前。
第十灌顶真佛子住，成满最上第一妙法，
十方无数诸佛世界，悉能震动光明普照。
住持往诣亦无有余，清净庄严皆悉具足，
开示众生无有计数，观察知根悉能穷尽。
发心调伏亦无有边，咸令趣向广大菩提，
一切法界咸能观察，十方国土悉皆往诣。
其中身及其身所作，神通变现难可测计，
三世佛土及诸境界，乃至王子无能了知。
一切见者三世智慧，于诸佛法明了智慧，
法界无碍无边智慧，充满一切世界智慧。
照耀世界住持智慧，了知众生诸法智慧，
及知正觉无边智慧，如来为说咸令穷尽。
如是十住位诸菩萨，皆从如来法化所生，
随其所有功德妙行，一切天人莫能测度。
过去未来及现在世，发心求佛无有边际，
十方国土悉皆充满，莫不当成一切智者。
一切国土无有边际，世界众生法亦复然，
惑业心乐各有差别，依彼而发菩提胜意。
始求佛道一念初心，世间众生以及二乘，
斯等尚亦不能了知，何况所余功德妙行？

十方所有诸佛世界，能以一毛皆悉称举，

彼人能知此真佛子，趣向如来智慧妙行。

十方所有诸大海中，悉以毛端滴之令尽，

彼人能知此真佛子，一念所修功德妙行。

一切世界抹为微尘，悉能分别了知其数，

如是之人乃能亲见，此诸菩萨所行妙道。

去来现在十方诸佛，一切独觉以及声闻，

悉以种种微妙辩才，开示初发菩提大心。

发心功德不可计量，充满一切众生界中，

众智共说无能穷尽，何况所余一切妙行？

【注释】

⑮ 无生法忍：证得诸法无生无灭的理体之智。忍，为"证智"之意。

⑯ 法王处：将佛与菩萨的关系对比于国王与王子的关系而言，故称佛为"法王"，

　　称菩萨为"法王子"。处，乃"位"之意。

⑰ 自性：超越因果理法而实在的先天之性。

⑱ 入住出：证入、安住、出于禅定三昧之意。

梵行品第十六

卷第十七

《梵行品》导读

本品是由正念天子发问如何修梵行以成就无上正觉，而由法慧菩萨回答所构成。刚开始出家的菩萨，究竟要如何修清净的梵行，才能迅速成就无上正等正觉呢？法慧菩萨说，要对十种法来观察其是否为梵行，即：一，身；二，身业；三，语；四，语业；五，意；六，意业；七，佛；八，法；九，僧；十，戒。

但是这十法却无一可以成为梵行的！所以于身无所取，于修也无所着，于法也无所住，因此一切的梵行不可得，过去、现在、未来毕竟空寂，如此而成就清净梵行。

但是这样还不够，菩萨修清净梵行不着一切法，知诸法毕竟空之后，还要具备佛陀的十力大智才能广度无量众生。这十力是：一，处非处智力；二，业报智力；三，禅定解脱三昧智力；四，根胜劣智力；五，种种胜解智力；六，种种界智力；七，一切至道处智力；八，天眼智力；九，宿命智力；十，漏尽智力。虽然以这十力了知种种境界，却知它们如梦、如幻、如影、如响、如化，这和金刚经的"一切有为法，如梦幻泡影，如露亦如电，应作如是观"很相似。

经由这样的观行，一切佛法迅速成就，而且"初发心时即得阿耨多罗三藐三菩提"。华严宗的祖师们极力赞叹地称此为"一念成佛"或"初发心便成正觉"，像智俨（公元六〇二~六六八年）撰的《华严一乘十玄门》（承初祖杜顺说）里，十玄门的第八门"诸法相即自在门"就引用此句来建立它的道理，他说："故经云初发心便成正觉，乃至具足慧身不由他悟。

譬众流入海，才入一滴即称周大海，无始无终，若余江河水之深不及入大海一滴！"智俨用滴水入海比喻初发心即成正觉，用得非常恰当！以这样的方法来修清净梵行，必定迅速成就。

卷第十七

梵行品第十六

【原典】

尔时，正念天子白法慧菩萨言："佛子！一切世界诸菩萨众，依如来教染衣出家，云何而得梵行清净，从菩萨位逮于无上菩提之道？"

法慧菩萨言："佛子！菩萨摩诃萨修梵行时，应以十法而为所缘，作意观察。所谓身、身业、语、语业、意、意业、佛、法、僧、戒，应如是观。为身是梵行耶？乃至戒是梵行耶？若身是梵行者，当知梵行则为非善、则为非法，则为浑浊，则为臭恶，则为不净，则为可厌，则为违逆，则为杂染，则为死尸，则为虫聚。若身业是梵行者，梵行则是行住坐卧、左右顾视、屈伸俯仰。若语是梵行者，梵行则是音声风息、唇❶舌喉吻、吐纳抑纵、高低清浊。若语业是梵行者，梵行则是起居问讯、略说、广说、喻说、直说、赞说、毁说、安立说、随俗说、显了说。若意是梵行者，梵行则应是觉，是观；是分别，是种种分别，是忆念，是种种忆念，是思惟，是种种思惟，是幻术，是眠梦。若意业是梵行者，当知梵行则是思想、寒热、饥渴、苦乐、忧喜。若佛是梵行者，为色是佛耶？受是佛耶？想是佛耶？行是佛耶？识是佛耶？为相是佛耶？好是佛耶？神通是佛耶？业行是佛耶？果报是佛耶？若法是梵行者，为寂灭是法耶？涅槃是法耶？不生是法耶？不起是法耶？不可说是法耶？无分别是法耶？无所行是法耶？不合集是法耶？若僧是梵行者，为预流向是僧耶？预流果是僧耶？一来向是僧耶？一来果是僧耶？不还向是僧耶？不还果是僧耶？阿罗汉向是僧耶？阿罗汉果是僧耶？三明是僧耶？六通是僧耶？若戒是梵行者，为坛场是戒耶？问清净是戒耶？教威仪是戒耶？三说羯磨是戒耶？和尚是戒耶？阿阇梨是戒耶？剃❷发是戒耶？著袈裟衣是戒耶？乞食是戒耶？正命是戒耶？如是观已，于身无所取，于修无所著，于法无所住，过去已灭，未来未至，现在空寂。无作业者，无受报者。此世不移动，彼世不改变。此中何法名为梵行？梵行从何处来？谁之所有，体为是谁，由谁而作？为是有，为是无？为是色，为非色？为是受，为非受？为是想，为非想？为是行，为非行？为是识，为非识？

"如是观察，梵行法不可得故，三世法皆空寂故，意无取著故，心无障碍故，所行无二故，方便自在故，受无相法故，观无相法故，知佛法平等故，具一切佛法故，如是名为清净梵行。复应修习十种法。何者为十？所谓处非处智、过现未来业报智、诸禅解脱三昧智、诸根胜劣智、种种解智、种种界智、一切至处道智、天眼无碍智、宿命无碍智、永断习气智。于如来十力一一观察，一一力中有无量义，悉应谘问。闻已，应起大慈悲心，观察众生而不舍离，思惟诸法无有休息，行无上业不求果报。了知境界，如幻如梦，如影如响，亦如变化。若诸菩萨能与如是观行相应，于诸法中不生二解，一切佛法疾得现前，初发心时，即得阿耨多罗三藐三菩提，知一切法即心自性，成就慧身，不由他悟。"

注释

❶ "唇"，大正本原作"胸"，今依明、宫改之。

❷ "剃"，大正本原作"鬀"，两者为同义字，今依宫本改之。

【白话语译】

这时，正念天子向法慧菩萨说道："佛子啊！一切世界中的所有菩萨，依照如来的教诲而染衣出家。出家之后，到底要如何才能得到清净梵行，而得以从菩萨的阶位到达无上菩提之道呢？"

法慧菩萨就回答正念天子说："佛子啊！大菩萨在修学清净梵行的时候，应当以十种法来作为所缘的境界，而对所缘的境界加以专心忆念地观察。这十种所缘的法就是：一，身；二，身业；三，语；四，语业；五，意；六，意业；七，佛；八，法；九，僧；十，戒。应当如实的观察这十种法，从观察身是否为清净梵行，一直到观察戒是否为清净的梵行。

"如果身是梵行的主体，那么清净梵行就是非善的，就是非法的，就是浑浊的，就是臭恶的，就是不净的，就是可厌的，就是违逆的，就是杂染的，就像死尸一般，就是诸虫聚集的污秽之处。

"如果身业是清净梵行的主体，那么清净的梵行就是行、住、坐、卧，就是左右顾盼，就是俯仰屈伸。

"如果语言是清净梵行的主体，那么清净梵行就是音声风息，就是嘴唇、舌头、喉咙、口吻、呼吸、吐纳、压抑、纵扬与高低清浊了。

"如果语业是清净梵行的主体，那么清净的梵行就成了起居问讯、略说、广说、譬喻说、直说、赞叹说、诋毁说、安立假设说、随俗说❶、显示真义之说等各种言说了。

"如果意是清净梵行的主体，那么清净的梵行则应是明了、是观察、是分别、是种种的分别、是忆念、是种种的忆念、是思惟、是种种的思惟、是幻术、是睡眠与梦。

"如果意业是清净梵行的主体，那么清净的梵行就成了思想、寒热、饥渴、苦乐、忧喜等感受。

"如果佛是清净梵行的主体，那么请问：到底色是佛呢？还是受是佛呢？想是佛呢？行是佛呢？还是识是佛呢？三十二相是佛呢？还是八十种好是佛呢？神通是佛呢？业行是佛呢？还是果报是佛呢？

"如果法是清净梵行的主体，那么到底寂灭是法呢？还是涅槃是法呢？不生是法呢？还是不起是法呢？不可说是法呢？还是无分别是法呢？无所行是法呢？还是不合和聚集是法呢？

"如果僧是清净梵行的主体，那么到底预流向❷是僧呢？还是预流果是僧呢？一来❸向是僧呢？还是一来果是僧呢？不还❹向是僧呢？还是不还果是僧呢？阿罗汉❺向是僧呢？还是阿罗汉果是僧呢？三明❻是僧呢？还是六通❼是僧呢？

"如果戒是清净梵行的主体，那么到底坛场是戒呢？还是讯问清净是戒呢？教授行为的威仪是戒呢？还是授戒仪式的三说羯磨❽是戒呢？和尚❾是戒呢？还是阿阇梨是戒呢？剃发是戒呢？还是着袈裟衣❿是戒呢？乞食是戒呢？还是正确的活命方式是戒呢？

"就如同以上所述，加以如实的观察之后，心中对于身无取着，对于修也无所染着，对于法也能够无所住；过去的已灭，未来的还未至，而现在则为空寂；没有造作业力的主体，也没有受报的主体；这一世本然性空而不移动，彼世也本然性空而不改变，这一世与彼世都本然性空而互不侵犯。

"在这样的状况之下，什么样的法能名为清净梵行？清净梵行从何处而来？为谁所有？它的主体是谁？又由谁来造作业力？到底是有，还是无呢？到底是色，还是非色呢？到底是受，还是非受呢？到底是想，还是非想呢？到底是行，还是非行呢？到底是识，还是非识呢？

"在如实地加以观察之后，因而彻见梵行法不可得，现在、过去、未来三世诸法空寂，意念无有取着，心也没有任何障碍，所行究竟无二，具足一切方便自在，受持无相之法，观察无相之法，了知佛法平等，具足一切佛法；如此，才能名为真正的清净梵行。

"菩萨修学以上十种法之后，应再修习以下的十种法。这十种法即是如来十力：一，处非处的智慧力；二，过去、现在、未来业报的智慧力；三，诸禅解脱三昧的智慧力；四，诸根胜劣的智慧力；五，种种解的智慧力；六，种种智的智慧力；七，一切至处道的智慧力；八，天眼无碍的智慧力；九，宿命无碍的智慧力；十，永断习气的智慧力。

"以上的如来十力，菩萨应能一一加以如实观察，了知在每一种如来力当中，都具有无量的义理，并且对于这些义理都应仔细的咨询请问。而在听闻解说之后，更应发起广大的慈悲心，观察一切众生而不舍离；仔细思惟诸法，努力精进无有休息；修行无上的净业，心中不求任何的果报；了知一切的境界如幻、如梦、如影、如响，亦如同变化一般。

"如果诸菩萨能够与以上所说的观察与行持相应的话，就能够现证诸法，不会生起对立的见解，一切的佛法即时示现在前，从初发心的一刻就得证了无上正等正觉，了知一切法就是心的自性，不必经由他人启悟即能成就智慧之身。"

【注释】

❶ 随俗说：随世间之言论而说。

❷ 预流向：向是正向其果位迈进的意思。预流，梵语 srota-āpanna，译为"须陀洹"，即断除见惑，初入无漏圣道之流。当未断尽时，皆为"向"；已断尽后，称为"果"。

❸ 一来：梵语 sakṛd-āgāmin，译为"斯陀含"，即除断三界见惑之外，也断除了欲界思惑的前六品。因思惑未断尽，尚须来往欲界的天上、人间各受生一次，故此位称作"一来"。

❹ 不还：梵语 anāgāmin，译为"阿那含"，即欲之惑已断尽，不须再来欲界受生死，故此位称作"不还"。

❺ 阿罗汉：梵语 arhat，意译作"杀贼"，又译"不生"等。即断一切烦恼，永不受生三界的究极果位。此为修圆满之圣者，当受人天的供养，故又称为"应供"。

❻ 三明：明乃"殊胜智慧"之意。宿命明、天眼明、漏尽明三者称为"三明"，又称为"三达"。

❼ 六通：通乃"不思议神通力"之意，前三明再加神足通、天耳通、他心通三者，

为六通。

❽ 三说羯磨："羯磨"即梵语 karman，意译为"作业"，此指受戒忏悔等仪式。授戒法时，必三度反覆说一事，故称"三说羯磨"。主管授戒仪式者，称为"羯摩师"。

❾ 和尚：又称"和上"，向受戒者正式传授戒法之师。

❿ 袈裟衣：梵语 kaṣāya，意译作"不正色"，又译作"坏色"。比丘可穿着之衣总称作"袈裟衣"，到了后代，有作成特殊样式的诸种袈裟，搭在普通法服上。

初发心功德品第十七

卷第十七（续）
《初发心功德品》导读

本品是在显明发心的胜德，前两品说明十住的位阶与修行，所以接下来明其功德。而且前一品末说初发心时便成正觉，这一品是要接下来解释这个道理的。这一品梵本的名称叫"初心菩萨功德藏品"，是初发心的菩萨已蕴积无量无边的殊胜功德之意。

这一品分为长行与重颂二个部分。其中长行又可分为七个部分：一，天王请说；二，叹深难说；三，就喻校量；四，就法略示；五，地动兴供；六，他方证成；七，以偈重颂。第三"就喻校量初发心功德"是本品的主体，用了十一大喻来显示初发心功德不可限量，远胜于其他功德，这十一大喻是：一，利乐众生喻；二，速疾步刹喻；三，知劫成坏喻；四，善知胜解喻；五，善知诸根喻；六，善知欲乐喻；七，善知方便喻；八，善知他心喻；九，善知业相喻；十，善知烦恼喻；十一，供佛及众生喻。

发菩提心的功德不可限量，是由于他的动机不可限量的缘故，例如说菩萨"欲不断佛种故发菩提心"、"欲度脱一切众生故发菩提心"、"欲知诸佛平等境界故发菩提心"。因此华严四祖澄观（公元七三八～八三九年）说："初心契于智海，岂有边涯？犹微滴入于天池，齐无终始！"初发菩提心的功德可说是无始无终、一即一切而不可穷尽的，所以经文重颂说"十方世界诸如来，悉共赞叹初发心"。

菩萨的初发心，本品所说的十一种喻，可说是前一品梵行品中净修佛陀十力的阐明。菩萨瞻仰佛陀的十力无碍智慧而发菩提心，是为了灭众生种种苦恼，欲见十方诸佛，得佛一切智的缘故。因为发心能出生一切佛，而菩提心是十方佛德的根本，所以菩萨发菩提心以上求佛果、下化众生。

卷第十七（续）

初发心功德品第十七

【原典】

尔时，天帝释白法慧菩萨言："佛子！菩萨初发菩提之心，所得功德，其量几何？"

法慧菩萨言："此义甚深，难说、难知、难分别、难信解、难证、难行、难通达、难思惟、难度量、难趣入。虽然，我当承佛威神之力，而为汝说。佛子！假使有人以一切乐具，供养东方阿僧祇世界所有众生，经于一劫，然后教令净持五戒。南、西、北方，四维、上、下，亦复如是。佛子！于汝意云何？此人功德，宁为多不？"

天帝言："佛子！此人功德，唯佛能知，其余一切无能量者。"

法慧菩萨言："佛子！此人功德比菩萨初发心功德，百分不及一，千分不及一，百千分不及一。如是亿分、百亿分、千亿分、百千亿分、那由他亿分、百那由他亿分、千那由他亿分、百千那由他亿分、数分、歌罗分、算分、喻分、优波尼沙陀分，亦不及一。佛子！且置此喻。假使有人以一切乐具，供养十方十阿僧祇世界所有众生，经于百劫，然后教令修十善道。如是供养，经于千劫，教住四禅；经于百千劫，教住四无量心；经于亿劫，教住四无色定；经于百亿劫，教住须陀洹果；经于千亿劫，教住斯陀含果；经于百千亿劫，教住阿那含果；经于那由他亿劫，教住阿罗汉果；经于百千那由他亿劫，教住辟支佛道。佛子！于意云何？是人功德，宁为多不？"

天帝言："佛子！此人功德，唯佛能知。"

法慧菩萨言："佛子！此人功德比菩萨初发心功德，百分不及一，千分不及一，百千分不及一，乃至优波尼沙陀分亦不及一。何以故？佛子！一切诸佛初发心时，不但为以一切乐具，供养十方十阿僧祇世界所有众生，经于百劫，乃至百千那由他亿劫故，发菩提心。不但为教尔所众生，令修五戒十善业道，教住四禅、四无量心、四无色定，教得须陀洹果、斯陀含果、阿那含果、阿罗汉果、辟支佛道故，发菩提心。为令如来种性不断故，为充遍一切世界故，为度脱一切世界众生故，为悉知一切世界成坏故，为悉知一切世界中众生垢净故，为悉知一切世界自性清净故，为悉知一切众生心乐烦恼习气故，为悉知一切众生死此生彼故，为悉知一切众生诸根方便故，为悉知一切众生心行故，为悉知一切众生三世智故，为悉知一切佛境界平等故，发于无上菩提之心。

"佛子！复置此喻。假使有人，于一念顷，能过东方阿僧祇世界，念念如是，尽阿僧祇劫，此诸世界，无有能得知其边际。又第二人，于一念顷，能过前人阿僧祇劫所过世界，如是亦尽阿僧祇劫，次第展转，乃至第十。南、西、北方，四维、上、下，亦复如是。佛子！此十方中，凡有百人，一一如是过诸世界，是诸世界可知边际。菩萨初发阿耨多罗三藐三菩提心所有善根，无有能得知其际者。何以故？佛子！菩萨不齐限，但为往尔所世界得了知故，发菩提心。为了知十方世界故，发菩提心。所谓欲了知妙世界即是粗世界，粗世界即是妙世界；仰世界即是覆世界，覆世界即是仰世界；小世界即是大世界，大世界即是小世界；广世界即是狭世界，狭世界即是广世界；一世界即是不可说世界，不可说世界即是一世界；不可说世界入一世界，一世界入不可说世界；秽世界即是净世界，净世界即是秽世界。欲知一毛端中，一切世界差别性；一切世界中，一毛端一体性。欲知一世界中出生一切世界，欲知一切世界无体性。欲以一念心尽知一切广大世界，而无障碍故，发阿耨多罗三藐三菩提心。

"佛子！复置此喻。假使有人，于一念顷，能知东方阿僧祇世界成坏劫数，念念如是，尽阿僧祇劫，此诸劫数，无有能得知其边际。有第二人，于一念顷，能知前人阿僧祇劫所知劫数，如是广说，乃至第十。南、西、北方，四维、上、下，亦复如是。佛子！此十方阿僧祇世界成坏劫数可知边际，菩萨初发阿耨多罗三藐三菩提心，功德善根，无有能得知其际者。何以故？菩萨不齐限，但为知尔所世界成坏劫数故，发阿耨多罗三藐三菩提心。为悉知一切世界成坏劫尽无余故，发阿耨多罗三藐三菩提心。所谓知长劫与短劫平等，短劫与长劫平等；一劫与无数劫平等，无数劫与一劫平等；有佛劫与无佛劫平等，无佛劫与有佛劫平等；一佛劫中有不可说佛，不可说佛劫中有一佛；有量劫与无量劫平等，无量劫与有量劫平等；有尽劫与无尽劫平等，无尽劫与有尽劫平等；不可说劫与一念平等，一念与不可说劫平等；一切劫入非劫，非劫入一切劫。欲于一念中，尽知前际、后际，及现在一切世界成坏劫故，发阿耨多罗三藐三菩提心，是名初发心大誓庄严了知一切劫神通智。

　　"佛子！复置此喻。假使有人，于一念顷，能知东方阿僧祇世界所有众生种种差别解，念念如是，尽阿僧祇劫。有第二人，于一念顷，能知前人阿僧祇劫所知众生诸解差别，如是亦尽阿僧祇劫。次第展转，乃至第十。南、西、北方，四维、上、下，亦复如是。佛子！此十方众生种种差别解可知边际，菩萨初发阿耨多罗三藐三菩提心，功德善根，无有能得知其际者。何以故？佛子！菩萨不齐限，但为知尔所众生解故，发阿耨多罗三藐三菩提心。为尽知一切世界所有众生种种差别解故，发阿耨多罗三藐三菩提心。所谓欲知一切差别解无边故，一众生解、无数众生解平等故；欲得不可说差别解，方便智光明故；欲悉知众生海各各差别解，尽无余故；欲悉知过、现、未来，善、不善种种无量解故；欲悉知相似解、不相似解故；欲悉知一切解即是一解，一解即是一切解故；欲得如来解力故；欲悉知有上解、无上解、有余解、无余解、等解、不等解差别故；欲悉知有依解、无依解、共解、不共解、有边解、无边解、差别解、无差别解、善解、不善解、世间解、出世间解差别故；欲于一切妙解、大解、无量解、正位解中，得如来解脱无障碍智故；欲以无量方便，悉知十方一切众生界，一一众生净解、染解、广解、略解、细解、粗解，尽无余故；欲悉知深密解、方便解、分别解、自然解、随因所起解、随缘所起解，一切解网悉无余故，发阿耨多罗三藐三菩提心。

"佛子！复置此喻。假使有人，于一念顷，能知东方无数世界一切众生诸根差别，念念如是，经阿僧祇劫。有第二人，于一念顷，能知前人阿僧祇劫念念所知诸根差别。如是广说，乃至第十。南、西、北方，四维、上、下，亦复如是。佛子！此十方世界所有众生诸根差别，可知边际。菩萨初发阿耨多罗三藐三菩提心，功德善根，无有能得知其际者。何以故？菩萨不齐限，但为知尔所世界众生根故，发阿耨多罗三藐三菩提心。为尽知一切世界中一切众生根种种差别，广说乃至欲尽知一切诸根网故，发阿耨多罗三藐三菩提心。

"佛子！复置此喻。假使有人，于一念顷，能知东方无数世界所有众生种种欲乐，念念如是，尽阿僧祇劫，次第广说，乃至第十。南、西、北方，四维、上、下，亦复如是。此十方众生所有欲乐，可知边际，菩萨初发阿耨多罗三藐三菩提心，功德善根，无有能得知其际者。何以故？佛子！菩萨不齐限，但为知尔所众生欲乐故，发阿耨多罗三藐三菩提心。为尽知一切世界所有众生种种欲乐，广说乃至欲尽知一切欲乐网故，发阿耨多罗三藐三菩提心。

"佛子！复置此喻。假使有人，于一念顷，能知东方无数世界所有众生种种方便，如是广说，乃至第十。南、西、北方，四维、上、下，亦复如是。此十方众生种种方便，可知边际，菩萨初发阿耨多罗三藐三菩提心，功德善根，无有能得知其际者。何以故？佛子！菩萨不齐限，但为知尔所世界众生种种方便故，发阿耨多罗三藐三菩提心。为尽知一切世界所有众生种种方便，广说乃至欲尽知一切方便网故，发阿耨多罗三藐三菩提心。

"佛子！复置此喻。假使有人，于一念顷，能知东方无数世界所有众生种种差别心，广说乃至此十方世界所有众生种种差别心可知边际，菩萨初发阿耨多罗三藐三菩提心，功德善根，无有能得知其际者。何以故？佛子！菩萨不齐限，但为知尔所众生心故，发阿耨多罗三藐三菩提心。为悉知尽法界、虚空界无边众生种种心，乃至欲尽知一切心网故，发阿耨多罗三藐三菩提心。

"佛子！复置此喻。假使有人，于一念顷，能知东方无数世界所有众生种种差别业，广说乃至此十方众生种种差别业可知边际，菩萨初发阿耨多罗三藐三菩提心，善根边际，不可得知。何以故？佛子！菩萨不齐限，但为知尔所众生业故，发阿耨多罗三藐三菩提心。欲悉知三世一切众生业，乃至欲悉知一切业网故，发阿耨多罗三藐三菩提心。

"佛子！复置此喻。假使有人，于一念顷，能知东方无数世界所有众生种种烦恼，念念如是，尽阿僧祇劫，此诸烦恼种种差别，无有能得知其边际。有第二人，于一念顷，能知前人阿僧祇劫所知众生烦恼差别，如是复尽阿僧祇劫。次第广说，乃至第十。南、西、北方，四维、上、下，亦复如是。佛子！此十方众生烦恼差别，可知边际。菩萨初发阿耨多罗三藐三菩提心，善根边际，不可得知。何以故？佛子！菩萨不齐限，但为知尔所世界众生烦恼故，发阿耨多罗三藐三菩提心。为尽知一切世界所有众生烦恼差别故，发阿耨多罗三藐三菩提心。所谓欲尽知轻烦恼、重烦恼、眠烦恼、起烦恼，一一众生无量烦恼，种种差别，种种觉观，净治一切诸杂染故；欲尽知依无明烦恼、爱相应烦恼，断一切诸有趣烦恼结故；欲尽知贪分烦恼、嗔分烦恼、痴分烦恼、等分烦恼，断一切烦恼根本故；欲悉知我烦恼、我所烦恼、我慢烦恼，觉悟一切烦恼尽无余故；欲悉知从颠倒分别生根本烦恼、随烦恼，因身见生六十二见，调伏一切烦恼故；欲悉知盖烦恼、障烦恼，发大悲救护心，断一切烦恼网，令一切智性清净故，发阿耨多罗三藐三菩提心。

"佛子！复置此喻。假使有人，于一念顷，以诸种种上味饮食、香华衣服、幢幡伞盖，及僧伽蓝、上妙宫殿、宝帐网幔，种种庄严师子之座及众妙宝，供养东方无数诸佛，及无数世界所有众生，恭敬尊重，礼拜赞叹，曲躬瞻仰，相续不绝，经无数劫。又劝彼众生，悉令如是供养于佛。至佛灭后，各为起塔。其塔高广，无数世界众宝所成种种庄严。一一塔中，各有无数如来形像，光明遍照无数世界，经无数劫。南、西、北方、四维、上、下，亦复如是。佛子！于汝意云何，此人功德，宁为多不？"

天帝言："是人功德，唯佛乃知，余无能测。"

"佛子！此人功德，比菩萨初发心功德，百分不及一，千分不及一，百千分不及一，乃至优波尼沙陀分，亦不及一。

"佛子！复置此喻。假使复有第二人，于一念中，能作前人及无数世界所有众生无数劫中供养之事。念念如是，以无量种供养之具，供养无量诸佛如来，及无量世界所有众生，经无量劫。其第三人，乃至第十人，皆亦如是，于一念中能作前人所有供养。念念如是，以无边、无等、不可数、不可称、不可思、不可量、不可说、不可说不可说供养之具，供养无边乃至不可说不可说诸佛，及尔许世界所有众生，经无边乃至不可说不可说劫。至佛灭后，各为起塔，其塔高广。乃至住劫，亦复如是。佛子！此前功德，比菩萨初发心功德，百分不及一，千分不及一，百千分不及一，乃至优波尼沙陀分亦不及一。何以故？佛子！菩萨摩诃萨不齐限，但为供养尔所佛故，发阿耨多罗三藐三菩提心。为供养尽法界、虚空界，不可说不可说十方无量去、来、现在所有诸佛故，发阿耨多罗三藐三菩提心。发是心已，能知前际一切诸佛始成正觉及般涅槃，能信后际一切诸佛所有善根，能知现在一切诸佛所有智慧。彼诸佛所有功德，此菩萨能信、能受、能修、能得、能知、能证、能成就，能与诸佛平等一性。何以故？此菩萨为不断一切如来种性故发心，为充遍一切世界故发心，为度脱一切世界众生故发心，为悉知一切世界成坏故发心，为悉知一切众生垢净故发心，为悉知一切世界三有清净故发心，为悉知一切众生心乐烦恼习气故发心，为悉知一切众生死此生彼故发心，为悉知一切众生诸根方便故发心，为悉知一切众生心行故发心，为悉知一切众生三世智故发心。以发心故，常为三世一切诸佛之所忆念，当得三世一切诸佛无上菩提。即为三世一切诸佛与其妙法，即与三世一切诸佛体性平等。已修三世一切诸佛助道之法，成就三世一切诸佛力无所畏，庄严三世一切诸佛不共佛法，悉得法界一切诸佛说法智慧。何以故？以是发心，当得佛故。应知此人即与三世诸佛同等，即与三世诸佛如来境界平等，即与三世诸佛如来功德平等，得如来一身、无量身，究竟平等，真实智慧。才发心时，即为十方一切诸佛所共称叹，即能说法教化调伏一切世界所有众生，即能震动一切世界，即能光照一切世界，即能息灭一切世界诸恶道苦，即能严净一切国土，即能于一切世界中示现成佛，即能令一切众生皆得欢喜，即能入一切法界性，即能持一切佛种性，即能得一切佛智慧光明。此初发心菩萨，不于三世少有所得。所谓若诸佛，若诸佛法；若菩萨，若菩萨法；若独觉，若独觉法；若声闻，若声闻法；若世间，若世间法；若出世间，若出世间法；若众生，若众生法。唯求一切智，于诸法界，心无所著。"

尔时，佛神力故，十方各一万佛刹微尘数世界，六种震动。所谓动、遍动、等遍动，起、遍起、等遍起，涌、遍涌、等遍涌，震、遍震、等遍震，吼、遍吼、等遍吼，击、遍击、等遍击。雨众天华、天香、天末香、天华鬘、天衣、天宝、天庄严具，作天妓乐，放天光明及天音声。

是时，十方各过十佛刹微尘数世界外，有万佛刹微尘数佛，同名法慧，各现其身。在法慧菩萨前，作如是言："善哉！善哉！法慧！汝于今者，能说此法，我等十方各万佛刹微尘数佛亦说是法，一切诸佛悉如是说。汝说此法时，有万佛刹微尘数菩萨发菩提心，我等今者悉授其记，于当来世过千不可说无边劫，同一劫中而得作佛，出兴于世，皆号清净心如来。所住世界，各各差别。我等悉当护持此法，令未来世一切菩萨未曾闻者皆悉得闻。如此婆婆世界四天下须弥顶上说如是法，令诸众生闻已受化，如是十方百千亿那由他无数、无量、无边、无等、不可数、不可称、不可思、不可量、不可说，尽法界、虚空界诸世界中亦说此法教化众生。其说法者，同名法慧。悉以佛神力故，世尊本愿力故，为欲显示佛法故，为以智光普照故，为欲开阐实义故，为令证得法性故，为令众会悉欢喜故，为欲开示佛法因故，为得一切佛平等故，为了法界无有二故，说如是法。

尔时，法慧菩萨普观尽虚空界十方国土一切众会，欲悉成就诸众生故，欲悉净治诸业果报故，欲悉开显清净法界故，欲悉拔除杂染根本故，欲悉增长广大信解故，欲悉令知无量众生根故，欲悉令知三世法平等故，欲悉令观察涅槃界故，欲增长自清净善根故，承佛威力，即说颂言：

为利世间发大心，其心普遍于十方，众生国土三世法，佛及菩萨最胜海。

究竟虚空等法界，所有一切诸世间，如诸佛法皆往诣，如是发心无退转。

慈念众生无暂舍，离诸恼害普饶益，光明照世为所归，十力护念难思议。

十方国土悉趣入，一切色形皆示现，如佛福智广无边，随顺修因无所著。

有刹仰住或傍覆，粗妙广大无量种，菩萨一发最上心，悉能往诣皆无碍。

菩萨胜行不可说，皆勤修习无所住，见一切佛常欣乐，普入于其深法海。

哀愍五趣诸群生，令除垢秽普清净，绍隆佛种不断绝，摧灭魔宫无有余。

已住如来平等性，善修微妙方便道，于佛境界起信心，得佛灌顶心无著。

两足尊所念报恩，心如金刚不可沮，于佛所行能照了，自然修习菩提行。

诸趣差别想无量，业果及心亦非一，乃至根性种种殊，一发大心悉明见。

其心广大等法界，无依无变如虚空，趣向佛智无所取，谛了实际离分别。

知众生心无生想，了达诸法无法想，虽普分别无分别，亿那由刹皆往诣。

无量诸佛妙法藏，随顺观察悉能入，众生根行靡不知，到如是处如世尊。

清净大愿恒相应，乐供如来不退转，人天见者无厌足，常为诸佛所护念。

其心清净无所依，虽观深法而不取，如是思惟无量劫，于三世中无所著。

其心坚固难制沮，趣佛菩提无障碍，志求妙道除蒙惑，周行法界不告劳。

知语言法皆寂灭，但入真如绝异解，诸佛境界悉顺观，达于三世心无碍。

菩萨始发广大心，即能遍往十方刹，法门无量不可说，智光普照皆明了。

大悲广度最无比，慈心普遍等虚空，而于众生不分别，如是清净游于世。

十方众生悉慰安，一切所作皆真实，恒以净心不异语，常为诸佛共加护。

过去所有皆忆念，未来一切悉分别，十方世界普入中，为度众生令出离。

菩萨具足妙智光，善了因缘无有疑，一切迷惑皆除断，如是而游于法界。

魔王宫殿悉摧破，众生翳膜咸除灭，离诸分别心不动，善了如来之境界。

三世疑网悉已除，于如来所起净信，以信得成不动智，智清净故解真实。

为令众生得出离，尽于后际普饶益，长时勤苦心无厌，乃至地狱亦安受。

福智无量皆具足，众生根欲悉了知，及诸业行无不见，如其所乐为说法。

了知一切空无我，慈念众生恒不舍，以一大悲微妙音，普入世间而演说。

放大光明种种色，普照众生除黑暗，光中菩萨坐莲华，为众阐扬清净法。

于一毛端现众刹，诸大菩萨皆充满，众会智慧各不同，悉能明了众生心。

十方世界不可说，一念周行无不尽，利益众生供养佛，于诸佛所问深义。

于诸如来作父想，为利众生修觉行，智慧善巧通法藏，入深智处无所著。

随顺思惟说法界，经无量劫不可尽，智虽善入无处所，无有疲厌无所著。

三世诸佛家中生，证得如来妙法身，普为群生现众色，譬如幻师无不作。

或现始修殊胜行，或现初生及出家，或现树下成菩提，或为众生示涅槃。

菩萨所住希有法，唯佛境界非二乘，身语意想皆已除，种种随宜悉能现。

菩萨所得诸佛法，众生思惟发狂乱，智入实际心无碍，普现如来自在力。

此于世间无与等，何况复增殊胜行，虽未具足一切智，已获如来自在力。

已住究竟一乘道，深入微妙最上法，善知众生时非时，为利益故现神通。

分身遍满一切刹，放净光明除世暗，譬如龙王起大云，普雨妙雨悉充洽。

观察众生如幻梦，以业力故常流转，大悲哀愍咸救拔，为说无为净法性。

佛力无量此亦然，譬如虚空无有边，为令众生得解脱，亿劫勤修而不倦。

种种思惟妙功德，善修无上第一业，于诸胜行恒不舍，专念生成一切智。

一身示现无量身，一切世界悉周遍，其心清净无分别，一念难思力如是。

于诸世间不分别，于一切法无妄想，虽观诸法而不取，恒救众生无所度。

一切世间唯是想，于中种种各差别，知想境界险且深，为现神通而救脱。

譬如幻师自在力，菩萨神变亦如是，身遍法界及虚空，随众生心靡不见。

能所分别二俱离，杂染清净无所取，若缚若解智悉忘，但愿普与众生乐。

一切世间唯想力，以智而入心无畏，思惟诸法亦复然，三世推求不可得。

能入过去毕前际，能入未来毕后际，能入现在一切处，常勤观察无所有。

随顺涅槃寂灭法，住于无诤无所依，心如实际无与等，专向菩提永不退。

修诸胜行无退怯，安住菩萨不动摇，佛及菩萨与世间，尽于法界皆明了。

欲得最胜第一道，为一切智解脱王，应当速发菩提心，永尽诸漏利群生。

趣向菩提心清净，功德广大不可说，为利众生故称述，汝等诸贤应善听。

无量世界尽为尘，一一尘中无量刹，其中诸佛皆无量，悉能明见无所取。

善知众生无生想，善知言语无语想，于诸世界心无碍，悉善了知无所著。

其心广大如虚空，于三世事悉明达，一切疑惑皆除灭，正观佛法无所取。

十方无量诸国土，一念往诣心无著，了达世间众苦法，悉住无生真实际。

无量难思诸佛所，悉往彼会而觐谒，常为上首问如来，菩萨所修诸愿行。

心常忆念十方佛，而无所依无所取，恒劝众生种善根，庄严国土令清净。

一切趣生三有处，以无碍眼咸观察，所有习性诸根解，无量无边悉明见。

众生心乐悉了知，如是随宜为说法，于诸染净皆通达，令彼修治入于道。

无量无数诸三昧，菩萨一念皆能入，于中想智及所缘，悉善了知得自在。

菩萨获此广大智，疾向菩提无所碍，为欲利益诸群生，处处宣扬大人法。

善知世间长短劫，一月半月及昼夜，国土各别性平等，常勤观察不放逸。

普诣十方诸世界，而于方处无所取，严净国土悉无余，亦不曾生净分别。

众生是处若非处，及以诸业感报别，随顺思惟入佛力，于此一切悉了知。

一切世间种种性，种种所行住三有，利根及与中下根，如是一切咸观察。

净与不净种种解，胜劣及中悉明见，一切众生至处行，三有相续皆能说。

禅定解脱诸三昧，染净因起各不同，及以先世苦乐殊，净修佛力咸能见。

众生业惑续诸趣，断此诸趣得寂灭，种种漏法永不生，并其习种悉了知。

如来烦恼皆除尽，大智光明照于世，菩萨于佛十力中，虽未证得亦无疑。

菩萨于一毛孔中，普现十方无量刹，或有杂染或清净，种种业作皆能了。

一微尘中无量刹，无量诸佛及佛子，诸刹各别无杂乱，如一一切悉明见。

于一毛孔见十方，尽虚空界诸世间，无有一处空无佛，如是佛刹悉清净。

于毛孔中见佛刹，复见一切诸众生，三世六趣各不同，昼夜月时有缚解。

如是大智诸菩萨，专心趣向法王位，于佛所住顺思惟，而获无边大欢喜。

菩萨分身无量亿，供养一切诸如来，神通变现胜无比，佛所行处皆能住。

无量佛所皆钻仰，所有法藏悉耽味，见佛闻法勤修行，如饮甘露心欢喜。

已获如来胜三昧，善入诸法智增长，信心不动如须弥，普作群生功德藏。

慈心广大遍众生，悉愿疾成一切智，而恒无著无依处，离诸烦恼得自在。

哀愍众生广大智，普摄一切同于己，知空无相无真实，而行其心不懈退。

菩萨发心功德量，亿劫称扬不可尽，以出一切诸如来，独觉声闻安乐故。

十方国土诸众生，皆悉施安无量劫，劝持五戒及十善，四禅四等诸定处，复于多劫施安乐，令断诸惑成罗汉，彼诸福聚虽无量，不与发心功德比。

又教亿众成缘觉，获无诤行微妙道，以彼而校菩提心，算数譬喻无能及。

一念能过尘数刹，如是经于无量劫，此诸刹数尚可量，发心功德不可知。

过去未来及现在，所有劫数无边量，此诸劫数犹可知，发心功德无能测。

以菩提心遍十方，所有分别靡不知，一念三世悉明达，利益无量众生故。

十方世界诸众生，欲解方便意所行，及以虚空际可测，发心功德难知量。

菩萨志愿等十方，慈心普洽诸群生，悉使修成佛功德，是故其力无边际。

众生欲解心所乐，诸根方便行各别，于一念中悉了知，一切智智心同等。

一切众生诸惑业，三有相续无暂断，此诸边际尚可知，发心功德难思议。

发心能离业烦恼，供养一切诸如来，业惑既离相续断，普于三世得解脱。

一念供养无边佛，亦供无数诸众生，悉以香华及妙鬘，宝幢幡盖上衣服，

美食珍座经行处，种种宫殿悉严好，毗卢遮那妙宝珠，如意摩尼发光耀。

念念如是持供养，经无量劫不可说，其人福聚虽复多，不及发心功德大。

所说种种众譬喻，无有能及菩提心，以诸三世人中尊，皆从发心而得生。

发心无碍无齐限，欲求其量不可得，一切智智誓必成，所有众生皆永度。

发心广大等虚空，生诸功德同法界，所行普遍如无异，永离众著佛平等。

一切法门无不入，一切国土悉能往，一切智境咸通达，一切功德皆成就。

一切能舍恒相续，净诸戒品无所著，具足无上大功德，常勤精进不退转。

入深禅定恒思惟，广大智慧共相应，此是菩萨最胜地，出生一切普贤道。

三世一切诸如来，靡不护念初发心，悉以三昧陀罗尼，神通变化共庄严。

十方众生无有量，世界虚空亦如是，发心无量过于彼，是故能生一切佛。

菩提心是十力本，亦为四辩无畏本，十八不共亦复然，莫不皆从发心得。

诸佛色相庄严身，及以平等妙法身，智慧无著所应供，悉以发心而得有。

一切独觉声闻乘，色界诸禅三昧乐，及无色界诸三昧，悉以发心作其本。

一切人天自在乐，及以诸趣种种乐，进定根力等众乐，靡不皆由初发心。

以因发起广大心，则能修行六种度，劝诸众生行正行，于三界中受安乐。

住佛无碍实义智，所有妙业咸开阐，能令无量诸众生，悉断惑业向涅槃。

智慧光明如净日，众行具足犹满月，功德常盈譬巨海，无垢无碍同虚空。

普发无边功德愿，悉与一切众生乐，尽未来际依愿行，常勤修习度众生。

无量大愿难思议，愿令众生悉清净，空无相愿无依处，以愿力故皆明显。

了法自性如虚空，一切寂灭悉平等，法门无数不可说，为众生说无所著。

十方世界诸如来，悉共赞叹初发心，此身无量德所严，能到彼岸同于佛。

如众生数尔许劫，说其功德不可尽，以住如来广大家，三界诸法无能喻。

欲知一切诸佛法，宜应速发菩提心，此心功德中最胜，必得如来无碍智。

众生心行可数知，国土微尘亦复然，虚空边际乍可量，发心功德无能测。

出生三世一切佛，成就世间一切乐，增长一切胜功德，永断一切诸疑惑。

开示一切妙境界，尽除一切诸障碍，成就一切清净刹，出生一切如来智。

欲见十方一切佛，欲施无尽功德藏，欲灭众生诸苦恼，宜应速发菩提心。

【白话语译】

这时，帝释天王向法慧菩萨说道："佛子啊！菩萨初发菩提心时，他所得到的功德，到底有多少呢？"

法慧菩萨言："这个义理是十分深奥的，是十分难说、难以了知、难以分别、难以信解、难以证得、难以修行、难以通达、难以思惟、难以度量、难以趣入的。不过，虽然是如此的困难，我还是应当承受佛陀威神力的加持而向你宣说。

"佛子啊！假使有人用一切令人喜乐的器物，供养东方阿僧祇世界的所有众生，如此不断地供养，经过了一劫，再教导他们清净地受持五戒❶；而对南方、西方、北方，四维上下的世界，也都作同样的供养与教导。佛子啊！你认为如何呢？这个人的功德是不是很大？"

帝释天王回答说："佛子啊！这个人的功德太大了，只有佛陀才能了知；其余的一切人等是无能测度的。"

法慧菩萨说："佛子啊！这个人做这些事所得到的功德，比起菩萨初发心的功德，那真是无法比拟的啊！勉强地形容，前者的功德与初发心菩萨的功德相比，是百分不及其一，千分不及其一，百千分不及其一，甚至是亿分、百亿分、千亿分、百千亿分、那由他亿分、百那由他亿分、千那由他亿分、百千那由他亿分、数分、歌罗分、算分、喻分、优波尼沙陀分❷，也都不及其一，由此可以了解菩萨初发心功德的广大。

"佛子啊！我们暂且将刚才的比喻放下。现在，假使有人用一切令人喜乐的器物，供养十方十个阿僧祇世界的所有众生，不断地供养，经过了百劫，再教导他们修学十善道；然后又不断地供养，经过了千劫的时间，再教导他们安住于四禅❸的境界；然后又不断地供养，经过了百千劫，再教导他们安住在四无量心❹；然后又不断地供养，经过了亿劫，再教导他们安住在四无色定❺之中；然后又不断地供养，经过了百亿劫，再教导他们安住在须陀洹果；然后又不断地供养，经过了千亿劫，再教导他们安住在斯陀含果；然后又不断地供养，经过了百千亿劫，再教导他们安住在阿那含果；然后又不断地供养，经过了那由他亿劫，再教导他们安住在阿罗汉果；然后又不断地供养，经过了百千那由他亿劫，再教导他们安住在辟支佛道。佛子啊！你认为如何呢？这个人的功德是不是很大？"

帝释天王说："佛子啊！这个人的功德大到只有佛陀才能了知其详啊！"

法慧菩萨说："佛子啊！这个人的功德，比起菩萨初发心的功德，那真是小太多了，可以说是百分不及其一，千分不及其一，百千分不及其一，乃至优波尼沙陀分亦不及其一。

"为什么会有如此大的功德呢？佛子啊！一切诸佛初发心之时，不只是为了以一切令人喜乐的器物，来供养十方十个阿僧祇世界中所有的众生，然后历经百劫，乃至百千那由他亿劫的缘故而已。初发菩提心，也不只是为了教导这些众生，使他们修习五戒、十善业道，教导他们安住四禅、四无量心、四无色定，教导他们证得须陀洹果、斯陀含果、阿那含果、阿罗汉果、辟支佛道的缘故而已。

"发菩提心是为了使如来的种性不至断绝，为了使佛道充遍一切世界，为了度脱一切世界的众生，为了完全通晓一切世界的成坏，为了了知一切世界中的众生染垢清净，为了了知一切世界的自性清净，为了完全了知一切众生的心乐、烦恼与习气，为了完全了知一切众生死于此、生于彼的实相，为了完全了知一切众生的诸根方便，为了完全了知一切众生的心行，为了完全了知一切众生的三世智慧，为了完全了知一切佛境界平等；是为了以上这些愿力的缘故，才发起无上菩提之心。

"佛子啊！我们再将刚才的比喻放下。现在，假使有一个人，在一念之间，能够通过东方阿僧祇的世界那么远的距离；如果他念念都是如此，不断地前进，在穷尽一个阿僧祇劫的时间之后，所通过的这些世界，几乎没有人能够得知最后的边际。又有第二人，在一念之间，能够通过前面那个人在阿僧祇劫中所通过的世界距离；也穷尽一个阿僧祇劫的时间，再不断地前进。依此推演，每一个人都能于一念之间，通过前者在阿僧祇劫中所通过的地方，如此辗转共有十位之多。而南方、西方、北方，四维上下的世界，也都是如此。

"佛子啊！在十方之中，每方十人，总共有一百人，他们一个一个如此通过这些世界，则所通过的世界虽然极为广大，但是，菩萨初发起无上正等正觉之心，其所具有的善根功德，是没有人能够得知其边际的。

"这是什么原因呢？佛子啊！这是因为菩萨的发心不可限量，他不会只为了前往了知那些有限的世界，就发菩提心；他是为了了知十方无量的世界，才发菩提心。

"也就是，为了要了知妙的世界就是粗的世界，粗的世界就是妙的世界；上仰的世界就是覆盖的世界，覆盖的世界就是上仰的世界；小的世界就是大的世界，大的世界就是小的世界；广的世界就是狭的世界，狭的世界就是广的世界；一个世界就是不可说数量的世界，不可说数量的世界就是一个世界；不可说的世界进入一个世界，一个世界进入不可说的世界；污秽的世界就是清净世界，清净世界就是污秽的世界。是为了了知一根毛的尖端当中，一切世界所有的差别体性；一切世界当中，一根毛尖端的一种体性。是为了了知一个世界当中出生一切的世界，是为了了知一切世界当中实无体性。也是为了以一念心就能完全了知一切广大世界而没有任何障碍，而发起无上正等正觉心。

"佛子啊！我们再将刚才的比喻放下。现在，假使有一个人，在一念之间，能够知晓东方阿僧祇世界的成、住、坏、空的时劫数量；而且每一念都能同样知晓，一直穷尽一个阿僧祇劫的时间，那么他所知晓的时劫数量，几乎是无人能够得知到底有多少的。如果又有第二个人，在一念之间，就能够知道前者经过阿僧祇劫的时间才能知晓的时劫数量。就像前述所说的，下一个人都超越上一个人所能了知的时劫数量，如此辗转推演到第十个人。而南方、西方、北方，四维上下的世界，也都是如此。

"佛子啊！这十方阿僧祇世界的成坏时劫，其数量毕竟有其极限；但是，菩萨初发无上正等正觉心的功德善根，是无人能够测度的。为什么呢？这是因为菩萨的发心不可限量，不会只为了知晓那些世界的成坏时劫，就发起无上正等正觉心；菩萨是为了完全了知一切世界的成坏时劫，而发起无上正等正觉心。

"也就是为了了知长时劫与短时劫的平等，短时劫与长时劫的平等；一时劫与无数劫的平等，无数时劫与一时劫的平等；有佛时劫与无佛时劫的平等，无佛时劫与有佛时劫的平等；一佛的时劫中有不可说的佛陀，不可说的佛时劫中有一佛陀；有量时劫与无量时劫的平等，无量时劫与有量时劫的平等；有尽时劫与无尽时劫的平等，无尽时劫与有尽时劫的平等；不可说时劫与一念的平等，一念与不可说时劫的平等；一切时劫入于非时劫，非时劫入于一切时劫。是为了能在一念中间完全知晓前际、后际及现在一切世界的成坏时劫，而发起无上正等正觉心，所以名为初发心大誓庄严了知一切时劫的神通智慧。

"佛子啊！我们再将刚才的比喻放下。现在，假使有一个人，在一念之间，能够了知东方阿僧祇世界中，所有众生的种种相异差别知解；而且能够念念都具备这样的知解力，历经一个阿僧祇劫。再来，假设有第二个人，在一念之间，就能够了知上述那个人在阿僧祇时劫当中所了知众生的种种知解差别，如此也经过了一个阿僧祇劫。依此往下推演，每下一个人都能于一念之间，了知前者在阿僧祇中所能知晓众生的种种差别知解，如此辗转共有十位之多，而南方、西方、北方，四维上下的世界，也是如此的情形。

"佛子啊！这些十方众生的种种差别知解，也是有其极限的；但是，菩萨初发无上正等正觉心的功德善根，却是无人能完全了知其边际。为什么呢？这是因为菩萨的发心不可限量，他不会只是为了了知那些众生的种种知解，就发起无上正等正觉心；而是为了完全了知一切世界当中，所有众生的种种相异的差别知解，才发起无上正等正觉心。

"也就是为了了知一切差别的知解是没有边际的，一个众生的知解与无数众生的知解是平等的；为了得到不可说的差别知解的方便智慧光明；为了完全穷尽众生大海中的各各差别知解；为了完全了知三世中善、不善的种种无量知解；为了完全了知相似知解与不相似知解；为了完全了知一切的知解是一种知解，一种知解就是一切知解；为了得到如来知解力；为了完全了知有上的知解、无上的知解、有余的知解、无余的知解、齐等的知解、不齐等的知解，等等知解的各种差别；为了了知有依的知解、无依的知解、共同的知解、不共同的知解、有边的知解、无边的知解、差别的知解、无差别的知解、善解的知解、不善解的知解、世间的知解、出世间的知解等知解的各种差别；为了从一切微妙的知解、大的知解、无量的知解、正位的知解当中，得到如来解脱的无碍智慧；为了用无量的方便，来完全了知十方一切众生中，每一个众生的清净知解、污染的知解、广阔的知解、简略的知解、细微的知解、粗大的知解，都能穷尽无余；为了完全了知深奥细密的知解、方便的知解、有分别的知解、自然的知解、随因而起的知解、随缘而起的知解。菩萨是为了对一切的知解之网都能完全了知，因而发起无上正等正觉心。

"佛子啊！我们再将刚才的比喻放下。现在，假使有一个人，在一念之间，能了知东方无数世界中一切众生的根器差别；而且能够念念都具备这样的理解力，持续一个阿僧祇劫。然后有第二个人，在一念之间，又能够明晓上述那个人在阿僧祇时劫当中的念念所知。如前所述，下一个人都能超越前者在时劫中所能知道众生的种种根器差别，依次推演到第十位。而南方、西方、北方，四维上下的世界，也都如此。

"佛子啊！这十方世界中，所有众生的根器差别，终究有其极限；但是，菩萨初发阿耨多罗三藐三菩提心的功德善根，其广大无尽，却是没有人能够完全知晓。

"为什么呢？这是因为菩萨的发心不可限量，不会只为了知晓那些世界中众生的种种根器，就发起无上正等正觉心；菩萨是为了完全知晓一切世界中众生根器的种种差别，广而言之，乃至于要完全尽知一切的根器之网的缘故，才发起无上正等正觉心。

"佛子啊！我们再将刚才的比喻放下。现在，假使有一个人，在一念之间，能了知东方无数世界所有众生种种的欲乐；而且每一念都能这样，如此穷尽一个阿僧祇劫的时间。如前所述，下一个人都超越上一个人在时劫中所能了知的种种欲乐，依次推演到第十位。而南方、西方、北方，四维上下的世界，莫不如此。这十方众生的所有欲乐，也是有其极限；但是，菩萨初发起的无上菩提心，其功德善根之大，却是没有人能够完全了知的。

"为什么呢？佛子啊！这是因为菩萨的发心不可限量，不会只为了知晓那些众生的种种欲乐，就发起无上菩提心；菩萨是为了完全了知一切世界中所有众生的种种欲乐，广而言之，乃至想要完全了知一切的欲乐之网的缘故，而发起无上菩提心。

"佛子啊！我们再将刚才的比喻放下。现在，假使有一个人，在一念之间，能够了知东方无数世界所有众生种种的善巧方便。就像上述所说，下一个人又能超越前者在时劫中的理解，往下推演，一直到第十位。而南方、西方、北方，四维上下的世界，也都是如此。这十方众生的种种善巧方便也是有其极限；但是，菩萨初发起无上菩提心，其功德善根之广，却是无人能够完全了知其边际。

"为什么呢？佛子啊！这是因为菩萨的发心不可限量，不会只为了知晓那些世界中众生的种种方便，就发起无上菩提心；菩萨是为了完全了知一切世界中所有众生的种种方便，广而言之，乃至想要完全了知一切方便之网的缘故，而发起无上菩提心。

"佛子啊！我们再将刚才的比喻放下。现在，假设有一个人，在一念之间，能了知东方无数世界众生的种种差别心念。一如前述，这个十方世界中所有众生的种种差别心念也是有其极限；但与之相较，菩萨初发起无上菩提心，其功德善根之大，却是无人能知其边际。

"为什么呢？佛子啊！这是因为菩萨的发心不可限量，不会只为了了知那些众生的心念，就发起无上菩提心；是为了想完全了知法界、虚空界，及无边众生种种心念，乃至于是为了想完全了知一切心网的缘故，而发起无上菩提心。

"佛子啊！我们再将刚才的比喻放下。现在，假使有一个人，在一念之间，能够了知东方无数世界中，所有众生种种差别的作业行为。如上所述，此十方世界众生种种差别的作业行为，都有其极限；但是，菩萨初发起无上菩提心，其无量功德却是无法测度。

"为什么呢？佛子啊！这是因为菩萨的发心不可限量，不会只为了知晓那些众生的作业，就发起无上菩提心；是为了想完全了知过去、现在、未来三世中一切众生的作业，乃至于想完全了知一切作业之网的缘故，而发起无上菩提心。

"佛子啊！我们再将刚才的比喻放下。现在，假使有一个人，在一念之间，能够了知东方无数世界中，所有众生的种种烦恼；并且每一念都能如此，穷尽一个阿僧祇劫的时间之后，他所理解的这些烦恼的种种差别，几乎是无边无际。接着，假如又有第二个人，在一念的时间中，能具备前者在阿僧祇时劫中的理解，并能如此穷尽一个阿僧祇劫。依次推演，下一个人都超越上者在时劫中的理解，一直到第十位。而南方、西方、北方，四维上下的世界，也都是如此。

"佛子啊！两相比较，这十方世界中众生的无边烦恼差别终究有其极限；但菩萨初发起无上菩提心的善根边际，却是无法穷尽的。

"为什么呢？佛子啊！这是因为菩萨的发心不可限量，不会只为了知晓那个世界中众生的烦恼，就发起无上菩提心；是为了完全了知一切世界中，所有众生的烦恼与差别，而发起无上菩提心。

"也就是为了完全了知轻的烦恼、重的烦恼、潜伏于心的烦恼、已经现起的烦恼，明了每个众生的无量烦恼，其种种差别与细微感受，而以清净来对治一切杂染；也是为了完全了知依于无明的烦恼、与爱相应的烦恼，来断除束缚着生命的所有烦恼；是为了完全了知属于贪的烦恼、嗔的烦恼、痴的烦恼、及贪、嗔、痴三者平等齐分的烦恼，以断除一切烦恼之根；也是为了完全了知执着于我的烦恼、我所有的烦恼、我慢的烦恼，来觉悟一切的烦恼，使之一扫而空；是为了完全了知从颠倒分别所生出的根本烦恼、伴随出生的烦恼，以及因为身见的执着而生出的六十二种错误的知见，以调伏一切的烦恼；也是为了完全了知五盖❶所产生的烦恼、二障❶所产生的烦恼，因而发起大悲救护的心，以断除一切烦恼的大网，使一切智慧的体性能够完全清净。因此之故，而发起了无上菩提心。

"佛子啊！我们再将刚才的比喻放下。现在，假使有一个人，在一念之间，能化现出所有上味可口的饮食、香华美衣、幢幡伞盖，并建筑上妙的宫殿作为僧众伽蓝，其中有各种宝帐与网幔，与庄严殊胜的师子宝座、众妙珍宝，来供养东方无数的诸佛，以及无数世界的众生，对他们毕恭毕敬，礼拜赞叹，曲身鞠躬，瞻仰不舍，如此延续了无数劫的时间。他又劝化这些众生，使他们也如此的供养佛陀。直到佛灭之后，他又为这些佛建造舍利宝塔。这些宝塔高耸宏伟，以无数世界的各种珍宝共筑，庄严非凡。在每一座塔中，各有无数的佛陀形象，光明遍满，照耀着无数的世界，持续无数的时劫。南方、西方、北方，四维上下的世界，也都是如此。佛子啊！你认为如何呢？这个人的功德是否很大？"

帝释天王回答说："是的！这个人的功德太大了，只有佛陀才能完全知晓，其余的人等是无法揣测的。"

法慧菩萨说："佛子啊！你要了解，其实这个人的功德，比起菩萨初发心的功德，实在是相差太远了，可以说是百分不及其一，千分不及其一，万分不及其一，甚至是优波尼沙陀这样难以计算的大数目也不及其一。

"佛子啊！我们再将刚才的比喻放下。假使又再有第二个人，在一念之间，能做上述该人及无数世界的所有众生，于无数时劫中供养之事，而且每一念都能如此，以无量种种供养三宝的器具，供养无量诸佛如来，及无量世界中的所有众生，历经无量的时劫。接着第三人也能如此供养，依次推演到第十人，都是在一念之间，能做前者所有的供养，而且每一念都是如此，用无边、无等、不可数、不可称、不可思、不可量、不可说、不可说不可说等难以计数的供养器具，来作无边的供养，供给不可说不可说的诸佛，以及这些世界当中的所有众生，经过了无边乃至不可说不可说时劫的时间，直到佛陀灭度之后，也都为他们起建十分宏伟庄严的宝塔；在整个众生能安住生存的住劫时期当中，都是如此。

"佛子啊！以上所有的功德，比起菩萨初发心的功德，仍然是百分不及其一，千分不及其一，万分不及其一，乃至于优波尼沙陀分也不及其一。

"为什么呢？佛子啊！这是因为菩萨摩诃萨的发心不可限量，不会只为了供养那些佛陀，就发起无上菩提心；而是为了供养尽法界、虚空界，不可说不可说的十方无量三世所有诸佛的缘故，才发起无上菩提心。

"发起了这个菩提心之后，能知晓过去诸佛，其始成正觉圆满成佛及入灭涅槃的状况；能够净信将来诸佛的所有善根，能够了知现在诸佛的所有智慧。这些佛陀的所有功德，菩萨完全能够净信，能够受持，能够得到，能够了知，能够亲证，能够成就，能够与诸佛平等，具备同一体性。

"为何能如此呢？这是因为初发心菩萨为了不断灭一切的如来种性，故而发心；是为了使佛道遍于一切世界，故而发心；是为了救度解脱一切世界的众生，故而发心；是为了完全知晓一切世界的种种成坏变化，故而发心；是为了完全了知一切众生的污垢与清净，故而发心；为了完全了知一切世界中三有众生的清净，故而发心；为了完全了知一切众生心中所乐与烦恼的习气，故而发心；为了完全了知一切众生由此处死亡，而往生彼处的情形，故而发心；为了完全了知一切众生的各种根器方便，故而发心；为了完全了知一切众生心中所念、身体所行，故而发心；也是为了完全了知一切众生的三世智慧，故而发心。

"由于发起了菩提心，初发心菩萨常常为三世诸佛所忆念着，必当得证三世一切诸佛的无上菩提。当他发心时，三世一切诸佛赐与他无上的妙法，也就是赐与他三世一切诸佛平等的体性；就如同已修习了辅助菩提道的大法，成就了诸佛的十力与四无所畏，庄严着三世一切诸佛的不共佛法，完全得证了法界中一切诸佛的说法智慧。

"为何会如此呢？这是因为如此的发心，必定得证成佛。我们应当知道，这个人立即与三世一切诸佛同样的平等，也立即与三世诸佛如来的境界平等、功德平等，也得证了如来一身与无量身究竟平等的真实智慧。

"菩萨初发心时，立即为十方的一切诸佛所共同赞叹，立即能说法教化调伏一切世界中的众生，立即能震动一切的世界，立即能以光明照耀一切的世界，立即能熄灭一切世界中的恶道苦恼，立即能庄严清净一切的国土，立即能在一切世界中示现成佛，立即能使一切众生得到欢喜，立即能进入一切的法界体性中，立即能总持一切的佛种体性，立即能得到一切诸佛的智慧光明。

"这些初发心的菩萨，于三世之中无有所得。也就是不管是诸佛，还是诸佛法；是菩萨，还是菩萨法；是独觉，还是独觉法；是声闻，还是声闻法；是世间，还是世间法；是出世间，还是出世间法；是众生，还是众生法，初发心菩萨都没有任何的可得之念，他只是专求一切智，于所有的法界，心中不起任何的执着。"

这时，由于佛陀威神力的加持，十方各有一万个佛刹微尘数的世界，生起了六种大震动：一，动、遍动、等遍动；二，起、遍起、等遍起；三，涌、遍涌、等遍涌；四，震、遍震、等遍震；五，吼、遍吼、等遍吼；六，击、遍击、等遍击。这时，虚空中也雨下了各种的天华、天香、天末香、天华鬘、天衣、天宝及天庄严器具，各种舞妓妙乐应时具现，天上大放光明、音声回旋。

这时，十方各过十个佛刹微尘数的世界之外，有一万个佛刹微尘数的佛陀，他们都同名为法慧，同时示现了妙色身，在法慧菩萨的身前说道："善哉！善哉！法慧菩萨啊！你能于此刻演说这个大法，实在太好了。我们这些十方各一万个佛刹微尘数的佛陀，也同样宣说这个法要啊！甚至一切诸佛都是如此。你在宣说此法的时候，有一万个佛刹微尘数量的菩萨发起了菩提心。我们现在都为他们授记，在历经一千个不可说无边劫的未来世中，他们必将在同一个时劫中成佛，出现世间，并且均名为清净心如来。这些如来将安住于各种不同的世界中。

"我们都应当护持这个大法，使未来世的一切菩萨，没有听闻过此法者，都能完全听闻。犹如在这个娑婆世界的四天下的须弥山顶上所演说的这个大法，众生听闻之后，都能受到教化；同样的，在十方的百千亿那由他无数、无量、无边、无等、不可数、不可称、不可思、不可量、不可说数量的尽法界、虚空界的所有世界当中，也都是宣说这个大法来教化一切众生。这些说法者，都同样名为法慧菩萨。他们都由于佛陀威神力加持的缘故，或是世尊的本愿力的缘故，或是为了要显示佛法的缘故，为了以智慧光明普照的缘故，为了要阐扬真实义理的缘故，为了使他们证得法性的缘故，为了使法会大众都心生欢喜的缘故，为了要开示佛法本因的缘故，为了得到一切佛平等的缘故，为了知法界无二的缘故，而宣说如此的大法。"

这时，法慧菩萨遍观虚空界十方国土上大众的法会。他为了完全成就这些众生的缘故，为了完全清净安治众业果报的缘故，为了要发扬清净法界的缘故，为了要拔除杂染之根的缘故，为了要增长广大信心慧解的缘故，为了完全了知无量众生根性的缘故，为了完全了知三世法平等的缘故，为了完全能观察涅槃界的缘故，为了要增长自身清净善根的缘故，承受着佛陀威神力的加持，宣说如下的偈颂：

为利世间发广大心，其心普遍于满十方，
众生国土三世诸法，佛及菩萨最殊胜海。
究竟虚空等同法界，所有一切诸世间中，
如诸佛法普皆往诣，如是发心无有退转。
慈念众生无稍暂舍，离诸恼害普为饶益，
光明照世为众所归，十力护念难可思议。
十方国土普悉趣入，一切色形皆悉示现，
如佛福智广大无边，随顺修因无所染着。
有刹仰住或为傍覆，粗妙广大无量种形，
菩萨一发最上妙心，悉能往诣皆无障碍。
菩萨胜行不可言说，皆勤修习无所住行，
见一切佛心常欣乐，普入于其甚深法海。
哀悯五趣一切群生，令除垢秽普得清净，
绍隆佛种不使断绝，摧灭魔宫使无有余。
已住如来平等体性，善修微妙方便胜道，
于佛境界起大信心，得佛灌顶心无染着。
两足尊所深念报恩，心如金刚不可沮坏，
于佛所行善能照了，自然修习菩提妙行。

诸趣差别想念无量，业果及心亦非一类，
乃至根性种种殊异，一发大心悉能明见。
其心广大等同法界，无依无变宛如虚空，
趣向佛智无所贪取，谛了实际离于分别。
了知众生心无生想，了达诸法亦无法想，
虽普分别无所分别，亿那由刹普皆往诣。
无量诸佛微妙法藏，随顺观察悉能趣入，
众生根行靡不了知，到如是处等如世尊。
清净大愿恒常相应，乐供如来永不退转，
人天见者永无厌足，常为诸佛心所护念。
其心清净无所依恃，虽观深法而不执取，
如是思惟无量时劫，于三世中无所染着。
其心坚固难可制沮，趣佛菩提无有障碍，
志求妙道蠲除蒙惑，周行法界不告辛劳。
知语言法本皆寂灭，但入真如绝诸异解，
诸佛境界悉能顺观，达于三世心无障碍。
菩萨始发广大愿心，即能遍往十方佛刹，
法门无量不可言说，智光普照悉皆明了。
大悲广度最无等比，慈心普遍等同虚空，
而于众生不生分别，如是清净游于世间。
十方众生悉皆慰安，一切所作皆为真实，
恒以净心不异之语，常为诸佛共加护持。
过去所有普皆忆念，未来一切悉能分别，
十方世界普入心中，为度众生令得出离。
菩萨具足胜妙智光，善了因缘无有疑惑，
一切迷惑悉皆除断，如是而能游于法界。
魔王宫殿悉为摧破，众生翳膜咸皆除灭，
离诸分别安心不动，善了如来微妙境界。

三世疑网悉已除尽，于如来所起清净信，
以信得成不动智慧，智清净故解了真实。
为令众生能得出离，尽于后际普能饶益，
长时勤苦心无厌倦，乃至地狱亦能安受。
福智无量皆能具足，众生根欲悉能了知，
及诸业行无不亲见，如其所乐而为说法。
了知一切性空无我，慈念众生恒不舍离，
以一大悲微妙音声，普入世间而为演说。
放大光明种种妙色，普照众生除诸黑暗，
光中菩萨端坐莲华，为众阐扬清净妙法。
于一毛端示现众刹，诸大菩萨悉皆充满，
众会智慧各有不同，悉能明了诸众生心。
十方世界不可言说，一念周行无不穷尽，
利益众生供养佛陀，于诸佛所讯问深义。
于诸如来作生父想，为利众生勤修觉行，
智慧善巧通达法藏，入深智处无所染着。
随顺思惟演说法界，经无量劫不可穷尽，
智虽善入亦无处所，无有疲厌无所染着。
三世诸佛家中出生，证得如来微妙法身，
普为群生示现众色，譬如幻师无所不作。
或现始修殊胜妙行，或现初生以及出家，
或现树下圆成菩提，或为众生示现涅槃。
菩萨所住稀有妙法，唯佛境界绝非二乘，
身语意想皆已尽除，种种随宜悉能示现。
菩萨所得诸佛妙法，众生思惟心发狂乱，
智入实际心无障碍，普现如来大自在力。
此于世间无与等比，何况复增殊胜妙行，
虽未具足一切智慧，已获如来自在威力。

已住究竟一乘妙道，深入微妙最上胜法，
善知众生时与非时，为利益故示现神通。

分身遍满一切刹土，放净光明除世间暗，
譬如龙王生起大云，普雨妙雨悉皆充洽。

观察众生宛如幻梦，以业力故恒常流转，
大悲哀悯咸皆救拔，为说无为清净法性。

佛力无量此亦复然，譬如虚空无有边际，
为令众生能得解脱，亿劫勤修而不疲倦。

种种思惟胜妙功德，善修无上第一净业，
于诸胜行恒不舍离，专念生成一切智慧。

一身示现无量妙身，一切世界悉皆周遍，
其心清净无所分别，一念难思威力如是。

于诸世间不起分别，于一切法亦无妄想，
虽观诸法而不贪取，恒救众生亦无所度。

一切世间唯是臆想，于中种种各现差别，
知想境界既险且深，为现神通而能救脱。

譬如幻师大自在力，菩萨神变亦复如是，
身遍法界以及虚空，随众生心靡不亲见。

能所分别二俱远离，杂染清净无所贪取，
若缚若解深智悉忘，但愿普与众生喜乐。

一切世间唯心想力，以智而入心无畏惧，
思惟诸法亦复皆然，三世推求极不可得。

能入过去穷毕前际，能入未来穷毕后际，
能入现在一切处所，常勤观察空无所有。

随顺涅槃寂灭妙法，住于无诤无所依恃，
心如实际无与等比，专向菩提永不退转。

修诸胜行无有退怯，安住菩萨绝不动摇，
佛及菩萨与诸世间，尽于法界悉皆明了。

欲得最胜第一妙道，　为一切智解脱之王，
应当速发大菩提心，　永尽诸漏利益群生。
趣向菩提心得清净，　功德广大不可言说，
为利众生故而称述，　汝等诸贤应善谛听。
无量世界尽为微尘，　一一尘中无量刹土，
其中诸佛悉皆无量，　悉能明见无所取着。
善知众生而无生想，　善知言语亦无语想，
于诸世界心无障碍，　悉善了知无所染着。
其心广大宛如虚空，　于三世事悉明通达，
一切疑惑皆悉除灭，　正观佛法无所贪取。
十方无量诸佛国土，　一念往诣心无染着，
了达世间一切苦法，　悉住无生真实际中。
无量难思诸佛所在，　悉往彼会而亲观谒，
常为上首讯问如来，　菩萨所修诸大愿行。
心常忆念十方诸佛，　而无所依无所贪取，
恒劝众生种诸善根，　庄严国土令得清净。
一切众生三有之处，　以无碍眼咸皆观察，
所有习性诸根解了，　无量无边悉能明见。
众生心乐悉皆了知，　如是随宜而为说法，
于诸染净皆已通达，　令彼修治入于胜道。
无量无数诸禅三昧，　菩萨一念悉皆能入，
于中想智以及所缘，　悉善了知而得自在。
菩萨获此广大智慧，　疾向菩提无所障碍，
为欲利益一切群生，　处处宣扬大人法❽义。
善知世间长短时劫，　一月半月以及昼夜，
国土各别体性平等，　常勤观察而不放逸。
普诣十方诸佛世界，　而于方处无所染取，
严净国土悉皆无余，　亦不曾生清净分别。

众生是处若非处者，及以诸业感报差别，
随顺思惟入于佛力，于此一切悉能了知。
一切世间种种根性，种种所行住于三有，
利根及与中下根器，如是一切咸皆观察。
净与不净种种意解，胜劣及中悉能明见，
一切趣生所至处行，三有相续皆能演说。
禅定解脱一切三昧，染净因起各有不同，
及以先世苦乐殊异，净修佛力咸能得见。
众生业惑接续诸趣，断此诸趣得证寂灭，
种种漏法永不生起，并其习种皆悉了知。
如来烦恼悉皆除尽，大智光明照于世间，
菩萨于佛十力之中，虽未证得亦无疑惑。
菩萨于一毛孔之中，普现十方无量刹土，
或有杂染或现清净，种种业作皆能了知。
一微尘中无量刹土，无量诸佛以及佛子，
诸刹各别无有杂乱，如一一切悉能明见。
于一毛孔普见十方，尽虚空界所有世间，
无有一处空无佛陀，如是佛刹悉皆清净。
于毛孔中见诸佛刹，复见一切诸众生等，
三世六趣各有不同，昼夜月时有缚得解。
如是大智诸菩萨众，专心趣向于法王位，
于佛所住随顺思惟，而获无边广大欢喜。
菩萨分身无量亿数，供养一切诸佛如来，
神通变现殊胜无比，佛所行处皆能安住。
无量佛所皆为钻仰，所有法藏悉耽其味，
见佛闻法精勤修行，如饮甘露心生欢喜。
已获如来殊胜三昧，善入诸法智慧增长，
信心不动宛如须弥，普作群生功德宝藏。

慈心广大遍诸众生，悉愿疾成一切智慧，
而恒无着无依止处，离诸烦恼得大自在。
哀悯众生广大智慧，普摄一切等同于己，
知空无相无有真实，而行其心不懈不退。
菩萨发心功德无量，亿劫称扬不可穷尽，
以出一切诸佛如来，独觉声闻安乐之故。
十方国土所有众生，皆悉施安无量时劫，
劝持五戒以及十善，四禅四等诸禅定处，
复于多劫普施安乐，令断诸惑成阿罗汉；
彼诸福聚虽无有量，不与发心功德能比。
又教亿众成就缘觉，获无诤行微妙胜道，
以彼而校菩提发心，算数譬喻无能及之。
一念能过尘数刹土，如是经于无量时劫，
此诸刹数尚可计量，发心功德不可了知。
过去未来以及现在，所有劫数无边无量，
此诸劫数犹可了知，发心功德无能测量。
以菩提心遍于十方，所有分别靡不了知，
一念三世悉皆明达，利益无量诸众生故。
十方世界诸众生等，欲解方便心意所行，
及以虚空际可测量，发心功德难可知量。
菩萨志愿等同十方，慈心普洽诸群生等，
悉使修成诸佛功德，是故其力无有边际。
众生欲解心中所乐，诸根方便所行各别，
于一念中悉能了知，一切智智其心同等。
一切众生所有惑业，三有相续无暂断时，
此诸边际尚可了知，发心功德难可思议。
发心能离诸业烦恼，供养一切诸佛如来，
业惑既离相续已断，普于三世能得解脱。

一念供养无边佛陀，亦供无数所有众生，
悉以香华以及妙鬘，宝幢幡盖上妙衣服，
美食珍座经行之处，种种宫殿悉皆严好，
毗卢遮那胜妙宝珠，如意摩尼发光照耀。
念念如是持以供养，经无量劫不可言说，
其人福聚虽复甚多，不及发心功德广大。
所说种种各式譬喻，无有能及发菩提心，
以诸三世人中至尊，皆从发心而得出生。
发心无碍无能齐限，欲求其量亦不可得，
一切智智誓必成就，所有众生皆永度脱。
发心广大等同虚空，生诸功德同于法界，
所行普遍如是无异，永离众着诸佛平等。
一切法门无不证入，一切国土悉能遍往，
一切智境能咸通达，一切功德皆得成就。
一切能舍常恒相续，净诸戒品无所染着，
具足无上广大功德，常勤精进而不退转。
入深禅定恒正思惟，广大智慧悉共相应，
此是菩萨最殊胜地，出生一切普贤大道。
三世一切诸佛如来，靡不护念初发心者，
悉以三昧陀罗尼法，神通变化共同庄严。
十方众生无有限量，世界虚空亦复如是，
发心无量过于彼等，是故能生一切诸佛。
菩提心是十力根本，亦为四辩无畏本源，
十八不共亦复皆然，莫不皆从发心而得。
诸佛色相庄严色身，及以平等微妙法身，
智慧无着所生应供，悉以发心而得示现。
一切独觉声闻二乘，色界诸禅三昧法乐，
及无色界诸定三昧，悉以发心作其根本。

一切人天自在喜乐，及以诸趣种种快乐，
进定根力等众法乐，靡不皆由初发心得。
以因发起广大妙心，则能修行六度万行，
劝诸众生行于正行，于三界中受诸安乐。
住佛无碍实义智慧，所有妙业咸开阐扬，
能令无量诸众生等，悉断惑业趣向涅槃。
智慧光明如同净日，众行具足犹如满月，
功德常盈譬如巨海，无垢无碍等同虚空。
普发无边功德胜愿，悉与一切众生喜乐，
尽未来际依愿而行，常勤修习广度众生。
无量大愿难可思议，愿令众生悉得清净，
空无相愿无依止处，以愿力故皆得明显。
了法自性如同虚空，一切寂灭悉皆平等，
法门无数不可言说，为众生说无所染着。
十方世界诸佛如来，悉共赞叹初发心者，
此身无量德所庄严，能到彼岸等同于佛。
如众生数尔许时劫，说其功德不可穷尽，
以住如来广大家中，三界诸法无能譬喻。
欲知一切诸佛妙法，宜应速发大菩提心，
此心功德中最殊胜，必得如来无碍智慧。
众生心行可数了知，国土微尘亦复皆然，
虚空边际乍可称量，发心功德无能计测。
出生三世一切诸佛，成就世间一切喜乐，
增长一切殊胜功德，永断一切诸种疑惑。
开示一切微妙境界，尽除一切诸种障碍，
成就一切清净刹土，出生一切如来智慧。
欲见十方一切佛陀，欲施无尽功德宝藏，
欲灭众生所有苦恼，宜应速发大菩提心。

【注释】

⓫ 五戒：不杀生、不偷盗、不邪淫、不妄语、不饮酒五者。

⓬ 数分、歌罗分、算分、喻分、优波尼沙陀分等，都是数量极小的数字。

⓭ 四禅：生于色界四禅天的四种禅定，即初禅、二禅、三禅、四禅四者。

⓮ 四无量心：即慈、悲、喜、舍四无量心。

⓯ 四无色定：生于无色界的四种禅定，即空无边处、识无边处、无所有处、非想非非想处。

⓰ 五盖：五种烦恼，即贪欲、嗔恚、睡眠、掉悔、疑法等五种。

⓱ 二障：即烦恼障与所知障。贪、嗔、痴等烦恼，能使众生流转于三界之生死，因而障碍涅槃之业，故称为"烦恼障"。众生有无明邪见，能覆盖慧解，因而障碍菩提之业，故称为"所知障"。

⓲ 大人法：指八大人觉，即所谓少欲、知足、寂静、精进、正念、正定、正慧、无戏论。

明法品第十八

卷第十八

《明法品》导读

本品是忉利天宫会六品的最后一品，如果照梵本，品名应是"名为法光明之品"，因为这一品要以此胜进趣向十行位，而行需要以智慧来明照，所以称为"法光明"。也就是说前面五品已发菩提心成就广大功德，而这一品要使前五品之法令心更明，而且要使后面将修的十行之法能更转胜光明，因此称为"明法品"。

本品是精进慧菩萨问于法慧菩萨：已发菩提心成就广大功德的菩萨，如何次第修持一切菩萨所修行之法，例如大行清净、大愿满足等。法慧菩萨便回答菩萨次第修行之道。

首先初发心菩萨要安住于不放逸行，需修习十种法。这十种法是：一，持戒；二，净菩提心；三，心乐质直；四，勤修善根；五，善思发心；六，不乐近凡夫；七，不求世间果报；八，离于二乘；九，修善不绝；十，善观自力。如此安住不放逸行，便得十种清净。其次，法慧菩萨说有二十种法能令诸佛欢喜，有十种法速入诸地，有十种法令所行清净，而更获得十种增胜法。又有十种清净愿，而住十法令大愿圆满，而得十种无尽藏，因此福慧具足清净，便以方便为众生说法，但又不舍种种波罗蜜道，而行十净波罗蜜，即施、戒、忍、精进、禅、慧、方便、愿、力、智波罗蜜。如此菩萨具足智慧便能绍隆三宝令永不绝，而以这一切所行都回向一切智智之门，因此念念清净无失，念念具足十种庄严，以利益一切众生。

菩萨如此勤修而次第成就菩萨行，便能渐渐具足诸佛功德，能为大法师护持正法，并为诸佛之所护念，而以无碍辩才转正法轮，满众生愿，令一切众生皆得欢喜。

卷第十八

明法品第十八

【原典】

尔时，精进慧菩萨白法慧菩萨言："佛子！菩萨摩诃萨初发求一切智心，成就如是无量功德，具大庄严，升一切智乘，入菩萨正位，舍诸世间法，得佛出世法，去、来、现在诸佛摄受，决定至于无上菩提究竟之处。彼诸菩萨于佛教中，云何修习，令诸如来皆生欢喜，入诸菩萨所住之处，一切大行皆得清净，所有大愿悉使满足，获诸菩萨广大之藏，随所应化常为说法，而恒不舍波罗蜜行，所念众生咸令得度，绍三宝种使不断绝，善根方便皆悉不虚？佛子！彼诸菩萨以何方便，能令此法当得圆满？愿垂哀愍，为我宣说，此诸大会靡不乐闻！

"复次，如诸菩萨摩诃萨常勤修习，灭除一切无明黑暗，降伏魔冤，制诸外道，永涤一切烦恼心垢。悉能成就一切善根，永出一切恶趣诸难。净治一切大智境界，成就一切菩萨诸地、诸波罗蜜、总持三昧、六通、三明、四无所畏清净功德，庄严一切诸佛国土及诸相好。身语心行，成就满足。善知一切诸佛如来力无所畏、不共佛法、一切智智所行境界。为欲成熟一切众生，随其心乐而取佛土，随根随时如应说法。种种无量广大佛事，及余无量诸功德法、诸行、诸道及诸境界，皆悉圆满，疾与如来功德平等。于诸如来、应正等觉百千阿僧祇劫修菩萨行时，所集法藏，悉能守护，开示演说。诸魔外道无能沮坏，摄持正法无有穷尽。于一切世界演说法时，天王、龙王❶、夜叉王、乾闼婆王、阿修罗王、迦楼罗王、紧那罗王、摩睺罗伽王、人王、梵王、如来法王皆悉守护。一切世间恭敬供养，同灌其顶。常为诸佛之所护念，一切菩萨亦皆爱敬，得善根力，增长白法，开演如来甚深法藏，摄持正法以自庄严。一切菩萨所行次第，愿皆演说！"

尔时，精进慧菩萨欲重宣其义，而说颂言：

大名称者善能演，菩萨所成功德法，深入无边广大行，具足清净无师智。

若有菩萨初发心，成就福德智慧乘，入离生位超世间，普获正等菩提法。

彼复云何佛教中，坚固勤修转增胜，令诸如来悉欢喜，佛所住地速当入。

所行清净愿皆满，及得广大智慧藏，常能说法度众生，而心无依无所著。

菩萨一切波罗蜜，悉善修行无缺减，所念众生咸救度，常持佛种使不绝。

所作坚固不唐捐，一切功成得出离，如诸胜者所修行，彼清净道愿宣说。

永破一切无明暗，降伏众魔及外道，所有垢秽悉涤除，得近如来大智慧。

永离恶趣诸险难，净治大智殊胜境，获妙道力邻上尊，一切功德皆成就。

证得如来最胜智，住于无量诸国土，随众生心而说法，及作广大诸佛事？

云何而得诸妙道，开演如来正法藏，常能受持诸佛法，无能超胜无与等？

云何无畏如师子，所行清净如满月？云何修习佛功德，犹如莲华不著水？

尔时，法慧菩萨告精进慧菩萨言："善哉！佛子！汝今为欲多所饶益，多所安乐，多所惠利，哀愍世间诸天及人，问于如是菩萨所修清净之行。佛子！汝住实法，发大精进，增长不退，已得解脱。能作是问，同于如来。谛听！谛听！善思念之！我今承佛威神之力，为汝于中说其少分。

"佛子！菩萨摩诃萨已发一切智心，应离痴暗，精勤守护，无令放逸。佛子！菩萨摩诃萨住十种法，名不放逸。何者为十？一者，护持众戒；二者，远离愚痴，净菩提心；三者，心乐质直，离诸谄诳；四者，勤修善根，无有退转；五者，恒善思惟，自所发心；六者，不乐亲近在家、出家一切凡夫；七者，修诸善业而不愿求世间果报；八者，永离二乘，行菩萨道；九者，乐修众善，令不断绝；十者，恒善观察，自相续力。佛子！若诸菩萨行此十法，是则名为住不放逸。

"佛子！菩萨摩诃萨住不放逸，得十种清净。何者为十？一者，如说而行；二者，念智成就；三者，住于深定，不沉不举；四者，乐求佛法，无有懈息；五者，随所闻法，如理观察，具足出生巧妙智慧；六者，入深禅定，得佛神通；七者，其心平等，无有高下；八者，于诸众生上、中、下类，心无障碍，犹如大地，等作利益；九者，若见众生，乃至一发菩提之心，尊重承事犹如和尚；十者，于授戒和尚及阿阇梨、一切菩萨、诸善知识法师之所，常生尊重，承事供养。佛子！是名菩萨住不放逸十种清净。佛子！菩萨摩诃萨，住不放逸，发大精进，起于正念，生胜欲乐，所行不息。于一切法心无依处，于甚深法能勤修习，入无诤门增广大心，佛法无边，能顺了知，令诸如来皆悉欢喜。

"佛子！菩萨摩诃萨复有十法，能令一切诸佛欢喜。何等为十？一者，精进不退；二者，不惜身命；三者，于诸利养无有希求；四者，知一切法皆如虚空；五者，善能观察，普入法界；六者，知诸法印心无倚著；七者，常发大愿；八者，成就清净忍智光明；九者，观自善法心无增减；十者，依无作门修诸净行。佛子！是为菩萨住十种法，能令一切如来欢喜。

"佛子！复有十法，能令一切诸佛欢喜。何者为十？所谓安住不放逸，安住无生忍，安住大慈，安住大悲，安住满足诸波罗蜜，安住诸行，安住大愿，安住巧方便，安住勇猛力，安住智慧。观一切法皆无所住，犹如虚空。佛子！若诸菩萨住此十法，能令一切诸佛欢喜。

"佛子！有十种法，令诸菩萨速入诸地。何等为十？一者，善巧圆满福、智二行；二者，能大庄严波罗蜜道；三者，智慧明达，不随他语；四者，承事善友，恒不舍离；五者，常行精进，无有懈怠；六者，善能安住如来神力；七者，修诸善根，不生疲倦；八者，深心利智，以大乘法而自庄严；九者，于地地法门，心无所住；十者，与三世佛善根方便同一体性。佛子！此十种法，令诸菩萨速入诸地。

"复次，佛子！诸菩萨初住地时，应善观察。随其所有一切法门，随其所有甚深智慧，随所修因，随所得果，随其境界，随其力用，随其示现，随其分别，随其所得，悉善观察。知一切法皆是自心，而无所著。如是知已，入菩萨地能善安住。佛子！彼诸菩萨作是思惟：'我等宜应速入诸地。何以故？我等若于地地中住，成就如是广大功德，具功德已，渐入佛地。住佛地已，能作无边广大佛事。是故宜应常勤修习，无有休息，无有疲厌，以大功德而自庄严入菩萨地。'

"佛子！有十种法，令诸菩萨所行清净。何等为十？一者，悉舍资财，满众生意；二者，持戒清净，无所毁犯；三者，柔和忍辱，无有穷尽；四者，勤修诸行，永不退转；五者，以正念力，心无迷乱；六者，分别了知无量诸法；七者，修一切行而无所著；八者，其心不动犹如山王；九者，广度众生犹如桥梁；十者，知一切众生与诸如来同一体性。佛子！是为十法，令诸菩萨所行清净。

"菩萨既得行清净已，复获十种增胜法。何等为十？一者，他方诸佛，皆悉护念；二者，善根增胜，超诸等列；三者，善能领受佛加持力；四者，常得善人，为所依怙；五者，安住精进，恒不放逸；六者，知一切法平等无异；七者，心恒安住无上大悲；八者，如实观法，出生妙慧；九者，能善修行巧妙方便；十者，能知如来方便之力。佛子！是为菩萨十种增胜法。

"佛子！菩萨有十种清净愿。何等为十？一愿，成熟众生，无有疲倦；二愿，具行众善，净诸世界；三愿，承事如来，常生尊重；四愿，护持正法，不惜躯命；五愿，以智观察，入诸佛土；六愿，与诸菩萨同一体性；七愿，入如来门，了一切法；八愿，见者生信，无不获益；九愿，神力住世，尽未来劫；十愿，具普贤行，净治一切种智之门。佛子！是为菩萨十种清净愿。

"佛子！菩萨住十种法，令诸大愿皆得圆满。何等为十？一者，心无疲厌；二者，具大庄严；三者，念诸菩萨殊胜愿力；四者，闻诸佛土，悉愿往生；五者，深心长久，尽未来劫；六者，愿悉成就一切众生；七者，住一切劫，不以为劳；八者，受一切苦，不生厌离；九者，于一切乐，心无贪著；十者，常勤守护无上法门。

"佛子！菩萨满足如是愿时，即得十种无尽藏。何等为十？所谓普见诸佛无尽藏、总持不忘无尽藏、决了诸法无尽藏、大悲救护无尽藏、种种三昧无尽藏、满众生心广大福德无尽藏、演一切法甚深智慧无尽藏、报得神通无尽藏、住无量劫无尽藏、入无边世界无尽藏。佛子！是为菩萨十无尽藏。

"菩萨得是十种藏已，福德具足，智慧清净，于诸众生，随其所应而为说法。佛子！菩萨云何于诸众生，随其所应而为说法？所谓知其所作，知其因缘，知其心行，知其欲乐。贪欲多者，为说不净；嗔恚多者，为说大慈；愚痴多者，教勤观察；三毒等者，为说成就胜智法门；乐生死者，为说三苦；若著处所，说处空寂；心懈怠者，说大精进；怀我慢者，说法平等；多诌诳者，为说菩萨；其心质直、乐寂静者，广为说法，令其成就。菩萨如是随其所应而为说法。为说法时，文相连属，义无舛谬。观法先后，以智分别，是非审定，不违法印。次第建立无边行门，令诸众生断一切疑，善知诸根，入如来教。证真实际，知法平等，断诸法爱，除一切执。常念诸佛，心无暂舍。了知音声体性平等，于诸言说心无所著，巧说譬喻无相违反。悉令得悟一切诸佛随应普现平等智身。

"菩萨如是为诸众生而演说法，则自修习增长义利，不舍诸度，具足庄严波罗蜜道。是时，菩萨为令众生心满足故，内外悉舍而无所著，是则能净檀波罗蜜。具持众戒而无所著，永离我慢，是则能净尸波罗蜜。悉能忍受一切诸恶，于诸众生其心平等，无有动摇，譬如大地能持一切，是则能净忍波罗蜜。普发众业，常修靡懈，诸有所作恒不退转，勇猛势力无能制伏，于诸功德不取不舍，而能满足一切智门，是则能净精进波罗蜜。于五欲境无所贪著，诸次第定悉能成就，常正思惟，不住不出，而能消灭一切烦恼，出生无量诸三昧门，成就无边大神通力，逆顺次第入诸三昧，于一三昧门入无边三昧门，悉知一切三昧境界，与一切三昧三摩钵底智印不相违背，能速入于一切智地，是则能净禅波罗蜜。于诸佛所闻法受持，近善知识承事不倦，常乐闻法心无厌足。随所听受如理思惟，入真三昧离诸僻见。善观诸法得实相印，了知如来无功用道，乘普门慧，入于一切智智之门，永得休息，是则能净般若波罗蜜。示现一切世间作业，教化众生而不厌倦，随其心乐而为现身，一切所行皆无染著，或现凡夫，或现圣人所行之行，或现生死，或现涅槃，善能观察一切所作，示现一切诸庄严事而不贪著，遍入诸趣度脱众生，是则能净方便波罗蜜。尽成就一切众生，尽庄严一切世界，尽供养一切诸佛，尽通达无障碍法，尽修行遍法界行。身恒住尽未来劫智，尽知一切心念，尽觉悟流转还灭，尽示现一切国土，尽证得如来智慧，是则能净愿波罗蜜。具深心力，无有杂染故；具深信力，无能摧伏故；具大悲力，不生疲厌故；具大慈力，所行平等故；具总持力，能以方便持一切义故；具辩才力，令一切众生欢喜满足故；具波罗蜜力，庄严大乘故；具大愿力，永不断绝故；具神通力，出生无量故；具加持力，令信解领受故，是则能净力波罗蜜。知贪欲行者，知嗔恚行者，知愚痴行者，知等分行者，知修学地行者，一念中知无边众生行，知无边众生心，知一切法真实，知一切如来力，普觉悟法界门，是则能净智波罗蜜。

"佛子！菩萨如是清净诸波罗蜜时，圆满诸波罗蜜时，不舍诸波罗蜜时，住大庄严菩萨乘中，随其所念一切众生，皆为说法，令增净业而得度脱。堕恶道者，教使发心；在难中者，令勤精进；多贪众生，示无贪法；多嗔众生，令行平等；著见众生，为说缘起；欲界众生，教离欲恚恶不善法；色界众生，为其宣说毗钵舍那；无色界众生，为其宣说微妙智慧；二乘之人，教寂静行；乐大乘者，为说十力广大庄严。如其往昔初发心时，见无量众生堕诸恶道，大师子吼作如是言：'我当以种种法门，随其所应而度脱之！'菩萨具足如是智慧，广能度脱一切众生。

"佛子！菩萨具足如是智慧，令三宝种永不断绝。所以者何？菩萨摩诃萨教诸众生发菩提心，是故能令佛种不断；常为众生开阐法藏，是故能令法种不断；善持教法，无所乖违，是故能令僧种不断。复次，悉能称赞一切大愿，是故能令佛种不断；分别演说因缘之门，是故能令法种不断；常勤修习六和敬法，是故能令僧种不断。复次，于众生田中，下佛种子，是故能令佛种不断；护持正法，不惜身命，是故能令法种不断；统理大众，无有疲倦，是故能令僧种不断。复次，于去、来、今佛所说之法、所制之戒，皆悉奉持，心不舍离，是故能令佛、法、僧种永不断绝。菩萨如是绍隆三宝，一切所行无有过失，随有所作，皆以回向一切智门，是故三业皆无瑕玷。无瑕玷故，所作众善，所行诸行，教化众生随应说法，乃至一念无有错谬，皆与方便智慧相应，悉以向于一切智智，无空过者。

"菩萨如是修习善法，念念具足十种庄严。何者为十？所谓身庄严，随诸众生所应调伏而为示现故；语庄严，断一切疑，皆令欢喜故；心庄严，于一念中入诸三昧故；佛刹庄严，一切清净，离诸烦恼故；光明庄严，放无边光普照众生故；众会庄严，普摄众会皆令欢喜故；神通庄严，随众生心自在示现故；正教庄严，能摄一切聪慧人故；涅槃地庄严，于一处成道，周遍十方悉无余故；巧说庄严，随处、随时、随其根器为说法故。菩萨成就如是庄严，于念念中，身、语、意业皆无空过，悉以回向一切智门。若有众生见此菩萨，当知亦复无空过者，以必当成阿耨多罗三藐三菩提故。若闻名，若供养，若同住，若忆念，若随出家，若闻说法，若随喜善根，若遥生钦敬，乃至称扬、赞叹名字，皆当得阿耨多罗三藐三菩提。佛子！譬如有药，名为善见，众生见者，众毒悉除。菩萨如是成就此法，众生若见，诸烦恼毒皆得除灭，善法增长。

"佛子！菩萨摩诃萨住此法中，勤加修习，以智慧明，灭诸痴暗；以慈悲力，摧伏魔军；以大智慧及福德力，制诸外道；以金刚定，灭除一切心垢烦恼；以精进力，集诸善根；以净佛土诸善根力，远离一切恶道诸难；以无所著力，净智境界；以方便智慧力，出生一切菩萨诸地、诸波罗蜜，及诸三昧、六通、三明、四无所畏，悉令清净；以一切善法力，成满一切诸佛净土，无边相好身、语及心具足庄严；以智自在观察力，知一切如来力、无所畏、不共佛法，悉皆平等；以广大智慧力，了知一切智智境界；以往昔誓愿力，随所应化，现佛国土，转大法轮，度脱无量无边众生。

"佛子！菩萨摩诃萨勤修此法，次第成就诸菩萨行，乃至得与诸佛平等。于无边世界中为大法师，护持正法。一切诸佛之所护念，守护受持广大法藏，获无碍辩，深入法门。于无边世界大众之中，随类不同，普现其身，色相具足，最胜无比。以无碍辩巧说深法，其音圆满善巧分布故，能令闻者入于无尽智慧之门，知诸众生心行烦恼而为说法；所出言音具足清净故，一音演畅，能令一切皆生欢喜；其身端正有大威力故，处于众会无能过者；善知众心故，能普现身；善巧说法故，音声无碍；得心自在故，巧说大法，无能沮坏；得无所畏故，心无怯弱；于法自在故，无能过者；于智自在故，无能胜者；般若波罗蜜自在故，所说法相不相违背；辩才自在故，随乐说法，相续不断，陀罗尼自在故，决定开示诸法实相；辩才自在故，随所演说，能开种种譬喻之门；大悲自在故，勤诲众生，心无懈息；大慈自在故，放光明网悦可众心。菩萨如是处于高广师子之座，演说大法，唯除如来及胜愿智诸大菩萨，其余众生无能胜者、无见顶者、无映夺者。欲以难问令其退屈，无有是处。

"佛子！菩萨摩诃萨得如是自在力已，假使有不可说世界量广大道场满中众生，一一众生威德色相皆如三千大千世界主，菩萨于此才现其身，悉能映蔽如是大众，以大慈悲安其怯弱，以深智慧察其欲乐，以无畏辩为其说法，能令一切皆生欢喜。何以故？佛子！菩萨摩诃萨成就无量智慧轮故，成就无量巧分别故，成就广大正念力故，成就无尽善巧慧故，成就决了诸法实相陀罗尼故，成就无边际菩提心故，成就无错谬妙辩才故，成就得一切佛加持深信解故，成就普入三世诸佛众会道场智慧力故，成就知三世诸佛同一体性清净心故，成就三世一切如来智、一切菩萨大愿智能作大法师开阐诸佛正法藏及护持故。"

尔时，法慧菩萨欲重宣其义，承佛神力，而说颂言：

　　心住菩提集众福，常不放逸植坚慧，正念其意恒不忘，十方诸佛皆欢喜。

　　念欲坚固自勤励，于世无依无退怯，以无诤行入深法，十方诸佛皆欢喜。

　　佛欢喜已坚精进，修行福智助道法，入于诸地净众行，满足如来所说愿。

　　如是而修获妙法，既得法已施群生，随其心乐及根性，悉顺其宜为开演。

　　菩萨为他演说法，不舍自己诸度行，波罗蜜道既已成，常于有海济群生。

　　昼夜勤修无懈倦，令三宝种不断绝，所行一切白净法，悉以回向如来地。

　　菩萨所修众善行，普为成就诸群生，令其破暗灭烦恼，降伏魔军成正觉。

　　如是修行得佛智，深入如来正法藏，为大法师演妙法，譬如甘露悉沾洒。

　　慈悲哀愍遍一切，众生心行靡不知，如其所乐为开阐，无量无边诸佛法。

　　进止安徐如象王，勇猛无畏犹师子，不动如山智如海，亦如大雨除众热。

时，法慧菩萨说此颂已，如来欢喜，大众奉行。

注释

❶"龙王"，大正本原无此二字，今依三本及宫本增之。

【白话语译】

这时，精进慧菩萨向法慧菩萨请问道："佛子啊！当大菩萨初发起勤求一切智的心时，成就了以上所述的无量功德。他们具足了广大的庄严，晋升到一切智乘当中，进入了菩萨的正位，舍弃了所有的世间法，得到了佛陀的出世间法，是过去、未来、现在三世诸佛所摄受的人，必然决定达到无上菩提的究竟之处。而这些菩萨对佛陀的教诲，应当如何的修习呢？他们要如来修习才能使诸佛如来都能心生欢喜，进入菩萨们所安住的境界呢？要如何才能使一切的广大愿行都能得到清净，并且满足所有的大愿，获得菩萨们广大的宝藏，随着所相应教化的对象，常为他们说法，而且永不舍离菩萨的波罗蜜行持呢？而且，要如何使菩萨们所忆念的众生都能够得度解脱，遍洒三宝的种子，使佛、法、僧三宝永不断绝，并促使所有的善根方便都能完全实证呢？

"佛子啊！这些菩萨到底要用何种的方便，才能圆满这个大法呢？希望法慧菩萨您能够哀悯众生，为我们宣说。我们这个大会中的所有众生，莫不欣喜乐闻。

"并且，就如同大菩萨们所时常精勤修习的法要一般，这些法能够灭除一切的无明黑暗，降伏所有的魔仇怨隙，制服所有的外道，永远清涤一切烦恼的心念垢秽。这些法能成就一切的善根，永远出离一切恶道的障难，清净圆治一切的大智慧境界。这些法也能成就一切菩萨的诸地境界、所有到达涅槃彼岸的波罗蜜、总持一切的三昧、禅定、六通、三明与四无所畏的清净功德，并庄严一切诸佛的国土以及相好。这些法也能使身体、语言与心意念行都能得到成就与满足，并使人明晓诸佛如来的十力、四无所畏、十八不共佛法，与一切智智所显现的境界。

"为了要使众生成熟圆满，随着心中所羡的境界而选择佛陀的净土，也随着不同的根器、时机，而依相应的境界说法。也为了使无限广大的各种佛陀事业，及其他所有不可数的功德大法、行持、道途，及所有的境界，都能够完全圆满，迅速的与诸佛如来的功德平等。也为了好好地守护诸佛如来、应供、正等觉，在百千个阿僧祇劫当中修菩萨行时，所聚集的法藏；而且开示演说这些法藏，使所有的诸魔与外道都无法加以任何的毁坏，并永远地摄受总持所有的正法。

"也为了当对所有的世界演说法要之时，诸天王、龙王、夜叉王、乾闼婆王、阿修罗王、迦楼罗王、紧那罗王、摩睺罗迦王、人王、梵王，乃至于如来法王，都能够加以守护。也为了使一切世间的人们，都能恭敬的供养，共同接受灌顶，并时时被诸佛所护持忆念着，也受所有菩萨的爱护与敬仰。也为了得到善根的力量，增长洁白清净的善法，演说如来甚深的法藏，摄受总持所有的正法，以作为自身的庄严。

"所以，希望您能为我们开示一切菩萨所修所行的次第境界。"

这时，精进慧菩萨为了重新宣说上述的义理，而宣说如下的偈颂：

大名称者善能演说，菩萨所成功德大法，
深入无边广大妙行，具足清净无师智慧。
若有菩萨能初发心，成就福德智慧宝乘，
入离生❶位超诸世间，普获正等大菩提法。
彼复云何于佛教中，坚固勤修转更增胜，
令诸如来悉皆欢喜，佛所住地速当趣入？
所行清净胜愿皆满，及得广大智慧宝藏，
常能说法广度众生，而心无依无所染着。
菩萨一切诸波罗蜜，悉善修行无有缺减，
所念众生咸皆救度，常持佛种使不断绝。
所作坚固功不唐捐，一切功能成得出离，
如诸胜者所修众行，彼清净道愿为宣说。
永破一切无明黑暗，降伏众魔以及外道，
所有垢秽悉皆涤除，得近如来广大智慧。
永离恶趣一切险难，净治大智殊胜妙境，

获妙道力邻无上尊，一切功德皆得成就。

证得如来最胜智慧，住于无量诸佛国土，

随众生心而为说法，及作广大诸佛事业。

云何而得诸胜妙道，开演如来正法宝藏，

常能受持一切佛法，无能超胜无与等比？

云何无畏如同师子，所行清净宛如满月？

云何修习诸佛功德，犹如莲华而不着水？

　　这时，法慧菩萨回答精进慧菩萨说："善哉！佛子啊！你现在为了要多饶益众生，使众生多得安乐、恩惠与利益，而来哀悯世间的诸天及人类，所以请教了以上菩萨所修持的清净之行的内容。

　　"佛子啊！你是安住在真实的法义当中，发起了广大的精进之力，不断的向上增长而不退转，已经证得了解脱的境界。因此你才能够请教以上的问题，这几乎是等同于如来的境界啊！你现在要仔细的谛听！并且善加思念这些大法！我现在就在佛陀威神力的加持下，为你宣说这些大法中的一小部分。

　　"佛子啊！大菩萨已经发起了证得一切智慧之心，应当远离愚痴与黑暗，精勤努力的守护教法，绝对不能使之放逸。佛子啊！大菩萨安住在十种法当中，才能够名为不放逸。这十种不放逸之法是什么呢？一，要护持众戒；二，要远离愚痴，清净自己的菩提心；三，心中要以质朴正直为乐，远离所有的谄谄与欺诳；四，要精勤的修行善根，不能有任何的退转；五，要时时以正念来思惟，由自身之所来发心；六，要不乐于亲近在家与出家的一切凡夫；七，要修学所有的善业，不求世间的果报；八，要永远离弃独觉、声闻二乘的小乘行为，而行菩萨道；九，要乐于修习众善，使众善永不断绝；十，要常常善巧的观察自身于正法相续的力量。佛子啊！如果菩萨们能够修行这十个大法，才是名为安住在不放逸的修行当中。

　　"佛子啊！大菩萨安住在不放逸之行中，将会证得十种清净。这十种清净是什么呢？一，能如其所说而行；二，得到心念明智的成就；三，能安住在极深的禅定当中，心念不会昏沉，也不会举措不定；四，乐于追求佛法，永不懈怠；五，随其所听闻的教法，能够如理的观察，圆满具足的出生巧妙的智慧；六，能够进入极深的禅定，达到佛陀的神通境界；七，他的心中完全平等，没有任何高下不等的念头；八，对于所有的众生，无论是上等、中等或下等之别，他的心中都不起障碍，就犹如大地一般，都能平等对待，也能平等使其受益；九，如果见到众生的清净之行，乃至只是偶一发起的菩提心，也要尊重承事他们，犹如将他们视为亲教师和尚一般；十，对于授戒和尚、阿阇梨教授，与一切的菩萨、善知识、以及法师的所在，都能时时生起尊重之心，承事供养他们。佛子啊！以上是菩萨安住在不放逸之行中所得证的十种清净境界。

"佛子啊！大菩萨安住在不放逸行，便能发起大精进心；生起正念，也生起了殊胜的意欲欣乐，所有的行持都能相续不绝。他对于一切法，心中没有任何依着之处；对于甚深的法要，能够精勤努力修习。他进入了没有净念之门，增益了广大的心念，对于无边的佛法，能够随顺明了，让所有的如来都心生欢喜。

"佛子啊！大菩萨又有十种大法，能够使诸佛心生欢喜。这十种令佛陀欢喜之法是什么呢？一，精进不退；二，不吝惜自身之性命；三，不忮求任何的名利供养；四，了知一切法都如同虚空一般不实；五，能善巧的观察一切，普遍趣入法界之中；六，能够了知所有的教法法印❷，心中没有任何的执着；七，时常发起广大殊胜之愿；八，成就了清净的忍智❸光明；九，能观察自身的善法，心中没有任何的增减差别；十，依止于没有造作的解脱法门，修习一切清净的胜行。佛子啊！以上是菩萨所安住的十种法，这十种法能使一切的如来心生欢喜。

"佛子啊！更有十种大法，能使一切的诸佛心生欢喜。这十种法是什么呢？一，安住在不放逸当中；二，安住在无生忍的境界；三，安住在大慈心之中；四，安住在大悲心之中；五，安住在满足所有到达涅槃彼岸的境界；六，安住在所有的修行当中；七，安住在大愿力之中；八，安住在善巧方便之中；九，安住在勇猛威力之中；十，安住在智慧之中，一切法在观察之中都是无所安住，宛如虚空一般。佛子啊！如果菩萨们能安住在这十种法当中，便能让一切诸佛心生欢喜。

"佛子啊！又有十种大法，能够使菩萨们迅速的趣入诸地的境界。这十种法是什么呢？一，善巧地圆满福德与智慧，此二种殊胜的行持；二，能够广大地庄严到达涅槃彼岸的波罗蜜道；三，智慧清明而通达，不会随便受他人语言所趋动；四，承事善友，永不背离；五，常行精进之道，绝不松懈怠惰；六，善于安住在如来神力之中；七，勤修所有的善根，心中不生疲倦；八，具有深刻的心与锐利的智慧，用大乘法来庄严自身；九，对于每一地的法门境界，心中没有任何执着，也无所止住；十，与三世诸佛的善根与方便，俱为同一的体性。佛子啊！此十种法能使菩萨们迅速的趣入诸地。

"佛子啊！菩萨们刚开始安住于菩萨地的境界时，应当随如下各点做善巧的观察：随着他所有的一切法门；随着他所有的甚深智慧；随着他所修的因；随着他所得的果报；随着他所证得的境界；随着他的威力妙用；随着他的示现；随着他的巧智分别；随着他所证得的一切。如此观察之后，了知一切法都是自心所现，而心中却没有任何的执着；如是进入菩萨地中，便能善巧地安住。

"佛子啊！此时，这些菩萨的心中这么想着：'我等应当迅速的趣入所有菩萨的境界。为什么呢？我等如果能在每一个菩萨中安住的话，就能成就如是的广大功德；具足了这些功德之后，能够逐渐的进入佛地的境界；安住在佛地之后，就能够实践无边无际的广大佛事。所以我等应当时常精进的修习佛法，不要有任何的懈怠休息，也没有疲倦厌烦，而要以广大的功德来庄严自身，进入菩萨诸地的境界。'

"佛子啊！有十种法，能使菩萨们的一切行持都清净无染。一，能够完全舍弃资产财宝，以来满足众生的需要；二，能够持戒清净，没有任何毁犯戒律的行为；三，能够十分的柔和、忍辱，而且时常保持这种心态；四，能够精进的勤修诸行，永不退转；五，以正念的力量，让心中不起迷乱；六，能够分别了知无量的诸法；七，勤修一切善行，但是却没有任何的执着；

八，心念能够毫不动摇，宛如一座大山王，无法摇撼；九，广度所有的众生，让自己犹如一座度脱生死的桥梁；十，知晓一切众生与诸佛如来都是同一的体性。佛子啊！以上十法能够使菩萨们的行为都完全得到清净。

"菩萨们在修得一切行为都清净无染之后，又将会获得十种增胜自身的法。这十种增胜自身的法是什么呢？一，他方世界的诸佛，都能够护持忆念这些菩萨；二，他的善根得到增胜，超过所有的同侪；三，善能领受佛陀的加持力量；四，时常得遇善人，为他们所依怙；五，能够安住在精进道中，绝不放逸；六，知晓一切诸法是平等无异的；七，心念恒常安住在无上的大悲之中；八，如实的观察诸法，而出生微妙的智慧；九，能够善于修行种种的巧妙方便；十，能够了知如来的方便威力。佛子啊！以上是菩萨的十种增胜之法。

"佛子啊！菩萨又有十种清净的大愿。一，愿能成熟所有的众生，永不觉疲倦；二，愿能力行众善，清净所有的世界；三，愿能事奉诸佛如来，心中常生尊重；四，愿能护持正法，不惜身躯性命；五，愿能以智慧观察世界，进入诸佛国土；六，愿能与诸菩萨同一体性；七，愿能进入诸佛如来之门，了悟一切的法要；八，愿能使见到他的人心中生起信心，获得利益；九，愿能用神通力量来住世不灭，尽未来时劫都是如此；十，愿能具足普贤菩萨的殊胜愿行，清净圆治一切种智的法门。佛子啊！以上是菩萨的十种清净大愿。

"佛子啊！菩萨安住在十种法之中，能够圆满所有的大愿。这十种法是什么呢？一，心中没有任何的疲倦厌烦；二，具备了广大的庄严；三，忆念所有菩萨殊胜的大愿力；四，每听闻诸佛的净土，便希望发愿往生；五，具备了长久而深刻的心，能穷尽未来时劫都不退失；六，愿意成就圆满一切的众生；七，安住在一切时劫当中，也不以为苦；八，遭逢任何的苦难，心中都不会生起厌离众生的心；九，对于一切喜乐之事，心中没有任何贪恋执着；十，时常精勤守护着佛陀的无上法门。

"佛子啊！菩萨满足了以上这些大愿时，就会得到十种无尽的宝藏。这十种无尽宝藏是什么呢？一，普遍亲见诸佛的无尽宝藏；二，总持忆念不忘的无尽宝藏；三，得证决断了知诸法的无尽宝藏；四，用大悲心救护一切的无尽宝藏；五，各种禅定三昧的无尽宝藏；六，满足众生心念的广大福德无尽宝藏；七，演说一切诸法的甚深智慧无尽宝藏；八，得到神通的无尽宝藏；九，安住在无量时劫当中的无尽宝藏；十，进入无边世界的无尽宝藏。佛子啊！这是菩萨们的十无尽藏。菩萨得到了以上十种的无尽宝藏之后，就具足了福德与智慧的清净，能随着众生所相应的因缘而为他们说法。

"佛子啊！菩萨如何随着众生们所相应的因缘来为他们说法呢？这就是知道他们所做的行为，知道他们的因缘，知道他们的心念所行，知道他们的意欲喜乐之事。当遇到贪欲多的人，就为他们宣说诸身不净的法门；当遇到嗔恚多的人，就为他们宣说大慈与乐的法门；当遇到愚痴多的人，就教导他们精勤的观察一切现象；而对于贪、嗔、痴三毒都具备的人，则为他们宣说成就殊胜智慧的法门；对乐于生死之中不思出离的人，为他们宣说生死中的三苦现象；若遇到执着居处住所的人，就为他们宣说一切处所都是性空寂灭之理；对于心生懈怠的人，为他们宣说广大精进的法门；对于心怀我慢骄傲的人，则为他们宣说一切诸法都是平等没有高下的道理；对于时常谄媚欺诳的人，为他们开示菩萨质朴正直的心念；对于乐于寂静的人，为他们广说诸法，令其得到成就。菩萨就是如同上述所说的，随着众生所相应的因缘而为他们说法。

"菩萨为他们说法之时，文意连贯不辍，义理也无任何的谬误；观察法的先后次第，皆以智慧来加以分别；法义是非的审定，也绝不违反佛法的法印实相。他依循次第来建立无边的修行法门，使所有的众生能断除一切的疑惑；善于了知各种根器，进入诸佛如来的教法，证得真实的境界，知晓一切法的平等；并断绝对于诸法的执爱，去除一切的执着。他又时常忆念诸佛如来，心中不曾片刻舍离；通晓一切的音声体性都是平等的，对于所有的言谈说法，心中不存任何的执着；善巧的演说各种譬喻，其中的义理没有丝毫矛盾之处，使众生尽得领悟到一切诸佛随顺相应因缘而普遍示现平等的智慧法身。菩萨如此的为众生们演说法要之外，还要不断的自我修习，来增长智慧与福德，不舍弃菩萨所有的波罗蜜，具足庄严的波罗蜜道。

"这时，菩萨为了使众生能心生满足，而舍弃内外一切，不存丝毫执着。这就是能清净布施波罗蜜的行为。

"具足总持所有的戒律，不存丝毫执着，永远离开我慢及自心对于持戒的骄傲。这就是能清净持戒波罗蜜的行为。

"能完全忍受诸恶的境界，对于所有的众生，生起平等之心，不曾稍加动摇，犹如大地能承持负载万物。这就是能清净忍波罗蜜的行为。

"普遍发起所有的净业，时时勤修不懈，一切作为永不退转，勇猛之势无人能制，而对于所有的功德，也能够不取不舍，并满足一切的智慧之门。这就是能够清净精进波罗蜜的行为。

"对于世间的五欲境，没有任何的贪着，并完全成就所有次第修行的禅定境界，时时以正念来思惟，不住也不出；能够消灭一切的烦恼，出生无量的各种三昧禅定法门，成就无边的神通威力；能够用逆与顺的不同次第方式，进入各种三昧禅定境界；能于一个三昧门进入无边的三昧门，通达一切的三昧境界；而且与一切三昧、三摩钵底❹、智慧法印彼此之间，都不违背，也能够速迅地趣入于一切智的境地。这就是能清净禅波罗蜜的行为。

"对于在诸佛的处所听闻到的教法，能够信受奉持；亲近所有的善知识，承事供养不生厌倦之心；永远乐于听闻佛法，不会感到厌离与满足；随着所听闻受持的教法，能够如法如理的正念思惟；进入真实的三昧境界，远离所有的歪僻邪见；善于观察诸法，得证般若实相之印；了知诸佛如来的无功用道，乘着普门的智慧，进入于一切智智的法门，永远得到心念的圆满休息。这就是能够清净般若波罗蜜的行为。

"菩萨示现在一切世间，成就佛法的事业，教化所有的众生，心中不会感到厌倦。他随心所欲为众生现身，一切所行都是清净而无染；有时示现凡夫，有时示现圣人的行为；有时示现生死，有时示现涅槃的境界。他能善巧的观察一切所作所为，示现一切的庄严之事而心中不起贪着的念头，普遍进入六道救度所有的众生。这就是能够清净方便波罗蜜的行为。

"成就一切的众生，庄严一切的世界，供养一切的诸佛，通达没有障碍的法门，修行遍满法界的胜行，色身永恒安住于穷尽未来时劫的智慧，了知一切的心念，觉悟所有生命流转还灭的现象，示现一切的国土，完全证得如来的智慧。这就是能够清净愿波罗蜜的行为。

"具备深心的力量，这是因为没有杂染的缘故；具备了深信的力量，这是因为没有人能摧毁降伏的缘故；具备了大悲的力量，这是因为不会对众生起疲倦厌离之心的缘故；具备了大慈的力量，这是因为一切所行都是平等的缘故；具备了总持不忘的力量，这是因为用善巧方便来总持一切义理的缘故；具备了辩才的力量，这是因为能使一切的众生心生欢喜满足的缘故；具备了波罗蜜到涅槃彼岸的力量，这是因为庄严大乘法的缘故；具备大愿的力量，这是因为愿心永不断绝的缘故；具备了神通的力量，这是因为出生无量的三昧的缘故；具备了加持的力量，这是因为时常使众生生起信解领受的缘故。这些就是能够清净力波罗蜜的行为。

"了知贪欲的行人，了知嗔恚的行人，了知愚痴的行人，了知贪、嗔、痴三者等同齐分的行人，了知修学地的行人；在一念当中能够知晓无边众生的行为，知晓无边众生的心，知晓一切法的真实之相，知晓所有诸佛的力量，普遍觉悟所有的法界门。这就是能够清净智慧波罗蜜的行为。

"佛子啊！如上所述，菩萨以各种修行来清净诸波罗蜜的时候，或以各种修行来圆满诸波罗蜜的时候，或以各种修行而不舍弃一切波罗蜜的时候，就是安住在伟大庄严的菩萨乘中。菩萨随着心中所忆念的一切众生，都能为他们说法，使其增长净业而得到救度解脱。菩萨对于堕入恶道的众生，也能予以教导，令其发起菩提心；对于难遇佛陀的众生，也能使他们勤于精进修行；对于多贪欲的众生，也能开示他们无贪的法要；对于多嗔恚的众生，也能使他们实行平等之法；对于执着己见的众生，为他们宣说缘起之法；对于欲界的众生，则教导他们远离贪欲、嗔恚、恶念等不善之法；对于色界的众生，为他们宣说禅观的法门；对于无色界的众生，为他们宣说微妙的智慧；对于缘觉、声闻二乘的人，教导他们修学寂静之行；对于喜求大乘菩萨道的人，为他们宣说佛陀十力的大法。

"这些法门十分的广大庄严，就如同菩萨于往昔初发心之时，见到无量的众生堕落在诸恶道当中，心中生起慈悲心，而以大师子吼作如下的宣言：'我当用种种的法门，随着他们所相应的因缘，来救度所有的众生！'菩萨具足这些智慧，能够广为救度一切的众生。

　　"佛子啊！菩萨具足了这些智慧，使三宝的种性永续。为何能够如此呢？这是因为菩萨摩诃萨教导所有的众生发起菩提心，所以能使佛宝的种子相续不绝；菩萨因为时常为众生发掘佛法的宝藏，所以能使法宝的种子相续不绝；菩萨因为善于总持一切的教法，而没有任何的乖违之处，所以能使僧宝的种子相续不绝。而且，因为菩萨能完满的称赞一切的大愿，所以能够使佛宝的种子相续不绝；菩萨因为能够分别与演说因缘的法门，所以能使法宝的种子相续不绝；菩萨因为时常精勤的修习六和敬❺的法门，所以能使僧宝的种子相续不绝。而且，因为菩萨在众生的心田中种下了佛宝的种子，所以能使佛宝的种子相续不绝；菩萨因为能不惜身躯性命，护持正法，所以能使法宝的种子相续不绝；因为菩萨统领治理一切的大众，没有丝毫疲惫，所以能使僧宝的种子相续不绝。另外，因为菩萨对于三世诸佛所说的教法，所制定的戒律，都能完满信奉受持，心中不曾稍微舍离，所以才能使佛、法、僧三宝的种子永远不会断绝。

　　"菩萨这样子来绍隆佛、法、僧三宝，一切行为不会发生任何的过失。随其所为，也都将之回向❻给一切的智门，因而他们的身、语、意没有任何的污秽瑕玷。因此，他们所作的一切善事，所行的一切行为，所教化的一切众生，都随顺着相应的因缘，乃至于任何一念，都无丝毫误谬，而与方便智慧相应，用来回向给一切智智，未曾闲置。

　　"菩萨如此修习这些善法，每一念都具足了十种庄严。一，身的庄严，是由于随顺一切众生所相应的教化调伏因缘，而为他们示现；二，语的庄严，是由于断除一切的疑惑，使大众得以欢喜；三，心的庄严，是由于在一念之中能入于所有三昧；四，佛刹的庄严，是由于具备一切的清净，远离所有的烦恼故；五，光明的庄严，是由于放射出无边的光明，普照一切的众生；六，大众集会的庄严，是由于能普遍摄受大众集会，使他们心生欢喜；七，神通的庄严，是由于能够随顺众生的心，而自在的示现；八，正教的庄严，是由于能够摄受教化一切聪明而有智慧的人；九，涅槃地的庄严，是由于能于一处成道，却周遍示现于十方世界；十，巧说的庄严，是由于能随地点、随时间、随众生的根器，而为他们说法。菩萨成就了以上的十种庄严，在念念当中，身、语、意三业都没有空过之时，全部回向于一切智门。

"佛子们应当知道，众生见到了这样的菩萨，他也将会没有空过之时，因为他必当成就无上菩提的缘故。如果有众生是听闻其名，或是供养这样的菩萨，或与之同住，甚至是忆念他，或随他出家，或是听闻他说法，或是发出随喜的善根，或是在遥远处便生起敬佩之心，甚至是称扬、赞叹他的名号，也都将证得无上菩提。佛子啊！这犹如有一种药，名为善见，众生只要见到这一味药，就众毒全消。菩萨就如同善见药一般，成就了这个不可思议的大法。众生如果见到了这样的菩萨，所有的烦恼毒性将祛除竟尽，善法也得到增长。

"佛子啊！大菩萨安住在这个大法之中，会勤加修习，以智慧光明，来消灭所有的愚痴黑暗；以慈悲之力，来摧毁降伏众魔大军；以大智慧及福德之力，来制伏一切的外道；以金刚般的禅定，来灭除一切心中的污垢与烦恼；以精进之力，来积聚所有的善根；以清净佛土的各种善根之力，来远离一切恶道上的障难；以无所倚着之力，来清净智慧的境界；也以方便智慧之力，来出生一切菩萨的诸地境界、一切的波罗蜜，以及所有的三昧、六通、三明与四无所畏等，使之尽得清净。也会以一切善法的力量，来成就圆满诸佛净土，以具备无边的相好，使身体、语言以及心念都具足了庄严；或以智慧自在观察之力，通晓一切如来的十力、四无所畏、十八不共的佛法都是平等无二的；或以广大智慧之力，来了知一切智智的境界；或以往昔大誓愿之力，随着所相应教化的因缘，示现佛国刹土，转动大法轮，救度无量无边的众生。

"佛子啊！大菩萨勤修这些大法，次第成就了所有的菩萨胜行，乃至于得证与诸佛平等的境界。他在无边的世界中，成为大法师来护持正法，也被诸佛所护持忆念，并且守护受持着广大的法藏，获得无碍的辩才，深入所有的法门。大菩萨在无边的世界中，随着众生种类的不同，普遍示现他的微妙色身，而他具足的妙色相好，则是最为殊胜，无可匹比。大菩萨用无碍的辩才善巧地演说深奥的大法，由于他的音声圆满善巧的分布于各处，能使听闻者进入于无尽的智慧之门。他明晓众生们的心行烦恼，故而为他们说法；由于宣讲出的语言音声都具足清净，故能仅以一种语音便演畅一切诸法，能一切众生都生欢喜之心。

"伟大的菩萨由于身相端正，具有大威力，所以处大众集会之中，也无人能超越他；由于他善知众生的心，所以能普遍示现身相；也由于能善巧说法，故音声没有任何的障碍；由于他心行自在，故能善巧演说大法，没有人能任意加以沮坏；由于他得到了无所畏的境界，所以心中没有丝毫的怯弱；由于他能自在悠游于法海，没有人能超越他；也由于其智慧自在之故，所以也无人能胜过他；由于他在般若波罗蜜得自在，所以他说的一切法相，在义理上都不会相互矛盾；由于他辩才自在无碍，故能随着喜乐说法，相续不断；由于总持陀罗尼于诸法不忘自在的缘故，所以能坚决笃定地开示诸法的实相；由于他辩才自在，所演说的诸法，都能开示种种譬喻法门；由于其大悲自在的缘故，他能辛勤地教诲众生，心中不曾稍息；也由于其大慈之心自在的缘故，放射出如网的光明取悦了众生的心。菩萨安处于高广的师子宝座上，演说大法，除了诸佛如来与有殊胜大愿智慧的诸大菩萨之外，其余的众生，无人能出其右，也无人能见其顶，更没有人能映夺他的光彩；如果想用诘难责问的方式来屈服他、击退他，绝对是不可能的。

"佛子啊！大菩萨得到以上的自在威力之后，假使有不可说世界数量的广大道场，其中满住着众生，而每一众生的威德色相都宛如三千大世界的天王般；菩萨于此处即使才刚现身而已，他的光明便能立即映照，完全遮蔽这些大众的光明。而且菩萨也能用大慈悲心来安抚他们的怯弱，用深刻的智慧来观察他们的意向与欣乐；用无畏的辩才为他们说法，使他们都心生欢喜。为何能如此呢？

"佛子啊！这是因为大菩萨成就了无量的智慧轮，成就了无量的善巧分别，成就了广大的正念之力，成就了无尽的善巧智慧，成就了决定了解诸法实相的总持陀罗尼，成就了无边无际的菩提心，成就了没有任何谬误的微妙辩才，成就了得到一切佛陀加持而生起甚深信解，成就了普遍趣入三世诸佛法会道场的智慧力，成就了了知三世诸佛都是同一体性与清净心；也是因为菩萨成就了三世一切如来的智慧、一切菩萨的大愿智慧，并能成为大法师来阐扬诸佛的正法宝藏及护持正法的缘故。"

这时，法慧菩萨欲重宣其义，便承着佛陀的威神之力，而宣说如下的偈颂：

> 心住菩提积集众福德，常不放逸深植坚固慧，
> 正念其意心恒不忘失，十方诸佛了知皆欢喜。
> 念欲坚固自精勤奋励，于世无依亦无有退怯，
> 以无诤行趣入深法中，十方诸佛心中皆欢喜。
> 佛欢喜已坚固大精进，修行福德智慧助道法，
> 入于诸地清净众妙行，满足如来所说广大愿。
> 如是而修广获胜妙法，既得法已普施诸群生，
> 随其心乐以及其根性，悉顺其宜为开示演说。
> 菩萨为他演说殊胜法，不舍自己诸度广大行，
> 波罗蜜道既已得成就，常于有海救济诸群生。
> 昼夜勤修无有懈倦时，能令三宝种性不断绝，
> 所行一切清白洁净法，悉以回向无上如来地。
> 菩萨所修一切众善行，普为成就十方诸群生，
> 令其破暗灭除众烦恼，降伏魔军成就最正觉。
> 如是修行证得佛智慧，深入如来微妙正法藏，
> 为大法师演说胜妙法，譬如甘露普雨悉沾洒。
> 慈悲哀悯遍于一切众，众生心行靡不皆了知，
> 如其所乐而为开阐演，无量无边诸胜妙佛法。

进止安徐宛如大象王，勇猛无畏犹如胜师子，

不动如山智慧如大海，亦如大雨能除众热恼。

这时，在法慧菩萨宣说这个偈颂之后，如来十分的欢喜，而与会的大众也都能够信受奉行。

【注释】

❶ 离生：指脱离三界生死轮回的圣者位。

❷ 法印：印为"印可决定"之意。所谓法印，就是确定之教法。例如，"诸行无常、诸法无我、涅槃寂静"称为"三法印"；若再加上"诸受皆苦"，则称为"四法印"。

❸ 忍智：慧心安住于法，叫作"忍"；对于境界立即决断，叫作"智"。

❹ 三摩钵底：梵语 samāpatti，"禅定"的别名，意译作"等至"。

❺ 六和敬：即同处事业、互相和合。一，身和敬，即共同礼拜等之行事；二，口和敬，即共同赞咏与无诤等之口业；三，意和敬，即共同信心与欣悦等之意业；四，戒和敬，即同持戒律；五，见和敬，即共同见解；六，利和敬，即共同衣食等之利益。

❻ 回向：以自己的善根功德，回给众生，并使自己趣入菩提涅槃。

升夜摩天宮品第十九

卷第十九

《升夜摩天宫品》导读

本品是第四会"夜摩天会"之首，此会有四品，而以《十行品》为正宗。夜摩天是时分天之意，这一天没有日月晦明，而以莲华开为昼，以合为夜，所以称作时分天，也是空居诸天之首。梵本品名为"夜摩天宫神变品"，指佛虽升夜摩天宫，却不离菩提树下之本座，所以称为神变。

本品之初，先是佛现神力使一切世界皆能见到如来，而诸菩萨也各自以为恒面对佛陀。然后佛陀不离菩提树而趋向夜摩天，夜摩天王立即以百万宝具庄严天宫而恭迎世尊，而请世尊安处此宝殿中。佛受请以后，夜摩天王便以偈赞道，曾有十佛来入此宫殿中，这个摩尼殿也因此变成一切处所中最吉祥的。如此赞佛及所处之殿，十方世界夜摩天王也如此赞叹。等到佛入师子座后，此宫殿突然变成非常宽广，十方世界也是如此。

其中天王赞颂的部分提及十佛与所入之殿，依序是：名称如来—摩尼殿，宝王如来—清净殿，喜目如来—庄严殿，然灯如来—殊胜殿，饶益如来—无垢殿，善觉如来—宝香殿，胜天如来—妙香殿，无去如来—普眼殿，无胜如来—善严殿，苦行如来—普严殿。

而这十殿都是夜摩天宫殿，可见此殿之庄严殊胜了。

卷第十九

升夜摩天宫品第十九

【原典】

尔时，如来威神力故，十方一切世界，一一四天下南阎浮提及须弥顶上，皆见如来处于众会。彼诸菩萨悉以佛神力故，而演说法，莫不自谓恒对于佛。

尔时，世尊不离一切菩提树下及须弥山顶，而向于彼夜摩天宫宝庄严殿。时，夜摩天王遥见佛来，即以神力，于其殿内化作宝莲华藏师子之座，百万层级以为庄严，百万金网以为交络，百万华帐、百万鬘帐、百万香帐、百万宝帐弥覆其上。华盖、鬘盖、香盖、宝盖各亦百万，周回布列。百万光明而为照曜。百万夜摩天王恭敬顶礼，百万梵王踊跃欢喜，百万菩萨称扬赞叹。百万天乐各奏百万种法音，相续不断。百万种华云、百万种鬘云、百万种庄严具云、百万种衣云，周匝弥覆；百万种摩尼云，光明照曜。从百万种善根所生，百万诸佛之所护持，百万种福德之所增长，百万种深心、百万种誓愿之所严净，百万种行之所生起，百万种法之所建立，百万种神通之所变现，恒出百万种言音显示诸法。

时，彼天王敷置座已，向佛世尊曲躬合掌，恭敬尊重，而白佛言："善来！世尊！善来！善逝！善来！如来、应、正等觉！唯愿哀愍，处此宫殿！"时，佛受请即升宝殿，一切十方，悉亦如是。

尔时，天王即自忆念过去佛所所种善根，承佛神力，而说颂言：

名称如来闻十方，诸吉祥中最无上，彼曾入此摩尼殿，是故此处最吉祥。

宝王如来世间灯，诸吉祥中最无上，彼曾入此清净殿，是故此处最吉祥。

喜目如来见无碍，诸吉祥中最无上，彼曾入此庄严殿，是故此处最吉祥。

然灯如来照世间，诸吉祥中最无上，彼曾入此殊胜殿，是故此处最吉祥。

饶益如来利世间，诸吉祥中最无上，彼曾入此无垢殿，是故此处最吉祥。

善觉如来无有师，诸吉祥中最无上，彼曾入此宝香殿，是故此处最吉祥。

胜天如来世中灯，诸吉祥中最无上，彼曾入此妙香殿，是故此处最吉祥。

无去如来论中雄，诸吉祥中最无上，彼曾入此普眼殿，是故此处最吉祥。

无胜如来具众德，诸吉祥中最无上，彼曾入此善严殿，是故此处最吉祥。

苦行如来利世间，诸吉祥中最无上，彼曾入此普严殿，是故此处最吉祥。

如此世界中夜摩天王，承佛神力，忆念往昔诸佛功德，称扬赞叹。十方世界夜摩天王，悉亦如是叹佛功德。尔时，世尊入摩尼庄严殿，于宝莲华藏师子座上，结跏趺坐。此殿忽然广博宽容，如其天众诸所住处，十方世界悉亦如是。

【白话语译】

这时，由于如来威神力的加持，十方的一切世界中，每一个四天下的南阎浮提洲及须弥山顶上，都可见到如来置身大众集会之中。会中的诸菩萨，在佛陀威神力的加持下，正演说着佛法，而且莫不以为自己一直面对着佛陀。这时，世尊在不离开一切的菩提树下及须弥山顶的情况下，向夜摩天宫的宝庄严殿前去。

这时，夜摩天王自远处见到佛陀前来，随即以神通之力在自己的宫殿中化现出宝莲华藏师子宝座。这个宝座上有百万层级的各类庄严珍宝，并以百万片金网交织绕扎，宝座上方则覆盖着百万幅华帐、百万幅的鬘帐、百万幅的香帐及百万幅的宝帐。这数以百万计的华盖、鬘盖、香盖、宝盖，在周围回绕垂列着；有百万种的光明，也前来照耀。

这时，更有百万位夜摩天王，十分恭敬地前来顶礼佛陀；百万位的梵天王，无不欢喜雀跃；百万位菩萨们，也不断地称颂赞叹佛陀。更有百万种天乐，各自演奏着百万种的法音，妙乐绵绵不绝于耳；有百万种的华云、鬘云，及百万种的庄严宝具云、衣云，周绕覆盖着天际；也有百万种的摩尼云，光明地照耀在夜摩天宫的上方。这些境界都是从百万种的善根所出生，也是由百万诸佛的威神力所护持的；它是百万种福德所增长的境界，也是为百万种深心、大誓愿力所庄严清净的境界。这些境界是由百万种行持所生起，是由百万种法所建立，也是由百万种神通所变现，其中不断地示现百万种的语音来开示各种法要。

这时，夜摩天王为佛陀敷设好宝座后，向佛陀曲躬合掌，恭敬地请教说："善来啊！世尊！善来啊！善逝！善来啊！如来、应供、正等觉！你的到来实在是太难能可贵了！希望佛陀能够哀悯吾等，就安住在此宫殿中吧！"

这时，佛陀接受他的迎请，升上了宝殿；同时，十方世界的一切佛陀也都如此。

这时，夜摩天王立即回忆起在过去佛前所种下的种种善根，因而在佛陀威神力的加持之下，宣说如下的偈颂：

> 名称如来闻十方，诸吉祥中最无上，
> 彼曾入此摩尼殿，是故此处最吉祥。
> 宝王如来世间灯，诸吉祥中最无上，
> 彼曾入此清净殿，是故此处最吉祥。
> 喜目如来见无碍，诸吉祥中最无上，
> 彼曾入此庄严殿，是故此处最吉祥。
> 然灯如来照世间，诸吉祥中最无上，
> 彼曾入此殊胜殿，是故此处最吉祥。
> 饶益如来利世间，诸吉祥中最无上，
> 彼曾入此无垢殿，是故此处最吉祥。
> 善觉如来无有师，诸吉祥中最无上，
> 彼曾入此宝香殿，是故此处最吉祥。
> 胜天如来世中灯，诸吉祥中最无上，
> 彼曾入此妙香殿，是故此处最吉祥。
> 无去如来论中雄，诸吉祥中最无上，
> 彼曾入此普眼殿，是故此处最吉祥。
> 无胜如来具众德，诸吉祥中最无上，
> 彼曾入此善严殿，是故此处最吉祥。
> 苦行如来利世间，诸吉祥中最无上，
> 彼曾入此普严殿，是故此处最吉祥。

犹如在此世界，夜摩天王承受着佛陀的威神力，回忆起以往诸佛的功德而称扬赞叹；同样的，十方世界中的夜摩天王，也都如此赞叹佛陀的功德。

这时，佛陀世尊进入了摩尼庄严宝殿，在宝莲华藏师子宝座上双足结跏趺安坐。顷刻之间，宝殿变得宽广博大，如同天众们的各种居处；而十方世界也都呈现同样的情形。

夜摩宫中偈赞品第二十

卷第十九（续）

《夜摩宫中偈赞品》导读

　　本品也是《十行品》的序分，是在说明十行的体性及其所依，其中有十位菩萨各就其位而赞所行之法。本品的赞偈有些相当有名而广为流传，例如觉林菩萨说："心如工画师，能尽诸世间，五蕴悉从生，无法而不造。"又接着说："如心佛亦尔，如佛众生然，应知佛与心，体性皆无尽。"最有名的是其末后一偈："若人欲了知，三世一切佛，应观法界性，一切唯心造。"这一偈就是破地狱偈，根据法藏《华严经传记》卷四所载，有王氏因诵此偈得免地狱之苦，现在早晚课都用以作施饿鬼偈了。

　　本品承上品，以佛神力十方各有一大菩萨来集，十大菩萨是功德林菩萨、慧林、胜林、无畏林、惭愧林、精进林、力林、行林、觉林、智林菩萨。他们分别从十个佛世界来集，十方世界也同样如是。然后佛从两足放光照耀一切世界，各菩萨便依序以偈赞佛。

　　功德林赞佛十方普照、普现，而十方皆谓佛在此，因此神力不可思议，但是一身与无量身其相不可得，而且无位亦无去，普入于法界。慧林菩萨则赞佛无去亦无来，说法度众生。胜林菩萨则说诸法无来处，亦无能作者，一切法无来故不生不灭，诸法无生故无自性的深义。无畏林菩萨则说法甚难值遇。惭愧林菩萨则说佛是一切知见人难以思议。精进林菩萨则说唯佛与佛乃能究竟诸法无别之实相，其中"譬如算数法，增一至无量，数法无体性，智慧故差别"这一偈被智俨《华严一乘十玄门》引来成立法界缘起无尽的道理。力林菩萨则说三世、五蕴业、心都是幻化的。行林菩萨说业性本空，身相不可得，以法为身则能通达一切法本性如涅槃，因此如来是究竟无所住的。觉林菩萨如前已述，说心如工画师，因此一切唯心所造。智林菩萨最后结颂道，菩提未曾有去来，离一切的分别，诸佛也无有法，佛于何有说法呢？只是随其自心而说如是法而已。

卷第十九（续）

夜摩宫中偈赞品第二十

【原典】

尔时，佛神力故，十方各有一大菩萨，一一各与佛刹微尘数菩萨俱，从十万佛刹微尘数国土外诸世界中而来集会。其名曰功德林菩萨、慧林菩萨、胜林菩萨、无畏林菩萨、惭愧林菩萨、精进林菩萨、力林菩萨、行林菩萨、觉林菩萨、智林菩萨。此诸菩萨所从来国，所谓亲慧世界、幢慧世界、宝慧世界、胜慧世界、灯慧世界、金刚慧世界、安乐慧世界、日慧世界、净慧世界、梵慧世界。此诸菩萨各于佛所净修梵行，所谓常住眼佛、无胜眼佛、无住眼佛、不动眼佛、天眼佛、解脱眼佛、审谛眼佛、明相眼佛、最上眼佛、绀青眼佛。是诸菩萨至佛所已，顶礼佛足，随所来方，各化作摩尼藏师子之座，于其座上结跏趺坐。如此世界中，夜摩天上菩萨来集，一切世界悉亦如是，其诸菩萨、世界、如来，所有名号悉等无别。

尔时，世尊从两足上放百千亿妙色光明，普照十方一切世界；夜摩宫中，佛及大众靡不皆现。

尔时，功德林菩萨承佛威力，普观十方，而说颂言：

> 佛放大光明，普照于十方，悉见天人尊，通达无障碍。
> 佛坐夜摩宫，普遍十方界，此事甚奇特，世间所希有。
> 须夜摩天王，偈赞十如来，如此会所见，一切处咸尔。

彼诸菩萨众，皆同我等名，十方一切处，演说无上法。

所从诸世界，名号亦无别，各于其佛所，净修于梵行。

彼诸如来等，名号悉亦同，国土皆丰乐，神力悉自在。

十方一切处，皆谓佛在此，或见在人间，或见住天宫。

如来普安住，一切诸国土，我等今见佛，处此天宫殿。

昔发菩提愿，普及十方界，是故佛威力，充遍难思议。

远离世所贪，具足无边德，故获神通力，众生靡不见。

游行十方界，如空无所碍，一身无量身，其相不可得。

佛功德无边，云何可测知？无住亦无去，普入于法界。

尔时，慧林菩萨承佛威力，普观十方而说颂言：

世间大导师，离垢无上尊，不可思议劫，难可得值遇。

佛放大光明，世间靡不见，为众广开演，饶益诸群生。

如来出世间，为世除痴冥，如是世间灯，希有难可见。

已修施戒忍，精进及禅定，般若波罗蜜，以此照世间。

如来无与等，求比不可得，不了法真实，无有能得见。

佛身及神通，自在难思议，无去亦无来，说法度众生。

若有得见闻，清净天人师，永出诸恶趣，舍离一切苦。

无量无数劫，修习菩提行，不能知此义，不可得成佛。

不可思议劫，供养无量佛，若能知此义，功德超于彼。

无量刹珍宝，满中施于佛，不能知此义，终不成菩提。

尔时，胜林菩萨承佛威力，普观十方，而说颂言：

譬如孟夏月，空净无云曀，赫日扬光晖，十方靡不充。

其光无限量，无有能测知，有目斯尚然，何况盲冥者。

诸佛亦如是，功德无边际，不可思议劫，莫能分别知。

诸法无来处，亦无能作者，无有所从生，不可得分别。
一切法无来，是故无有生，以生无有故，灭亦不可得。
一切法无生，亦复无有灭，若能如是解，斯人见如来。
诸法无生故，自性无所有，如是分别知，此人达深义。
以法无性故，无有能了知，如是解于法，究竟无所解。
所说有生者，以现诸国土，能知国土性，其心不迷惑。
世间国土性，观察悉如实，若能于此知，善说一切义。

尔时，无畏林菩萨承佛威力，普观十方，而说颂言：

如来广大身，究竟于法界，不离于此座，而遍一切处。
若闻如是法，恭敬信乐者，永离三恶道，一切诸苦难。
设往诸世界，无量不可数，专心欲听闻，如来自在力。
如是诸佛法，是无上菩提，假使欲暂闻，无有能得者。
若有于过去，信如是佛法，已成两足尊，而作世间灯。
若有当得闻，如来自在力，闻已能生信，彼亦当成佛。
若有于现在，能信此佛法，亦当成正觉，说法无所畏。
无量无数劫，此法甚难值，若有得闻者，当知本愿力。
若有能受持，如是诸佛法，持已广宣说，此人当成佛。
况复勤精进，坚固心不舍，当知如是人，决定成菩提。

尔时，惭愧林菩萨承佛威力，普观十方而说颂言：

若人得闻是，希有自在法，能生欢喜心，疾除疑惑网。
一切知见人，自说如是言，如来无不知，是故难思议。
无有从无智，而生于智慧，世间常暗冥，是故无能生。
如色及非色，此二不为一，智无智亦然，其体各殊异。
如相与无相，生死及涅槃，分别各不同，智无智如是。

世界始成立，无有败坏相，智无智亦然，二相非一时。
如菩萨初心，不与后心俱，智无智亦然，二心不同时。
譬如诸识身，各各无和合，智无智如是，究竟无和合。
如阿伽陀药，能灭一切毒，有智亦如是，能灭于无智。
如来无有上，亦无与等者，一切无能比，是故难值遇。

尔时，精进林菩萨承佛威力，普观十方而说颂言：

诸法无差别，无有能知者，唯佛与佛知，智慧究竟故。
如金与金色，其性无差别，法非法亦然，体性无有异。
众生非众生，二俱无真实，如是诸法性，实义俱非有。
譬如未来世，无有过去相，诸法亦如是，无有一切相。
譬如生灭相，种种皆非实，诸法亦复然，自性无所有。
涅槃不可取，说时有二种，诸法亦复然，分别有殊异。
如依所数物，而有于能数，彼性无所有，如是了知法。
譬如算数法，增一至无量，数法无体性，智慧故差别。
譬如诸世间，劫烧有终尽，虚空无损败，佛智亦如是。
是十方众生，各取虚空相，诸佛亦如是，世间妄分别。

尔时，力林菩萨承佛威力，普观十方，而说颂言：

一切众生界，皆在三世中，三世诸众生，悉住五蕴中。
诸蕴业为本，诸业心为本，心法犹如幻，世间亦如是。
世间非自作，亦复非他作，而其得有成，亦复得有坏。
世间虽有成，世间虽有坏，了达世间者，此二不应说。
云何为世间？云何非世间？世间非世间，但是名差别。
三世五蕴法，说名为世间，彼灭非世间，如是但假名。
云何说诸蕴？诸蕴有何性？蕴性不可灭，是故说无生。

分别此诸蕴，其性本空寂，空故不可灭，此是无生义。

众生既如是，诸佛亦复然，佛及诸佛法，自性无所有。

能知此诸法，如实不颠倒，一切知见人，常见在其前。

尔时，行林菩萨承佛威力，普观十方，而说颂言：

譬如十方界，一切诸地种，自性无所有，无处不周遍。

佛身亦如是，普遍诸世界，种种诸色相，无住无来处。

但以诸业故，说名为众生，亦不离众生，而有业可得。

业性本空寂，众生所依止，普作众色相，亦复无来处。

如是诸色相，业力难思议，了达其根本，于中无所见。

佛身亦如是，不可得思议，种种诸色相，普现十方刹。

身亦非是佛，佛亦非是身，但以法为身，通达一切法。

若能见佛身，清净如法性，此人于佛法，一切无疑惑。

若见一切法，本性如涅槃，是则见如来，究竟无所住。

若修习正念，明了见正觉，无相无分别，是名法王子。

尔时，觉林菩萨承佛威力，遍观十方，而说颂言：

譬如工画师，分布诸彩色，虚妄取异相，大种无差别。

大种中无色，色中无大种，亦不离大种，而有色可得。

心中无彩画，彩画中无心，然不离于心，有彩画可得。

彼心恒不住，无量难思议，示现一切色，各各不相知。

譬如工画师，不能知自心，而由心故画，诸法性如是。

心如工画师，能画诸世间，五蕴悉从生，无法而不造。

如心佛亦尔，如佛众生然，应知佛与心，体性皆无尽。

若人知心行，普造诸世间，是人则见佛，了佛真实性。

心不住于身，身亦不住心，而能作佛事，自在未曾有。

若人欲了知，三世一切佛，应观法界性，一切唯心造。

尔时，智林菩萨承佛威力，普观十方，而说颂言：

所取不可取，所见不可见，所闻不可闻，一心不思议。
有量及无量，二俱不可取，若有人欲取，毕竟无所得。
不应说而说，是为自欺诳，己❶事不成就，不令众欢喜。
有欲赞如来，无边妙色身，尽于无数劫，无能尽称述。
譬如随意珠，能现一切色，无色而现色，诸佛亦如是。
又如净虚空，非色不可见，虽现一切色，无能见空者。
诸佛亦如是，普现无量色，非心所行处，一切莫能睹。
虽闻如来声，音声非如来，亦不离于声，能知正等觉。
菩提无来去，离一切分别，云何于是中，自言能得见？
诸佛无有法，佛于何有说？但随其自心，谓说如是法。

注释

❶ "己"，大正本原作"已"，今依前后文意改之。

【白话语译】

这时，由于佛陀威神力的加持，十方世界各有一位大菩萨，各与佛刹微尘数的菩萨们一起，从十万佛刹微尘数国土之外的各个世界前来集会。这些大菩萨的名号是功德林菩萨、慧林菩萨、胜林菩萨、无畏林菩萨、惭愧林菩萨、精进林菩萨、力林菩萨、行林菩萨、觉林菩萨、智林菩萨。他们来自如下世界的佛国：亲慧世界、幢慧世界、宝慧世界、胜慧世界、灯慧世界、金刚慧世界、安乐慧世界、日慧世界、净慧世界及梵慧世界。这些大菩萨们所跟随清净修习梵行的佛陀导师为常住眼佛、无胜眼佛、无住眼佛、不动眼佛、天眼佛、解脱眼佛、审谛眼佛、明相眼佛、最上眼佛、绀青眼佛。

这些大菩萨们行至佛陀的身前，五体投地顶礼佛足之后，便随着所来的方向，各自以神通幻化出摩尼藏师子宝座，双足结跏趺坐于其上。犹如我们这个世界的夜摩天上，有菩萨共同前来集会；一切世界的夜摩天上，也都是如此。那些世界的大菩萨们与那些世界的诸佛如来，其名号与我们的世界均无差异。

这时，世尊从其两足之上放射出百千亿种妙色光明，普照十方的一切世界；在夜摩天宫中，佛陀及集合于此的大众都一一清晰可见。

这时，功德林菩萨承受着佛陀威神力的加持，普遍观察十方，宣说如下的偈颂：

> 佛陀放大光明，普照于十方界，
> 悉见天人至尊，通达无有障碍。
> 佛坐夜摩宫中，普遍十方世界，
> 此事甚为奇特，世间极为稀有。
> 须弥夜摩天王，偈颂赞十如来，
> 如此大会所见，一切处中咸尔。

彼诸菩萨大众，皆同我等名称，
十方一切处所，演说无上大法。
所从诸世界中，名号亦无有别，
各于其佛方所，清净修于梵行。
彼诸佛如来等，名号悉皆亦同，
国土皆大丰乐，神力悉得自在。
十方一切处所，皆谓佛陀在此，
或见在于人间，或见住于天宫。
如来普皆安住，一切诸佛国土，
我等今见佛陀，处此天宫殿中。
昔发菩提大愿，普及十方世界，
是故佛陀威力，充遍难可思议。
远离世间所贪，具足无边福德，
故获大神通力，众生靡不睹见。
游行十方世界，如空无所障碍，
一身具无量身，其相实不可得。
佛陀功德无边，云何可测量知？
无住亦无去处，普入于法界中。

这时，慧林菩萨承受佛陀威神力之加持，普遍观察十方，宣说如下的偈颂：

世间伟大导师，离垢无上至尊，
不可思议时劫，难可而得值遇。
佛放广大光明，世间靡不眼见，
为大众广开演，饶益诸群生众。
如来出现世间，为世去除痴冥，
如是世间灯明，稀有难可得见。

已修施戒忍度，精进以及禅定，
般若波罗蜜多，以此普照世间。
如来无与等比，求比皆不可得，
不了法义真实，无有能得见者。
佛身及其神通，自在难以思议，
无去亦无有来，说法广度众生。
若有能得见闻，清净天人之师，
永出诸般恶趣，舍离一切苦恼。
无量无数时劫，修习大菩提行，
不能了知此义，不可得证成佛。
不可思议时劫，供养无量佛陀，
若能了知此义，功德能超于彼。
无量刹土珍宝，满中布施于佛，
不能了知此义，终不成就菩提。

这时，胜林菩萨承受佛陀威神力之加持，普遍观察十方，宣说如下的偈颂：

譬如孟夏月时，天空净无云曀，
赫日扬光发晖，十方靡不充遍。
其光无有限量，无有能测了知，
有目斯尚皆然，何况众盲冥者？
诸佛亦复如是，功德无有边际，
不可思议时劫，莫能分别了知。
诸法本无来处，亦复无能作者，
无有所从出生，不可得而分别。
一切法本无来，是故亦无有生，
以生无有之故，灭亦了不可得。

一切法本无生，亦复无有灭者，
若能如是解了，斯人能见如来。
诸法本无生故，自性空无所有，
如是分别了知，此人了达深义。
以法无体性故，无有能了知者，
如是解了于法，究竟无所解了。
所说谓有生者，以现诸佛国土，
能知国土体性，其心能不迷惑。
世间国土体性，观察悉如实相，
若能于此了知，善说一切妙义。

这时，无畏林菩萨承受佛陀威神力之加持，普遍观察十方，宣说如下的偈颂：

如来广大微妙身，究竟圆满于法界，
不离于此师子座，而遍至于一切处。
若闻如是殊胜法，恭敬而生信乐者，
永离一切三恶道，所有一切诸苦难。
设往十方诸世界，其数无量不可数，
专心一志欲听闻，如来广大自在力。
如是一切诸佛法，乃是无上大菩提，
假使欲得暂听闻，性空无有能得者。
若有能于过去时，深信如是佛妙法，
已成圆满两足尊，而作世间天明灯。
若有应当得听闻，如来广大自在力，
闻已而能生信心，彼亦当成圆满佛。
若有今于现在世，能深信此佛妙法，
亦当圆满成正觉，说法自在无所畏。

无量无数时劫来，此法为甚难值遇，
若有能得听闻者，当知如来本愿力。
若有能得受持者，如是一切诸佛法，
持已广为众宣说，此人当成圆满佛。
况复修习勤精进，坚固心念不暂舍？
吾等当知如是人，决定成就大菩提。

这时，惭愧林菩萨承受佛陀威神力之加持，普遍观察十方，宣说如下的偈颂：

若人得闻如是，稀有自在妙法，
能生大欢喜心，疾除疑惑迷网。
一切具知见人，自说如是言语，
如来无不了知，是故难可思议。
无有从无智中，而复生于智慧，
世间恒常暗冥，是故无能出生。
如色以及非色，此二亦不为一，
智与无智亦然，其体性各殊异。
宛如相与无相，生死以及涅槃，
分别各有不同，智与无智如是。
世界初始成立，无有败坏相貌，
智与无智亦然，二相亦非一时。
如同菩萨初心，不与后心相俱，
智与无智亦然，二心不同时生。
譬如诸意识身，各各皆无和合，
智与无智如是，究竟无有和合。
宛如阿伽陀药，能灭一切众毒，
有智亦复如是，能灭于无智慧。

佛如来无有上，亦无能与等者，
一切无能等比，是故难得值遇。

这时，精进林菩萨承受佛陀威神力之加持，普遍观察十方，宣说如下
的偈颂：

诸法无差别相，无有能了知者，
唯佛与佛能知，智慧至究竟故。
如金以及金色，其性无有差别，
法与非法亦然，体性无有相异。
众生及非众生，二俱无有真实，
如是诸法体性，实义亦俱非有。
譬如未来世间，无有过去相貌，
诸法亦复如是，无有一切相貌。
譬如生灭众相，种种皆非真实，
诸法亦复皆然，自性空无所有。
涅槃不可执取，说时亦有二种，
诸法亦复皆然，分别而有殊异。
如依所数物品，而能有于能数，
彼性空无所有，如是了知妙法。
譬如算数之法，增一至于无量，
数法亦无体性，智慧故而差别。
譬如诸世间中，劫烧有终尽时，
虚空无有损败，佛智亦复如是。
如是十方众生，各取虚空相貌，
诸佛亦复如是，世间妄加分别。

这时，力林菩萨承受佛陀威神力之加持，普遍观察十方，宣说如下的

偈颂：

> 一切诸众生界，皆在三世之中，
> 三世一切众生，悉住五蕴身中。
> 诸蕴业为根本，诸业心为本源，
> 心法犹如幻化，世间亦复如是。
> 世间非自造作，亦复非他造作，
> 而其得有成立，亦复得有败坏。
> 世间虽有成立，世间虽有败坏，
> 了达于世间者，此二不应分说。
> 云何而为世间？云何而非世间？
> 世间与非世间，但是名称差别。
> 三世五蕴诸法，说名称为世间，
> 彼灭亦非世间，如是但有假名。
> 云何宣说诸蕴？诸蕴有何体性？
> 蕴性亦不可灭，是故说为无生。
> 分别此诸蕴体，其性本然空寂，
> 空故亦不可灭，此是无生妙义。
> 众生既为如是，诸佛亦复皆然，
> 佛及诸佛妙法，自性空无所有。
> 能了知此诸法，如实而不颠倒，
> 一切知见之人，常见现在其前。

这时，行林菩萨承受佛陀威神力之加持，普遍观察十方，宣说如下的偈颂：

> 譬如十方世界中，一切所有诸地种，
> 自性体空无所有，普承无处不周遍。

佛身亦复为如是，普遍一切诸世界，
示现种种诸色相，无住亦无有来处。
但以诸业造作故，宣说称名为众生，
亦不离于诸众生，而有诸业可获得。
诸业体性本空寂，而为众生所依止，
普作一切众色相，亦复无有所来处。
如是一切诸色相，业力实难可思议，
了达业力之根本，于中一切无所见。
佛身亦复为如是，不可得亦不思议，
种种一切诸色相，普现十方佛刹土。
身相亦非是佛陀，佛陀亦非是身相，
但以法性为其身，善能通达一切法。
若能亲见诸佛身，清净一如真法性，
此人乃能于佛法，一切通达无疑惑。
若能见此一切法，本性现空如涅槃，
是则能见佛如来，究竟圆满无所住。
若能修习于正念，明了彻见于正觉，
无相亦无有分别，是则名为法王子。

这时，觉林菩萨承受佛陀威神力之加持，普遍观察十方，宣说如下的偈颂：

譬如工画师，分布诸彩色，
虚妄取异相，大种❶无差别。
大种中无色，色中无大种，
亦不离大种，而有色可得。
心中无彩画，彩画中无心，
然不离于心，有彩画可得。

彼心恒不住，无量难思议，

示现一切色，各各不相知。

譬如工画师，不能知自心，

而由心故画，诸法性如是。

心如工画师，能画诸世间，

五蕴悉从生，无法而不造。

如心佛亦尔，如佛众生然，

应知佛与心，体性皆无尽。

若人知心行，普造诸世间，

是人则见佛，了佛真实性。

心不住于身，身亦不住心，

而能作佛事，自在未曾有。

若人欲了知，三世一切佛，

应观法界性，一切唯心造。

这时，智林菩萨承受佛陀威神力之加持，普遍观察十方，宣说如下的偈颂：

所取不可执取，所见亦不可见，

所闻不可听闻，一心不可思议。

有量及以无量，二俱不可执取，

若有人欲执取，毕竟空无所得。

不应说而宣说，是为自我欺诳，

己事不得成就，不令大众欢喜。

有欲赞叹如来，无边微妙色身，

尽于无数时劫，无能穷尽称述。

譬如随意宝珠，能现一切众色，

无色而现众色，诸佛亦复如是。

又如清净虚空，非色而不可见，

虽现一切妙色，无有能见空者。

诸佛亦复如是，普现无量色相，

非心之所行处，一切莫能睹见。

虽闻如来音声，音声本非如来，

亦不离于音声，能知正等正觉。

菩提本无来去，离于一切分别，

云何于是之中，自言能得见者？

诸佛本无有法，佛于何有言说？

但随其自心中，谓说如是之法。

【注释】

❶ 大种：地、水、火、风四大种，为物质性的根本要素。

十行品第二十一

卷第十九（续）

卷第二十

卷第十九（续）

《十行品》导读

本品是第四会"夜摩天宫会"的主体，主要是由功德林菩萨承佛神力以宣说菩萨十行。本品的梵名是"功德华聚菩萨说十行品"，亦即功德林菩萨宣说十行之品的意思。

首先功德林菩萨承佛神力而入善思惟三昧（《六十华严》作"善伏三昧"，降伏烦恼不起的三昧之意），以佛神力入此三昧而演说深法，是为了增长佛智、深入法界、了知众生界、所入无碍、所行无障、得无量方便、摄取一切智性、觉悟一切诸法、知一切诸根、能持说一切法这十种缘故，而发起了菩萨的十行。诸佛摩功德林菩萨头顶后，功德林便演说这十行。十行是：

一，欢喜行。菩萨修此行时为大施主，普施一切而无所求，但为令一切众生入于佛道，甚至以身肉布施，亦愿食此身肉者得阿耨多罗三藐三菩提。

二，饶益行。菩萨修饶益行时戒行清净，不住着色声香味触法，自调伏且令他调伏，令他安住净戒乃至成佛。

三，无违逆行。菩萨于此多修忍辱法，即使有无数恶语恶行加于其身，也能善调摄而安住佛法中，了知无我、无我所，并以此教化众生令得觉悟向于佛道。

四，无屈挠行。此行修种种精进，终不为恼一众生而行精进，为断一切烦恼、拔一切惑本乃至为得分别演说一切佛法句义智而行精进。

五，无痴乱行。修此行成就正念而不散乱。菩萨因此能持一切法无妄无乱，入于种种甚深三昧门，知一切三昧同一体性，而得一切法之真实智慧，一念中得无数三昧，也发愿令一切众生安住无上清净正念。

六，善现行。修此行住三业无所得、无所有，以至住于真实无性之性而言语道断；虽然如此，而大悲不舍众生，舍正觉而先化度众生，于不可说劫中行菩萨行。

七，无着行。菩萨以无着心于念念中入无数世界修种种菩萨愿行，往诸佛所承事供养，听佛说法而无所着，教化一切众生不生执着，并且观一切法界如幻，诸佛如影，菩萨行如梦，成就自利利他行。

八，难得行。菩萨成就种种善根与佛同行，于念念中能转无量劫生死而不舍大悲誓愿，观一切法都不可得，而未曾一念为了自己，但为众生而修菩萨道令成正觉。

九，善法行。菩萨得种种无碍陀罗尼，摄持正法教化众生而大悲坚固，成就十种身而利益众生。安住此行能为一切众生清凉法池，因为已能穷尽一切佛法本源之故。

十，真实行。此行成就说与行合一以及如佛之真实语，得佛十力而不舍一切菩萨行，要令一切众生成佛自己才成佛。安住此真实行的菩萨，能令亲近者皆得开悟。

本品末，功德林菩萨再以偈颂重说此菩萨十行的意义。

卷第十九（续）
十行品第二十一之一

【原典】

尔时，功德林菩萨承佛神力，入菩萨善思惟三昧。入是三昧已，十方各过万佛刹微尘数世界外，有万佛刹微尘数诸佛，皆号功德林，而现其前，告功德林菩萨言："善哉！佛子！乃能入此善思惟三昧。善男子！此是十方各万佛刹微尘数同名诸佛共加于汝，亦是毗卢遮那如来往昔愿力、威神之力，及诸菩萨众善根力，令汝入是三昧而演说法。为增长佛智故，深入法界故，了知众生界故，所入无碍故，所行无障故，得无量方便故，摄取一切智性故，觉悟一切诸法故，知一切诸根故，能持说一切法故，所谓发起诸菩萨十种行。善男子！汝当承佛威神之力，而演此法。"

是时，诸佛即与功德林菩萨无碍智、无著智、无断智、无师智、无痴智、无异智、无失智、无量智、无胜智、无懈智、无夺智。何以故？此三昧力法如是故。

尔时，诸佛各申右手，摩功德林菩萨顶。时，功德林菩萨即从定起，告诸菩萨言："佛子！菩萨行不可思议，与法界虚空界等，何以故？菩萨摩诃萨学三世诸佛而修行故。佛子！何等是菩萨摩诃萨行？佛子！菩萨摩诃萨有十种行，三世诸佛之所宣说。何等为十？一者欢喜行，二者饶益行，三者无违逆行，四者无屈挠❷行，五者无痴乱行，六者善现行，七者无著行，八者难得行，九者善法行，十者真实行，是为十。

"佛子！何等为菩萨摩诃萨欢喜行？佛子！此菩萨为大施主，凡所有物悉能惠施，其心平等，无有悔吝，不望果报，不求名称，不贪利养，但为救护一切众生，摄受一切众生，饶益一切众生。为学习诸佛本所修行，忆念诸佛本所修行，爱乐诸佛本所修行，清净诸佛本所修行，增长诸佛本所修行，住持诸佛本所修行，显现诸佛本所修行，演说诸佛本所修行，令诸众生离苦得乐。佛子！菩萨摩诃萨修此行时，令一切众生欢喜爱乐。随诸方土有贫乏处，以愿力故，往生于彼，豪贵大富，财宝无尽。假使于念念中，有无量无数众生诣菩萨所，白言：'仁者！我等贫乏，靡所资赡，饥羸困苦，命将不全。唯愿慈哀，施我身肉，令我得食，以活其命！'尔时，菩萨即便施之，令其欢喜，心得满足。如是无量百千众生而来乞求，菩萨于彼曾无退怯，但更增长慈悲之心。以是众生咸来乞求，菩萨见之，倍复欢喜，作如是念：'我得善利！此等众生是我福田，是我善友，不求不请，而来教我入佛法中。我今应当如是修学，不违一切众生之心。'又作是念：'愿我已作、现作、当作所有善根，令我未来于一切世界、一切众生中受广大身，以是身肉充足一切饥苦众生，乃至若有一小众生未得饱足，愿不舍命，所割身肉亦无有尽。以此善根，愿得阿耨多罗三藐三菩提，证大涅槃。愿诸众生食我肉者，亦得阿耨多罗三藐三菩提，获平等智，具诸佛法，广作佛事，乃至入于无余涅槃。若一众生心不满足，我终不证阿耨多罗三藐三菩提。'菩萨如是利益众生而无我想、众生想、有想、命想、种种想、补伽罗想、人想、摩纳婆想、作者想、受者想，但观法界、众生界，无边际法、空法、无所有法、无相法、无体法、无处法、无依法、无作法。作是观时，不见自身，不见施物，不见受者，不见福田，不见业，不见报，不见果，不见大果，不见小果。尔时，菩萨观去、来、今一切众生所受之身寻即坏灭，便作是念：'奇哉！众生愚痴无智，于生死内受无数身，危脆❸不停，速归坏灭。若已坏灭，若今坏灭，若当坏灭，而不能以不坚固身求坚固身，我当尽学诸佛所学，证一切智，知一切法，为诸众生说三世平等，随顺寂静不坏法性，令其永得安隐快乐。'佛子！是名菩萨摩诃萨第一欢喜行。

"佛子！何等为菩萨摩诃萨饶益行？此菩萨护持净戒，于色、声、香、味、触，心无所著，亦为众生如是宣说，不求威势，不求种族，不求富饶，不求色相，不求王位，如是一切皆无所著，但坚持净戒，作如是念：'我持净戒，必当舍离一切缠缚、贪求、热恼、诸难、逼迫、毁谤、乱浊，得佛所赞平等正法。'佛子！菩萨如是持净戒时，于一日中，假使无数百千亿那由他诸大恶魔诣菩萨所，一一各将无量无数百千亿那由他天女，皆于五欲善行方便，端正姝丽倾惑人心，执持种种珍玩之具，欲来惑乱菩萨道意。尔时，菩萨作如是念：'此五欲者，是障道法，乃至障碍无上菩提。'是故不生一念欲想，心净如佛。唯除方便教化众生，而不舍于一切智心。佛子！菩萨不以欲因缘故恼一众生，宁舍身命而终不作恼众生事。菩萨自得见佛已来，未曾心生一念欲想，何况从事，若或从事，无有是处！尔时，菩萨但作是念：'一切众生于长夜中想念五欲，趣向五欲，贪着五欲。其心决定耽染沉溺，随其流转，不得自在。我今应当令此诸魔及诸天女、一切众生，住无上戒。住净戒已，于一切智心无退转，得阿耨多罗三藐三菩提，乃至入于无余涅槃。何以故？此是我等所应作业，应随诸佛如是修学。作是学已，离诸恶行，计我无知，以智入于一切佛法，为众生说，令除颠倒。然知不离众生有颠倒，不离颠倒有众生；不于颠倒内有众生，不于众生内有颠倒；亦非颠倒是众生，亦非众生是颠倒；颠倒非内法，颠倒非外法；众生非内法，众生非外法。一切诸法虚妄不实，速起速灭无有坚固，如梦如影，如幻如化，诳惑愚夫。如是解者，即能觉了一切诸行，通达生死及与涅槃，证佛菩提。自得度，令他得度；自解脱，令他解脱；自调伏，令他调伏；自寂静，令他寂静；自安隐，令他安隐；自离垢，令他离垢；自清净，令他清净；自涅槃，令他涅槃；自快乐，令他快乐。'佛子！此菩萨复作是念：'我当随顺一切如来，离一切世间行，具一切诸佛法，住无上平等处，等观众生，明达境界，离诸过失，断诸分别，舍诸执著，善巧出离，心恒安住，无上无说、无依无动、无量无边、无尽无色甚深智慧。'佛子！是名菩萨摩诃萨第二饶益行。

"佛子！何等为菩萨摩诃萨无违逆行？此菩萨常修忍法，谦下恭敬，

卷第十九（续）·十行品第二十一之一

307

不自害，不他害，不两害；不自取，不他取，不两取；不自著，不他著，不两著，亦不贪求名闻利养。但作是念：'我当常为众生说法，令离一切恶，断贪、嗔、痴、骄慢、覆藏、悭嫉、谄诳，令恒安住忍辱柔和。'佛子！菩萨成就如是忍法，假使有百千亿那由他阿僧祇众生来至其所，一一众生化作百千亿那由他阿僧祇口，一一口出百千亿那由他阿僧祇语，所谓不可喜语、非善法语、不悦意语、不可爱语、非仁贤语、非圣智语、非圣相应语、非圣亲近语、深可厌恶语、不堪听闻语，以是言词毁辱菩萨。又此众生，一一各有百千亿那由他阿僧祇手，一一手各执百千亿那由他阿僧祇器仗，逼害菩萨。如是经于阿僧祇劫，曾无休息。菩萨遭此极大楚毒，身毛皆竖，命将欲断，作是念言：'我因是苦，心若动乱，则自不调伏、自不守护、自不明了、自不修习、自不正定、自不寂静、自不爱惜、自生执著，何能令他心得清净？'菩萨尔时复作是念：'我从无始劫，住于生死，受诸苦恼。'如是思惟，重自劝励，令心清净，而得欢喜。善自调摄，自能安住于佛法中，亦令众生同得此法。复更思惟：'此身空寂，无我我所，无有真实，性空无二。若苦若乐，皆无所有，诸法空故。我当解了，广为人说，令诸众生灭除此见。是故，我今虽遭苦毒，应当忍受，为慈念众生故，饶益众生故，安乐众生故，怜愍众生故，摄受众生故，不舍众生故，自得觉悟故，令他觉悟故，心不退转故，趣向佛道故。'是名菩萨摩诃萨第三无违逆行。

"佛子！何等为菩萨摩诃萨无屈挠行？此菩萨修诸精进，所谓第一精进、大精进、胜精进、殊胜精进、最胜精进、最妙精进、上精进、无上精进、无等精进、普遍精进。性无三毒、性无骄慢、性不覆藏、性不悭嫉、性无谄诳、性自惭愧，终不为恼一众生故而行精进，但为断一切烦恼故而行精进，但为拔一切惑本故而行精进，但为除一切习气故而行精进，但为知一切众生界故而行精进，但为知一切众生死此生彼故而行精进，但为知一切众生烦恼故而行精进，但为知一切众生心乐故而行精进，但为知一切众生境界故而行精进，但为知一切众生诸根胜劣故而行精进，但为知一切众生心行故而行精进，但为知一切法界故而行精进，但为知一切佛法根本性故而行精进，但为知一切佛法平等性故而行精进，但为知三世平等性故而行精进，但为得一切佛法智光明故而行精进，但为证一切佛法智故而行精进，但为知一切佛法一实相故而行精进，但为知一切佛法无边际故而行精进，但为得一切佛法广大决定善巧智故而行精进，但为得分别演说一切佛法句义智故而行精进。佛子！菩萨摩诃萨成就如是精进行已，设有人言：'汝颇能为无数世界所有众生，以一一众生故，于阿鼻地狱，经无数劫，备受众苦，令彼众生一一得值无数诸佛出兴于世，以见佛故，具受众乐，乃至入于无余涅槃，汝乃当成阿耨多罗三藐三菩提，能尔不耶？'答言：'我能。'设复有人作如是言：'有无量阿僧祇大海，汝当以一毛端滴之令尽，有无量阿僧祇世界尽末为尘。彼滴及尘，一一数之，悉知其数。为众生故，经尔许劫，于念念中受苦不断。'菩萨不以闻此语故而生一念悔恨之心，但更增上欢喜踊跃，深自庆幸得大善利：'以我力故，令彼众生永脱诸苦。'菩萨以此所行方便，于一切世界中，令一切众生，乃至究竟无余涅槃。是名菩萨摩诃萨第四无屈挠行。

"佛子！何等为菩萨摩诃萨离痴乱行？此菩萨成就正念，心无散乱，坚固不动，最上清净，广大无量，无有迷惑。以是正念故，善解世间一切语言，能持出世诸法言说，所谓能持色法、非色法言说，能持建立色自性言说，乃至能持建立受、想、行、识自性言说，心无痴乱。于世间中，死此生彼，心无痴乱；入胎出胎，心无痴乱；发菩提意，心无痴乱；事善知识，心无痴乱；勤修佛法，心无痴乱；觉知魔事，心无痴乱；离诸魔业，心无痴乱；于不可说劫修菩萨行，心无痴乱。此菩萨成就如是无量正念，于无量阿僧祇劫中，从诸佛、菩萨、善知识所，听闻正法，所谓甚深法、广大法、庄严法、种种庄严法、演说种种名句文身法、菩萨庄严法、佛神力光明无上法、正希望决定解清净法、不著一切世间法、分别一切世间法、甚广大法、离痴翳照了一切众生法、一切世间共法不共法、菩萨智无上法、一切智自在法。菩萨听闻如是法已，经阿僧祇劫，不忘不失，心常忆念，无有间断。何以故？菩萨摩诃萨于无量劫修诸行时，终不恼乱一众生令失正念，不坏正法，不断善根，心常增长广大智故。复次，此菩萨摩诃萨种种音声不能惑乱，所谓高大声、粗浊声、极令人恐怖声、悦意声、不悦意声、喧乱耳识声、沮坏六根声。此菩萨闻如是等无量无数好恶音声，假使充满阿僧祇世界，未曾一念心有散乱。所谓正念不乱、境界不乱、三昧不乱、入甚深法不乱、行菩提行不乱、发菩提心不乱、忆念诸佛不乱、观真实法不乱、化众生智不乱、净众生智不乱、决了甚深义不乱。不作恶业故，无恶业障；不起烦恼故，无烦恼障；不轻慢法故，无有法障；不诽谤正法故，无有报障。佛子！如上所说如是等声，一一充满阿僧祇世界，于无量无数劫未曾断绝，悉能坏乱众生身心一切诸根，而不能坏此菩萨心。菩萨入三昧中，住于圣法，思惟观察一切音声，善知音声生、住、灭相，善知音声生、住、灭性。如是闻已，不生于贪，不起于嗔，不失于念，善取其相而不染著；知一切声皆无所有，实不可得，无有作者，亦无本际，与法界等，无有差别。菩萨如是成就寂静身、语、意行，至一切智永不退转，善入一切诸禅定门，知诸三昧同一体性，了一切法无有边际，得一切法真实智慧，得离音声甚深三昧，得阿僧祇诸三昧门，增长无量广大悲心。是时，菩萨于一念中，得无数百千三昧，闻如是声，心不惑乱，令其三昧，渐更增广。作如是念：'我当令一切众生安住无上清净念中，于一切智得不退转，究竟成就无余涅槃。'是名菩萨摩诃萨第五离痴乱行。

"佛子！何等为菩萨摩诃萨善现行？此菩萨身业清净、语业清净、意业清净，住无所得，示无所得，身、语、意业，能知三业皆无所有。无虚妄故，无有系缚。凡所示现，无性无依，住如实心，知无量心自性，知一切法自性，无得无相，甚深难入。住于正位真如法性，方便出生而无业报，不生不灭，住涅槃界，住寂静性，住于真实无性之性，言语道断，超诸世间，无有所依。入离分别无缚著法，入最胜智真实之法，入非诸世间所能了知出世间法。此是菩萨善巧方便示现生相。佛子！此菩萨作如是念：'一切众生，无性为性；一切诸法，无为为性；一切国土，无相为相。一切三世，唯有言说；一切言说，于诸法中无有依处；一切诸法，于言说中亦无依处。'菩萨如是解一切法皆悉甚深，一切世间皆悉寂静，一切佛法无所增益。佛法不异世间法，世间法不异佛法。佛法、世间法，无有杂乱，亦无差别。了知法界体性平等，普入三世，永不舍离大菩提心，恒不退转化众生心，转更增长大慈悲心，与一切众生作所依处。菩萨尔时复作是念：'我不成熟众生，谁当成熟？我不调伏众生，谁当调伏？我不教化众生，谁当教化？我不觉悟众生，谁当觉悟？我不清净众生，谁当清净？此我所宜，我所应作。'复作是念：'若我自解此甚深法，唯我一人于阿耨多罗三藐三菩提独得解脱，而诸众生盲冥无目，入大险道，为诸烦恼之所缠缚。如重病人恒受苦痛，处贪爱狱不能自出，不离地狱、饿鬼、畜生、阎罗王界，不能灭苦，不舍恶业，常处痴暗，不见真实，轮回生死无得出离，住于八难，众垢所著，种种烦恼覆障其心，邪见所迷，不行正道。'菩萨如是观诸众生，作是念言：'若此众生未成熟、未调伏，舍而取证阿耨多罗三藐三菩提，是所不应。我当先化众生，于不可说不可说劫行菩萨行，未成熟者，先令成熟，未调伏者，先令调伏。'是菩萨住此行时，诸天、魔、梵、沙门、婆罗门、一切世间乾闼婆、阿修罗等，若有得见，暂同住止，恭敬尊重，承事供养，及暂耳闻一经心者，如是所作，悉不唐捐，必定当成阿耨多罗三藐三菩提。是名菩萨摩诃萨第六善现行。"

注释

❷ "挠"，大正本原作"桡"，今依宫本改之。

❸ "脆"，大正本原作"脃"，今依三本及宫本改之。

【白话语译】

这时，功德林菩萨在佛陀威神力的加持之下，证入了菩萨善思惟三昧的禅定境界。当功德林菩萨证入了这个三昧之后，在十方各通过一万个佛刹微尘数的世界之外，有一万个佛刹微尘数的诸佛，同时前来示现在他的身前，他们都同名为功德林如来。

这些如来们告诉功德林菩萨说："善哉啊！佛子！只能你才能如此证入这个善思惟三昧。善男子啊！这是十方各一万个佛刹微尘数与你同名的诸佛共同加持于你的力量，这也是毗卢遮那如来过去的广大愿力与威神力，以及诸菩萨的善根力量，才得以使你证入这个三昧，演说这个大法。

"善男子啊！你应当为了如下的缘故，承受佛陀的威神之力而演说这个大法，是为了增长佛陀智慧的缘故，深入法界的缘故，了知众生的缘故，一切所入无碍的缘故，一切所行无障的缘故，得到无量方便的缘故，摄取一切智慧体性的缘故，觉悟一切诸法的缘故、了知一切根器的缘故、总持演说一切法的缘故。这个大法也就是发起所有菩萨的十种行。"

这时，诸佛就赐与功德林菩萨无碍的智慧、无着的智慧、无断的智慧、无师的智慧、无痴的智慧、无异的智慧、无失的智慧、无量的智慧、无胜的智慧、无懈的智慧、无夺的智慧。诸佛为何会赐予他这些智慧呢？这是因为只要证得这个三昧威力的法门，自然就会达到这样的境界。

这时，诸佛都各自伸出了右手，抚摩功德林菩萨的头顶。功德林菩萨于是从定境中出，告诉诸菩萨说："佛子啊！菩萨行实在是不可思议，是与法界、虚空界同等的。为什么呢？这是因为大菩萨是为了学习三世诸佛而修行。

"佛子啊！什么是大菩萨行呢？佛子啊！大菩萨有十种的胜行，这是三世诸佛所宣说的。一，欢喜行；二，饶益行；三，无违逆行；四，无屈挠行；五，无痴乱行；六，善现行；七，无着行；八，难得行；九，善法行；十，真实行。

"佛子啊！❷什么是大菩萨的欢喜行呢？佛子啊！当一位菩萨身为大施主之时，凡是己身拥有的物品，都能惠予布施。他持心平等，不生丝毫悔意与吝惜，也不求任何果报，不计较美名，也不贪求任何利益与供养。他所有的行为是为了救护一切的众生，摄受一切的众生，及饶益一切的众生。他的所有行为，也是为了学习诸佛原本所修习的胜行，为了忆念诸佛原本所修习的胜行，为了喜爱诸佛原本所修习的胜行，为了清净诸佛原本所修习的胜行，为了增长诸佛原本所修习的胜行，为了住持诸佛原本所修习的胜行，为了显现诸佛原本所修习的胜行，也是为了演说诸佛原本所修习的胜行，使所有的众生皆能离苦得乐。

"佛子啊！当大菩萨勤修这些胜行之时，能使一切众生心生欢喜与爱乐。随着各方国土若有贫乏之处，他都能够使用愿力，往生至该国土中的富贵之家，以其无尽的财宝来布施。

"假使在每个念头中，都有无量无数的众生前来菩萨家中，向菩萨说：'仁者啊！我们是一群贫穷的人，没有财产，也无以维生，总是陷于饥馑、羸弱的困境中，身家性命朝不保夕。请您发慈悲心，可怜我们，布施出你身上的肉，作为我们的食物，以便让我们能活命下去。'这时，菩萨会立即布施身上的肉给他们，使心生欢喜、得到满足。像这样子无量的众生来向他乞求，菩萨心中都未曾有丝毫的退怯，只有更增长慈悲心而已。即因如此，众生们都来向他乞求身上的肉，菩萨见状，心中却是加倍的欢喜，生起了如此的念头：'我真是得到了大善的利益啊！这些众生真是我的福田，是我的善友，他们竟能在我不求与不请之时，来引导我进入佛法之中。我现在应当如此的加以修学，不要违背一切众生的心意啊！'

"接着，他又生起了如此的念头：'希望我过去已作、现在所作、未来当作的所有善根，让我在未来能具备广而大的身躯，好以身肉喂食一切世界的饥苦众生；即使一个小众生未得饱足，我都不愿舍命往生。我希望身上所割下的肉，能无有穷尽。而且以这个善根，我希望证得无上正等正觉，证得大涅槃；也希望所有食我肉者，都能证得无上正等正觉，获得平等的智慧，具足所有的佛法，广作一切的佛事，乃至于证入无余涅槃之中。只要有一众生心中感到不满足，我便不证入无上正等正觉。'

"菩萨一心要利益所有众生，没有执着于我的思想、执着于众生的思想，执着于虚妄存在的思想，执着于寿命的思想，也没有执着于种种万物的思想，执着于我身的思想、执着于人之存在的思想、执着于人我的思想、执着于造作者的思想，或执着于领纳感受的思想等。菩萨都不会有这种种错误的执着。

"菩萨只是观察着法界、众生界中无边际限量的法、空法、无所有的法、无相的法、无体的法、无定处的法、无依着的法、无造作的法。他观照如上诸法的时候，不见自身，也不见布施之物；他不见受者，也未见到或执着于福田；他没有见到业行，也没有见到受报，没有见到业果；他没有见到大果，也没有见到小果。

"这时，菩萨观察过去、未来与现在的一切众生，这些众生的色身很快就将归于毁灭，菩萨于是心中生起了这样的念头：'奇怪啊！众生因为愚痴无智，所以在生死之海内受生无数的肉身。这色身十分的危脆，而且不断变化，很快即会归于毁灭；有的则过去已经毁灭，有的则现在正在毁坏，有的则未来应毁灭。众生总是无法以危脆的身躯，以来求取坚固的妙身。我现在应当尽力学竟诸佛的所学，证得一切智慧，通晓一切法门，为所有众生演说三世平等的法要，随顺于寂静的境界，不坏诸法的法性，使他们永远得到安稳与快乐。'

"佛子啊！这就是大菩萨的第一欢喜行！

"佛子啊！❸什么是大菩萨的饶益行呢？当一位菩萨护持清净的戒律时，对于色、声、香、味、触等外境，都不会心生执着；他对众生也是如此宣说。菩萨不追求威势，不追求种族门第，不追求富饶丰裕，不追求外相美好，不追求帝王圣位。菩萨对于如上的一切名利，绝不执着，只是不断的坚持清净的戒律，怀抱如此的心念：'我受持清净的戒律，就该舍离一

切的纠缠束缚、欲念贪求及灼热的烦恼，也要舍离所有的艰难、逼迫、毁谤、混乱与污浊；得到诸佛的赞叹，实践平等的正法。'

"佛子啊！菩萨这般地受持清净的戒律，假使一日中，有无量百千亿那由他数般众多的大恶魔，各偕着无量无数的天女们，来到了菩萨安住之所。这些天女个个姝丽非凡，擅以五欲的喜乐迷惑人心。她们手持各种珍奇的器物，企图迷乱菩萨们的修道意志。

"这时，菩萨心想：'这些令人迷醉的五欲玩乐，都是障道的方法，甚至会障碍到无上的菩提大道，所以我的心不该起任何一丝欲想，要清净宛如佛陀一般。除了方便教化众生之外，还要坚持不舍离于一切智的心念。'

"佛子啊！菩萨们不会为了五欲因缘而扰乱任一众生，他宁舍自己的身躯性命，也绝不作出扰乱众生之事。菩萨自从得见佛陀以来，心中即未生起一念的欲想，何况去从事追求？菩萨是绝不可能发生任何追求欲念的行为。

"这时，菩萨的心中只有不断的忆念：'一切的众生，在生死苦恼的长夜里，反覆想念着五欲，趣向于五欲，贪恋着五欲；他们的心已耽溺在五欲中；随之流转不息，无法得到自在。现在我应该让这些恶魔与天女们，及一切的众生，都安住在无上的戒法当中。当安住在清净的戒律之后，才能使他们在一切智心中没有退转，证得无上正等正觉，甚至证入无余涅槃。为何要这么做呢？这是我们该做的净业啊！也是我们应追随诸佛修学的。在如此修学之后，会远离所有的恶行、执计于我及无知等事；而以智慧趣入一切的佛法，为众生说法，使他们免除颠倒梦想。然而也知晓不离开众生而有颠倒，不离开颠倒而有众生；不在于颠倒之内有众生，不在于众生之内有颠倒；也不说颠倒是众生，也不说众生是颠倒；颠倒不是内法，颠倒也不是外法；众生不是内法，众生也不是外法；一切的诸法都是虚妄不实的，是迅速的生起，也迅速的寂灭，不是坚固不坏，而是如同梦、如同影、如同幻、如同化一般。诳妄迷惑的愚夫能如此加以理解的话，就能即刻觉悟所行的一切都是通达于生死以及涅槃，能证得诸佛菩提的大道。自己得度，也令他人得度；自己解脱，也令他人解脱；自己调伏，也令他人调伏；自身寂静，也令他人寂静；自己安稳，也令他人安稳；自身离垢，也令他人离垢；自身清净，也令他人清净；自证涅槃，也令他人证得涅槃；自己快乐，也令他人快乐。'

"佛子啊！这菩萨又会生起如此的念头：'我应当随顺一切的如来，离弃世间的一切行为，具足一切诸佛的妙法，安住在无上平等之处，平等地观察众生，通晓一切的境界，远离所有的过失，断除一切的分别心，舍弃各种的执着，善巧地出离世间，并且一心恒住无上、无说、无依、无动、无量、无边、无尽、无色的境界，永怀甚深的智慧。'

"佛子啊！这样才是名为大菩萨的第二饶益行！

"佛子啊！❹什么是大菩萨的无违逆行呢？若菩萨时常修习忍辱之法，便能十分谦下与恭敬；不去伤害别人，不唆使伤害别人，也不会与人同去伤害他人；他不贪取别人的财物，不唆使他人夺取财物，也不会与人同去夺取别人的财物；他不执着于我，不教他人执着，也不会两相执着。菩萨这时更不会去贪求名闻与利养，只是心中作如是想：'我应当时常为众生说法，使他们远离一切的邪恶，断除贪、嗔、痴、骄慢、盖覆隐藏、悭吝嫉妒、谄媚欺诳，使他们永远安住在忍辱柔和的心境中。'

"佛子啊！菩萨成就了这些忍法之后，设若有百千亿那由他阿僧祇数的众生来到他的居所，并且均化现出百千亿那由他阿僧祇数的口，每一张口中，也说出百千亿那由他阿僧祇的言语。这些言语有所谓的不讨人喜的言语、非善法的言语、不悦人意的言语、不可爱的言语、非仁爱贤能的言语、非圣者智慧的言语、非与圣者相应的言语、非与圣境相应的言语、非与圣者亲近的言语、深可厌恶的言语、不堪听闻的言语，等等。他们用这些言辞来诋毁侮辱菩萨们。而且，这些众生也各有百千亿那由他阿僧祇数的手，每一只手都各执着百千亿那由他阿僧祇的武器来逼害菩萨，历时一个阿僧祇劫，未曾稍歇。

"菩萨遭逢这般大的痛楚与荼毒，身上的每一毛发都不由得竖立起来，性命仿佛就要断灭，但是，他的心中此时还是存念：'我如果因为这些痛苦，就心生动摇与混乱，那便是没有调伏好自身，没有好好的守护心息，也是自己没有完全的明了，没有好好的修习，没有安住在正定中，没有真实的寂静，不爱惜自身，自己心生执着。这样子，我怎么还能清净他人的心念呢？'

"菩萨这时又心中存念：'我从无始劫以来，本来就住在生死当中，承受一切的苦恼啊！'

"菩萨这样的正念思惟，不断地反覆劝励自己，清净自心，因而得到了欢喜。由于他善于调伏摄持自身，安住在佛法当中，也使所有的众生同样得到此安心之法。

"菩萨更进一步想道：'我这个身体没有空寂，无我、也无我所，没有真实之相，是性空无二的。所谓的苦、所谓的乐，其实都是空无所有，因为诸法是空寂的。我明了之后，实在应当为他人广为宣说，使众生们摒除错误的见解。因此，我虽然现在遭受到痛苦与荼毒，也应当忍受。这是为了慈念众生的缘故，为了饶益众生的缘故，为了安乐众生的缘故，为了怜悯众生的缘故，为了摄受众生的缘故，为了不舍众生的缘故，为了自己得证觉悟的缘故，为了使他人得证觉悟的缘故，为了使心不退转的缘故，也是为了趣向佛陀的大道的缘故，所以，我都应当忍受。'

"佛子啊！以上的修持，名为大菩萨的第三无违逆行！

"佛子啊！❺什么是大菩萨的无屈挠行呢？当有菩萨修习所有的精进行持，这些精进行包括第一精进、大精进、胜精进、殊胜精进、最胜精进、最妙精进、上精进、无上精进、无等精进、普遍精进等。当其时，菩萨的体性中不再存有贪、嗔、痴三毒，也没有骄慢，他的性情不会反覆不定、匿藏隐晦，也不会悭吝嫉妒、谄媚欺诳；相反的，应当是性情谦让，常常怀着惭愧之心，绝对不会为了扰乱任一众生而行精进。

"菩萨只有为了断除一切的烦恼，才会行持精进；只有为了拔除一切迷惑之根，才会行持精进；只有为了拔除一切的习气，才会行持精进；只有为了通晓一切众生界，才会行持精进；只有为了了知一切众生死于此处又生于彼处的道理，才会行持精进；只有为了明晓一切众生的烦恼，才会行持精进；只有为了明晓一切众生心中的意欲喜乐，才会行持精进；只有为了通达一切众生的境界，才会行持精进；只有为了知晓一切众生的根器殊胜或低劣，才会行持精进；只有为了明晓一切众生的心性，才会行持精进；只有为了通晓一切法界，才会行持精进；只有为了了知一切佛法的根本体性，才会行持精进；只有为了了知一切佛法的平等性，才会行持精进；只有为了了知过去、未来、现在三世的平等性，才会行持精进；只有为了得到一切佛法的智慧光明，才会行持精进；只有为了证得一切佛法的智慧，才会行持精进；只有为了明晓一切佛法为一实相之理，才会行持精进；只有为了了知一切佛法无边无际，才会行持精进；只有为了得到一切佛法广大决定善巧智慧，才会行持精进；也只有为了得到能分别演说一切佛法的语句义理的智慧，才会行持精进。

"佛子啊！大菩萨成就了如上精进的行持之后，假设有人对他说：'你是否能为了无数世界中的众生而修行精进？是否能为了每一众生，而在阿鼻地狱❻中受尽各种痛苦，历经无数时劫，并使这些众生都能得遇无数诸佛出兴于世？进而由于得见诸佛功德，使其圆满受持各种喜乐，乃至于证入无余的涅槃，然后，你才能成就无上正等正觉。你到底能不能成就以上的精进呢？'

"菩萨回答说：'当然能够。'

"设若又有人这样的说道：'如果有无量阿僧祇数的大海，你应当用一根毛的尾端来沾取这大海的水，一滴一滴地把海水滴尽；另外，你也要将无量阿僧祇数的世界，都末为微尘，再一一的计算这些水滴及微尘，直到统计出全部的数量。为了众生，历经如上这些水滴与微尘总数的时间劫，你念念中都要受苦不断。'

"听闻了这些话，菩萨并不会生起一丝悔恨之心，只会更加努力增上，以欢喜雀跃的心，深自庆幸自己能得到大善利益，能够由于自己的精勤努力，使得这些众生永远脱离了痛苦。菩萨用这些所行的方便，在一切的世界中，让众生都能至于究竟无余的涅槃。

"佛子啊！以上所行，名为大菩萨的第四无屈挠行。

"佛子啊！❼什么是大菩萨的离痴乱行呢？当一位菩萨成就了正念，心中将不起丝毫的散乱，而是坚定不移，具有着最无上的清净，心境广大无量，不受任何的迷惑。他由于成就正念的缘故，善于了解世间一切的语言，能够受持出世间的各种法要言说。这些言说就是能够受持属于万物的色法、属于心的非色法等的言论，能够受持建立万物的色法自性的言论，乃至于能够受持建立属于心理的受、想、行、识四法自性的言论。而这些言论，菩萨心中都能彻底的了解其中正确与错误的意义，所以不会生起愚痴与迷乱。菩萨对于世间死于此处、生于彼处的现象，心中没有任何愚痴与迷乱；对于入胎与出胎的现象，心中也没有任何愚痴与迷乱；菩萨发起菩提心的意念时，心中没有任何愚痴与迷乱；事奉善知识时，心中没有任何愚痴与迷乱；勤于修持佛法，心中没有任何愚痴与迷乱；察觉诸魔侵扰之事时，心中没有任何愚痴与迷乱；离开诸魔的行业时，心中没有任何的愚痴与迷乱；在不可说的时劫中，广修菩萨行时，心中也没有任何的愚痴与迷乱。

"这位菩萨成就了如此无量的正念，在无量的阿僧祇时劫中，从诸佛、菩萨与善知识处，听闻到正法。这些正法就是甚深的法、广大的法、庄严的法、种种庄严的法、演说种种的词句与文章的法、菩萨庄严的法、佛陀神力光明的无上法、正确的希望得到决定理解清净的法、不执着于一切世间的法、分别一切世间的法、甚为广大的法、弃离愚痴暗翳照耀一切众生的法、一切世间的共法与不共法、菩萨智慧的无上法、一切智慧自在的法等。

"菩萨听闻了以上各种法之后，历经阿僧祇劫的时间，都不会遗忘掉，心中时时忆念着这些法，不曾间断。为何能够如此呢？这是因为大菩萨在无量时劫中勤修各种行之时，绝不会去扰乱任一众生，令其失却正念；也不会败坏正法，更不会断除善根。这都是因为他心中时常增长广大智慧的缘故。

"另外，这位大菩萨是不会被各种的音声所迷惑扰乱的，即便是所谓的高大的声音、粗浊的声音、极令人恐怖的声音、悦人意的声音、不悦人意的声音、喧哗噪闹扰人耳识的声音、败坏六根的声音。菩萨听闻了如上无量、无数、好坏不同的声音，即使这些美言恶声多得充塞整个阿僧祇的世界，菩萨也不会生任何一丝散乱的心念。这就是正念不乱、境界不乱、三昧不乱、趣入甚深法不乱、行菩提行不乱、发菩提心不乱、忆念诸佛不乱、观察真实法不乱、化导众生智慧不乱、清净众生智慧不乱、决定了知甚深的义理不乱。菩萨因为不作恶业，故无恶业的障碍；菩萨因为不起烦恼，故无烦恼的障碍；菩萨因为不轻慢诸法，故无诸法的障碍；菩萨因为不诽谤正法，故无报得身的障碍。

"佛子啊！如上所说的各种声音，一一充满于阿僧祇世界中，历尽无量无数的时劫，都不曾断绝。这些声音，即使都能扰乱众生身心的一切根器，也丝毫不能扰乱这位菩萨的心。因为菩萨能证入三昧禅定中，安住在圣法之内，思惟并观察一切的音声，也善于知晓音声的生起、安住、消灭的种种相象，也善于了知音声的生起、安住、消灭的体性。菩萨完全听闻清楚之后，能够不生于贪心，不起于嗔心，也不失于正念；他善于听取音声之相，而又不执着于其相；他明了所有的声音都是空的，根本无法可得，没有发起之人，也没有本然的实际体，它与法界平等而无差别。

"菩萨依此成就了寂静的身体、语言与意念，一直修行到一切智的境界，而且永远不退转。菩萨善能证入所有的禅定法门，了知所有的三昧皆为同一种体性，一切的法也没有边际的。他证得了一切法的真实智慧，证得了远离音声的甚深三昧，证得了阿僧祇数的各种三昧法门，也增长了无量广大的悲心。

"这时，菩萨在一念之中，证得了无数百千的三昧，听闻了以上的种种声音，心中不生迷惑与散乱，也使他证得的三昧境界逐渐地扩增开来。他心中生起如下的心念：'我应当使一切众生安住在无上清净的心念中，对于一切智慧都能达到不退转的境界，圆满地成就无余的涅槃。'

"佛子啊！以上所行，名为大菩萨的第五离痴乱行！

"佛子啊！❽什么是大菩萨的善现行呢？当一位菩萨身体的业行清净、言语的业行清净，意念的业行也清净之时，便安住在无所得的境界，示现了无所得的身体、言语与意念的业行，能够了知身、语、意三业都是空无所有的。由于没有虚妄的缘故，所以也没有系缚；凡是所示现的，都没有自性，也没有依执。菩萨的意业安住在如实的心当中，知晓无量心的自在，也知道一切法的自性都是无得、无相，甚为深远而难以证入的。而菩萨的身业安住在正位的真如法性当中，所以能方便的出生于世间而身体没有业报，也同样不生不灭。而菩萨的语业安住在涅槃的境界当中，安住在寂静的体性当中，也安住在真实当中，这就是所谓的无性之性，这种境界是言语道断，超越了一切的言辞语句，也超越了一切的世间，不依着于任何处。如此身、语、意三业证入了无有分别的境地，证入了没有束缚执着之法，也证入了最胜智慧的真实妙法，证入了非一切世间所能了知的出世间法，这都是菩萨的善巧方便所示现而生的相象。

"佛子啊！这位菩萨心中生起如此的意念：'一切的众生，是无自性为体性；一切的诸法，是以无为为体性；一切的国土，是以无相为相。一切过去、未来、现在等三世之中，其实只有假名言说而已，没有真实的现象。而一切的言说，在诸法中也无可依着之处；一切的诸法，于言说中也无可依着之处。'

"菩萨如此了解一切的法都是甚为深奥的；一切的世间都是寂静的；一切的佛法，就真实的意义而言，也不会对人增加任何的利益。因为佛法就实相而言，并不异于世间法，而世间法也不异于佛法；佛法、世间法，就实相而言，是没有任何的混淆错乱，也没有任何的差别。一旦了解法界的体性是平等如一，普遍入于过去、未来、现在三世之中，菩萨便永远不会舍离大菩提心愿，也永远不会退转教化众生的心愿，转而更加增长大慈大悲的心愿，作为一切众生的依止之处。

"菩萨这时又生起了如下的心念：'如果我不去成熟所有的众生，到底谁要去成熟他们？如果我不去调伏众生，那谁应当去调伏呢？如果我不去教化众生，谁应当去教化呢？如果我不去觉悟众生，谁应当去觉悟呢？如果我不去清净众生，谁应当去清净呢？这适合由我来做，也应该是由我来做啊！'

"菩萨又想道：'如果我自已证解了这个深奥的大法，独自证得无上正等正觉，得到解脱；但众生们却依旧盲目冥顽，恍如无目，步行于危险之途，诸多的烦恼，层层束缚，宛如重病患者，时时承受苦痛的鞭笞，身陷贪婪爱欲的牢笼中，不能自拔，无法脱离地狱、饿鬼、畜生、阎罗王等恶境，也无法消灭痛苦，无从舍弃恶业，时常处于愚痴昏暗，见不到真正的实相，轮回在生死当中，无法跳脱出来，他们住在不能见佛、闻法的八难❾之处，身染各种垢秽，心念也被各种烦恼所遮蔽障碍，被邪见所迷惑，无法行于正道之中。'

"菩萨如此观察所有的众生，心想：'这些众生还未能成熟、未能调伏，我若弃之不顾，独自证取无上正等正觉，实在是不应该。我应当先教化众生，在不可说的时劫中实践菩萨行。对于尚未成熟的众生，先令他们成熟；尚未调伏的众生，先将之调伏。'

"这位菩萨安住于此修行之时，所有的天、魔、梵天、沙门、婆罗门，以及一切世间的乾闼婆、阿修罗等，若有机会与他见面，或是暂时与他共同居住安止，或是恭敬尊重他，或是承事供养他，甚或只是暂闻菩萨之名，只要他们稍微用心忆念的话，他们的所作所为，都将功不唐捐，而且依这个大功德，必当证得无上正等正觉。

"佛子啊！以上所行，名为大菩萨的第六善现行！"

【注释】

❷ 以下分别解释十行，有十大部分。第一，说明欢喜行，即布施行。

❸ 第二，说明饶益行，即持戒行。

❹ 第三，说明无违逆行，即忍辱行。

❺ 第四，说明无屈挠行，即精进行。

❻ 阿鼻地狱：阿鼻，梵语 Avīci，意译作"无间"。阿鼻地狱即无间地狱，为最下层的地狱，因受苦无间断，故有此名。

❼ 第五，说明离痴乱行，即正念行。

❽ 第六，说明善现行，即般若行。

❾ 八难：指不得见佛、闻法之八难处。即地狱，恶鬼、畜生三道苦多；须弥山北郁单越洲快乐多而无闻法之心；五，长寿天界；六，聋哑者；七，世智辩聪者；八，佛出生前或佛灭度后或无佛法处者。

卷第二十

十行品第二十一之二

【原典】

"佛子！何等为菩萨摩诃萨无著行？佛子！此菩萨以无著心，于念念中，能入阿僧祇世界，严净阿僧祇世界。于诸世界，心无所著，往诣阿僧祇诸如来所，恭敬礼拜，承事供养。以阿僧祇华、阿僧祇香、阿僧祇鬘，阿僧祇涂香、末香、衣服、珍宝、幢幡、妙盖诸庄严具，各阿僧祇以用供养。如是供养，为究竟无作法故，为住不思议法故。于念念中见无数佛，于诸佛所心无所著，于诸佛刹亦无所著，于佛相好亦无所著。见佛光明，听佛说法，亦无所著。于十方世界及佛菩萨所有众会，亦无所著。听佛法已，心生欢喜，志力广大，能摄、能行诸菩萨行，然于佛法，亦无所著。此菩萨于不可说劫，见不可说佛出兴于世，一一佛所承事供养，皆悉尽于不可说劫，心无厌足，见佛闻法及见菩萨众会庄严，皆无所著，见不净世界亦无憎恶。何以故？此菩萨如诸佛法而观察故。诸佛法中无垢、无净，无暗、无明，无异、无一，无实、无妄，无安隐、无险难，无正道、无邪道。菩萨如是深入法界，教化众生，而于众生不生执著。受持诸法，而于诸法不生执著。发菩提心，住于佛住，而于佛住不生执著。虽有言说，而于言说心无所著。入众生趣，于众生趣心无所著。了知三昧能入能住，而于三昧心无所著。往诣无量诸佛国土，若入、若见、若于中住，而于佛土心无所著，舍去之时亦无顾恋。菩萨摩诃萨以能如是无所著故，于佛法中心无障碍，了佛菩提，证法毗尼，住佛正教，修菩萨行，住菩萨心，思惟菩萨解脱之法，于菩萨住处心无所染，于菩萨所行亦无所著。净菩萨道，受菩萨记。得受记已，作如是念：'凡夫愚痴，无知无见，无信无解，无聪敏行，顽嚚贪著，流转生死。不求见佛，不随明导，不信调御，迷误失错，入于险道。不敬十力王，不知菩萨恩，恋着住处。闻诸法空，心大惊怖；远离正法，住于邪法；舍夷坦道，入险难道；弃背佛意，随逐魔意于诸有中，坚执不舍。'菩萨如是观诸众生，增长大悲，生诸善根而无所著。菩萨尔时复作是念：'我当为一众生，于十方世界一一国土，经不可说不可说劫，教化成熟。如为一众生，为一切众生皆亦如是，终不以此而生疲厌，舍而余去。'又以毛端遍量法界，于一毛端处，尽不可说不可说劫，教化调伏一切众生，如一毛端处，一一毛端处皆亦如是，乃至不于一弹指顷，执著于我，起我、我所想。于一一毛端处，尽未来劫修菩萨行。不著身，不著法，不著念，不著愿，不著三昧，不著观察，不著寂定，不著境界，不著教化调伏众生，亦复不著入于法界。何以故？菩萨作是念：'我应观一切法界如幻，诸佛如影，菩萨行如梦，佛说法如响。一切世间如化，业报所持故；差别身如幻，行力所起故；一切众生如心，种种杂染故；一切法如实际，不可变异故。'又作是念：'我当尽虚空遍法界，于十方国土中行菩萨行，念念明达，一切佛法正念现前，无所取著。'菩萨如是观身无我，见佛无碍，为化众生，演说诸法，令于佛法发生无量欢喜净信，救护一切，心无疲厌。无疲厌故，于一切世界，若有众生未成熟、未调伏处，悉诣于彼，方便化度。其中众生种种音声、种种诸业、种种取著、种种施设、种种和合、种种流转、种种所作、种种境界、种种生、种种殁，以大誓愿，安住其中而教化之，不令其心有动有退，亦不一念生染著想。何以故？得无所著、无所依故。自利、利他，清净满足。是名菩萨摩诃萨第七无著行。

"佛子！何等为菩萨摩诃萨难得行？此菩萨成就难得善根、难伏善根、最胜善根、不可坏善根、无能过善根、不思议善根、无尽善根、自在力善根、大威德善根、与一切佛同一性善根。此菩萨修诸行时，于佛法中得最胜解，于佛菩提得广大解，于菩萨愿未曾休息，尽一切劫心无疲倦，于一切苦不生厌离，一切众魔所不能动，一切诸佛之所护念，具行一切菩萨苦行，修菩萨行精勤匪懈，于大乘愿恒不退转。是菩萨安住此难得行已，于念念中，能转阿僧祇劫生死，而不舍菩萨大愿。若有众生，承事供养，乃至见闻，皆于阿耨多罗三藐三菩提得不退转。此菩萨虽了众生非有，而不舍一切众生界。譬如船师，不住此岸，不住彼岸，不住中流，而能运度此岸众生至于彼岸，以往返无休息故。菩萨摩诃萨亦复如是，不住生死，不住涅槃，亦复不住生死中流，而能运度此岸众生，置于彼岸安隐无畏、无忧恼处。亦不于众生数而有所著，不舍一众生著多众生，不舍多众生著一众生。不增众生界，不减众生界；不生众生界，不灭众生界；不尽众生界，不长众生界；不分别众生界，不二众生界。何以故？菩萨深入众生界如法界，众生界、法界无有二。无二法中，无增、无减，无生、无灭，无有、无无，无取、无依，无著、无二。何以故？菩萨了一切法、法界无二故。菩萨如是以善方便入深法界，住于无相，以清净相庄严其身。了法无性而能分别一切法相，不取众生而能了知众生之数，不著世界而现身佛刹，不分别法而善入佛法，深达义理而广演言教，了一切法离欲真际而不断菩萨道、不退菩萨行，常勤修习无尽之行，自在入于清净法界。譬如钻木以出于火，火事无量而火不灭，菩萨如是化众生事，无有穷尽，而在世间常住不灭，非究竟、非不究竟、非取、非不取、非依、非无依、非世法、非佛法、非凡夫、非得果。菩萨成就如是难得心，修菩萨行时，不说二乘法，不说佛法，不说世间，不说世间法，不说众生，不说无众生，不说垢，不说净。何以故？菩萨知一切法无染、无取、不转、不退故。菩萨于如是寂灭微妙甚深最胜法中修行时，亦不生念：'我现修此行，已修此行，当修此行。'不著蕴、界、处，内世间、外世间、内外世间，所起大愿诸波罗蜜及一切法皆无所著。何以故？法界中无有法名向声闻乘、向独觉乘，无有法名向菩萨乘、向阿耨多罗三藐三菩提，无有法名向凡夫界，无有法名向染、向净、向生死、向涅槃。何以故？诸法无二、无不二故。譬如虚空，于十方中，若去、来、今，求不可得，然非无虚空。菩萨如是观一切法皆不可得，然非无一切法，如实无异，不失所作，普示修行菩萨诸行，不舍大愿，调伏众生，转正法轮。不坏因果，亦不违于平等妙法，普与三世诸如来等。不断佛种，不坏实相，深入于法，辩才无尽，闻法不著，至法渊底，善能开演，心无所畏。不舍佛住，不违世法，普现世间而不著世间。菩萨如是成就难得智慧心，修习诸行，于三恶趣拔出众生，教化调伏，安置三世诸佛道中，令不动摇。复作是念：'世间众生不知恩报，更相仇❶对，邪见执著，迷惑颠倒，愚痴无智，无有信心，随逐恶友，起诸恶慧，贪爱无明，种种烦恼皆悉充满，是我所修菩萨行处。设有知恩、聪明、慧解，及善知识充满世间，我不于中修菩萨行。何以故？我于众生无所适莫，无所冀望，乃至不求一缕一毫，及以一字赞美之言。尽未来劫，修菩萨行，未曾一念自为于己❷，但欲度脱一切众生，令其清净，永得出离。何以故？于众生中为明导者，法应如是，不取不求，但为众生修菩萨道，令其得至安隐彼岸，成阿耨多罗三藐三菩提。'是名菩萨摩诃萨第八难得行。

"佛子！何等为菩萨摩诃萨善法行？此菩萨为一切世间天、人、魔、梵、沙门、婆罗门、乾闼婆等，作清凉法池，摄持正法，不断佛种。得清净光明陀罗尼故，说法授记，辩才无尽；得具足义陀罗尼故，义辩无尽；得觉悟实法陀罗尼故，法辩无尽；得训释言辞陀罗尼故，辞辩无尽；得无边文句无尽义无碍门陀罗尼故，无碍辩无尽；得佛灌顶陀罗尼灌其顶故，欢喜辩无尽；得不由他悟陀罗尼门故，光明辩无尽；得同辩陀罗尼门故，同辩无尽；得种种义身、句身、文身中训释陀罗尼门故，训释辩无尽；得无边旋陀罗尼故，无边辩无尽。此菩萨大悲坚固，普摄众生，于三千大千世界变身金色，施作佛事。随诸众生根性欲乐，以广长舌，于一音中现无量音，应时说法，皆令欢喜。假使有不可说种种业报无数众生共会一处，其会广大充满不可说世界，菩萨于彼众会中坐。是中众生，一一皆有不可说阿僧祇口，一一口能出百千亿那由他音，同时发声，各别言词，各别所问，菩萨于一念中，悉能领受，皆为酬对，令除疑惑。如一众会中，于不可说众会中，悉亦如是。复次，假使一毛端处，念念出不可说不可说道场众会。一切毛端处，皆亦如是。尽未来劫，彼劫可尽，众会无尽。是诸众会，于念念中，以各别言词，各别所问，菩萨于一念中，悉能领受，无怖无怯，无疑无谬，而作是念：'设一切众生以如是语业俱来问我，我为说法无断无尽，皆令欢喜，住于善道。复令善解一切言词，能为众生说种种法，而于言语无所分别。假使不可说不可说种种言词而来问难，一念悉领，一音咸答，普使开悟，无有遗余。以得一切智灌顶故，以得无碍藏故，以得一切法圆满光明故，具足一切智智故。'佛子！此菩萨摩诃萨安住善法行已，能自清净，亦能以无所著方便而普饶益一切众生，不见有众生得出离者。如于此三千大千世界，如是乃至于不可说三千大千世界，变身金色，妙音具足，于一切法无所障碍而作佛事。佛子！此菩萨摩诃萨成就十种身。所谓入无边法界非趣身，灭一切世间故；入无边法界诸趣身，生一切世间故；不生身，住无生平等法故；不灭身，一切灭、言说不可得故；不实身，得如实故；不妄身，随应现故；不迁身，离死此生彼故；不坏身，法界性无坏故；一相身，三世语言道断故；无相身，善能观察法相故。菩萨成就如是十种身，为一切众生舍，长养一切善根故；为一切众生救，令其得大安隐故；为一切众生归，与其作大依处故；为一切众生导，令得无上出离故；为一切众生师，令入真实法中故；为一切众生灯，令其明见业报故；为一切众生光，令照甚深妙法故；为一切三世炬，令其晓悟实法故；为一切世间照，令入光明地中故；为一切诸趣明，示现如来自在故。佛子！是名菩萨摩诃萨第九善法行。菩萨安住此行，为一切众生作清凉法池，能尽一切佛法源故。

"佛子！何等为菩萨摩诃萨真实行？此菩萨成就第一诚谛之语，如说能行，如行能说。此菩萨学三世诸佛真实语，入三世诸佛种性，与三世诸佛善根同等，得三世诸佛无二语，随如来学智慧成就。此菩萨成就知众生是处非处智、去来现在业报智、诸根利钝智、种种界智、种种解智、一切至处道智、诸禅解脱三昧垢净起时非时智、一切世界宿住随念智、天眼智、漏尽智，而不舍一切菩萨行。何以故？欲教化一切众生，悉令清净故。此菩萨复生如是增上心：'若我不令一切众生住无上解脱道，而我先成阿耨多罗三藐三菩提者，则违我本愿，是所不应。是故，要当先令一切众生得无上菩提、无余涅槃，然后成佛。何以故？非众生请我发心，我自为众生作不请之友，欲先令一切众生满足善根，成一切智。是故，我为最胜，不著一切世间故；我为最上，住无上调御地故；我为离翳，解众生无际故；我为已办，本愿成就故；我为善变化，菩萨功德庄严故；我为善依怙，三世诸佛摄受故。'此菩萨摩诃萨不舍本愿故，得入无上智慧庄严，利益众生，悉令满足，随本誓愿，皆得究竟。于一切法中智慧自在，令一切众生普得清净。念念遍游十方世界，念念普诣不可说不可说诸佛国土，念念悉见不可说不可说诸佛及佛庄严清净国土，示现如来自在神力。普遍法界、虚空界，此菩萨现无量身，普入世间而无所依。于其身中，现一切刹、一切众生、一切诸法、一切诸佛。此菩萨知众生种种想、种种欲、种种解、种种业报、种种善根，随其所应，为现其身而调伏之。观诸菩萨如幻、一切法如化、佛出世如影、一切世间如梦，得义身、文身无尽藏。正念自在，决定了知一切诸法，智慧最胜。入一切三昧真实相，住一性无二地。菩萨摩诃萨以诸众生皆著于二，安住大悲，修行如是寂灭之法，得佛十力，入因陀罗网法界，成就如来无碍解脱人中雄猛大师子吼。得无所畏，能转无碍清净法轮。得智慧解脱，了知一切世间境界，绝生死回流，入智慧大海；为一切众生护持三世诸佛正法，到一切佛法海实相源底。菩萨住此真实行已，一切世间天、人、魔、梵、沙门、婆罗门、乾闼婆、阿修罗等，有亲近者，皆令开悟，欢喜清净。是名菩萨摩诃萨第十真实行。"

　　尔时，佛神力故，十方各有佛刹微尘数世界六种震动，所谓动、遍动、等遍动，起、遍起、等遍起，涌、遍涌、等遍涌，震、遍震、等遍震，吼、遍吼、等遍吼，击、遍击、等遍击。雨天妙华、天香、天末香、天鬘、天衣、天宝、天庄严具，奏天乐音，放天光明，演畅诸天微妙音声。如此世界夜摩天宫，说十行法，所现神变，十方世界，悉亦如是。复以佛神力故，十方各过十万佛刹微尘数世界外，有十万佛刹微尘数菩萨俱，来诣此土，充满十方，语功德林菩萨言："佛子！善哉！善哉！善能演说诸菩萨行，我等一切同名功德林，所住世界皆名功德幢，彼土如来同名普功德。我等佛所亦说此法，众会眷属，言词义理，悉亦如是，无有增减。佛子！我等皆承佛神力，来入此会，为汝作证，十方世界，悉亦如是。

尔时，功德林菩萨承佛神力，普观十方一切众会暨于法界，欲令佛种性不断故，欲令菩萨种性清净故，欲令愿种性不退转故，欲令行种性常相续故，欲令三世种性悉平等故，欲摄三世一切佛种性故，欲开演所种诸善根故，欲观察一切诸根故 ❸，欲解烦恼习气心行所作故，欲照了一切佛菩提故，而说颂曰：

　　一心敬礼十力尊，离垢清净无碍见，境界深远无伦匹，住如虚空道中者。

　　过去人中诸最胜，功德无量无所著，勇猛第一无等伦，彼离尘者行斯道。

　　现在十方诸国土，善能开演第一义，离诸过恶最清净，彼无依者行斯道。

　　未来所有人师子，周遍游行于法界，已发诸佛大悲心，彼饶益者行斯道。

　　三世所有无比尊，自然除灭愚痴暗，于一切法皆平等，彼大力人行此道。

　　普见无量无边界，一切诸有及诸趣，见已其心不分别，彼无动者行斯道。

　　法界所有皆明了，于第一义最清净，永破嗔慢及愚痴，彼功德者行斯道。

　　于诸众生善分别，悉入法界真实性，自然觉悟不由他，彼等空者行斯道。

　　尽空所有诸国土，悉往说法广开喻，所说清净无能坏，彼胜牟尼行此道。

　　具足坚固不退转，成就尊重最胜法，愿力无尽到彼岸，彼善修者所行道。

　　无量无边一切地，广大甚深妙境界，悉能知见靡有遗，彼论师子所行道。

一切句义皆明了，所有异论悉摧伏，于法决定无所疑，彼大牟尼
行此道。

远离世间诸过患，普与众生安隐乐，能为无等大导师，彼胜德者
行斯道。

恒以无异施众生，普令一切皆欣庆，其心清净离染浊，彼无等者
行斯道。

意业清净极调善，离诸戏论无口过，威光圆满众所钦，彼最胜者
行斯道。

入真实义到彼岸，住功德处心永寂，诸佛护念恒不忘，彼灭有者
行斯道。

远离于我无恼害，恒以大音宣正法，十方国土靡不周，彼绝譬者
行斯道。

檀波罗蜜已成满，百福相好所庄严，众生见者皆欣悦，彼最胜慧
行斯道。

智地甚深难可入，能以妙慧善安住，其心究竟不动摇，彼坚固行
行斯道。

法界所有悉能入，随所入处咸究竟，神通自在靡不该，彼法光明
行此道。

诸无等等大牟尼，勤修三昧无二相，心常在定乐寂静，彼普见者
行斯道。

微细广大诸国土，更相涉入各差别，如其境界悉了知，彼智山王
行此道。

意常明洁离诸垢，于三界中无所著，护持众戒到彼岸，此净心者
行斯道。

智慧无边不可说，普遍法界虚空界，善能修学住其中，彼金刚慧
行斯道。

三世一切佛境界，智慧善入悉周遍，未尝暂起疲厌心，彼最胜者
行斯道。

善能分别十力法，了知一切至处道，身业无碍得自在，彼功德身行此道。

十方无量无边界，所有一切诸众生，我皆救护而不舍，彼无畏者行斯道。

于诸佛法勤修习，心常精进不懈倦，净治一切诸世间，彼大龙王行此道。

了知众生根不同，欲解无量各差别，种种诸界皆明达，此普入者行斯道。

十方世界无量刹，悉往受生无有数，未曾一念生疲厌，彼欢喜者行斯道。

普放无量光明网，照耀一切诸世间，其光所照入法性，此善慧者行斯道。

震动十方诸国土，无量亿数那由他，不令众生有惊怖，此利世者所行道。

善解一切语言法，问难酬对悉究竟，聪哲辩慧靡不知，此无畏者所行道。

善解覆仰诸国土，分别思惟得究竟，悉使住于无尽地，此胜慧者所行道。

功德无量那由他，为求佛道皆修习，于其一切到彼岸，此无尽行所行道。

超出世间大论师，辩才第一师子吼，普使群生到彼岸，此净心者所行道。

诸佛灌顶第一法，已得此法灌其顶，心恒安住正法门，彼广大心行此道。

一切众生无量别，了达其心悉周遍，决定护持佛法藏，彼如须弥行此道。

能于一一语言中，普为示现无量音，令彼众生随类解，此无碍见行斯道。

一切文字语言法，智皆善入不分别，住于真实境界中，此见性者所行道。

安住甚深大法海，善能印定一切法，了法无相真实门，此见实者所行道。

一一佛土皆往诣，尽于无量无边劫，观察思惟靡暂停，此匪懈者所行道。

无量无数诸如来，种种名❹号各不同，于一毛端悉明见，此净福者所行道。

一毛端处见诸佛，其数无量不可说，一切法界悉亦然，彼诸佛子行斯道。

无量无边无数劫，于一念中悉明见，知其修促无定相，此解脱行所行道。

能令见者无空过，皆于佛法种因缘，而于所作心无著，彼诸最胜所行道。

那由他劫常遇佛，终不一念生疲厌，其心欢喜转更增，此不空见所行道。

尽于无量无边劫，观察一切众生界，未曾见有一众生，此坚固士所行道。

修习无边福智藏，普作清凉功德池，利益一切诸群生，彼第一人行此道。

法界所有诸品类，普遍虚空无数量，了彼皆依言说住，此师子吼所行道。

能于一一三昧中，普入无数诸三昧，悉至法门幽奥处，此论月者行斯道。

忍力勤修到彼岸，能忍最胜寂灭法，其心平等不动摇，此无边智所行道。

于一世界一坐处，其身不动恒寂然，而于一切普现身，彼无边身行此道。

无量无边诸国土，悉令共入一尘中，普得包容无障碍，彼无边思行此道。

　　了达是处及非处，于诸力处普能入，成就如来最上力，彼第一力所行道。

　　过去未来现在世，无量无边诸业报，恒以智慧悉了知，此达解者所行道。

　　了达世间时非时，如应调伏诸众生，悉顺其宜而不失，此善了者所行道。

　　善守身语及意业，恒令依法而修行，离诸取著降众魔，此智心者所行道。

　　于诸法中得善巧，能入真如平等处，辩才宣说无有穷，此佛行者所行道。

　　陀罗尼门已圆满，善能安住无碍藏，于诸法界悉通达，此深入者所行道。

　　三世所有一切佛，悉与等心同智慧，一性一相无有殊，此无碍种所行道。

　　已抉一切愚痴膜，深入广大智慧海，普施众生清净眼，此有目者所行道。

　　已具一切诸导师，平等神通无二行，获于如来自在力，此善修者所行道。

　　遍游一切诸世间，普雨无边妙法雨，悉令于义得决了，此法云者所行道。

　　能于佛智及解脱，深生净信永不退，以信而生智慧根，此善学者所行道。

　　能于一念悉了知，一切众生无有余，了彼众生心自性，达无性者所行道。

　　法界一切诸国土，悉能化往无有数，其身最妙绝等伦，此无比行所行道。

佛刹无边无有数，无量诸佛在其中，菩萨于彼悉现前，亲近供养生尊重。

菩萨能以独一身，入于三昧而寂定，令见其身无有数，一一皆从三昧起。

菩萨所住最深妙，所行所作超戏论，其心清净常悦乐，能令众生悉欢喜。

诸根方便各差别，能以智慧悉明见，而了诸根无所依，调难调者所行道。

能以方便巧分别，于一切法得自在，十方世界各不同，悉在其中作佛事。

诸根微妙行亦然，能为众生广说法，谁其闻者不欣庆，此等虚空所行道。

智眼清净无与等，于一切法悉明见，如是智慧巧分别，此无等者所行道。

所有无尽广大福，一切修行使究竟，令诸众生悉清净，此无比者所行道。

普劝修成助道法，悉令得住方便地，度脱众生无有数，未曾暂起众生想。

一切机缘悉观察，先护彼意令无诤，普示众生安隐处，此方便者所行道。

成就最上第一智，具足无量无边智，于诸四众无所畏，此方便智所行道。

一切世界及诸法，悉能遍入得自在，亦入一切众会中，度脱群生无有数。

十方一切国土中，击大法鼓悟群生，为法施主最无上，此不灭者所行道。

一身结跏而正坐，充满十方无量刹，而令其身不迫隘，此法身者所行道。

能于一义一文中，演说无量无边法，而其边际不可得，此无边智所行道。

于佛解脱善修学，得佛智慧无障碍，成就无畏为世雄，此方便者所行道。

了知十方世界海，亦知一切佛刹海，智海法海悉了知，众生见者咸欣庆。

或现入胎及初生，或现道场成正觉，如是皆令世间见，此无边者所行道。

无量亿数国土中，示现其身入涅槃，实不舍愿归寂灭，此雄论者所行道。

坚固微密一妙身，与佛平等无差别，随诸众生各异见，一实身者所行道。

法界平等无差别，具足无量无边义，乐观一相心不移，三世智者所行道。

于诸众生及佛法，建立加持悉究竟，所有持力同于佛，最上持者行斯道。

神足无碍犹如佛，天眼无碍最清净，耳根无碍善听闻，此无碍意所行道。

所有神通皆具足，随其智慧悉成就，善知一切靡所俦，此贤智者所行道。

其心正定不摇动，其智广大无边际，所有境界皆明达，一切见者所行道。

已到一切功德岸，能随次第度众生，其心毕竟无厌足，此常勤者所行道。

三世所有诸佛法，于此一切咸知见，从于如来种性生，彼诸佛子行斯道。

随顺言词已成就，乖违谈论善摧伏，常能趣向佛菩提，无边慧者所行道。

一光照触无涯限，十方国土悉充遍，普使世间得大明，此破暗者所行道。

随其应见应供养，为现如来清净身，教化众生百千亿，庄严佛刹亦如是。

为令众生出世间，一切妙行皆修习，此行广大无边际，云何而有能知者？

假使分身不可说，而与法界虚空等，悉共称扬彼功德，百千万劫无能尽。

菩萨功德无有边，一切修行皆具足，假使无量无边佛，于无量劫说不尽。

何况世间天及人，一切声闻及缘觉，能于无量无边劫，赞叹称扬得究竟。

注释

❶ "仇"，大正本原作"双"，今依三本及宫本改之。

❷ "己"，大正本原作"已"，今依前后文意改之。

❸ "故"，大正本原无，今依元、明、宫本增之。

❹ "名"，大正本原作"各"，今依前后文意改之。

【白话语译】

"佛子啊！ ❶什么是大菩萨的无着行？佛子啊！当一位菩萨以不执着的心，在念念当中，能够进入阿僧祇数的世界，也能庄严清净阿僧祇数的世界。他对于各个世界，都能心中无所执着地任意前往，参诣阿僧祇数的诸佛如来之所，向这些如来恭敬礼拜，承事供养。用阿僧祇数的花、阿僧祇数的香、阿僧祇数的鬘、阿僧祇数的涂香、末香、衣服、珍宝、幢幡、妙盖等各种，以及各有阿僧祇数的庄严器具来供养。他这般地供养诸佛，是为了圆满究竟无造作之法，也是为了要安住在不可思议之法的缘故。此菩萨在念念当中，能见到无数的佛陀；在诸佛的所在，心中不起丝毫的贪着；对于诸佛的国土，也没有任何的贪着；对于佛陀的三十二相八十种好，不存任何的贪着；见到佛陀的光明，听到佛陀的说法，也丝毫不加执着；对于十方世界，以及佛、菩萨的所有众会场合，均不生任何的贪着。

"菩萨听闻佛法之后，心中生起了极大的欢喜，志愿力量变得十分的广大，能够摄持、实行所有的菩萨行；但是对于佛法，却没有丝毫贪着。

"这一位菩萨在不可说劫的时间当中，见到不可说数量的佛陀出现兴起于世间。在每一尊佛陀的所在，他都恭敬地承事供养，历经不可说的时劫不曾间断，也不曾心生厌倦，或自诩满足。他见到佛陀听闻佛法，或见到菩萨们集会的庄严景象，都没有任何的贪着；见到不清净的世界，也没有丝毫憎恶的感觉。为何能够如此呢？因为这位菩萨能以诸佛之法来观察一切的缘故。在诸佛之法中，无所谓染垢，也无所谓清净；无所谓黑暗，也无所谓光明；无所谓相异；也无所谓同一；无所谓真实，也无所谓虚妄；无所谓安稳，也无所谓险难；无所谓正道，也无所谓邪道。

"菩萨如此深入于法界中，教化众生，但对于众生不会生起执着的念头；受持诸法，但对于诸法不生执着之念；他发菩提心，安住于诸佛所安住之境，但对这些境界不生执着之念；他虽然还是有言说，但心中对于言说没有任何的执着；他进入众生的趣所生处，而对于众生的趣所生处，心中没有任何的执着；他了知禅定三昧的境界，能证入，能安住，但对于禅定三昧的心，没有任何的执着；他前往拜诣无量的诸佛国土，当进入国土之中，或是见到佛陀，或是在佛国中安住，心中对于佛土都没有任何的执着；当他离开净土的时候，心中也没有任何的顾恋。

"大菩萨因为能如此没有任何执着之故，对于佛法，心中了无障碍，通达佛陀的菩提之路，证知法的毗尼❷戒律，安住于佛陀的正教当中，修习菩萨的大行，也安住在菩萨心之中，以正念来思惟菩萨的解脱之法。他在菩萨的住处，心中没有任何的染着；对于菩萨所行的一切，也没有任何的执着；他清净了菩萨的大道，接受了菩萨的授记。

"在得到菩萨的授记之后，他心中生起如下的念头：'凡夫因为愚痴、无知、没有见地、没有信心、不能了解佛法、没有聪敏的行为，所以顽冥贪着，流转在生死当中；也因为不欣求于见佛，不随顺于光明的引导，不信服佛法的调伏驾御，所以会迷误失措，步入险途。凡夫由于不尊敬十力的法王，不知晓菩萨的恩德，徒然贪恋、执着于现前所安住之境；听闻了诸法皆空的道理，心中却极度惊讶恐惧，反而远离正法，安住邪法；舍正途，入险道，背弃佛陀的意旨，随着众魔之意而起舞，坚持执着于生死轮回的存有现象中，不能舍离。'

"菩萨如此观察凡夫众生之后，增长了大悲心，生起了各种的善根而没有任何的贪着。

"菩萨这时又生起了以下的心念：'仅为了一个众生，我即应当在十方世界的每一个国土之中，用尽不可说的时间劫，来教化他，使之成熟。为了一个众生是如此，为了一切众生，我更应当是如此；绝不能因此而心生疲累厌倦，舍弃他们而离去。'

"若以身体上的毛发为例，如果用毛端来量测整个法界，菩萨于一毛端之微小处，教化、调伏其中的一切众生，历尽不可说劫的时间；进而每一根毛的毛端之处，也都能如此教化、调伏其中的一切众生。即使如此，菩萨于一弹指的极短时间内，也不会有执着于我的心念，不会生起我与我所有的念头。菩萨在每一根毛端之处会精勤地修习菩萨行，直到未来的时劫有穷尽的一日。他不执着于身，不执着于法，不执着于心念，不执着于愿力，不执着于三昧，不执着于观察，不执着于寂灭定境，不执着于境界，不执着于教化与调伏众生，也不会执着于趣入法界。

"为何能够如此呢？因为菩萨心中是这么想：'我应当观知一切法界是如幻的，诸佛好比影像，而菩萨行也如梦一般，佛所说的法就像声响，一切世间宛如幻化，这些都是因为业力果报所持现的缘故；身相能如幻化一般的有所差别，是因为业行的力量所造成的；一切的众生就如心念一般，这是因为种种的杂染所形成的缘故；一切法就如其实际一般，则是因为诸法已现前不可变异的缘故啊！'

"他又是这么想的：'我应当穷尽整个虚空、遍于一切的法界，在十方的国土当中行菩萨行。我的每一个心念都要能明白通达，使一切的佛法正念都能示现在眼前，而心中则不应有任何取有、执着的念头。'

"以此知见，菩萨心念无我地来观身，得以无碍地见佛。他为了教化众生，而演说各种的佛法，使他们对佛法产生无量欢喜的清净信心。菩萨如此救护一切，不曾心生疲累、厌倦；也由于心无疲厌，在所有的世界中，若有众生还未成熟、有何处尚未调伏的，他都会立即前往，用方便之力来教化救度。不论其中的众生有各种不同的语言音声、各种不同的业力行为、各种不同的贪取执着、各种不同的作为设施、各种不同的和合、各种不同的流转、各种不同的所作所为、各种不同的境界、各种不同的出生现象、各种不同的殁逝方式，他都以大誓愿力安住于其中，教化他们，使他们的心念不会动摇、没有退转，也使他们任何一念都不会生起污染与执着。为何能如此呢？这是因为菩萨已经证得了无所执着、无所依止的境界，能够自利、利他而清净满足。

"佛子啊！以上所行，名为大菩萨的第七无着行！

"佛子啊！❸什么是大菩萨的难得行？当一位菩萨成就了难得的善根、难以降伏的善根、最胜的善根、不可坏的善根、无能超越的善根、不可思议的善根、无尽的善根、有自在力量的善根、有大威德的善根、与一切佛陀同体性的善根；这位成就了如上善根的菩萨，当他修习诸行的时候，得到了佛法中最殊胜的了解，对于佛陀的菩提大法也得到了广泛的理解。他的菩萨愿力未曾稍有止息，心中永不生厌倦，及至一切时劫之穷；他的大悲心，使其对于一切的苦痛，为了众生都不会心生厌离；而他的心志坚定，一切的恶魔更是无法稍微动摇他。这样的菩萨，是一切诸佛所护持忆念的，他具足、实践了一切菩萨的苦行，精进不息地修习菩萨行，对于大乘的愿力永远不会生起退转的念头。

"这位菩萨安住在这样难得的殊胜行持之后，在念念当中，能够转动阿僧祇劫的生死，而仍不舍弃菩萨的大愿。如果有众生能够承事供养到这一位菩萨，甚至只是见到或听闻，都能够对无上正等正觉证得不退转的境界。

"这位菩萨虽然了解所有的众生都是空而非有的，但是却能不舍弃一切的众生界。就譬如一位船师，不是住在此岸，不是住在彼岸，也不是住在河流之中，但是却能够载运度脱此岸的众生到达彼岸之上，而他只是往返两岸之间，毫不休息，不停地载运。大菩萨也是如此，他不住在生死的此岸，也不住在涅槃的彼岸，更不住在生死的大河流之中，但是却能载运救度此岸的众生，安置在彼岸的安稳无畏、无忧无恼的涅槃之处。

"他也不会对于众生的数量多寡有所执着，不会为了仅只一个众生便加以舍弃，坚持要为数众多才愿度脱；也不会舍弃多数的众生，而执着于某一个众生。他不增加众生界，也不减少众生界；不生众生界，也不灭众生界；不穷尽众生界，也不增长众生界；不会分别众生界，也不会以不二的观点来看众生界。

"为何会如此呢？因为菩萨深入了众生界如法界的境界，知道众生界与法界是无二无别的。在无二法当中，无增加，亦无减少；无生起，亦无灭失；无有，亦无无；无贪取，亦无依止；无执着，亦无有二。为何会如此呢？这是因为菩萨明白一切的法与法界无二的缘故。

"菩萨在如此的知见当中，用善巧方便进入了甚深的法界中，安住在无相的境界，也用清净的妙相来庄严他自身。他知道诸法是没有自性的，又能分别一切的法相；他不执取众生，而又能够了知众生的数量；不执着于世界，而能够现身在佛刹当中；不分别诸法，而又能善入于佛法；他深深地了解法义的空理，而又能广为开演言词教化；他了知一切诸法离欲的真实情况，而却又能不断除菩萨道，不退转菩萨行。

"菩萨时常精勤地修习无尽的妙行，自在地证入清净法界之中。就譬如钻木取火一般，钻木生出了火花，延烧的柴薪若无量的话，火就不会熄灭；菩萨如此教化众生，也没有穷尽之时，他会在世间常住而不灭。他不是究竟，也非不究竟；不是贪取，也非不取；不是依止，也非无依止；不是世间法，也非佛法；不是凡夫，也非得到果位的圣者。

"菩萨成就了以上这样难得的心，在修习菩萨行之时，不宣说声闻、缘觉二乘之法，也不说佛法；不说世间，也不说世间法；不说众生，也不说没有众生；不说污垢，也不说清净。这是什么原因呢？此乃因为菩萨知道一切的法是无染着、无所取、不转、不退的缘故。

"菩萨在如此寂灭、微妙、甚深的最殊胜教法当中修行时，也不会生起以下的心念：'我现在正在修习这个行，我过去已经修了这个行，我未来还应当修习这个行。'他不执着身心世界的五蕴、十二处、十八界，也不执着于身内的世间、身外世间与内外的世间等一切的世间。他对于自己所生的大愿，与各种到达涅槃彼岸的波罗蜜行，以及一切法，都不会生起任何执着。

"为何如此呢？因为在法界中并没有名为向声闻乘或向独觉乘的真实之法，也没有名为向菩萨乘或向无上正等正觉的法，也没有名为向凡夫界的法，也没有名为向染污、向清净、向生死或向涅槃等的法。为什么呢？这是因为诸法本来无二、无不二的道理。就譬如虚空一般，在十方当中不管过去、现在、未来，都是求取而不可得的，但又不是没有虚空啊！

"菩萨如此来观察，发现一切的法都是不可得的，但又并非没有一切的法啊！就如其实相一般无异，不会丧失所作的一切，而普遍示现修行菩萨的各种妙行，不舍离大愿力，调伏所有的众生，转动正法之轮，不破坏因果的法则，也不会违背了平等的妙法。他与三世的诸佛如来皆平等如一，不断绝佛种，也不败坏实相，深入于一切的法义，辩才无碍也无穷尽。他听闻佛法而心中不生染着，能够穷尽诸法深渊的最底层；也能心无畏怯地善巧开示，演说佛法。他不舍离于诸佛安住的境界，又不违失世间法；普遍示现于世间，又不执着于世间。

"菩萨如上所述，成就了难得的智慧心，修习各种菩萨行，在地狱、畜生、饿鬼三恶道中救拔出众生，教化与调伏他们，将他们安置在三世诸佛的菩提大道当中，使他们不会心生动摇。

"他又生起如下的心念：'世间的众生都是不懂得报恩的，甚至，受惠之后，反而以仇恨相对待，心中充满了邪见与执着、迷惑与颠倒，更是愚痴不智，也没有信心，徒然随波追逐恶友，生现各种邪恶的小慧恶念，心中充斥贪爱与无明等种种的烦恼，但这却正是我修习菩萨行的处所啊！假如众生都知恩图报，具备了聪明与慧解，而世间也充满善知识，那么，我就不必在世间修菩萨行了啊！为什么呢？因为我对众生没有爱憎与亲疏的差别，一切所行皆不希求一缕一毫的回报，及一句一字的赞美之词。穷尽未来时劫，我所勤修的菩萨行，未曾有一个念头是为了自己，反倒是为了要救度、解脱一切的众生，使他们得到清净，永远出离一切的烦恼。为何菩萨要如此呢？这是为了要在众生中作为光明的引导者，在法上自然应该如此，这不是强取与强求的；也只是为了众生而勤修菩萨道，使他们能得至于安稳的涅槃彼岸，成就无上正等正觉。'

"佛子啊！以上所行，名为大菩萨的第八难得行！

"佛子！❹什么是大菩萨善法行？当一位菩萨为了一切世间的天、人、众魔、梵天、沙门、婆罗门、乾闼婆等制作了清凉的法池，来摄受总持正法，使佛种不致断绝。这位菩萨因为证得了清净光明的总持陀罗尼之故，获得了说法、授记的能力，并且具备了无尽的辩才；也因证得了具足义理的总持陀罗尼之故，获得了善于解说无尽义理的辩才；也因证得了觉悟真实法的总持陀罗尼之故，获得了善于解说无尽法理的辩才；也因证得了训诂与诠释言辞的总持陀罗尼之故，获得了善于宣说无尽语辞的辩才；也因证得无边文句与无尽义理的无碍门总持陀罗尼之故，获得了无尽的无碍辩才；

也因证得佛陀灌顶的总持陀罗尼来灌顶之故，获得了无尽的欢喜辩才；也因证得了不由他人教导而开悟的总持陀罗尼门之故，获得了无尽的光明辩才；也因证得了共同辩解的陀罗尼门之故，获得了无尽的共同辩才；也因证得了种种义理身、语句身、文辞身中的训诂与诠释的总持陀罗尼门之故，获得了无尽的训诂诠释能力的辩才；也因证得无边的旋总持陀罗尼门之故，获得了无尽的无边辩才。

"这位菩萨的大悲心十分坚定，摄持了所有的众生。他在三千大千世界中变化身色为金色，布施来作为佛事；随着所有众生的根器体性与意欲喜乐，他用宛如佛陀的广长舌❺说法，在一种音声中示现了无量的声音，相应于因缘时节而说法，使众生都能够心生欢喜。

"假使有受各种业报的不可说无数众生，共同相会于一处中。这个集会广大无比，充满了不可说的世界，菩萨就端坐在这个大众集会中。而会中的众生，假设他们每一个人都有不可说阿僧祇的口，每一张口中都能说出百千亿那由他种的声音，他们都同时发声，用各种不同的言辞，分别发问不同的问题；这位菩萨能在一念当中，完全领受他们所有的问题，并为他们解答，消除一切的疑惑。就如同上述在一个大众集会中能够回答所有的问题，甚至在不可说数的大众集会中，菩萨也同样能回答一切的问题。

"另外，假使在一根毛的尖端之处，于每一个念头中，都能出现不可说的道场集会；同样的，在一切毛端之处，尽未来劫的时间都是如此。假若这些时劫可穷尽的话，大众集会却是没有穷尽之时。这些大众集会在念念当中，用各种不同的言语辞句，发问各种不同的问题；菩萨在一念当中都能完全的领会接受，而且没有惊怖，没有畏怯，没有疑惑，也没有错谬。菩萨心中这么想：'倘若一切的众生用这样的问题一起来问我，我会毫不间断、没有穷尽的为他们说法，令他们心生欢喜，安住在善道之中。又使他们善于理解一切的言语辞句，能为所有的众生演说种种的佛法，而且能不受语言的制约，对于言语也能不起分别心。假使是用不可说的种种言语辞句来问难的话，我在一念当中也都完全领会，用一种音声就能完全解答，普遍使他们开悟了解，不再残存任何的疑惑。这都是因为我得到了一切智慧灌顶的缘故，因为得到了无碍宝藏的缘故，因为得到了一切法圆满光明的缘故，以及具足了一切智智的缘故。'

"佛子啊！当这位大菩萨摩安住在善法行之后，能够自身得到清净，也能够用无所着的方便，普遍饶益一切的众生，使众生们都能得到真实的利益。就像在我们这个三千大千世界一样，在整个法界宇宙中所有不可说的三千大千世界当中，这位菩萨的身体都变化成金色，具足了微妙的声音，对于一切法都不生起任何的障碍，而广作佛陀的事业。

"佛子啊！这位大菩萨将成就十种的妙身。这十种妙身是：一，进入无边法界而非六趣身，这种妙身不生于六道，离弃六道，而入无边法界，能灭除一切的虚妄世间；二，进入无边法界诸趣身，这种妙身，示现出生于六道诸趣，以教化众生而出生于一切的世间；三，不生身，这是安住在无生平等法的空性妙身；四，不灭身，一切法本来不生故不灭，安住空性当中，一切灭的言说不可得；五，不实身，了知一切法如幻不真，由此而得证了如实的实相；六，不妄身，离开一切的虚妄，宛如明镜一般，随因缘而应现的妙身；七，不迁身，离开一切生死的变异，现证脱离了死于此处、生于彼处的轮转；八，不坏身，证得了法界体性无坏的妙身；九，一相身，过去、现在、未来三世的语言道断，证入差别的妙身；十，无相身，证得了善于能够如实地观察法相而现证无相的妙身。

"菩萨成就了以上的十种妙身，因为能长养一切善根的缘故，他成为庇荫一切众生的屋舍；他因为能使众生们得到大安稳，故成为一切众生的救护者；他因为能作为大依止的处所，故成为一切众生的依归；他因为能使一切的众生得到无上之法而出离一切烦恼，故成为一切众生的引导者；他因为能教导众生趣入真实法，故成为一切众生的老师；他因为能够使众生明见所有的业报，故成为一切众生的明灯；他因为能为众生照明出甚深而奥妙之法，故成为一切的光；他因为能使众生完全晓悟真实之法，故成为一切过去、现在、未来三世的火炬；他因为能使一切众生证入光明地的境界，故照明一切的世间；他因为能示现如来的自在，故成为一切六道诸趣的明灯。

"佛子啊！以上是名为大菩萨的第九善法行！菩萨安住在善法行之中，能够为众生穷尽一切佛法的根源，为一切众生作清凉的法池。

"佛子啊！❻什么是大菩萨的真实行？当一位菩萨成就了第一诚谛的语词之时，言出必能实行，而所言也必依其所行。这一位菩萨学习过去、现在、未来三世诸佛的真实言语，趣入了三世诸佛的种性，与三世诸佛的善根同等如一，证得了他们无二的言语，随着诸佛如来修学智慧而有所成就。

"这一切菩萨成就了如来十种能通晓众生的智慧力：一，了知是处非处道理的智慧力；二，了知过去、现在、未来三世业报的智慧力；三，了知所有根器利钝的智慧力；四，了知种种境界的智慧力；五，了知种种知解的智慧力；六，了知一切至处行道因果的智慧力；七，了知各种禅定解脱、三昧的染垢清净、生起是时非时的智慧力；八，了知一切世界宿世安住随念的智慧力；九，天眼的智慧力，十，漏尽的智慧。此菩萨成就了如来所具有的这十种力用，仍能不舍弃一切的菩萨行。为何能如此呢？这是因为菩萨为了要教化一切的众生，使他们完全得到清净的缘故。

"这一位菩萨又生起了如下的增上心：'如果我不使一切的众生安住在无上的解脱道，自己却先他们而成就了无上正等正觉的话，就违背了我的本愿，这是不应该的。我应当先教一切的众生证得无上菩提、无余涅槃，然后自己才成佛。为何要如此呢？这并不是众生请求我这般发心的，而是我自愿作为众生的不请之友，自动自发地帮助他们成佛，先使他们的善根得到满足、智慧得到成就。所以，我可说是最为殊胜的人，因为我不染着于一切的世间；我是最高上的人，因为我安住在无上的调伏降御境地；我也是离翳的人，因为我了解众生是没有边际的；我是已经成办一切的人，因为我已经成就了本愿；我是能善巧变化的人，因为我具备了菩萨的功德庄严；我是能善巧依怙的人，因为三世诸佛皆来摄受。'

"这一位大菩萨，由于未尝舍弃本愿，得以证入了无上的智慧庄严，利益一切的众生，使他们得到满足，随顺于本来的誓愿，都能臻于究竟。在一切法之中，他能够以自在的智慧，使所有的众生都获得清净；每一念都能遍游十方世界，每一念都能参诣不可说的诸佛国土，每一念也都能见到不可说的诸佛以及诸佛庄严清净的国土，示现着如来的自在神力。这一位菩萨普遍于法界、虚空界示现无量的妙色身，他普入世间却不做任何的依止，也无贪着；他的身体中显现出一切的刹土、一切的众生、一切的诸法与一切的诸佛。这一位菩萨能够知道众生的各种心想、各种欲求、各种理解力、各种业报及各种善根，随着这些众生所相应的因缘，为他们现身而调伏教化他们。他也观知一切的菩萨如幻，一切的法如化，佛的出世宛如影，一切的世间宛如梦；他得证了义理身、文句身的无尽宝藏，能够正念自在，决定了知一切的诸法，并证得最为殊胜的智慧，证入一切三昧的真实相中，安住在一性无二的境地。

"因为众生们都执着在二边相对的境界，不能得证中道实相，所以大菩萨便安住在大悲的心境中，修行这些寂灭的大法，并证得了佛陀的十力境界，进入宛如因陀罗网摩尼宝珠相互映摄的法界，成就了诸佛如来的无碍解脱，能于人类中做出雄猛威武的大师子吼。他证得了如来无所畏的力量，能转动无碍的清净法轮；他证得了智慧解脱，能够通晓一切的世间境界，断绝所有生死的流转轮回；他进入了智慧的大海，为了一切众生而护持过去、现在、未来三世诸佛的正法；他并已深抵一切佛法大海的实相根源底层。当菩萨安住在真实的胜行之后，一切世间的天、人、魔、梵、沙门、婆罗门、乾闼婆、阿修罗等众生，若有亲近这一位菩萨者，都能因而得到开悟与欢喜清净。

"佛子啊！以上所行，名为大菩萨第十真实行。"

这时，因为佛陀威神力的加持，十方都有佛刹微尘数的世界发生了六种震动，这六种震动就是所谓的动、遍动、等遍动，起、遍起、等遍起，涌、遍涌、等遍涌，震、遍震、等遍震，吼、遍吼、等遍吼，击、遍击、等遍击。虚空中如雨般纷纷落下诸天的妙花、天上的妙香、天上的末香、天上的宝鬘、天上的宝衣、天上的珍宝，及天上的各种庄严宝具，并演奏着天乐梵音，放射出大光明，同时演畅着诸天的微妙音声。犹如在此一世界中的夜摩天宫宣说着十行法所示现的神变，十方的世界也都是如此示现着不可思议的神通变化。更由于佛陀威神力的加持，十方各过十万佛刹微尘数的世界之外，有十万佛刹微尘数的菩萨一起来到了我们的世界。这些充满十方的菩萨告诉功德林菩萨说："佛子啊！善哉！善哉！只有你才能够善巧地演说这些菩萨的大行。我们都与你同样名为功德林，所安住的世界也都名为功德幢世界。我们国土中的佛陀如来，也同是名为普功德如来。我们的佛陀道场，也同样宣说这个大法，而大众的集会与从属，及所用的言辞义理，也都与此处相同，没有丝毫增减。佛子啊！我们都是承受佛陀威神力的加持而来到这个大会，为你所说的法作证：在十方世界当中，也都同样如此。

这时，功德林菩萨在佛陀威神力的加持下，遍观十方一切大众的集会及整个法界，他为了使佛陀的种性永不断绝，为了使菩萨的种性清净，为了使愿力的种性不退转，为了使修行的种性能够常相续，为了使三世的种性完全平等，为了摄受三世诸佛的种性，为了要开示演说所种下的各种善根，为了要观察一切的根器，为了要了解烦恼习气及心念所行所作，为了要照明、了知一切诸佛菩提的缘故，而宣说如下的偈颂：

> 一心敬礼佛十力尊，离垢清净无碍正见，
> 境界深远无与伦匹，住如虚空道中之人。
> 过去人中一切最胜，功德无量无所染着，
> 勇猛第一无等伦比，彼离尘者行于斯道。
> 现在十方诸佛国土，善能开演第一义谛，
> 离诸过恶最为清净，彼无依者行于斯道。
> 未来所有人中师子，周遍游行于法界中，
> 已发诸佛广大悲心，彼饶益者行于斯道。
> 三世所有无比至尊，自然除灭迷愚痴暗，
> 于一切法悉皆平等，彼大力人行于此道。
> 普见无量无边世界，一切诸有以及诸趣，
> 见已其心不生分别，彼无动者行于斯道。

法界所有悉皆明了，于第一义最为清净，
永破贪嗔慢及愚痴，彼功德者行于斯道。

于诸众生善巧分别，悉入法界真实体性，
自然觉悟不由他教，彼等空者行于斯道。

尽空所有诸佛国土，悉往说法广为开喻，
所说清净无能沮坏，彼胜牟尼行于此道。

具足坚固永不退转，成就尊重最殊胜法，
愿力无尽到于彼岸，彼善修者所行大道。

无量无边一切境地，广大甚深微妙境界，
悉能知见靡有遗者，彼论师子所行大道。

一切句义皆已明了，所有异论悉为摧伏，
于法决定无所疑惑，彼大牟尼行于此道。

远离世间一切过患，普与众生安稳欣乐，
能为无等伟大导师，彼胜德者行于斯道。

恒以无异布施众生，普令一切悉皆欣庆，
其心清净离于染浊，彼无等者行于斯道。

意业清净极为调善，离诸戏论无有口过，
威光圆满众所钦敬，彼最胜者行于斯道。

入真实义到于彼岸，住功德处心永寂灭，
诸佛护念恒不忘失，彼灭有者行于斯道。

远离于我心无恼害，恒以大音宣扬正法，
十方国土靡不周遍，彼绝譬者行于斯道。

檀波罗蜜已成圆满，百福相好之所庄严，
众生见者悉皆欣悦，彼最胜慧行于斯道。

智地甚深难可趣入，能以妙慧善为安住，
其心究竟不可动摇，彼坚固行行于斯道。

法界所有悉能趣入，随所入处咸为究竟，
神通自在靡不普该，彼法光明行于此道。

诸无等等大牟尼尊，勤修三昧无二妙相，
心常在定乐于寂静，彼普见者行于斯道。
微细广大诸佛国土，更相涉入各有差别，
如其境界悉已了知，彼智山王行于此道。
意常明洁离于诸垢，于三界中无所染着，
护持众戒到于彼岸，此净心者行于斯道。
智慧无边不可言说，普遍法界等虚空界，
善能修学安住其中，彼金刚慧行于斯道。
三世一切诸佛境界，智慧善入悉已周遍，
未尝暂起疲厌之心，彼最胜者行于斯道。
善能分别十力大法，了知一切究竟处道，
身业无碍得大自在，彼功德身行于此道。
十方无量无边世界，所有一切诸众生等，
我皆救护而不弃舍，彼无畏者行于斯道。
于诸佛法精勤修习，心常精进绝不懈倦，
净治一切所有世间，彼大龙王行于此道。
了知众生根性不同，欲解无量各有差别，
种种诸界悉皆明达，此普入者行于斯道。
十方世界无量刹土，悉往受生无有量数，
未曾一念生疲厌心，彼欢喜者行于斯道。
普放无量大光明网，照耀一切所有世间，
其光所照入于法性，此善慧者行于斯道。
震动十方诸佛国土，无量亿数那由他量，
不令众生心有惊怖，此利世者所行之道。
善解一切众语言法，问难酬对皆悉究竟，
聪哲辩慧靡不了知，此无畏者所行之道。
善解覆仰诸佛国土，分别思惟已得究竟，
悉使安住于无尽地，此胜慧者所行之道。

功德无量那由他数，为求佛道皆勤修习，
于其一切到达彼岸，此无尽行所行之道。
超出世间伟大论师，辩才第一如师子吼，
普使群生到于彼岸，此净心者所行之道。
诸佛灌顶第一妙法，已得此法并灌其顶，
心恒安住正法之门，彼广大心行于此道。
一切众生无量差别，了达其心皆悉周遍，
决定护持诸佛法藏，彼如须弥行于此道。
能于一一语言之中，普为示现无量言音，
令彼众生随类得解，此无碍见行于斯道。
一切文字语言之法，智皆善入不起分别，
住于真实境界之中，此见性者所行之道。
安住甚深广大法海，善能印定一切法要，
了法无相真实义门，此见实者所行之道。
一一佛土悉皆往诣，尽于无量无边时劫，
观察思惟靡暂停止，此匪懈者所行之道。
无量无数诸佛如来，种种名号各不相同，
于一毛端皆悉明见，此净福者所行之道。
一毛端处见诸佛陀，其数无量不可言说，
一切法界悉皆亦然，彼诸佛子行于斯道。
无量无边无数时劫，于一念中悉皆明见，
知其修促无定众相，此解脱行所行之道。
能令见者无有空过，皆于佛法深种因缘，
而于所作心无染着，彼诸最胜所行之道。
那由他劫常值遇佛，终不一念心生疲厌，
其心欢喜转更增盛，此不空见所行之道。
尽于无量无边时劫，观察一切众生世界，
未曾见有一位众生，此坚固士所行之道。

修习无边福智宝藏，普作清凉功德大池，
利益一切所有群生，彼第一人行于此道。
法界所有诸般品类，普遍虚空无比数量，
了彼皆依言说安住，此师子吼所行之道。
能于一一三昧之中，普入无数诸三昧境，
悉至法门深幽奥处，此论月者行于斯道。
忍力勤修到于彼岸，能忍最胜寂灭佛法，
其心平等毫不动摇，此无边智所行之道。
于一世界一坐处中，其身不动常恒寂然，
而于一切普示现身，彼无边身行于此道。
无量无边诸佛国土，悉令共入一微尘中，
普得包容无有障碍，彼无边思行于此道。
了达是处于及非处，于诸力处普能趣入，
成就如来最上大力，彼第一力所行之道。
过去未来现在三世，无量无边诸种业报，
恒以智慧皆悉了知，此达解者所行之道。
了达世间时与非时，如应调伏诸众生等，
悉顺其宜而不失时，此善了者所行之道。
善守身语以及意业，恒令依法而为修行，
离诸取着降伏众魔，此智心者所行之道。
于诸法中能得善巧，能入真如平等之处，
辩才宣说无有穷尽，此佛行者所行之道。
陀罗尼门皆已圆满，善能安住无碍法藏，
于诸法界皆悉通达，此深入者所行之道。
三世所有一切诸佛，悉与等心同一智慧，
一性一相无有殊异，此无碍种所行之道。
已决一切愚痴膈膜，深入广大智慧海中，
普施众生清净眼目，此有目者所行之道。

已具一切诸大导师，平等神通无二妙行，
获于如来大自在力，此善修者所行之道。
遍游十方一切世间，普雨无边妙法大雨，
悉令于义善得决了，此法云者所行之道。
能于佛智以及解脱，深生净信永不退转，
以深信而生智慧根，此善学者所行之道。
能于一念悉得了知，一切众生皆无有余，
了彼众生心之自性，达无性者所行之道。
法界一切诸佛国土，悉能化往无有穷数，
其身最妙绝等伦匹，此无比行所行之道。
佛刹无边亦无有数，无量诸佛身在其中，
菩萨于彼悉皆现前，亲近供养心生尊重。
菩萨能以独一之身，入于三昧而证寂定，
令见其身具无有数，一一皆从三昧中起。
菩萨所住最上深妙，所行所作超诸戏论，
其心清净恒常悦乐，能令众生悉皆欢喜。
诸根方便各有差别，能以智慧悉皆明见，
而了诸根无所依止，调难调者所行之道。
能以方便善巧分别，于一切法能得自在，
十方世界各有不同，悉在其中而作佛事。
诸根微妙行亦复然，能为众生广说佛法，
谁其闻者无不欣庆，此等虚空所行之道。
智眼清净无与等比，于一切法皆悉明见，
如是智慧善巧分别，此无等者所行之道。
所有无尽广大福德，一切修行悉使究竟，
令诸众生悉皆清净，此无比者所行之道。
普劝修成辅助道法，悉令得住方便胜地，
度脱众生无有数计，未曾暂起众生心想。

一切机缘悉皆观察，先护彼意令无诤念，
普示众生安稳之处，此方便者所行之道。
成就最上第一智慧，具足无量无边智慧，
于诸四众心无所畏，此方便智所行之道。
一切世界以及诸法，悉能遍入而得自在，
亦入一切众会之中，度脱群生无有数计。
十方一切国土之中，击大法鼓了悟群生，
所法施主最为无上，此不灭者所行之道。
一身结跏而端正坐，充满十方无量佛刹，
而令其身毫不迫隘，此法身者所行之道。
能于一义一文句中，演说无量无边佛法，
而其边际亦不可得，此无边智所行之道。
于佛解脱善巧修学，得佛智慧无有障碍，
成就无畏为世大雄，此方便者所行之道。
了知十方世界大海，亦知一切诸佛刹海，
智海法海皆悉了知，众生见者咸心欣庆。
或现入胎以及初生，或现道场成最正觉，
如是皆令世间睹见，此无边者所行之道。
无量亿数国土之中，示现其身入于涅槃，
实不舍愿归于寂灭，此雄论者所行之道。
坚固微密唯一妙身，与佛平等无有差别，
随诸众生各有异见，一实身者所行之道。
法界平等无有差别，具足无量无边法义，
乐观一相心不移动，三世智者所行之道。
于诸众生以及佛法，建立加持皆悉究竟，
所有持力同于佛陀，最上持者行于斯道。
神足无碍犹如佛陀，天眼无碍最为清净，
耳根无碍善巧听闻，此无碍意所行之道。

所有神通悉皆具足，随其智慧悉得成就，
善知一切靡所比俦，此贤智者所行之道。
其心正定毫不摇动，其智广大无有边际，
所有境界悉皆明达，一切见者所行之道。
已到一切功德彼岸，能随次第度化众生，
其心毕竟无有厌足，此常勤者所行之道。
三世所有诸佛教法，于此一切咸皆知见，
从于如来种性出生，彼诸佛子能行斯道。
随顺言辞已得成就，乖违谈论善巧摧伏，
常能趣向诸佛菩提，无边慧者所行之道。
一光照触无涯无限，十方国土悉为充遍，
普使世间广得大明，此破暗者所行之道。
随其应见为应供养，为现如来清净妙身，
教化众生百千亿数，庄严佛刹亦复如是。
为令众生出离世间，一切妙行皆得修习，
此行广大无有边际，云何而有能了知者？
假使分身不可说数，而与法界虚空同等，
悉共称扬彼之功德，百千万劫无能穷尽。
菩萨功德无有边际，一切修行悉皆具足，
假使无量无边佛陀，于无量劫宣说不尽。
何况世间诸天及人，一切声闻以及缘觉，
能于无量无边时劫，赞叹称扬而得究竟？

【注释】

❶ 第七，说明无着行，即方便波罗蜜。

❷ 毗尼：梵语 vinaya，意译作“律”，乃制伏灭除诸多过恶之意。此乃佛陀所制定，
为比丘、比丘尼所须遵守的有关生活规范之禁戒。

❸第八，说明难得行，即愿波罗蜜。

❹第九，说明善法行，即力波罗蜜。

❺广长舌：佛陀的三十二相之一。佛陀的舌头广长，而且柔软红薄，能覆面至发际。

❻第十，说明真实行，即智慧波罗蜜。

十无尽藏品第二十二

卷第二十一
《十无尽藏品》导读

　　本品是第四会的最后一品，一方面结成此会，一方面为胜进于十回向位之基础。十无尽藏是十种无尽功德藏之意，分别是：一，信藏；二，戒藏；三，惭藏；四，愧藏；五，闻藏；六，施藏；七，慧藏；八，念藏；九，持藏；十，辩藏。除了前面的十行之外，此十藏亦为三世诸佛所宣说；成就这十种无尽藏，就有十种无尽之法能令菩萨入于无上菩提。

　　本品亦由功德林菩萨宣说十种无尽大藏。

　　一，信藏。信藏是信诸法空、无相、无作、无所依、不可量，也就是信不可思议法，此外也信诸佛及其智慧功德，因此而入佛智慧，成就无尽信，而能闻持、宣说一切佛法。

　　二，戒藏。菩萨成就普饶益戒、不受戒、不住戒、无悔恨戒、无违净戒、不损恼戒、无杂秽戒、无贪求戒、无过失戒、无毁犯戒。

　　三，惭藏。菩萨忆念过去所作种种恶行而生惭心，欲专心断除以证无上正觉。

　　四，愧藏。菩萨自愧贪求五欲以致流转生死而欲断除。

　　五，闻藏。菩萨多闻十二因缘、五分法身、三十七道品等法无不了知，发愿多闻以证菩提。

　　六，施藏。菩萨行十种施，即分减施、竭尽施、内施、外施、内外施、一切施、过去施、未来施、现在施、究竟施。

　　七，慧藏。菩萨如实知四谛、十二因缘、三乘法、因果业报及诸法毕竟空。成就了慧藏，有十种不可尽，所以称慧无尽藏。

八，念藏。菩萨具足种种的宿命忆念智，及念佛名号、说法无尽、念众会等。念有十种，即寂静念、清净念等。

九，持藏。此持藏能持诸佛所说经句无有忘失，能持佛名号、持劫数、持佛授记等。

十，辩藏。菩萨了知诸法实相而为众生演说，不违经意，得摄一切法陀罗尼门，累劫说法不断，不生疲倦，因为此时已成就了尽虚空遍法界无边身之故。

卷第二十一

十无尽藏品第二十二

【原典】

尔时，功德林菩萨复告诸菩萨言："佛子！菩萨摩诃萨有十种藏，过去、未来、现在诸佛，已说、当说、今说。何等为十？所谓信藏、戒藏、惭藏、愧藏、闻藏、施藏、慧藏、念藏、持藏、辩藏，是为十。

"佛子！何等为菩萨摩诃萨信藏？此菩萨信一切法空，信一切法无相，信一切法无愿，信一切法无作，信一切法无分别，信一切法无所依，信一切法不可量，信一切法无有上，信一切法难超越，信一切法无生。若菩萨能如是随顺一切法，生净信已，闻诸佛法不可思议，心不怯弱；闻一切佛不可思议，心不怯弱；闻众生界不可思议，心不怯弱；闻法界不可思议，心不怯弱；闻虚空界不可思议，心不怯弱；闻涅槃界不可思议，心不怯弱；闻过去世不可思议，心不怯弱；闻未来世不可思议，心不怯弱；闻现在世不可思议，心不怯弱；闻入一切劫不可思议，心不怯弱。何以故？此菩萨于诸佛所一向坚信，知佛智慧无边无尽。十方无量诸世界中，一一各有无量诸佛，于阿耨多罗三藐三菩提，已得、今得、当得，已出世、今出世、当出世、已入涅槃、今入涅槃、当入涅槃，彼诸佛智慧不增不减、不生不灭、不进不退、不近不远、无知无舍。此菩萨入佛智慧，成就无边无尽信。得此信已，心不退转，心不杂乱，不可破坏，无所染著。常有根本，随顺圣人，住如来家，护持一切诸佛种性，增长一切菩萨信解，随顺一切如来善根，出生一切诸佛方便。是名菩萨摩诃萨信藏。菩萨住此信藏，则能闻持一切佛法，为众生说，皆令开悟。

"佛子！何等为菩萨摩诃萨戒藏？此菩萨成就普饶益戒、不受戒、不住戒、无悔恨戒、无违诤戒、不损恼戒、无杂秽戒、无贪求戒、无过失戒、无毁犯戒。云何为普饶益戒？此菩萨受持净戒，本为利益一切众生。云何为不受戒？此菩萨不受行外道诸所有戒，但性自精进，奉持三世诸佛如来平等净戒。云何为不住戒？此菩萨受持戒时，心不住欲界、不住色界、不住无色界。何以故？不求生彼而持戒故。云何为无悔恨戒？此菩萨恒得安住无悔恨心。何以故？不作重罪，不行谄诈，不破净戒故。云何为无违诤戒？此菩萨不非先制，不更造立，心常随顺，向涅槃戒，具足受持，无所毁犯。不以持戒恼他众生令其生苦，但愿一切心常欢喜而持于戒。云何为不恼害戒？此菩萨不因于戒学诸咒术，造作方药，恼害众生，但为救护一切众生而持于戒。云何为不杂戒？此菩萨不著边见，不持杂戒，但观缘起持出离戒。云何为无贪求戒？此菩萨不现异相彰己有德，但为满足出离法故而持于戒。云何为无过失戒？此菩萨不自贡高言我持戒，见破戒人，亦不轻毁令他愧耻，但一其心而持于戒。云何为无毁犯戒？此菩萨永断杀、盗、邪淫、妄语、两舌、恶口及无义语、贪、嗔、邪见，具足受持十种善业。菩萨持此无犯戒时，作是念言：'一切众生毁犯净戒皆由颠倒，唯佛世尊，能知众生以何因缘而生颠倒，毁犯净戒。我当成就无上菩提，广为众生说真实法，令离颠倒。'是名菩萨摩诃萨第二戒藏。

"佛子！何等为菩萨摩诃萨惭藏？此菩萨忆念过去所作诸恶，而生于惭。谓彼菩萨心自念言：'我无始世来，与诸众生皆悉互作父母、兄弟、姊妹、男女，具贪、嗔、痴、骄慢、谄诳及余一切诸烦恼故，更相恼害，递相陵夺，奸淫伤杀，无恶不造。一切众生，悉亦如是，以诸烦恼备造众恶，是故各各不相恭敬、不相尊重、不相承顺、不相谦下、不相启导、不相护惜，更相杀害，互为怨仇。自惟我身及诸众生，去、来、现在，行无惭法，三世诸佛无不知见。今若不断此无惭行，三世诸佛亦当见我。我当云何犹行不止，甚为不可。是故我应专心断除，证阿耨多罗三藐三菩提，广为众生说真实法。'是名菩萨摩诃萨第三惭藏。

"佛子！何等为菩萨摩诃萨愧藏？此菩萨自愧昔来，于五欲中，种种贪求，无有厌足，因此增长贪、恚、痴等一切烦恼：'我今不应复行是事。'又作是念：'众生无智，起诸烦恼，具行恶法，不相恭敬，不相尊重，乃至展转互为怨仇。如是等恶，无不备造，造已欢喜，追求称叹，盲无慧眼，无所知见。于母人腹中，入胎受生，成垢秽身，毕竟至于发白面皱。有智慧者观此但是从淫欲生不净之法，三世诸佛皆悉知见。若我于今犹行是事，则为欺诳三世诸佛。是故我当修行于愧，速成阿耨多罗三藐三菩提，广为众生说真实法。'是名菩萨摩诃萨第四愧藏。

"佛子！何等为菩萨摩诃萨闻藏？此菩萨知是事有故是事有，是事无故是事无；是事起故是事起，是事灭故是事灭；是世间法，是出世间法；是有为法，是无为法；是有记法，是无记法。何等为是事有故是事有？谓无明有故行有。何等为是事无故是事无？谓识无故名色无。何等为是事起故是事起？谓爱起故苦起。何等为是事灭故是事灭？谓有灭故生灭。何等为世间法？所谓色、受、想、行、识。何等为出世间法？所谓戒、定、慧、解脱、解脱知见。何等为有为法？所谓欲界、色界、无色界、众生界。何等为无为法？所谓虚空、涅槃、数缘灭、非数缘灭、缘起法性住。何等为有记法？谓四圣谛、四沙门果、四辩、四无所畏、四念处、四正勤、四神足、五根、五力、七觉分、八圣道分。何为无记法？谓世间有边，世间无边，世间亦有边亦无边，世间非有边非无边；世间有常，世间无常，世间亦有常亦无常，世间非有常非无常；如来灭后有，如来灭后无，如来灭后亦有亦无，如来灭后非有非无；我及众生有，我及众生无，我及众生亦有亦无，我及众生非有非无。过去，有几如来般涅槃？几声闻、辟支佛般涅槃？未来，有几如来？几声闻、辟支佛？几众生？现在，有几佛住？几声闻、辟支佛住？几众生住？何等如来最先出？何等声闻、辟支佛最先出？何等众生最先出？何等如来最后出？何等声闻、辟支佛最后出？何等众生最后出？何法最在初？何法最在后？世间从何处来，去至何所？有几世界成？有几世界坏？世界从何处来，去至何所？何者为生死最初际？何者为生死最后际？是名无记法。菩萨摩诃萨作如是念：'一切众生于生死中，无有多闻，不能了知此一切法。我当发意，持多闻藏，证阿耨多罗三藐三菩提，为诸众生说真实法。'是名菩萨摩诃萨第五多闻藏。

"佛子！何等为菩萨摩诃萨施藏？此菩萨行十种施，所谓分减施、竭尽施、内施、外施、内外施、一切施、过去施、未来施、现在施、究竟施。佛子！云何为菩萨分减施？此菩萨禀性仁慈，好行惠施。若得美味，不专自受，要与众生，然后方食。凡所受物，悉亦如是。若自食时，作是念言：'我身中有八万户虫依于我住，我身充乐，彼亦充乐；我身饥苦，彼亦饥苦。我今受此所有饮食，愿令众生普得充饱。'为施彼故而自食之，不贪其味。复作是念：'我于长夜爱著其身，欲令充饱而受饮食。今以此食惠施众生，愿我于身永断贪著。'是名分减施。云何为菩萨竭尽施？佛子！此菩萨得种种上味饮食、香华、衣服、资生之具，若自以受用则安乐延年，若辍己施人则穷苦夭命。时，或有人来作是言：'汝今所有，悉当与我。'菩萨自念：'我无始已来，以饥饿故，丧身无数，未曾得有如毫末许饶益众生而获善利。今我亦当同于往昔而舍其命。是故应为饶益众生随其所有一切皆舍，乃至尽命，亦无所吝。'是名竭尽施。云何为菩萨内施？佛子！此菩萨年方少盛，端正美好，香华、衣服以严其身，始受灌顶转轮王位，七宝具足，王四天下。时，或有人来白王言：'大王当知！我今衰老，身婴重疾，茕独羸顿，死将不久。若得王身手足、血肉、头目、骨髓，我之身命必冀存活。唯愿大王莫更筹量，有所顾惜，但见慈念以施于我！'尔时，菩萨作是念言：'今我此身，后必当死，无一利益，宜时疾舍，以济众生。'念已，施之，心无所悔。是名内施。云何为菩萨外施？佛子！此菩萨年盛色美，众相具足，名华、上服而以严身，始受灌顶转轮王位，七宝具足，王四天下。时，或有人来白王言：'我今贫窭，众苦逼迫。唯愿仁慈特垂矜念，舍此王位以赡于我，我当统领受王福乐！'尔时，菩萨作是念言：'一切荣盛必当衰歇，于衰歇时，不能复更饶益众生。我今宜应随彼所求，充满其意。'作是念已，即便施之而无所悔。是名外施。云何为菩萨内外施？佛子！此菩萨如上所说，处轮王位，七宝具足，王四天下。时，或有人而来白言：'此转轮位，王处已久，我未曾得。唯愿大王舍之与我，并及王身为我臣仆！'尔时，菩萨作是念言：'我身财宝及以王位，悉是无常、败坏之法。我今盛壮，富有天下，乞者现前，当以不坚而求坚法。'作是念已，即便施之，乃至以身恭勤作役，心无所悔。是名内外施。云何为菩萨一切施？佛子！此菩萨亦如上说，处轮王位，七宝具足，王四天下。时，有无量贫穷之人来诣其前，而作是言：'大王名称周闻十方，我等钦风，故来至此。吾曹今者各有所求，愿普垂慈，令得满足！'时，诸贫人从彼大王，或乞国土，或乞妻子，或乞手足、血肉、心肺、头目、髓脑。菩萨是时，心作是念：'一切恩爱会当别离，而于众生无所饶益。我今为欲永舍贪爱，以此一切必离散物满众生愿。'作是念已，悉皆施与，心无悔恨，亦不于众生而生厌贱。是名一切施。云何为菩萨过去施？此菩萨闻过去诸佛菩萨所有功德，闻已不著，了达非有，不起分别，不贪不味，亦不求取，无所依倚。见法如梦，无有坚固。于诸善根，不起有想，亦无所倚，但为教化，取著众生，成熟佛法，而为演说。又复观察过去诸法，十方推求都不可得。作是念已，于过去法，毕竟皆舍。是名过去施。云何为菩萨未来施？此菩萨闻未来诸佛之所修行，了达非有，不取于相，不别乐往生诸佛国土，不味不著，亦不生厌。不以善根回向于彼，亦不于彼而退善根，常勤修行，未曾废舍，但欲因彼境界摄取众生，为说真实，令成熟佛法。然此法者非有处所、非无处所，非内、非外，非近、非远。复作是念：'若法非有，不可不舍。'是名未来施。云何为菩萨现在施？此菩萨闻四天王众天、三十三天、夜摩天、兜率陀天、化乐天、他化自在天、梵天、梵身天、梵辅天、梵众天、大梵天、光天、少光天、无量光天、光音天、净天、少净天、无量净天、遍净天、广天、少广天、无量广天、广果天、无烦天、无热天、善见天、善现天、色究竟天，乃至闻声闻缘觉具足功德。闻已，其心不迷不没、不聚不散，但观诸行如梦不实，无有贪著。为令众生，舍离恶趣，心无分别，修菩萨道，成就佛法，而为开演。是名现在施。云何为菩萨究竟施？佛子！此菩萨，假使有无量众生，或有无眼，或有无耳，或无鼻舌及以手足，来至其所，告菩萨言：'我身薄祜，诸根残缺，唯愿仁慈以善方便，舍己所有，令我具足！'菩萨闻之，即便施与。假使由此经阿僧祇劫诸根不具，亦不心生一念悔惜。但自观身，从初入胎不净微形，胞殳诸根生老病死。又观此身，无有真实，无有惭愧，非贤圣物，臭秽不洁，骨节相持，血肉所涂，九孔常流，人所恶贱。作是观已，不生一念爱著之心。复作是念：'此身危脆，无有坚固，我今云何而生恋著？应以施彼，充满其愿。如我所作，以此开导一切众生，令于身心不生贪爱，悉得成就清净智身。'是名究竟施。是为菩萨摩诃萨第六施藏。

"佛子！何等为菩萨摩诃萨慧藏？此菩萨于色如实知，色集如实知，色灭如实知，色灭道如实知。于受、想、行、识如实知，受、想、行、识集如实知，受、想、行、识灭如实知，受、想、行、识灭道如实知。于无明如实知，无明集如实知，无明灭如实知，无明灭道如实知。于爱如实知，爱集如实知，爱灭如实知，爱灭道如实知。于声闻如实知，声闻法如实知，声闻集如实知，声闻涅槃如实知。于独觉如实知，独觉法如实知，独觉集如实知，独觉涅槃如实知。于菩萨如实知，菩萨法如实知，菩萨集如实知，菩萨涅槃如实知。云何知？知从业报诸行因缘之所造作，一切虚假，空无有实，非我非坚固，无有少法可得成立。欲令众生知其实性，广为宣说。为说何等？说诸法不可坏。何等法不可坏？色不可坏，受、想、行、识不可坏，无明不可坏，声闻法、独觉法、菩萨法不可坏。何以故？一切法无作，无作者，无言说，无处所，不生不起，不与不取，无动转，无作用。菩萨成就如是等无量慧藏，以少方便，了一切法，自然明达，不由他悟。此慧无尽藏有十种不可尽故，说为无尽。何等为十？所谓多闻善巧不可尽故，亲近善知识不可尽故，善分别句义不可尽故，入深法界不可尽故，以一味智庄严不可尽故，集一切福德心无疲倦不可尽故，入一切陀罗尼门不可尽故，能分别一切众生语言音声不可尽故，能断一切众生疑惑不可尽故，为一切众生现一切佛神力教化调伏令修行不断不可尽故，是为十。是为菩萨摩诃萨第七慧藏。住此藏者，得无尽智慧，普能开悟一切众生。

"佛子！何等为菩萨摩诃萨念藏？此菩萨舍离痴惑，得具足念，忆念过去一生、二生，乃至十生、百生、千生、百千生、无量百千生，成劫、坏劫、成坏劫、非一成劫、非一坏劫、非一成坏劫，百劫、千劫、百千亿那由他，乃至无量无数、无边无等、不可数、不可称、不可思、不可量、不可说、不可说不可说劫。念一佛名号，乃至不可说不可说佛名号。念一佛出世说授记，乃至不可说不可说佛出世说授记。念一佛出世说修多罗，乃至不可说不可说佛出世说修多罗。如修多罗，祇夜、授记、伽他、尼陀那、优陀那、本事、本生、方广、未曾有、譬喻、论议，亦如是。念一众会，乃至不可说不可说众会。念演一法，乃至演不可说不可说法。念一根种种性，乃至不可说不可说根种种性。念一根无量种种性，乃至不可说不可说根无量种种性。念一烦恼种种性，乃至不可说不可说烦恼种种性。念一三昧种种性，乃至不可说不可说三昧种种性。此念有十种，所谓寂静念、清净念、不浊念、明彻念、离尘念、离种种尘念、离垢念、光耀念、可爱乐念、无障碍念。菩萨住是念时，一切世间无能娆乱，一切异论无能变动，往世善根悉得清净，于诸世法无所染著，众魔外道所不能坏，转身受生无所忘失，过、现、未来说法无尽。于一切世界中，与众生同住，曾无过咎，入一切诸佛众会道场无所障碍，一切佛所悉得亲近。是名菩萨摩诃萨第八念藏。

"佛子！何等为菩萨摩诃萨持藏？此菩萨持诸佛所说修多罗，文句义理，无有忘失。一生持，乃至不可说不可说生持。持一佛名号，乃至不可说不可说佛名号。持一劫数，乃至不可说不可说劫数。持一佛授记，乃至不可说不可说佛授记。持一修多罗，乃至不可说不可说修多罗。持一众会，乃至不可说不可说众会。持演一法，乃至演不可说不可说法。持一根无量种种性，乃至不可说不可说根无量种种性。持一烦恼种种性，乃至不可说不可说烦恼种种性。持一三昧种种性，乃至不可说不可说三昧种种性。佛子！此持藏无边难满，难至其底，难得亲近，无能制伏，无量无尽，具大威力，是佛境界，唯佛能了。是名菩萨摩诃萨第九持藏。

"佛子！何等为菩萨摩诃萨辩藏？此菩萨有深智慧，了知实相，广为众生演说诸法，不违一切诸佛经典。说一品法，乃至不可说不可说品法。说一佛名号，乃至不可说不可说佛名号。如是，说一世界，说一佛授记，说一修多罗，说一众会，说演一法，说一根无量种种性，说一烦恼无量种种性，说一三昧无量种种性，乃至说不可说不可说三昧无量种种性。或一日说，或半月、一月说，或百年、千年、百千年说，或一劫、百劫、千劫、百千劫说，或百千亿那由他劫说，或无数无量乃至不可说不可说劫说。劫数可尽，一文一句，义理难尽。何以故？此菩萨成就十种无尽藏故。成就此藏，得摄一切法，陀罗尼门现在前，百万阿僧祇陀罗尼以为眷属。得此陀罗尼已，以法光明广为众生演说于法。其说法时，以广长舌出妙音声，充满十方一切世界，随其根性，悉令满足，心得欢喜，灭除一切烦恼缠垢。善入一切音声、言语、文字、辩才，令一切众生佛种不断，净心相续。亦以法光明而演说法，无有穷尽，不生疲倦。何以故？此菩萨成就尽虚空遍法界无边身故。是为菩萨摩诃萨第十辩藏。此藏无穷尽、无分段、无间无断、无变异、无隔碍、无退转，甚深无底，难可得入，普入一切佛法之门。

"佛子！此十种无尽藏，有十种无尽法❶，令诸菩萨究竟成就无上菩提。何等为十？饶益一切众生故，以本愿善回向故，一切劫无断绝故，尽虚空界悉开悟心无限故，回向有为而不著故，一念境界一切法无尽故，大愿心无变异故，善摄取诸陀罗尼故，一切诸佛所护念故，了一切法皆如幻故。是为十种无尽法，能令一切世间所作，悉得究竟无尽大藏。"

注释

❶ "法"，大正本原无，今依明本增之。

【白话语译】

这时，功德林菩萨又向在场的众多菩萨说："佛子啊！菩萨摩诃萨有十种法藏，是三世诸佛在过去已经宣说，或未来应当宣说，或现在即将宣说的。这十种法藏是什么呢？一，信藏；二，戒藏；三，惭藏；四，愧藏；五，闻藏；六，施藏；七，慧藏；八，念藏；九，持藏；十，辩藏。

"佛子啊！什么是菩萨摩诃萨的信藏呢？

"菩萨确信一切法是空的，确信一切法是无有体相的，确信一切法是无可愿求的，确信一切法是无有造作的，确信一切法是无有分别的，确信一切法是无所依的，确信一切法是不可称量的，确信一切法是无有超过其上的，确信一切法是难以超越的，确信一切法是无生的，也就是确信一切法的种种实相真理。

"如果菩萨如此随顺一切法的实相，而能生起清净的信心，那么，当他听闻佛法的不可思议，心中不会怯弱退缩；听闻一切佛的不可思议，心中也不会怯弱退缩；听闻众生界的不可思议，心中也不会怯弱退缩；听闻法界的不可思议，心中也不会怯弱退缩；听闻虚空界的不可思议，心中也不会怯弱退缩；听闻涅槃界的不可思议，心中也不会怯弱退缩；听闻过去世的不可思议，心中也不会怯弱退缩；听闻未来世的不可思议，心中也不会怯弱退缩；听闻现在世的不可思议，心中也不会怯弱退缩；听闻进入一切时劫的不可思议，心中也不会怯弱退缩。为什么他会毫不怯弱呢？因为菩萨对诸佛一向信心坚定，知道佛陀的智慧是无边无尽的。

"在十方无量的一切世界当中，每一个地方都各有无量诸佛，对于无上正等正觉，他们或在过去已证得，或现在能证得，或未来能证得。他们或在过去已经出现于世间，或现在正出现于世间，或未来应当出现于世间。他们或在过去已经证入涅槃，或现在正证入涅槃，或未来应当证入涅槃。这些佛陀的智慧是不增、不减、不生、不灭、不进、不退、不近、不远、无知、无舍❶，平等不二的。当菩萨证入佛陀的智慧，也就成就了无边无尽的信心。

"得到这个信心之后，他的心就再也不退转，再也不杂乱，并具备了不可破坏的力量，且没有任何的污染执着，又能常守住诸法的根本；使他能随顺圣人的教诲，安住在如来之家，护持一切诸佛的种性，增长一切菩萨的信解，随顺一切如来的善根，出生一切诸佛的方便。

"这样就称之为菩萨摩诃萨的信藏。

"菩萨安住在这个信藏当中，就能听闻受持一切佛法，为众生宣说，使众生开悟。

"佛子啊！什么是菩萨摩诃萨的戒藏呢？

"当菩萨成就了以下十种戒律，就称为成就戒藏：一，普饶益戒；二，不受戒；三，不住戒；四，无悔恨戒；五，无违诤戒；六，不损恼戒；七，无杂秽戒；八，无贪求戒；九，无过失戒；十，无毁犯戒。

"为何称为普饶益戒呢？当菩萨信受奉持清净的戒律时，原本就是为了利益一切众生而受戒，所以称为普饶益戒。

"为何称为不受戒呢？菩萨怎样都不会信受实行外道的戒律，他只依着精进的本性，奉持三世诸佛如来平等清净的戒法，所以称为不受戒。

"为何称为不住戒呢？菩萨信受奉持戒律时，他的心不住在欲界、不住在色界、不住在无色界。为什么呢？因为菩萨并不是为了求生那些地方而持戒，所以称为不住戒。

"为何称为无悔恨戒呢？菩萨的心念从无悔恨。他为什么能够如此呢？这是因为他不会造作重罪，也不行谄媚欺诈，更不会破坏清净戒律。

"为何称为无违诤戒呢？菩萨不批评以前的规制，也不会随便更动造作。他时常随顺涅槃戒法，圆满具足地信受奉持，不曾随意毁犯；且不会因自己持戒而心生傲慢，恼怒其他众生，使他们苦恼。菩萨只是祈愿一切众生时常欢喜，以此而受持戒法，所以称为无违诤戒。

"为何称为不恼害戒呢？菩萨不会因为戒法而学习各种密咒法术，与制造各类的方药，恼乱伤害众生；他只会为救护一切众生，而奉持戒法，所以称为不恼害戒。

"为何称为不杂戒❷呢？菩萨不会执着不合中道的边见，不会奉持邪见的杂戒；他只是观察缘起的实相，而奉持出离的戒法，所以名为不杂戒。

"为何称为无贪求戒呢？菩萨不会示现特异的相状，以彰显自己修持的德行；他只是为了圆满具足出离法，而奉持戒法，所以称为无贪求戒。

"为何称为无过失戒呢？菩萨不会贡高我慢，标榜自己奉持戒律；要是见到破戒的人，也不会轻慢诋毁，让人惭愧耻辱；他只是专一的奉持戒律，所以称为无过失戒。

"为何称为无毁犯戒呢？菩萨永远断除杀害、偷盗、邪淫、妄语、两舌、恶口、无义之语、贪婪、嗔恚、邪见等十种恶事，而具足受持十种善业。菩萨受持无毁犯戒的时候，心里如此想着：'一切众生所有毁犯清净戒律的行为，都是由于颠倒梦想；只有佛陀知道众生到底是以什么因缘，生起了颠倒的念头，而毁犯清净的戒律。我也应当成就无上菩提，广为众生宣说真实大法，使他们都能远离颠倒梦想。'

"上面讲的就是菩萨摩诃萨的第二种藏——戒藏。

"佛子啊！什么是菩萨摩诃萨的惭藏呢？

"当菩萨忆念起过去所作的各种恶事，而生起心惭的念头时，他心里想着：'我从无始以来，与众生都曾转生互作父母、兄弟、姊妹、男女等，具备了贪婪、嗔恚、愚痴、骄慢、谄媚、欺诳，以及其余一切的种种烦恼，且更互相的恼怒、迫害、欺凌、劫夺、奸淫、伤杀，可说是无恶不作。而一切众生也都是像我这样，因为内心的烦恼而做出种种的恶事，所以彼此之间无法互相恭敬，不能互相尊重，不能互相承事随顺，不能互相谦下温柔，不能互相开启引导，不能互相爱护疼惜，反而更加地伤害对方，互相结怨生仇。想到我自己以及这些众生，在过去、现在、未来当中，都在做着无惭的事，三世诸佛没有不知道的。现在我如果不断除这些无惭的行为，三世诸佛也一定会看到我的所作所为。我现在为何还要继续做这些恶行而不停止呢？这实在是没有道理啊！所以我应当专心一念断除这些恶行，证得无上正等正觉，以广为众生宣说真实的大法。'

"以上讲的就是菩萨摩诃萨的第三种藏——惭藏。

"佛子啊！什么是菩萨摩诃萨的愧藏呢？

"菩萨心中愧对自己往昔以来，造作的各种贪婪与欲求，从不知满足，反而更增长了贪婪、嗔恚、愚痴等烦恼。此时他心里想着：'我现在不应该再做这些恶事了！'

"他又想到：'众生由于没有智慧，所以生起了各种烦恼，总是从事种种恶法，彼此之间不会互相恭敬、尊重，只会辗转结怨生仇。像这些种种过恶，众生没有一件不做的，而且做了之后还心生欢喜，不断追求与称叹这些恶事，可见众生的双眼如盲目一般，毫无智慧，完全是无知无见。又众生在母亲的腹中入胎受生之后，形成了染垢污秽的身体；年老之后，毕竟会有发白面皱的一天。有智慧的人知道，这些都是由淫欲所生的不净现象，而三世诸佛无不明了知见。如果我现在还继续做这些事，就是欺诳了三世诸佛。所以我应当修行愧的法门，尽速成就无上正等正觉，广为众生宣说真实的大法。'

"以上所讲的就是菩萨摩诃萨的第四种藏——愧藏。

"佛子啊！什么是菩萨摩诃萨的闻藏呢？

"菩萨了知：因为这件事情存在了，所以另一件事也存在；因为这件事不存在了，所以另一件事也不存在；因为这件事已经生起了，所以另一件事也已经生起；因为这件事已经消灭了，所以另一件事也已经消灭。他又了知：这是世间的法，这是出世间的法；这是有造作的有为法，这是无造作的无为法；这是有善有恶能显示果报的有记法，这是无善无恶不能显现果报的无记法。

"什么是事情存在了，另一件事情也就存在？当无明[3]存在了，生命意志的心行也就存在。什么是事情不存在了，另一件事情也就不存在？当意识不存在了，精神与肉体也就不存在。什么是事情生起了，另一件事情也就生起？当爱着的心念生起，苦的结果也就生起。什么是事情消灭了，另一件事情也就消灭？当存有消灭之后，执着的生命积聚也就会消灭。

"什么是世间法呢？肉身显现的外色，以及精神显现的感受、思想、意志心行、积聚的意识，这些肉体与精神的现象都是世间法。什么是出世间法呢？戒律、禅定、智慧、解脱，以及对于解脱的正确知识，这五分法身是出世间法。

"什么是有为法呢？欲界、色界、无色界等三界，以及一切的众生界，这些都是有为法。什么是无为法呢？宛如离开一切障碍无物可显的虚空、本性寂灭的涅槃、智慧抉择消灭疑惑的数缘灭、由清净体性及缘起妙理而消灭疑惑的非数缘灭、缘起的妙理与法性的安住，这些都称为无为法。

"什么是有记法呢？就是苦、集、灭、道四圣谛，预流、一来、不还、阿罗汉四种沙门果，法无碍❹、义无碍❺、辞无碍❻、乐说无碍❼四种菩萨说法无碍的智慧辩才，总持不忘、善能问答、能断物疑、尽知法药及知众生根欲性心四种说法无畏，观身不净、观受为苦、观心无常、观法无我四念处，已生之恶令断除、未生之恶令不生、未生之善令生起、已生之善令增长四正勤❽，欲神足、精进神足、心神足、观神足四种禅定神足❾，信、精进、念、定、慧五根❿，对治不信、懈怠、邪念、散乱、诸惑五障的五力⓫，择法、清净、喜、轻安、念、定、舍七觉分，正见、正思惟、正语、正业、正命、正精进、正念、正定八圣道分⓬。

"什么是无记法呢？就是世间是有边际的，世间是无边际的，世间是亦有边际亦无边际的，世间是非有边际非无边际的；世间是恒常的，世间是无恒常的，世间是亦有常亦无常的，世间是非有常非无常的；诸佛如来入灭之后是存有的，诸佛如来入灭之后是不存有的，诸佛如来入灭之后是亦存有亦不存有的，诸佛如来入灭之后是非存有非不存有的；我以及众生是存有的，我以及众生是不存有的，我以及众生是亦存有亦不存有的，我以及众生是非存有非不存有的。在过去世时，到底有多少佛陀进入大般涅槃而入灭？有多少声闻以及辟支佛等小乘的圣人进般涅槃而入灭？在未来世时，到底有多少的佛陀如来？有多少的声闻、辟支佛？有多少众生？在现在世时，有多少佛陀安住？有多少声闻以及辟支佛安住？有多少众生安住？到底是哪些佛陀最先出世？哪些声闻以及辟支佛最先出世？哪些众生最先出世？哪些佛陀最后出世？哪些声闻以及辟支佛最后出世？哪些众生最后出世？什么法是在最初的时候示现的？什么法是在最后的时候示现的？世间到底是从何而来，将往何处去？到底有多少世界成立，有多少世界坏灭？世界到底是从何处来，将往何处去？什么是生死最初的时际？什么是生死最后的时际？以上种种，名为无善无恶不能显现果报的无记法。

"菩萨摩诃萨心里如此思索：'一切众生在生死当中，没有具足多闻的能力，不能了知以上诸法。我应当发起誓愿，总持多闻宝藏，证得无上正等正觉，为这些众生宣说真实的大法。'

"以上所讲的就是菩萨摩诃萨的第五种藏——多闻藏。

"佛子啊！什么是菩萨摩诃萨的施藏呢？

"菩萨实行了十种布施，就称为成就菩萨的施藏。这十种布施就是分减布施、竭尽布施、内布施、外布施、内外布施、一切布施、过去布施、未来布施、现在布施、究竟布施。

"佛子啊！什么是菩萨的分减布施呢？菩萨禀性仁慈，喜好实行慈惠的布施。他如果得到美味的饭食，不会只有自己享受，而是先给众生享用，然后才自己吃；凡是收受所得的物品，都是如此分享大众。如果是自己吃时，心里就想着：'我的身体中有八万户的虫寄生，如果我的身体充实快乐，它们也会充实快乐；如果我的身体十分的饥饿苦恼，它们也会饥饿苦恼。我现在接受这里的所有的饮食，希望众生都能充实饱足。'菩萨是为了布施众生才接受饮食，而不是贪着这些食物的美味。他的心里又这么想着：'我在生死长夜中爱染执着这个身体，为了充实饱足而接受饮食。现在用这些食物慈惠布施众生，希望我能永远断除对身体的贪恋执着。'这就是分减布施。

"什么是菩萨的竭尽布施呢？佛子啊！菩萨得到种种美妙上味饮食，以及香华、衣服和种种资生的器具，如果留着自己受用，那么就能安乐延年；如果将这些物品全部布施他人，那么就会贫穷困苦，甚至夭寿折命。这时，倘若有人前来告诉菩萨：'你现在拥有的一切，都应布施给我。'菩萨就会心想：'我从无始劫来，因为饥饿的关系，已经丧失生命无数次了，但是未曾因饶益众生而获得善利。而我现在也将如同往昔般失去生命，所以为了饶益众生，我愿意将所有的一切都布施众生；即使穷尽生命，也在所不惜。'这就是竭尽布施。

"什么是菩萨的内布施呢？佛子啊！当菩萨还十分年轻的时候，他的相貌端正，而且用美好的香花与上妙衣服庄严自己。他在接受灌顶的继位大礼之后，继承了转轮圣王的王位，具足轮宝、白象宝、绀马宝、神珠宝、玉女宝、居士宝、主兵宝等七宝，统治四天下。这时，如果有人来向他说：'大王啊！你应当知道，我现在十分衰老，身染重病，孤独羸弱困顿，不久之后就将死去；但是如果大王身上的手足、血肉、头目、骨髓等能够布施给我，我就还有活命的机会。希望大王不要犹豫，不要顾惜自己的身体；希望你能够慈念于我，布施身体给我。'这时，菩萨心里想着：'我这个身体将来必定会死，死去之后就没有任何的用处；所以我应当在这个时候毫不迟疑地施舍，以济度众生。'想过之后，就无悔地布施他的身体。这就是内布施。

"什么是菩萨的外布施呢？佛子啊！菩萨成年之后，相貌美好殊胜，具足各种相好，用名贵的鲜花与上妙的衣服庄严自己。他在接受灌顶的继位大礼之后，继承了转轮圣王的王位，具足七宝，统治四天下。这时，如果有人来向他说：'我现在十分贫穷困苦，痛苦不已。希望大王您能够仁慈待我，特别同情我，把王位让给我，由我统领国家，享受如大王般的幸福快乐。'这时，菩萨心里想着：'一切的繁荣兴盛，最后终将衰竭，在衰竭的时候，就不能再饶益众生了。所以我现在应当顺着他的请求，满足他的心意。'想过之后，就无悔地把王位让给他。这就是外布施。

"什么是菩萨的内外布施呢？佛子啊！菩萨就像刚才所说的一样，身处转轮圣王的王位，具足七宝，统治四天下。这时，若有人来向他说：'大王您当转轮圣王已经很久了，而我却一直未曾得到过，希望大王能布施王位给我，并且布施您自己作我的臣下奴仆。'这时，菩萨心里想着：'我的身体、财宝以及王位，都是无常的，会败坏的。虽然我现在的身体十分强壮，而且富有天下，但既然有人前来向我乞讨，我就应将我所有的一切布施给他，用无常不坚的东西来换取永恒坚固的大法。'想过之后，马上就布施给那人，自己甚至十分恭敬勤劳地充作仆役，心中毫不后悔。这就是内外布施。

　　"什么是菩萨的一切布施呢？佛子啊！菩萨就像刚才所说的一样，身处转轮圣王的地位，具足七宝，统治四天下。这时，有很多穷人来到他面前，向他说：'大王！您盛名远播，我们因为钦仰大王的仁风，所以特别来到此地。我们现在每一个人都各有所求，希望你能慈悲地对待我们，满足我们。'这时，有人向大王乞求国土，有的乞求让予妻子，有的乞求手足、血肉、心肺、头目、髓脑等。菩萨这时心里面想着：'一切的恩爱必当会别离，这样的恩爱并无法饶益任何众生。现在我为了永远舍离贪爱，就用这些一定会离散的物品满足他们的愿望吧！'他生起这念头之后，就将自己所有的东西都布施给他们，心中毫无悔恨，且丝毫不会轻贱厌烦这些来求的众生。这就是一切布施。

　　"什么是菩萨的过去布施呢？菩萨听闻过去诸佛菩萨所有的功德，听闻之后不会执着，因为他完全了达一切都是性空非有的，因此不会心生分别，也不贪着、不沉溺或追求执取，更不会依止黏滞其中。他所见到一切法，就宛如梦幻一般，无有坚固；对于所有的善根，不会心生存有，也不会执取依靠。他只是为了教化众生，成熟众生，拈取佛法为他们演说而已。他又观察到：'过去的一切诸法，在十方世界中推寻追求，都是不可得的。'他生起这个念头之后，对于过去诸法，都能究竟舍离。这就是过去布施。

　　"什么是菩萨的未来布施呢？菩萨听闻未来诸佛所修的一切胜行，了达一切都是空无所有，而不会执取任何的现象，也不会特别想要往生诸佛国土，不沉溺、不执着，也不会心生厌倦。他不会以善根回向诸佛国土，也不会因诸佛国土而退失善根。他只是精勤修行，未曾丝毫荒废舍弃，他只想运用这些佛土的境界摄取众生，以向众生宣说真实的理法，使他们都能圆满佛法。但是这些法门，不是存在于某个处所，也不是说没有处所；不是在内，也不是在外；不在近处，也不在远处。所以他的心中又生起此念：'如果法是非有的，就应当舍离诸法啊！'这就是未来布施。

　　"什么是菩萨的现在布施呢？菩萨听闻了四天王众天、三十三天、夜摩天、兜率陀天、化乐天、他化自在天、梵天、梵身天、梵辅天、梵众天、大梵天、光天、少光天、无量光天、光音天、净天、少净天、无量净天、遍净天、广天、少广天、无量广天、广果天、无烦天、无热天、善见天、善现天、色究竟天等诸天的功德，乃至于听闻了声闻、缘觉所具足的功德。听闻之后，他不会心生迷惑、不会沉溺、不会积聚、不会失散，只是观察一切法宛如梦幻泡影，毫不贪着。他为了使众生舍离一切的恶趣，心中没有分别地修习菩萨道，以成就佛法来为他们开示演说。这就是现在布施。

"什么是菩萨的究竟布施呢？佛子啊！假使有无量的众生，有些众生没有眼睛，有些众生没有耳朵，有些众生没有鼻子、舌头，有些连手足都没有，他们来到菩萨的住处，告诉菩萨：'我的身体单薄瘦弱，诸根器官残缺。希望你仁慈待我，善巧方便地舍弃你所有的一切，完满具足我的身体。'菩萨听闻之后，便马上布施自己的身体。菩萨如此不断地布施，即使经过阿僧祇的时劫，自己的诸根器官始终残缺不全，也丝毫不会后悔痛惜。他深知自己的身体，从刚刚入胎开始，只是清净的微小形体，后来慢慢分段长成诸根器官，又经历了生、老、病、死的无常现象。他观察自己这副肉身：一点也不真实，不会感到惭愧，不具备圣贤的特质，十分腥臭污秽；身体的筋骨相互支持，外面为血与肉所涂怖；身体的嘴、鼻、耳朵等九孔，常流出不净的污物，令人厌贱。观察之后，菩萨的心中没有丝毫的贪爱执着。接着他又心想：'这个身体是如此脆弱无常，一点也不坚固。我怎么会心生贪爱呢？我应当布施这个身体，以圆满受施者的愿望。如同我所做的一切，并开导众生不贪爱肉身，而成就清净的智慧之身。'这就是究竟布施。

"以上所说的就是菩萨摩诃萨的第六种藏——施藏。

"佛子啊！什么是菩萨摩诃萨的慧藏呢？

"菩萨如实了知色相，也如实了知色相生起集聚的过程，也如实了知色相的灭失，也如实了知色相灭失的原因本质。他如实了知感受、思想、心行、意识，也如实了知感受、思想、心行、意识生起集聚的情形，也如实了知感受、思想、心行、意识的灭失，也如实了知感受、思想、心行、意识灭失的原因本质。他如实了知无明，也如实了知无明生起集聚的情形，也如实了知无明的灭失，也如实了知无明灭失的原因本质。他如实了知分别执着的爱念，也如实了知分别执着爱念生起集聚的情形，也如实了知分别执着爱念的灭失，也如实了知分别执着爱念灭失的原因本质。他如实了知声闻的境界，也如实了知声闻的法门，也如实了知声闻的生起集聚与成就，也如实了知声闻的涅槃。他如实了知独觉的境界，也如实了知独觉的法门，也如实了知独觉的生起集聚与成就，也如实了知独觉的涅槃。他如实了知菩萨，也如实了知菩萨的法，也如实了知菩萨的生起集聚与成就，也如实了知菩萨的涅槃。

"他到底了知什么呢？他了知这一切都是因缘业报所造作，这一切都是虚假、空幻、无有真实，都是非我且毫不坚固，根本没有任何真实可言。他为了使众生了知一切的真实体性，而广为宣说法要。宣说些什么法要呢？就是为他们宣说诸法不可坏的道理。什么法是不可坏呢？色相不可坏，感受、思想、心行、意识不可坏，无明的境界不可坏，声闻法、独觉法、菩萨法的境界也是不可坏的。为什么呢？因为任何一法的本质，都是没有造作的，没有造作的人，没有言说，没有依止的处所，没有出生，没有兴起，没有给予，没有取用，没有动转，也没有作用。菩萨成就了以上这些无量的智慧宝藏，以极少的方便，就能够自然地明了通达一切法，不必经由他人教导而开悟。

"这个智慧的无尽宝藏，因为有十种不可尽的缘故，所以称为无尽。这十种无尽就是：一，多闻善巧是不可尽的；二，需要亲近的善知识是不可尽的；三，善分别语句义理是不可尽的；四，证入甚深法界是不可尽的；五，以一味智慧庄严是不可尽的；六，聚集一切的福德心而没有疲倦是不可尽的；七，进入一切总持陀罗尼门是不可尽的；八，能够分别一切众生的语言音声是不可尽的；九，能够断除一切众生的疑惑是不可尽的；十，示现一切诸佛神通力以教化调伏众生使他们修行不间断是不可尽的。就是这十种。

"以上所说的就是菩萨摩诃萨第七种藏——慧藏。菩萨安住在这个智慧藏当中，就能获得无尽的智慧，能够普遍导引一切众生开悟。

"佛子啊！什么是菩萨摩诃萨的念藏呢？

"菩萨舍离了愚痴迷惑，心念圆满具足。他忆念起过去一生、二生，乃至于十生、百生、千生、百千生、无量百千生，甚至是成劫、坏劫、成坏劫，甚至于不只是一个成劫、不只是一个坏劫、不只是一个成坏劫，而是百劫、千劫、百千亿那由他，直至无数、无量、无边、无等、不可数、不可称、不可思、不可量、不可说、不可说劫。又忆念一位佛陀的名号，乃至于不可说不可说位佛陀的名号。又忆念一位佛陀出现世间宣说授记，乃至于不可说不可说位佛陀出现世间宣说授记。又忆念一位佛陀出现世间宣说佛经中的修多罗，乃至于不可说不可说位佛陀出现世间宣说佛经中的修多罗。修多罗以外，佛典中的其他部分，像祇夜❸、授记、伽他❹、尼陀那❺、优陀那❻、本事❼、本生❽、方广❾、未曾有❿、譬喻、论议㉑等，也是如此忆念。又忆念一个大众集会，乃至于不可说不可说的大众集会。又忆念演说一门法要，乃至于演说不可说不可说的法要。又忆念一种根器的种种特性，乃至于不可说不可说根器的种种特性。又忆念一种烦恼的种种特性，乃至不可说不可说烦恼的特性。又忆念一种三昧的种种特性，乃至于不可说不可说三昧的种种特性。

"这样的心念可分为十种：一，寂静的心念；二，清净的心念；三，不浊的心念；四，明彻的心念；五，离尘的心念；六，离开种种尘劳的心念；七，离垢的心念；八，光耀的心念；九，可爱悦乐的心念；十，无障碍的心念。

"菩萨安住在这些心念时，一切世间的事物都不能扰乱他，一切相异的议论也不能变动他的心志。他已经完全清净过去世的善根，对于各种世间法没有任何执着污染，众魔以及外道都不能破坏的。即使他转世受生其他的色身，也不会忘失这些清净的心念。过去、现在、未来三世，他都能够说法无尽。在任何一个世界，他无不与众生共同安住，没有任何过咎。一切大众集会的处所，以及诸佛安住的所在，他都能够亲临听受。

"以上所说的就是菩萨摩诃萨的第八种藏——念藏。

"佛子啊！什么是菩萨摩诃萨的持藏呢？

"菩萨总持忆念诸佛所说佛典中的修多罗，对于修多罗中的文句义理，从不忘失，不只一生总持不忘，甚至于不可说不可说的多生当中也总持不忘。他不仅能持一位佛的名号，甚至于不可说不可说位佛的名号也能总持不忘。他不仅能持一劫，乃至于持不可说不可说劫数。他不仅能持一位佛的授记，甚至于不可说不可说位佛的授记也能总持不忘。他不仅能持佛典中的一篇修多罗，甚至于不可说不可说的修多罗也能总持不忘。他不仅能持一场大众集会，乃至于不可说不可说的大众集会也能总持不忘。他不仅能总持演说一种法要，甚至于不可说不可说的法要也能总持演说。他不仅能持一种根器的无量特性，甚至于不可说不可说根器的无量特性也能总持。他不仅能持一种烦恼的种种特性，甚至于不可说不可说烦恼的种种特性也能总持。他不仅能持一种三昧的种种特性，甚至不可说不可说三昧的种种特性也能总持。

"佛子啊！这个总持的法藏无边无际，难以充满，难以穷尽极限，实在难以亲近，没有人能够完全掌握这个持藏；它无量无尽，威力无边，几乎已到达佛陀的境界了，也唯有佛陀才能明了。

"以上所说的就是菩萨摩诃萨的第九种藏——持藏。

"佛子啊！什么是菩萨摩诃萨的辩藏呢？

"菩萨智慧深广无涯，能够了知一切的实相；虽然广为众生演说各种佛法，但都不会违背一切诸佛经典的义理。他宣说一品的法，也宣说不可说不可说品的法；他宣说一位佛的名号，也宣说不可说不可说位佛的名号。像这样，他宣说着一个世界，宣说一位佛的授记，宣说佛典中的一篇修多罗，宣说一场大众集会，宣说开演一种重法要，宣说一种根器的无量特性，宣说一种烦恼的无量特性，宣说一种三昧的无量特性，甚至于宣说不可说不可说三昧的无量特性。

"他或是在一日之中宣说，或是在半月、一月之中宣说，或是百年、千年、百千年宣说，或是一劫、百劫、千劫、百千劫的时间宣说，或是百千亿那由他劫的时间宣说，或是无数无量乃至于不可说不可说的时劫宣说。这些时劫的数量可以穷尽，但是这些法藏的一句却是难以穷尽的。为什么呢？这是因为菩萨成就了十种无尽藏的缘故。

"菩萨成就了这个辩藏时，能够摄受一切法的陀罗尼门就会现在面前，有百万阿僧祇的陀罗尼作为一切法陀罗尼的眷属。菩萨得到了这个陀罗尼之后，就可运用真理的光明广为众生演说开示各种法门。当他说法时，广长舌相出示的美妙音声，充满了十方世界；众生的根性虽然不尽相同，但是菩萨却能让每个人都欢喜满足，除灭了所有的烦恼纠缠。他善于趣入一切的音声、言语、文字与辩才，使一切众生的佛种不断，清净心念也能相续不绝，也能以真理的明光演说诸法，即使是经历了无穷的时间，也不会心生厌倦。他是怎么做到的呢？这是因为菩萨成就了尽虚空遍法界无边妙色身的缘故。

"以上所说的就是菩萨摩诃萨的第十种藏——辩藏。这个辩藏是不能穷尽的，也不能分段，没有间绝，没有断失，没有变异，没有阻隔障碍，没有退转，甚深无穷，难以深入，这实在是因为辩藏能够普遍趣入一切佛法之门的缘故呀！

"佛子啊！此十种无尽藏当中，又可归纳十种使菩萨成就无上菩提的无尽法。这十种无尽法是什么呢？一，饶益一切众生；二，以本愿善巧回向；三，在一切的时劫当中没有断绝；四，心中没有任何限制，穷尽虚空界而开悟；五，回向有为的世间而毫无执着；六，在一念的境界中显示一切法无尽；七，发大愿心绝无变异；八，善于摄取各种陀罗尼总持法门；九，为一切的诸佛所护念；十，了知一切法如幻。这十种无尽法，能使菩萨在世间的所作所为，得到究竟无尽的广大宝藏。"

【注释】

❶ 无知、无舍：穷照万法而无知，顿寂诸相而不舍。

❷ 杂戒：指相异于正确的戒律之戒行。

❸ 无明：无能明照诸法事理，也就是愚痴的异名。

❹ 法无碍：通达法名字，分别无滞。

❺ 义无碍：了知一切法理，通达无碍。

❻ 辞无碍：通晓各地不同语言，能随意演说。

❼ 乐说无碍：辩说法义，圆融无滞，为众生乐说自在。从法无碍到乐说无碍等四者，
名为四无碍智，或名四无碍辩。

❽ 四正勤：又名四正断，指精进勤劳地修习四种道法，以策励身、口、意三业，
断恶生善。

❾ 四神足：又名四如意足，就是用四种定力摄心，使定慧均等，神力充沛，所愿
皆得。

❿ 信、精进、念、定、慧：此五法为产生诸善的根本，故名为五根。

⓫ 五力：由于五根坚固而发生力量，叫作五力，即信力、精进力、念力、定力、
慧力。

⓬ 四念处、四正勤、四神足、五根、五力、七觉分、八圣道分，合称为三十七道品，
亦称为三十七菩提分。因此三十七法能通达涅槃，故名之。

⓭ 祇夜：梵语 geya，意译作"重颂"，为相应于散文而于文后加以宣说的偈颂文，
有重宣之意，故称重颂。

⓮ 伽他：梵语 gāthā，意译作"讽颂"，为易于诵持而作的韵文。

⓯ 尼陀那：梵语 nidāna，意译作"因缘"，指佛陀应弟子之请问而说的因缘经。

⓰ 优陀那：梵语 udāna，意译作"自说"，系无人发问而佛陀自说的经文。

⓱ 本事：佛陀说过去之事的经文。

⓲ 本生：佛陀说过去受生故事的经文。

⓳ 方广：说明广大法义的经文。

⓴ 未曾有：说佛菩萨奇特不共之德的经文。

㉑ 以上十二种经文，一切佛经的内容可分为这十二个种类，称为十二部经，也称
为十二分教。

升兜率天宫品第二十三

卷第二十二

《升兜率天宫品》导读

    本品是第五会"兜率天宫会"之首。第五会共有三品，即本品、《兜率宫中偈赞品》、《十回向品》。前二品是序言，《十回向品》是主体。本会要说明的是上贤的十回向位，主要的说法者是金刚幢菩萨。兜率天或译为"睹史陀天"，是知足天之意，此天为欲界六天之第四层。相传释迦牟尼佛前生住于此天，骑六牙白象而投胎转世；目前弥勒菩萨补佛位而位于兜率天的兜率内院中，将来也将如释迦牟尼佛一样降生成佛。修布施、持戒、禅定三种福可升此天。

    本品的结构与第四会之初的《升夜摩天宫品》大体上是一样的，但宫殿的庄严程度及见佛得益、广修供养上，此起前品要广大许多；而且佛德庄严，大悲普覆，令众生未信者能信，乃至入于如来家。

    本品之初亦是佛现神力不离菩提树本座、须弥顶、夜摩天宫而前往兜率天，兜率天王便以种种庄严宫殿，一切世界的兜率天也都如此。然后天王与无数天子一起出迎佛陀，起种种香云庄严虚空，遥见佛陀种种胜相，心大欢喜。请佛入殿后，天王自忆往昔于十佛所所种善根，而说偈颂赞叹此宝殿最吉祥。在十方兜率天王也如此叹佛功德之后，如来便就座趺坐。

卷第二十二
升兜率天宫品第二十三

【原典】

尔时，佛神力故，十方一切世界，一一四天下阎浮提中，皆见如来坐于树下，各有菩萨承佛神力而演说法，靡不自谓恒对于佛。

尔时，世尊复以神力，不离于此菩提树下及须弥顶、夜摩天宫，而往诣于兜率陀天一切妙宝所庄严殿。时，兜率天王遥见佛来，即于殿上敷摩尼藏师子之座。其师子座，天诸妙宝之所集成，过去修行善根所得，一切如来神力所现，无量百千亿那由他阿僧祇善根所生，一切如来净法所起，无边福力之所严莹，清净业报不可沮坏，观者欣乐无所厌足，是出世法非世所染。一切众生咸来观察，无有能得究其妙好。有百万亿层级，周匝围绕，百万亿金网、百万亿华帐、百万亿宝帐、百万亿鬘帐、百万亿香帐，张施其上。华鬘垂下，香气普熏。百万亿华盖、百万亿鬘盖、百万亿宝盖，诸天执持，四面行列。百万亿宝衣，以敷其上。百万亿楼阁，绮焕庄严。百万亿摩尼网、百万亿宝网，弥覆其上。百万亿宝璎珞网，四面垂下。百万亿庄严具网、百万亿盖网、百万亿衣网、百万亿宝帐网，以张其上。百万亿宝莲华网，开敷光荣。百万亿宝香网，其香美妙，称悦众心。百万亿宝铃帐，其铃微动，出和雅音。百万亿栴檀宝帐，香气普熏。百万亿宝华帐，其华敷荣。百万亿众妙色衣帐，世所希有。百万亿菩萨帐、百万亿杂色帐、百万亿真金帐、百万亿琉璃帐、百万亿种种宝帐，悉张其上。百万亿一切宝帐，大摩尼宝以为庄严。百万亿妙宝华周匝莹饰，百万亿频婆帐殊妙间错，百万亿宝鬘、百万亿香鬘四面垂下。百万亿天坚固香，其香普熏。百万亿天庄严具璎珞、百万亿宝华璎珞、百万亿胜藏宝璎珞、百万亿摩尼宝璎珞、百万亿海摩尼宝璎珞，庄严座身、百万亿妙宝缯彩，以为垂带。百万亿因陀罗金刚宝、百万亿自在摩尼宝、百万亿妙色真金藏，以为间饰。百万亿毗卢遮那摩尼宝、百万亿因陀罗摩尼宝，光明照耀。百万亿天坚固摩尼宝，以为窗牖。百万亿清净功德摩尼宝，彰施妙色。百万亿清净妙藏宝，以为门阃。百万亿世中最胜半月宝、百万亿离垢藏摩尼宝、百万亿师子面摩尼宝，间错庄严。百万亿心王摩尼宝，所求如意。百万亿阎浮檀摩尼宝、百万亿清净藏摩尼宝、百万亿帝幢摩尼宝，咸放光明，弥覆其上。百万亿白银藏摩尼宝、百万亿须弥幢摩尼宝，庄严其藏。百万亿真珠璎珞、百万亿琉璃璎珞、百万亿赤色宝璎珞、百万亿摩尼璎珞、百万亿宝光明璎珞、百万亿种种藏摩尼璎珞、百万亿甚可乐见赤真珠璎珞、百万亿无边色相藏摩尼宝璎珞、百万亿极清净无比宝璎珞、百万亿胜光明摩尼宝璎珞，周匝垂布，以为庄严。百万亿摩尼身，殊妙严饰。百万亿因陀罗妙色宝、百万亿黑栴檀香、百万亿不思议境界香、百万亿十方妙香、百万亿最胜香、百万亿甚可爱乐香，咸发香气，普熏十方。百万亿频娑罗香，普散十方。百万亿净光香，普熏众生。百万亿无边际种种色香，普熏一切诸佛国土，永不歇灭。百万亿涂香、百万亿熏香、百万亿烧香，香气发越，普熏一切。百万亿莲华藏沉水香，出大音声。百万亿游戏香，能转众心。百万亿阿楼那香，香气普熏，其味甘美。百万亿能开悟香，普遍一切，令其闻者诸根寂静。复有百万亿无比香王香，种种庄严。雨百万亿天华云，雨百万亿天香云，雨百万亿天末香云，雨百万亿天拘苏摩华云，雨百万亿天波头摩华云，雨百万亿天优钵罗华云，雨百万亿天拘物头华云，雨百万亿天芬陀利华云，雨百万亿天曼陀罗华云，雨百万亿一切天华云，雨百万亿天衣云，雨百万亿摩尼宝云，雨百万亿天盖云，雨百万亿天幡云，雨百万亿天冠云，雨百万亿天庄严具云，雨百万亿天宝鬘云，雨百万亿天宝璎珞云，雨百万亿天栴檀香云，雨百万亿天沉水香云。建百万亿宝幢，悬百万亿宝幡，垂百万亿宝缯带，然百万亿香炉，布百万亿宝鬘，持百万亿宝扇，执百万亿宝拂。悬百万亿宝铃网，微风吹动，出妙音声；百万亿宝栏楯，周匝围绕；百万亿宝多罗树，次第行列；百万亿妙宝窗牖，绮丽庄严；百万亿宝树，周匝垂阴；百万亿宝楼阁，延袤绮饰；百万亿宝门，垂布璎珞；百万亿金铃，出妙音声。百万亿吉祥相璎珞，严净垂下；百万亿宝悉底迦，能除众恶；百万亿金藏，金缕织成。百万亿宝盖，众宝为竿，执持行列；百万亿一切宝庄严具网，间错庄严。百万亿光明宝，放种种光，百万亿光明周遍照耀。百万亿日藏轮、百万亿月藏轮，并无量色宝之所集成。百万亿香焰，光明映彻；百万亿莲华藏，开敷鲜荣；百万亿宝网、百万亿华网、百万亿香网，弥覆❶其上。百万亿天宝衣、百万亿天青色衣、百万亿天黄色衣、百万亿天赤色衣、百万亿天奇妙色衣、百万亿天种种宝奇妙衣、百万亿种种香熏衣、百万亿一切宝所成衣、百万亿鲜白衣，悉善敷布，见者欢喜。百万亿天铃幢、百万亿金网幢，出微妙音。百万亿天缯幢，众彩具足。百万亿香幢，垂布香网。百万亿华幢，雨一切华。百万亿天衣幢，悬布妙衣。百万亿天摩尼宝幢，众宝庄严。百万亿天庄严具幢，众具校饰。百万亿天鬘幢，种种华鬘，四面行布。百万亿天盖幢，宝铃和鸣，闻皆欢喜。百万亿天螺，出妙音声；百万亿天鼓，出大音声；百万亿天箜篌，出微妙音；百万亿天牟陀罗，出大妙音；百万亿天诸杂乐，同时俱奏。百万亿天自在乐，出妙音声，其声普遍一切佛刹。百万亿天变化乐，其声如响，普应一切。百万亿天鼓，因于抚击，而出妙音。百万亿天如意乐，自然出声，音节相和。百万亿天诸杂乐，出妙音声，灭诸烦恼。百万亿悦意音，赞叹供养；百万亿广大音，赞叹承事；百万亿甚深音，赞叹修行；百万亿众妙音，叹佛业果；百万亿微细音，叹如实理；百万亿无障碍真实音，叹佛本行；百万亿清净音，赞叹过去供养诸佛；百万亿法门音，赞叹诸佛最胜无畏；百万亿无量音，叹诸菩萨功德无尽；百万亿菩萨地音，赞叹开示一切菩萨地相应行；百万亿无断绝音，叹佛功德，无有断绝；百万亿随顺音，赞叹称扬见佛之行；百万亿甚深法音，赞叹一切法无碍智相应理；百万亿广大音，其音充满一切佛刹；百万亿无碍清净音，随其心乐，悉令欢喜；百万亿不住三界音，令其闻者深入法性；百万亿欢喜音，令其闻者心无障碍，深信恭敬；百万亿佛境界音，随所出声，悉能开示一切法义。百万亿陀罗尼音，善宣一切法句差别，决了如来秘密之藏。百万亿一切法音，其音和畅，克谐众乐。有百万亿初发心菩萨，才见此座，倍更增长一切智心。百万亿治地菩萨，心净欢喜；百万亿修行菩萨，悟解清净；百万亿生贵菩萨，住胜志乐；百万亿方便具足菩萨，起大乘行；百万亿正心住菩萨，勤修一切菩萨道；百万亿不退菩萨，净修一切菩萨地；百万亿童真菩萨，得一切菩萨三昧光明；百万亿法王子菩萨，入不思议诸佛境界；百万亿灌顶菩萨，能现无量如来十力；百万亿菩萨，得自在神通；百万亿菩萨，生清净解；百万亿菩萨，心生爱乐；百万亿菩萨，深信不坏；百万亿菩萨，势力广大；百万亿菩萨，名称增长；百万亿菩萨，演说法义，令智决定；百万亿菩萨，正念不乱；百万亿菩萨，生决定智；百万亿菩萨，得闻持力，持一切佛法；百万亿菩萨，出生无量广大觉解；百万亿菩萨，安住信根。百万亿菩萨，得檀波罗蜜，能一切施；百万亿菩萨，得尸波罗蜜，具持众戒；百万亿菩萨，得忍波罗蜜，心不妄动，悉能忍受一切佛法；百万亿菩萨，得精进波罗蜜，能行无量出离精进；百万亿菩萨，得禅波罗蜜，具足无量禅定光明；百万亿菩萨，得般若波罗蜜，智慧光明能普照耀。百万亿菩萨，成就大愿，悉皆清净；百万亿菩萨，得智慧灯，明照法门；百万亿菩萨，为十方诸佛法光所照；百万亿菩萨，周遍十方，演离痴法；百万亿菩萨，普入一切诸佛刹土；百万亿菩萨，法身随到一切佛国；百万亿菩萨，得佛音声，能广开悟；百万亿菩萨，得出生一切智方便；百万亿菩萨，得成就一切法门；百万亿菩萨，成就法智，犹如宝幢，能普显示一切佛法；百万亿菩萨，能悉示现如来境界。百万亿诸天王，恭敬礼拜；百万亿龙王，谛观无厌；百万亿夜叉王，顶上合掌；百万亿乾闼婆王，起净信心；百万亿阿修罗王，断骄慢意；百万亿迦楼罗王，口衔缯带；百万亿紧那罗王，欢喜踊跃；百万亿摩睺罗伽王，欢喜瞻仰；百万亿世主，稽首作礼；百万亿忉利天王，瞻仰不瞬；百万亿夜摩天王，欢喜赞叹；百万亿兜率天王，布身作礼；百万亿化乐天王，头顶礼敬；百万亿他化天王，恭敬合掌；百万亿梵天王，一心观察；

百万亿摩醯首罗天王，恭敬供养；百万亿菩萨，发声赞叹；百万亿天女，专心供养；百万亿同愿天，踊跃欢喜；百万亿往昔同住天，妙声称赞；百万亿梵身天，布身敬礼；百万亿梵辅天，合掌于顶；百万亿梵众天，围绕侍卫；百万亿大梵天，赞叹称扬无量功；百万亿光天，五体投地；百万亿少光天，宣扬赞叹佛世难值；百万亿无量光天，遥向佛礼；百万亿光音天，赞叹如来甚难得见；百万亿净天，与宫殿俱，而来诣此；百万亿少净天，以清净心，稽首作礼；百万亿无量净天，愿欲见佛，投身而下；百万亿遍净天，恭敬尊重，亲近供养；百万亿广天，念昔善根；百万亿少广天，于如来所，生希有想；百万亿无量广天，决定尊重，生诸善业；百万亿广果天，曲躬恭敬；百万亿无烦天，信根坚固，恭敬礼拜；百万亿无热天，合掌念佛，情无厌足；百万亿善见天，头面作礼；百万亿善现天，念供养佛，心无懈歇；百万亿阿迦尼吒天，恭敬顶礼；百万亿种种天，皆大欢喜，发声赞叹；百万亿诸天，各善思惟，而为庄严；百万亿菩萨天，护持佛座，庄严不绝。百万亿华手菩萨，雨一切华；百万亿香手菩萨，雨一切香；百万亿鬘手菩萨，雨一切鬘；百万亿末香手菩萨，雨一切末香；百万亿涂香手菩萨，雨一切涂香；百万亿衣手菩萨，雨一切衣；百万亿盖手菩萨，雨一切盖；百万亿幢手菩萨，雨一切幢；百万亿幡手菩萨，雨一切幡；百万亿宝手菩萨，雨一切宝；百万亿庄严手菩萨，雨一切庄严具。百万亿诸天子，从天宫出，至于座所；百万亿诸天子，以净信心，并宫殿俱；百万亿生贵天子，以身持座；百万亿灌顶天子，举身持座。百万亿思惟菩萨，恭敬思惟；百万亿生贵菩萨，发清净心；百万亿菩萨，诸根悦乐；百万亿菩萨，深心清净；百万亿菩萨，信解清净；百万亿菩萨，诸业清净；百万亿菩萨，受生自在；百万亿菩萨，法光照耀；百万亿菩萨，成就于地；百万亿菩萨，善能教化一切众生。百万亿善根所生，百万亿诸佛护持，百万亿福德所圆满，百万亿殊胜心所清净，百万亿大愿所严洁，百万亿善行所生起，百万亿善法所坚固，百万亿神力所示现，百万亿功德所成就，百万亿赞叹法而以赞叹。

如此世界兜率天王，奉为如来，敷置高座。一切世界兜率天王，悉为于佛如是敷座，如是庄严，如是仪则，如是信乐，如是心净，如是欣乐，如是喜悦，如是尊重，如是而生希有之想，如是踊跃，如是渴仰，悉皆同等。

尔时，兜率天王为如来敷置座已，心生尊重，与十万亿阿僧祇兜率天子奉迎如来。以清净心，雨阿僧祇色华云，雨不思议色香云，雨种种色鬘云，雨广大清净栴檀云，雨无量种种盖云，雨细妙天衣云，雨无边众妙宝云，雨天庄严具云，雨无量种种烧香云，雨一切栴檀沉水坚固末香云。诸天子众各从其身，出此诸云。时，百千亿阿僧祇兜率天子，及余在会诸天子众，心大欢喜，恭敬顶礼。阿僧祇天女，踊跃欣慕，谛观如来。兜率宫中不可说诸菩萨众，住虚空中，精勤一心，以出过诸天诸供养具，供养于佛，恭敬作礼。阿僧祇音乐一时同奏。

尔时，如来威神力故，往昔善根之所流故，不可思议自在力故，兜率宫中一切诸天及诸天女，皆遥见佛，如对目前，同兴念言：“如来出世难可值遇，我今得见具一切智于法无碍正等觉者。”如是思惟，如是观察，与诸众会悉共同时奉迎如来。各以天衣，盛一切华，盛一切香，盛一切宝，盛一切庄严具，盛一切天栴檀末香，盛一切天沉水末香，盛一切天妙宝末香，盛一切天香华，盛一切天曼陀罗华，悉以奉散，供养于佛。

百千亿那由他阿僧祇兜率陀天子，住虚空中，咸于佛所起智慧境界心，烧一切香，香气成云，庄严虚空。又于佛所起欢喜心，雨一切天华云，庄严虚空。又于佛所起尊重心，雨一切天盖云，庄严虚空。又于佛所起供养心，散一切天鬘云，庄严虚空。又于佛所生信解心，布阿僧祇金网，弥覆虚空，一切宝铃常出妙音。又于佛所生最胜福田心，以阿僧祇帐，庄严虚空；雨一切璎珞云，无有断绝。又于佛所生深信心，以阿僧祇诸天宫殿，庄严虚空，一切天乐出微妙音。又于佛所生最胜难遇心，以阿僧祇种种色天衣云，庄严虚空，雨于无比种种妙衣。又于佛所生无量欢喜踊跃心，以阿僧祇诸天宝冠，庄严虚空，雨无量天冠，广大成云。又于佛所起欢喜心，以阿僧祇种种色宝庄严虚空；雨一切璎珞云，无有断绝。百千亿那由他阿僧祇天子，咸于佛所生净信心，散无数种种色天华，然无数种种色天香，供养如来，又于佛所起大庄严变化心，持无数种种色天栴檀末香，奉散如来，又于佛所起欢喜踊跃心，持无数种种色盖，随逐如来，又于佛所起增上心，持无数种种色天宝衣，敷布道路，供养如来。又于佛所起清净心，持无数种种色天宝幢，奉迎如来。又于佛所起增上欢喜心，持无数种种色天庄严具，供养如来，又于佛所生不坏信心，持无数天宝鬘，供养如来，又于佛所生无比欢喜心，持无数种种色天宝幡，供养如来。百千亿那由他阿僧祇诸天子，以调顺寂静无放逸心，持无数种种色天乐，出妙音声，供养如来。

百千亿那由他不可说先住兜率宫诸菩萨众，以从超过三界法所生，离诸烦恼行所生，周遍无碍心所生，甚深方便法所生，无量广大智所生，坚固清净信所增长，不思议善根所生起，阿僧祇善巧变化所成就，供养佛心之所现，无作法门之所印，出过诸天诸供养具，供养于佛。以从波罗蜜所生一切宝盖，于一切佛境界清净解所生一切华帐，无生法忍所生一切衣，入金刚法无碍心所生一切铃网，解一切法如幻心所生一切坚固香，周遍一切佛境界如来座心所生一切佛众宝妙座，供养佛不懈心所生一切宝幢，解诸法如梦欢喜心所生佛所住一切宝宫殿，无著善根无生善根所生一切宝莲华云、一切坚固香云、一切无边色华云、一切种种色妙衣云、一切无边清净栴檀香云、一切妙庄严宝盖云、一切烧香云、一切妙鬘云、一切清净庄严具云，皆遍法界，出过诸天供养之具，供养于佛。其诸菩萨一一身各出不可说百千亿那由他菩萨，皆充满法界、虚空界，其心等于三世诸佛，以从无颠倒法所起，无量如来力所加，开示众生安隐之道，具足不可说名、味、句，普入无量法一切陀罗尼种中，生不可穷尽辩才之藏，心无所畏，生大欢喜。以不可说无量无尽如实赞叹法，赞叹如来，无有厌足。

尔时，一切诸天及诸菩萨众，见于如来、应、正等觉，不可思议人中之雄，其身无量，不可称数，现不思议种种神变，令无数众生心大欢喜。普遍一切虚空界、一切法界，以佛庄严而为庄严。令一切众生安住善根，示现无量诸佛神力，超过一切诸语言道。诸大菩萨所共钦敬，随所应化，皆令欢喜。住于诸佛广大之身，功德善根悉已清净，色相第一无能映夺，智慧境界不可穷尽，无比三昧之所出生。其身无际，遍住一切众生身中，令无量众生皆大欢喜，令一切智种性不断。住于诸佛究竟所住，生于三世诸佛之家，令不可数众生信解清净，令一切菩萨智慧成就，诸根悦豫，法云普覆虚空法界，教化调伏无有遗余，随众生心悉令满足，令其安住无分别智，出过一切众生之上，获一切智，放大光明，宿世善根皆令显现。普使一切发广大心，令一切众生安住普贤不可坏智。遍住一切众生国土，从于不退正法中生，住于一切平等法界，明了众生心之所宜，现不可说不可说种种差别如来之身，非世言辞而叹可尽，能令一切常思念佛，充满法界广度群生，随初发心所欲利益，以法惠施，令其调伏，信解清净。示现色身不可思议，等观众生心无所著，住无碍住，得佛十力无所障碍，心常寂定未曾散乱，住一切智，善能开演种种文句真实之义，能悉深入无边智海，出生无量功德慧藏，恒以佛日普照法界，随本愿力常现不没，恒住法界，住佛所住，无有变异。于我、我所俱无所著，住出世法，世法无染。于一切世间建智慧幢，其智广大，超过世间，无所染著。拔诸众生令出淤泥，置于最上智慧之地，所有福德饶益众生而无有尽。了知一切菩萨智慧，信向决定，当成正觉。以大慈悲，现不可说无量佛身种种庄严；以妙音声，演无量法，随众生意，悉令满足。于去、来、今，心常清净，令诸众生不著境界。恒与一切诸菩萨记，令其皆入佛之种性，生在佛家，得佛灌顶。常游十方，未曾休息，而于一切无所乐著，法界佛刹悉能遍往，诸众生心靡不了知。所有福德，离世清净，不住生死，而于世间如影普现。以智慧月普照法界，了达一切悉无所得。恒以智慧知诸世间，如幻、如影、如梦、如化，一切皆以心为自性。如是而住，随诸众生业报不同、心乐差别、诸根各异，而现佛身。如来恒以无数众生而为所缘，为说世间皆从缘起，知诸法相皆悉无相，唯是一相智慧之本。欲令众生离诸相著，示现一切世间性相而行于世，为其开示无上菩提。为欲救护一切众生，出现世间开示佛道，令其得见如来身相，攀缘忆念，勤加修习，除灭世间烦恼之相，修菩提行，心不散动，于大乘门皆得圆满，成就一切诸佛义利，悉能观察众生善根而不坏灭。清净业报，智慧明了，普入三世，永离一切世间分别，放光明网普照十方，一切世界无不充满，色身妙好，见者无厌。以大功德智慧神通，出生种种菩萨诸行，诸根境界自在圆满。作诸佛事，作已便没。善能开示过、现、未来一切智道，为诸菩萨普雨无量陀罗尼雨，令其发起广大欲乐，受持修习，成就一切诸佛功德，圆满炽盛。无边妙色庄严其身，一切世间靡不现睹，永离一切障碍之法。于一切法真实之义已得清净，于功德法而得自在。为大法王如日普照，为世福田具大威德，于一切世间普现化身，放智慧光，悉令开悟。欲令众生知佛具足无边功德，以无碍缯系顶受位，随顺世间方便开导。以智慧手安慰众生，为大医王善疗众病，一切世间无量国土悉能遍往，未曾休息。清净慧眼，离诸障翳，悉能明见。于作不善恶业众生，种种调伏，令其入道；善取时宜，无有休息。若诸众生起平等心，即为化现平等业报，随其心乐，随其业果，为现佛身种种神变，而为说法，令其悟解，得法智慧，心大欢喜，诸根踊跃，见无量佛，起深重信，生诸善根，永不退转。一切众生随业所系，长眠生死，如来出世能觉悟之，安慰其心，使无忧怖。若得见者，悉令证入无依义智，智慧善巧，了达境界，庄严妙好，无能映夺，智山法芽，悉已清净。或现菩萨，或现佛身，令诸众生至无患地。无数功德之所庄严，业行所成，现于世间。一切诸佛庄严清净，莫不皆以一切智业之所成就，常守本愿，不舍世间，作诸众生坚固善友。清净第一，离垢光明，令一切众生皆得现见。六趣众生无量无边，佛以神力常随不舍。若有往昔同种善根，皆令清净，而于六趣一切众生不舍本愿，无所欺诳，悉以善法方便摄取，令其修习清净之业，摧破一切诸魔斗诤。从无碍际出广大力，最胜日藏无有障碍。于净心界而现影像，一切世间无不睹见，以种种法广施众生。佛是无边光明之藏，诸力智慧皆悉圆满，恒以大光普照众生，随其所愿，皆令满足。离诸怨敌，为上福田，一切众生共所依怙。凡有所施，悉令清净，修少善行，受无量福，悉令得入无尽智地。为一切众生种植善根净心之主，为一切众生发生福德最上良田。智慧甚深，方便善巧，能救一切三恶道苦。如是信解，如是观察，如是入于智慧之渊，如是游于功德之海，如是普至虚空智慧，如是而知众生福田，如是正念现前观察，如是观佛诸业相好，如是观佛普现世间，如是观佛神通自在。

时，彼大众见如来身，一一毛孔出百千亿那由他阿僧祇光明，一一光明有阿僧祇色、阿僧祇清净、阿僧祇照明，令阿僧祇众观察、阿僧祇众欢喜、阿僧祇众快乐、阿僧祇众深信增长、阿僧祇众志乐清净、阿僧祇众诸根清凉、阿僧祇众恭敬尊重。尔时，大众咸见佛身，放百千亿那由他不思议大光明，一一光明皆有不思议色、不思议光，照不思议无边法界。以佛神力，出大妙音，其音演畅百千亿那由他不思议赞颂，超诸世间所有言词，出世善根之所成就。复现百千亿那由他不思议微妙庄严，于百千亿那由他不思议劫叹不可尽，皆是如来无尽自在之所出生。又现不可说诸佛如来出兴于世，令诸众生入智慧门，解甚深义。又现不可说诸佛如来所有变化，尽法界、虚空界，令一切世间平等清净。如是，皆从如来所住无障碍一切智生，亦从如来所修行不思议胜德生。复现百千亿那由他不思议妙宝光焰，从昔大愿善根所起，以曾供养无量如来，修清净行无放逸故，萨婆若心无有障碍生善根故，为显如来力广遍故，为断一切众生疑故，为令咸得见如来故，令无量众生住善根故，显示如来神通之力无映夺故，欲令众生普得入于究竟海故，为令一切诸佛国土菩萨大众皆来集故，为欲开示不可思议佛法门故。

尔时，如来大悲普覆，示一切智所有庄严，欲令不可说百千亿那由他阿僧祇世界中众生，未信者信，已信者增长，已增长者令其清净，已清净者令其成熟，已成熟者令心调伏。观甚深法，具足无量智慧光明，发生无量广大之心，萨婆若心无有退转，不违法性，不怖实际，证真实理。满足一切波罗蜜行，出世善根皆悉清净，犹如普贤得佛自在，离魔境界，入诸佛境。了知深法，获难思智，大乘誓愿永不退转。常见诸佛，未曾舍离，成就证智，证无量法，具足无边福德藏力。发欢喜心入无疑地；离恶清净。依一切智，见法不动。得入一切菩萨众会，常生三世诸如来家。

世尊所现如是庄严，皆是过去先所积集善根所成。为欲调伏诸众生故，开示如来大威德故，照明无碍智慧藏故，示现如来无边胜德极炽然故，显示如来不可思议大神变故，以神通力于一切趣现佛身故，示现如来神通变化无边际故，本所志愿悉成满故，显示如来勇猛智慧能遍往故，于法自在成法王故，出生一切智慧门故，示现如来身清净故。又现其身最殊妙故，显示证得三世诸佛平等法故，开示善根清净藏故，显示世间无能为喻上妙色故，显示具足十力之相令其见者无厌足故，为世间日照三世故。自在法王一切功德，皆从往昔善根所现。一切菩萨于一切劫称扬赞说，不可穷尽。

尔时，兜率陀天王奉为如来严办❷如是诸供具已，与百千亿那由他阿僧祇兜率天子向佛合掌，白佛言："善来！世尊！善来！善逝！善来！如来、应、正等觉！唯见哀愍处此宫殿！"

尔时，世尊以佛庄严而自庄严，具大威德，为令一切众生生大欢喜故，一切菩萨发深悟解故，一切兜率陀天子增益欲乐故，兜率陀天王供养承事无厌足故，无量众生缘念于佛而发心故，无量众生种见佛善根福德无尽故，常能发起清净信故，见佛供养无所求故，所有志愿皆清净故，勤集善根无懈息故，发大誓愿求一切智故，受天王请，入一切宝庄严殿。如此世界，十方所有一切世界悉亦如是。

尔时，一切宝庄严殿自然而有妙好庄严，出过诸天庄严之上，一切宝网周匝弥覆，普雨一切上妙宝云，普雨一切庄严具云，普雨一切宝衣云，普雨一切栴檀香云，普雨一切坚固香云，普雨一切宝庄严盖云，普雨不可思议华聚云。普出不可思议妓乐音声，赞扬如来一切种智，悉与妙法而共相应。如是一切诸供养具，悉过诸天供养之上。时，兜率宫中，妓乐歌赞炽然不息，以佛神力，令兜率王心无动乱，往昔善根皆得圆满，无量善法益加坚固，增长净信，起大精进，生大欢喜，净深志乐，发菩提心，念法无断，总持不忘。

尔时，兜率陀天王承佛威力，即自忆念过去佛所所种善根，而说颂言：

> 昔有如来无碍月，诸吉祥中最殊胜，彼曾入此庄严殿，是故此处最吉祥。

> 昔有如来名广智，诸吉祥中最殊胜，彼曾入此金色殿，是故此处

最吉祥。

昔有如来名普眼，诸吉祥中最殊胜，彼曾入此莲华殿，是故此处最吉祥。

昔有如来号珊瑚，诸吉祥中最殊胜，彼曾入此宝藏殿，是故此处最吉祥。

昔有如来论师子，诸吉祥中最殊胜，彼曾入此山王殿，是故此处最吉祥。

昔有如来名日照，诸吉祥中最殊胜，彼曾入此众华殿，是故此处最吉祥。

昔有佛号无边光，诸吉祥中最殊胜，彼曾入此树严殿，是故此处最吉祥。

昔有如来名法幢，诸吉祥中最殊胜，彼曾入此宝宫殿，是故此处最吉祥。

昔有如来名智灯，诸吉祥中最殊胜，彼曾入此香山殿，是故此处最吉祥。

昔有佛号功德光，诸吉祥中最殊胜，彼曾入此摩尼殿，是故此处最吉祥。

如此世界兜率天王，承佛神力，以颂赞叹过去诸佛。十方一切诸世界中兜率天王，悉亦如是叹佛功德。

尔时，世尊于一切宝庄严殿摩尼宝藏师子座上结跏趺坐，法身清净，妙用自在，与三世佛同一境界。住一切智，与一切佛同入一性；佛眼明了，见一切法皆无障碍；有大威力，普游法界未尝休息；具大神通，随有可化众生之处，悉能遍往，以一切诸佛无碍庄严而严其身，善知其时，为众说法。不可说诸菩萨众，各从他方种种国土而共来集。众会清净，法身无二，无所依止，而能自在，起佛身行。坐此座已，于其殿中自然而有无量无数殊特妙好出过诸天供养之具，所谓华鬘、衣服、涂香、末香、宝盖、幢幡、妓乐、歌赞。如是等事，一一皆悉不可称数，以广大心恭敬尊重供养于佛。

十方一切兜率陀天，悉亦如是。

注释

❶"覆"，大正本原作"复"，今依前后文意改之。

❷"办"，大正本原作"辨"，今依三本及宫本改之。

【白话语译】

当时，因为佛陀神力的加持，十方的一切世界，每一个四天下的阎浮提洲，都有如来端坐菩提树下，也都有菩萨承受佛陀神力加持演说佛法，这些菩萨都认为自己面对的是唯一的佛陀。

这时，世尊又示现神通，自己虽然没有离开菩提树下，以及须弥山顶与夜摩天宫，但是却能前往兜率陀天一切妙宝所庄严的宫殿。这时，兜率天王从遥远的地方见到佛陀前来，就马上在宝殿上敷设摩尼藏的师子宝座。

这师子宝座，是集天上各种妙宝所成，是由过去修行的善根化生，是由如来的神力所示现，是无量百千那由他阿僧祇善根所出生，也是集一切如来的清净之法所生起，并用无边的福德威力庄严莹饰。由于这宝座是清净的业报所成就的，所以无人能坏。凡是看见这宝座的人无不心生欣乐，永远不会感到厌足。因为这宝座是出世法所成就，不是世间法所能染着。所以所有前来观看的众生，没有人能够穷究它的妙好庄严。

这个宝座有百万亿的层级周匝围绕，有百万亿的金网、百万亿的华帐、百万亿的宝帐、百万亿的鬘帐、百万亿的香帐，张挂于宝座之上。宝座的上方更有华鬘垂下，馥郁的香气普熏四方。另外还有百万亿的华盖、百万亿的鬘盖、百万亿的宝盖，由诸天神祇执持着，从四面八方排开。有百万亿的宝衣，敷盖在上方。有百万亿十分绮丽的楼阁庄严宝座；还有百万亿的摩尼珠网、百万亿的宝网，覆盖在上方；有百万亿由宝璎珞所结成的网，由四面垂布而下；还有百万亿的庄严具网、百万亿的盖网、百万亿的衣网、百万亿的宝帐网，也张布其上；有百万亿的宝莲华网，莲华盛开施放无边的光明；还有百万亿的宝香网，香味美妙，闻到的人无不心生喜悦。

更有百万亿的宝铃帐，宝铃随风微动，传送出和雅的声音；还有百万亿的栴檀宝帐，由栴檀所发出的香气普熏四方；有百万亿的宝华帐，上面的花朵正当盛开；还有百万亿众妙色衣帐，皆是世所稀有的宝物；又有百万亿的菩萨帐、百万亿的杂色帐、百万亿的真金帐、百万亿的琉璃帐、百万亿的种种宝帐，都张布在宝座之上；还有百万亿用大摩尼珠宝庄严的一切宝帐。

更有百万亿的妙宝华，周围有着光莹的美饰；还有百万亿的赤色频婆帐❶，光彩殊妙，互相间错着；有百万亿的宝鬘与百万亿的香鬘，由四面垂布而下；又有百万亿香气普熏四方的天坚固香。

更有百万亿的天庄严具璎珞、百万亿的宝华璎珞、百万亿的胜藏宝璎珞、百万亿的摩尼宝璎珞、百万亿的海摩尼宝璎珞，庄严宝座；还有百万亿的妙宝缯彩作为垂布的彩带；还有百万亿的因陀罗金刚宝、百万亿的自在摩尼宝、百万亿的妙色真金藏，当作其间的装饰；有百万亿的毗卢遮那摩尼宝与百万亿的因陀罗摩尼宝，射出无边的光明照耀宝座；有百万亿的天坚固摩尼宝，做成窗户；有百万亿的清净功德摩尼宝，彰显绝妙的色相；有百万亿的清净妙藏宝当做门户；有百万亿世中最胜的半月宝、百万亿的离垢藏摩尼宝、百万亿的师子面摩尼宝，互相间错庄严。

更有百万亿的心王摩尼宝，能使所求如意；还有百万亿的阎浮檀摩尼宝、百万亿的清净摩尼宝、百万亿的帝幢摩尼宝，也都大放光明地覆在上方；有百万亿的白银藏摩尼宝，以百万亿的须弥幢摩尼宝庄严其藏；还有百万亿的真珠璎珞、百万亿的琉璃璎珞、百万亿的赤色宝璎珞、百万亿的摩尼璎珞、百万亿的宝光明璎珞、百万亿的种种的藏摩尼璎珞、百万亿的甚可乐见赤真珠璎珞、百万亿的无边色相藏摩尼宝璎珞、百万亿的极清净无比宝璎珞、百万亿的胜光明摩尼宝璎珞，垂布四周，用来庄严宝座；有百万亿的摩尼身，无上的光彩殊妙庄严；有百万亿的因陀罗妙色宝，装饰宝座四周。

更有百万亿的黑栴檀香、百万亿不可思议境界香、百万亿的十方妙香、百万亿的最胜香、百万亿的甚可乐香，都散发香气，普熏十方世界；有百万亿的频婆罗香，普遍散发在十方世界；有百万亿的净光香，普熏大众；有百万亿无边际的种种色香，不断普熏一切诸佛国土；有百万亿的涂香、百万亿的熏香、百万亿的烧香，香气发起，普熏一切；有百万亿的莲华藏沉水香，传出很大的声音；有百万亿的游戏香，能够转化众生的心境；

有百万亿的阿楼那❷香，香气普熏，香味甘美；有百万亿的能开悟香，普遍一切处，使闻到香味的人，身心无不寂静默然；又有百万亿的无比香王香，具有种种的庄严。

天上并雨下百万亿的天华云，雨下百万亿的天香云，雨下百万亿的天末香云，雨下百万亿的天拘苏摩华云，雨下百万亿的天波头摩华云，雨下百万亿的天优钵罗华云，雨下百万亿的天拘物头华云，雨下百万亿的天芬陀利华云，雨下百万亿的天曼陀罗华云，雨下百万亿的一切天华云，雨下百万亿的天衣云，雨下百万亿的摩尼宝云，雨下百万亿的天盖云，雨下百万亿的天幡云，雨下百万亿的天冠云，雨下百万亿的天庄严具云，雨下百万亿的天宝鬘云，雨下百万亿的天宝璎珞云，雨下百万亿的天栴檀香云，雨下百万亿的天沉水香云。

在宝座的四方，更建有百万亿的宝幢，悬挂百万亿的宝幡，垂布着百万亿的宝缯带，燃烧百万亿的香炉，布置百万亿的宝鬘，持立百万亿的宝扇，执持百万亿的宝拂。又悬挂百万亿的宝铃网，微风吹过，发出美妙的声音；还有百万亿的宝栏楯，四周围绕着；有百万亿的宝多罗树，依序排列着；有百万亿十分绮丽庄严的妙宝窗户；有百万亿的宝树，垂荫四周；有百万亿装饰绮丽的宝楼阁，周围遍布。

更有百万亿的宝门，垂挂着璎珞；有百万亿的金铃，发出美妙的声音；有百万亿的吉祥相璎珞，庄严清净的垂挂着；有百万亿的宝悉底迦，能除去众生的恶性；有百万亿金缕织成的金藏；有百万亿的宝盖，以众宝物作为竿子，执持排列着；有百万亿的一切宝庄严具网，在其间交互庄严。

更有百万亿的光明宝，放出种种的光明；有百万亿的光明，普遍照耀周围；有百万亿的日藏轮、百万亿的月藏轮，以无量的各色宝物所集成；有百万亿的香焰，光明映彻；有百万亿的莲华藏，开出鲜美的花朵；有百万亿的宝网、百万亿的华网、百万亿的香网，也弥盖在其上；有百万亿的天宝衣、百万亿的天青色衣、百万亿的天黄色衣、百万亿的天赤色衣、百万亿的天奇妙色衣、百万亿的天种种宝奇妙衣、百万亿的种种香熏衣、百万亿的一切宝所成衣、百万亿的鲜白衣，都垂布四方，看见的人无不心生欢喜。

更有百万亿的天铃幢、百万亿的金网幢，发出微妙的声音；有百万亿的天缯幢，具足各种色彩；有百万亿的香幢，垂布着香网；有百万亿的华幢，雨下一切花朵；有百万亿的天衣幢，悬布妙衣；有百万亿的天摩尼宝幢，由各种珠宝庄严；有百万亿的天庄严具幢，由众多的器具校缀装饰；有百万亿的天鬘幢，种种的华鬘在四面行列垂布着；有百万亿的天盖幢，宝铃的和鸣声使听闻的人都心生欢喜。

更有百万亿的天螺，发出美妙的声音；有百万亿的天鼓，也奏出壮大的音声；有百万亿的天箜篌，也奏出微妙的声音；还有百万亿的天牟陀罗❸，也发出壮大美妙的音声；更有百万亿的天诸杂乐，同时演奏；有百万亿的天自在乐，发出美妙的音声，一切诸佛净土无不听闻；有百万亿的天变化乐，它的音声回响，普遍回应于一切；有百万亿的天鼓，由于抚触敲击，而发出美妙的音声；有百万亿的天如意乐，自然发出音节相和的音声；有百万亿的天诸杂乐，奏出美妙的声音，能够灭除各种烦恼。

更有百万亿的悦意音，赞叹供养；有百万亿的广大音，赞叹承事；有百万亿的甚深音，赞叹修行；有百万亿的各种妙音，赞叹诸佛的净业果报；有百万亿的微细音声，赞叹如实的道理；有百万亿的无障碍真实音声，赞叹佛陀本生所行的菩萨行；有百万亿的清净音，赞叹过去，供养诸佛；有百万亿的法门音，赞叹诸佛殊胜无畏；有百万亿的无量音，赞叹诸菩萨功德无尽；有百万亿的菩萨地音，赞叹开示一切菩萨地相应行；有百万亿的无断绝音，不绝地赞叹佛功德；有百万亿的随顺音，赞叹称扬见佛之行；有百万亿的甚深法音，赞叹一切法无碍智相应之理。

更有百万亿的广大音，这些音声充满一切佛土；有百万亿的无碍清净音，随众生心所欲乐，都能让每个人欢喜踊跃；有百万亿的不住三界音，令听闻的人深入法性；有百万亿的欢喜音，令听闻的人心无障碍，深深信仰无不恭敬；有百万亿的佛境界音，不管发出声音怎样，都能完全开示一切的法义；有百万亿的陀罗尼音，善于宣说一切法句差别，决了如来秘密之藏；有百万亿的一切法音，音声流畅，能与众乐和谐。

才见到这个宝座，百万亿处在初发心住的菩萨❹，一切智慧的心就增长许多；百万亿处在治地的菩萨，心中无不清净欢喜；有百万亿处在修行住的菩萨，能够悟解清净的意义；百万亿处在生贵住的菩萨，住于殊胜志愿意乐；百万亿处在方便具足住的菩萨，开始实践大乘的胜行；百万亿处在正心住的菩萨，精勤修习一切的菩萨道；百万亿处在不退住的菩萨，清净修行一切的菩萨地；百万亿处在童真住的菩萨，得证了一切菩萨三昧的光明；百万亿处在法王子住的菩萨，证入了不可思议的诸佛境界；百万亿处在灌顶住的菩萨，能够示现无量的如来十力。

更有百万亿的菩萨得证了自在的神通；百万亿的菩萨生起清净的信解；百万亿的菩萨心中生起了对佛法的爱乐；百万亿的菩萨有着甚深不坏的信心；百万亿的菩萨得到广大的势力；百万亿的菩萨增长了名声；百万亿的菩萨演说诸法的要义，能够使智慧得到决定的信解；百万亿的菩萨正念相续而不乱；百万亿的菩萨生起了决定的智慧；百万亿的菩萨得到了听闻受持的力量，总持一切佛法不忘；百万亿的菩萨出生了无量广大的觉悟与理解的力量；百万亿的菩萨安住在信根当中而不动摇。

更有百万亿的菩萨得证了檀波罗蜜，能够布施一切；百万亿的菩萨得证了尸波罗蜜，能够圆满的具持各种戒律；百万亿的菩萨得证了忍辱波罗蜜，能够心不妄动，堪忍信奉一切佛法；百万亿的菩萨得证了精进波罗蜜，能够精进出离的愿行；百万亿的菩萨得证了禅波罗蜜，能够具足无量的禅定光明；百万亿的菩萨得证了般若波罗蜜，智慧光明能够普遍照耀一切世界。

更有百万亿的菩萨成就了广大的誓愿，所有的愿行都已清净；百万亿的菩萨得到了智慧的明灯，能够照明所有的法门；百万亿的菩萨为十方各种佛法光明所照耀；百万亿的菩萨周遍于十方世界，演说远离愚痴的法要；百万亿的菩萨普遍进入一切诸佛的刹土；百万亿的菩萨法身能够随时到达一切的佛国；百万亿的菩萨得证了佛陀的声音，能够广为导引众生开悟；百万亿的菩萨得证了出生一切智慧的方便；百万亿的菩萨得证了成就一切的法门；百万亿的菩萨成就了法的智慧，如宝幢一样，能够普遍显示一切的佛法；百万亿的菩萨能够完全示现如来的境界。

更有百万亿的天王，恭敬礼拜；百万亿的龙王，仔细谛观毫不厌倦；百万亿的夜叉王，在自己的顶上合掌恭敬；百万亿的乾闼婆王，生起了清净的信心；百万亿的阿修罗王，断除骄慢的意念；百万亿的迦楼罗王，口中衔着缯彩丝带垂布庄严；百万亿的紧那罗王，十分欢喜踊跃；百万亿的摩睺罗伽王，欢喜瞻仰，目不暂舍；百万亿的世界主，稽首作礼；百万亿的忉利天王，瞻目仰视，两眼不瞬；百万亿的夜摩天王，心中欢喜，赞叹不断；百万亿的兜率天王，用自己的身体平布地上，以身为地作礼；百万亿的化乐天王，五体投地，以头顶足礼敬；百万亿的他化天王，十分恭敬合掌；百万亿的梵天王，专心一致观察佛陀；百万亿的摩醯首罗天王，恭敬的供养；百万亿的菩萨，发出妙声赞叹。

更有百万亿的天女，专心供养；百万亿的同愿天，踊跃欢喜；百万亿的往昔同住天，用美妙的声音称叹；百万亿的梵身天，用自己的身体平布地上，以身为地礼敬；百万亿的梵辅天，双手合掌于顶上敬礼；百万亿的梵众天，四周围绕侍卫；百万亿的大梵天，赞叹称扬无量的功德；百万亿的光天，五体投地顶礼；百万亿的少光天，则宣扬赞叹佛陀出世实在是十分难得值遇；百万亿的无量光天，在遥远的地方向佛陀礼拜；百万亿的光音天，赞叹诸佛如来实在十分难得遇见；百万亿的净天，与他们的宫殿一起来到此地；百万亿的少净天，用清净心稽首作礼；百万亿的无量净天，为了要见到佛陀，投身而下到此处；百万亿的遍净天，十分恭敬尊重地前来亲近供养；百万亿的广天，忆念往昔的善根；百万亿的少广天，对于如来生起了稀有的想法；百万亿的无量广天，决定尊重佛法，生出种种善业；百万亿的广果天，曲躬合掌，恭敬向佛；百万亿的无烦天，信根坚固，恭敬礼拜；百万亿的无热天合掌念佛，情无厌足；百万亿的善见天，头面接足作礼；百万亿的善现天，忆念供养佛陀，心中毫不懈怠止歇；百万亿的阿迦尼吒❺天，恭敬顶礼；百万亿的种种天人，内心都非常欢喜，同声赞叹；百万亿的诸天，都各自善巧思惟，而作种种庄严。

更有百万亿的菩萨天，护持佛陀的宝座，不断地示现种种庄严。有百万亿的华手菩萨，雨下一切的妙华；百万亿的香手菩萨，雨下一切的妙香；百万亿的鬘手菩萨，雨下一切的宝鬘；百万亿的末香手菩萨，雨下一切的末香；百万亿的涂香手菩萨，雨下一切的涂香；百万亿的衣手菩萨，雨下一切宝衣；百万亿的盖手菩萨，雨下一切的宝盖；百万亿的幢手菩萨，雨下一切宝幢；百万亿的幡手菩萨，雨下一切宝幡；百万亿的宝手菩萨，雨下一切的妙宝；百万亿的庄严手菩萨，雨下一切庄严具。

更有百万亿的天子，从天宫出发，到达宝座所在；百万亿的天子，用清净的信心，连同宫殿一起前来；百万亿的生贵天子，用自己的身体接持宝座；百万亿的灌顶天子，用全身迎持宝座。

更有百万亿的思惟菩萨，恭敬思惟；百万亿的生贵菩萨，心生清净；百万亿的菩萨，身上的诸根都喜悦快乐；百万亿的菩萨，获得了深心的清净；百万亿的菩萨，得证了信解的清净；百万亿的菩萨，证得了各种清净的业力；百万亿的菩萨，能够受生自在不受轮转；百万亿的菩萨，发散出大法光明；百万亿的菩萨，有了修行道地上的成就；百万亿的菩萨，能够善巧教化一切众生。

这些都是由百万亿的善根所出生，由百万亿的诸佛所护持，由百万亿的福德所圆满，由百万亿的殊胜心意所清净，由百万亿的大愿力所庄严洁净，由百万亿的善行所生起，由百万亿的善法所坚固，由百万亿的神力所示现，由百万亿的功德所成就，由百万亿的赞叹法来赞叹。

就像这个世界的兜率天王，为如来敷置高广的师子宝座；一切世界当中的兜率天王，也都是如此为佛陀敷设宝座，用同样的庄严，同样的仪轨法则，同样的信心喜乐，同样的清净心，同样的欣悦快乐，同样的喜悦，同样的尊重，同样生起稀有难得值遇的想法，同样踊跃，同样渴于瞻仰，一切的恭敬供养都同等无二。

这时，兜率天王为如来敷置宝座之后，对如来心生敬重尊崇，于是与十万亿阿僧祇兜率天子共同迎请侍奉如来。他们以清净的心念，雨下了阿僧祇颜色的华云，雨下了不可思议色的香云，雨下了种种颜色的鬘云，雨下广大清净的大栴檀云，雨下无量的种种盖云，雨下细妙的天衣云，雨下无边的众妙宝云，雨下天庄严具云，雨下无量的种种烧香云，雨下一切的栴檀、沉水、坚固末香云。

所有的天子从他们的身上供养这些妙云的时候，百千亿阿僧祇的兜率天子，以及其余在大会中的天子大众，心中都非常欢喜，齐向佛陀恭敬顶礼；而阿僧祇天女，也十分踊跃欣慕，仔细谛观如来。兜率天宫当中不可说数的菩萨，在虚空当中，也一心精勤地以超出天人大众的各种宝物供养佛陀，并向佛陀恭敬顶礼。而阿僧祇的种种音乐也同时奏起。

这时，由于如来的威神力，与过去所植善根之流露，以及不可思议的自在威力，兜率天宫里一切天人以及天女大众，从很遥远的地方就看到佛陀前来；虽然遥远，但就好像是在自己的眼前一般清楚。这时，他们的心里都想着："如来能够出现世间，真是太难能可贵了！我现在能够见到这位于法无碍的正等觉者，真是太幸运了！"

他们无不如此思惟、如此观察，并与所有集会中的人一齐前往迎请如来。他们每个人都以身上的衣服，盛着一切的花，盛着一切的香，盛着一切的宝物，盛着一切的庄严具，盛着一切的天界栴檀末香，盛着一切的天界沉水末香，盛着一切的曼陀罗华，奉献散布供养佛陀。

还有安住虚空百千亿那由他阿僧祇的兜率陀天子，他们也对佛陀生起无比的智慧境界心，并且焚烧各种的香；这些香气缓缓地聚集为云彩，庄严整个虚空。他们又对佛陀心生欢喜，雨下了一切天华云庄严整个虚空。他们又对佛陀心生尊重，雨下了一切的天盖云庄严整个虚空。他们又对佛陀心生供养，散下了一切天鬘云彩庄严整个虚空。他们又对于佛陀心生信解，垂布阿僧祇金网弥覆整个虚空，而一切的宝铃更不时地发出美妙的声音。他们又对佛陀心生最胜福田想，便以阿僧祇帐庄严整个虚空，不断雨下一切璎珞云。他们又对佛陀生出深信心，便以阿僧祇诸天的宫殿庄严整个虚空，所有的天乐莫不发出微妙的声音。他们又对佛陀生出最胜难遇心，便以阿僧祇种种色天衣云庄严整个虚空，雨下了种种无比的妙衣。他们又对佛陀心生无量的欢喜踊跃，便以阿僧祇诸天宝冠庄严整个虚空，雨下无量的天冠广大成云。他们又于佛陀心生欢喜，便以阿僧祇的各色宝物庄严整个虚空，不断雨下一切的璎珞云。

又有百千亿那由他的阿僧祇的天子，也都对佛陀生起了清净心，于是就散布无数的种种色的天华，并且燃烧无数种种色的天香，供养如来。他们又对佛陀生起了广大庄严神通变化心，于是就持着无数种种色的天栴檀末香，供养散扬如来身上。他们又对佛陀心生欢喜踊跃，纷纷持着无数的种种色盖，随侍如来。他们又对佛陀生起了增上心，纷纷持着无数种种色的天宝衣，铺于道路上供养如来，使如来能安步其上。他们又对佛陀生起了清净心，纷纷持着无数种种色的天宝幢，迎请如来。他们又对佛陀生起了增上的欢喜心，纷纷持着无数种种色的庄严妙具，供养如来。他们又对佛陀生出了不坏的信心，分别持着无数的天宝鬘，供养如来。他们又对佛陀生出了无比欢喜心，分别持着无数种种色的天宝幡，供养如来。

又有百千亿那由他阿僧祇的天子大众，以调顺寂静无放逸心，捧着无数种种色的天乐，发出美妙的声音，供养如来。

先前安住在兜率天宫的百千亿那由他不可说菩萨众，以超过三界法所出生的，离开所有烦恼行所出生的，周遍无碍心所出生的，甚深方便法所出生的，无量广大智慧所出生的，坚固清净信所增长、不思议善根所出生的，起阿僧祇善巧变化所成就的，供养佛心所示现的，无作法门所印可的，种种胜过天人大众的供养具，供养佛陀。

他们又以从波罗蜜出生的一切宝盖，从一切佛陀境界生起清净信解所出生的一切华帐，由无生法忍所出生的一切宝衣，进入金刚法无碍心所出生的一切铃网，解悟一切法如幻心所出生的一切坚固香，由如来座心出生周遍一切诸佛境界的众宝妙座，供养诸佛不懈心所出生的一切宝幢，了解诸法如梦欢喜心所出生之佛陀安住的一切宝宫殿，无着无生善根所出生的一切宝莲华云、一切坚固的香云、一切无边色的华云、一切种种色的妙衣云、一切无边清净的栴檀香云、一切妙庄严的宝盖云、一切的烧香云、一切的妙鬘云、一切的清净庄严具，以此种种胜于天人大众所供养的宝具，遍满整个法界供养佛陀。

这些菩萨每一个人身上又都出现了不可说百千亿那由他数的菩萨，充满整个法界、虚空界。他们的心智等同三世诸佛，因为他们是从无颠倒法所生起的，是由无量的如来威神力所加持的，能够开示众生安稳的大道，具足不可说的名味文句，普遍进入无量的佛法，从一切的总持陀罗尼种出生不可穷尽的辩才宝藏，心中毫不畏惧而充满欢喜。他们以不可说、无量、无尽的如实赞叹法，毫不厌倦地赞叹佛陀如来。

这时，一切的天众及所有的菩萨大众，见到了如来、应供、正等觉这不可思议的人中之雄。

佛陀的妙身无量，难以计数。他示现不可思议的种种神通变化，使睹见的众生心中无不欢喜莫名，普遍在虚空界、法界，以佛陀的庄严庄严自身。他让一切的众生安住在善根之中，并且示现笔墨难以形容的种种如来大神通力，所有的菩萨无不钦佩尊敬，相应受教化的人也都心生欢喜。他安住诸佛广大不可思议的妙身，功德与善根都已完全清净。他的外貌色相殊胜第一，光采无人能及。他无法穷尽的智慧境界，是由无比的三昧禅定所出生的。他的色身无边无际，普遍安住一切众生的身体，因此众生都皆大欢喜，而且从不断绝一切智慧的种性。

他安住在诸佛究竟的境界，出生在三世如来家中，成就清净无数众生的信解，使一切菩萨的智慧成就、诸根悦意。他的正法所现彩云，普遍覆满整个虚空法界，毫无遗漏地教化调伏所有众生，满足众生的任何念头，使他们安住无分别的智慧，超绝其他众生之上。他所获证的智慧，放射广大光明，宿世所种的善根都完全显现。

他普遍劝使一切众生发起广大愿心，使一切众生安住在普贤菩萨不可坏的智慧。他普遍安住在一切众生的国土，从不退转的正法当中出生，安住在一切平等的法界，因为他清楚了知所有众生的心意，因此能随机开示，为他们示现不可说不可说等各种差别相应的如来妙色身，这些妙色身不是世间的文辞语言所能赞叹穷尽的。他能使众生时常思念佛陀，并让这样的追思充满整个法界，以广度群生。他随着初发心时想要利益众生的念头，用法来作为惠施，教化调伏众生，并且清净他们的信解。他示现不可思议的微妙色身，平等观察众生的心念而无执着。他的境界无碍，已证得佛陀无所障碍的十力境界。他常安住寂静禅定，未曾稍有散乱。他安住在一切智，因此能够善巧演说种种文章语句的真实意义，深入无边的智慧大海，出生无量的功德智慧宝藏。

他时常以大日般的光明普照整个法界，随顺本愿的力量，时常示现而不没失。他恒住法界，安住佛陀的境界，没有任何的变异。他对于我与我所都没有丝毫的染着，安住出世间的法，从不染着世间法。他在一切世间建立智慧的宝幢，因为他的智慧广大无边，无人能及，所以没有任何染着。他救拔一切众生，使他们出离淤泥般的世间，并安置他们在最上智慧的境地。他用所有的福德饶益众生，没有穷尽之时。他了知一切菩萨的智慧，信心与意向决定坚固，一定会成就无上的正觉。他更以大慈悲心，示现不可说无量佛身的种种庄严；并以微妙的音声演说无量的大法，随顺众生的心意，使他们都能完全满足。

不论是在过去、现在或者未来，他的心念一直都非常清净，使所有众生也都不执着于境界。他恒常给予一切菩萨授记，使他们都能证入佛陀的种性，出生在佛陀的家中，受佛陀的灌顶。他时常示现游历十方世界，未曾稍事休息，从不爱乐执着一切。他不仅能周遍前往所有法界的佛刹，更了知所有众生的心念。他所有的福德，无不出离世间，完全清净。他不住生死流转，但却能宛如幻影地示现世间。他以明月般的智慧普遍照耀整个法界，了达一切都是无所得的。他常以智慧观照，了知世间如幻、如影、如梦、如化，一切都是以心为自性变化的。他随着众生不同的业报，以及心向意乐的差别，和各个别异的诸根，而示现佛身。

他更以无数的众生为所缘的对象，为他们宣说世间的一切都是因缘而起。他了知所有的法相都是无相的，一切都是本于智慧而生的。他为了使众生离弃诸法相的执着，所以示现了一切世间相而行于世间，以便为大众开示无上的菩提大道。他为了要救护一切众生，出现世间开示佛法，使大众能够得见如来身相，能够攀缘忆念佛陀，而勤加修习佛法。他已经除灭世间烦恼，不断地勤修菩提行，心念早已不散动，在大乘菩萨的法门当中证得圆满，成就诸佛的妙义与利益，且能够完全观察众生的善根，没有任何障碍。他的业报清净、智慧明了，因此能够普遍趣入三世，永离一切世间的分别。

他放射出无比的光明网，普照十方世界，使一切世界无不充满光明。他妙好的色身，使见到的人心中欢喜无厌。他以大功德智慧成就大神通力，能出生种种的菩萨妙行。他诸根触遇的境界，一切都自在圆满。他虽广作一切的佛陀事业，但完成这些佛事之后便不再执着。他能善巧开示过去、现在、未来的一切智慧道路，为菩萨众普遍雨下总持佛法的陀罗尼雨，使他们发起广大的欲向与喜乐，信受奉持修习佛法，成就一切诸佛的功德。

他以圆满炽盛的无边妙色来庄严自己，所有世人没有不亲眼目睹的。他早已离弃一切障碍法，证得一切法的真实义理及功德自在。他是伟大的法王，宛如太阳普照一切。他是世间的大福田，具足了广大的威德。他在一切世间普遍示现化身，放出智慧的光明，使众生能够完全开悟。

为了使众生了知佛陀具足无边的功德，他以无碍缯系于顶上接受法王之位，并且随顺世间方便开导众生。他用智慧的手安慰众生，并作大医王善巧疗治众生的疾病。他能遍往安住无量的世间国土，未曾稍事休息。他清净的慧眼，已经远离所有的障碍，能够明见一切。他也能用种种方便调伏教化造作不善恶业的众生，使他们入于佛道；并且利用最适宜的时机教化众生，从不休息。

如果众生心生平等，他就为他们变化示现平等的业报。随着众生心中的喜乐，或业力果报，示现佛身的种种神通变化，且为他们说法教化，使他们能够开悟了解，证得法的智慧，身心欢喜踊跃，能够见到无量的佛陀，信心坚定不移，并且生起各种的善根，永不退转。一切的众生时常被业力系缚，所以长眠于生死；如来出现在世间，能够觉悟开导众生，安慰他们，使他们没有忧虑恐怖。如果众生能得见佛陀，就能完全证入无所依止的妙义智慧；而且使智慧善巧，了悟通达无比庄严妙好的境界。

他已完全清净所有智慧宝山的佛法根芽，有时示现菩萨身，有时示现佛身，引领众生前往没有忧患的净土。他用无数的功德庄严自身，并且成就了所有的清净业行，并彰显世间；并以一切智慧净业成就诸佛的庄严清净。他恒常守护本愿，不舍弃世间，愿作众生的坚固善友。他具足第一清净的离垢光明，使众生都能现前见到。他也时常运用神通威力守护无量无边的六道众生，不曾舍离。如果有人曾于往昔与他共同种下善根，他也都能使他们证得清净。对于六道的众生，他也不舍弃根本的愿力，诚正无欺地运用善法方便摄取，使他们修习清净的业行，摧破一切的斗争魔力。

他从无碍的境界中现出广大威力，宛如最殊胜的日光宝藏，没有任何障碍地普遍照耀一切。他在清净心的世界当中示现影像，世人没有不亲眼目睹的。他并且以种种的法广施众生，所以他可说是无边光明的宝藏。他已圆满具足各种佛力、智慧。所以能用大光明普照众生，满足众生的心愿，离开所有的怨敌，作为无上的福田，让众生依怙。并且让他所布施的众生都得到清净，即使只是修习微小的善行，也都能得到无量的福德，并且证入无尽的智慧地。他为一切众生种植各种善根，成为众生清净善念之主，也是众生生发福德的最上良田。他的智慧甚为深广，具足善巧方便，因此能够救度一切三恶道的苦难。

菩萨如此的信解、观察，如此入于智慧的深渊，如此悠游于功德的大海，如此普遍虚空的智慧，如此了知众生的福田，如此正念现前观察一切，如此观察佛陀各种清净相好，如此观察佛陀普遍示现世间，如此观察佛陀的神通威力自在，实在是难得一见。

这时，大众都见到如来的妙色身上，每一个毛孔都出现了百千亿那由他阿僧祇的光明，每一种光明又有阿僧祇的颜色、阿僧祇的清净、阿僧祇的照明方式，使阿僧祇大众观察，使阿僧祇大众欢喜，使阿僧祇大众快乐，增长阿僧祇大众的信心，清净阿僧祇大众的志向喜乐，清凉阿僧祇大众的全身诸根，使阿僧祇大众无不恭敬尊重。

这时，大众又见到了佛身放射出百千亿那由他不可思议的大光明，每一种光明中又有不可思议色、不可思议光，普照着不可思议的无边法界。如来并以威神力发出广大的妙音，这个妙音畅演着百千亿那由他不可思议的赞颂，超出世间所有的言语词句，这都是由出世的善根所成就的。如来又示现百千亿那由他不可思议的微妙庄严，即使穷尽百千亿那由他不可思议的时劫也赞叹不尽，这些都是从如来无尽自在所生的境界。如来又示现不可说诸佛如来出兴世间的状况，使众生得以进入智慧的堂奥，了解甚深的义理。又示现不可说诸佛如来所有的变化，穷尽法界与虚空界，一切世间无不变得平等与清净。以上这些，都是从如来无障碍一切智慧中出生的，也是从如来不可思议殊胜功德中出生的。

佛陀接着又示现百千亿那由他不可思议的妙宝光明焰火，这是从往昔的大愿善根中所现起的。因为过去他供养无量如来的时候，为了修习清净胜行从不放逸。也为了使萨婆若❻心没有障碍地出生善根，也为了显示如来广大遍满的威力，也为了断绝众生的一切疑惑，也为了使大众都能睹见如来，也为了使无量的众生安住善根，也为了显示如来的神通威力无法超越映夺，也为了使众生普遍得以证入究竟佛海，也为了使一切诸佛国土的菩萨大众都来集会，也为了要开示不可思议的诸佛法门，所以才有这不可思议的焰火。

这时，如来由于大悲心普覆，示现了一切智慧的所有庄严。为了使不可说百千亿那由他阿僧祇世界中的众生，未信者能生信，已信者信心增长，信心已增长者能够清净，已清净者能够成熟，已成熟者能够调伏。也为了使众生：观察甚深的佛法，具足无量的智慧光明，发起无量广大心，一切种智心没有退转，不违背法性，不会恐怖实际的境界，证得真实的法理，满足一切的菩萨波罗蜜行，完全清净出世间的善根，如普贤菩萨般得证佛陀的自在，离弃众魔的境界，证入诸佛的境界，了知深奥的大法，获得难以思议的智慧，大乘的誓愿永不退转，时常见到诸佛而不舍离，成就证悟的智慧，证悟无量法，具足无边福德藏的力量，发起欢喜心毫无猜疑，远离众恶得到清净，依止一切智，见种种法而心不倾动，得以入一切菩萨大众集会，常生三世诸如来家。

世尊所示现的如此庄严，都是由过去积集的善根所成就的。都是为了调伏教化众生，也为了开示如来大威德，也为了照明无碍智慧宝藏，也为了示现如来无边无际极为炽然的殊胜功德，也为了显示如来不可思议的大神变力，也为了用神通力在一切诸趣世界中示现佛身，也为了示现如来没有边际的神通变化，也为了圆满原本的志愿，也为了以如来的勇猛智慧遍往一切世间，也为了在法中能得自在成为法王，也为了出生一切智慧门，也为了示现如来清净的妙身，也为了示现如来殊胜微妙的妙色身，也为了显示三世诸佛平等法，又为了开示善根的清净宝藏，也为了显示世间无法比喻的无上微妙色相，也为了显示具足十力的妙相，使见者心无厌足，又为了救度世间而犹如日光普照三世，所以示现如此无比的庄严。

自在法王的一切功德，都是从往昔的善根所示现的。一切的菩萨，即使穷尽一切的时劫称扬佛陀的无量功德，也宣说不完。

这时，兜率陀天王为了侍奉如来，严办以上的各种供养具之后，与百千亿那由他阿僧祇的兜率天子一起向佛合掌，恭敬的禀告佛陀说："善来啊！世尊！善来啊！善逝！善来啊！如来、应供、正等觉！您真是具足一切微妙因缘而前来啊！希望您能哀悯我们，住在我的宫殿中。"

这时，世尊以佛的庄严自我庄严，具足了大威德的力量。他为了使一切的众生心生广大欢喜，为了使一切的菩萨发起甚深的悟解，为了增益所有兜率天子的欲乐，为了使兜率天王供养承事没有厌足，为了使无量的众生心缘想念佛陀而发心，为了使无量的众生种下见佛善根的无尽福德，为了使众生时常发起清净的信心，为了使众生供养佛陀心无所求，为了使众生所有的心志意愿清净，为了使众生精勤聚集善根不懈怠休息，为了使众生发起广大誓愿求证一切智，于是就接受天王的迎请，进入一切宝庄严殿。十方一切世界发生的事，也都像这个世界所发生的事一样，没有差别。

这时，一切宝庄严殿中，自然产生种种妙好庄严，超胜诸天的各种庄严。有无数的宝网布满四周，并普遍雨下一切的上妙宝云，普遍雨下一切的庄严具云，普遍雨下一切的宝衣云，普遍雨下一切的栴檀香云，普遍雨下一切的坚固香云，普遍雨下一切的宝庄严盖云，普遍雨下不可思议的华聚云。又普遍演出不可思议的妙乐音声，赞扬如来的一切种智，无不与微妙的佛法相应。这种种供养具，都胜过诸天的供养。

这时，兜率天宫中，所有的妓乐音声歌咏赞叹炽然不息。因为佛陀神力的加持，使兜率天王的心中毫无动乱，往昔的善根都证得圆满，无量的善法也更加坚固，更增长清净的信心，并且生起大精进心，生起大欢喜心，以清净深远的心志意乐发起菩提心，相续不断地忆念佛法，总持佛法毫不忘失。

这时，兜率天王承受佛陀威神力的加持，忆念自己过去遭遇诸佛所种下的善根，而宣说以下的偈颂：

> 昔有如来无碍月，诸吉祥中最殊胜，
> 彼曾入此庄严殿，是故此处最吉祥。
> 昔有如来名广智，诸吉祥中最殊胜，
> 彼曾入此金色殿，是故此处最吉祥。
> 昔有如来名普眼，诸吉祥中最殊胜，
> 彼曾入此莲华殿，是故此处最吉祥。
> 昔有如来号珊瑚，诸吉祥中最殊胜，
> 彼曾入此宝藏殿，是故此处最吉祥。
> 昔有如来论师子，诸吉祥中最殊胜，
> 彼曾入此山王殿，是故此处最吉祥。
> 昔有如来名日照，诸吉祥中最殊胜，
> 彼曾入此众华殿，是故此处最吉祥。
> 昔有佛号无边光，诸吉祥中最殊胜，
> 彼曾入此树严殿，是故此处最吉祥。
> 昔有如来名法幢，诸吉祥中最殊胜，
> 彼曾入此宝宫殿，是故此处最吉祥。
> 昔有如来名智灯，诸吉祥中最殊胜，
> 彼曾入此香山殿，是故此处最吉祥。
> 昔有佛号功德光，诸吉祥中最殊胜，
> 彼曾入此摩尼殿，是故此处最吉祥。

好比这个世界的兜率天王，承受佛陀威神力，而以偈颂赞叹过去的诸佛；十方一切的世界当中，所有的兜率天王也都是如此的赞叹佛陀的功德。

这时，世尊在一切宝庄严殿的摩尼藏师子宝座上，双足结跏趺坐。他的法身清净，自在妙用，与三世诸佛都是同一境界；安住在一切智，与一切诸佛深入同一法性。佛眼明了，因此能毫无障碍地彻见一切诸法。他的威力广大，周游法界未尝休息。他的神通广大，哪里有需要教化的众生，他都能马上前往。他用一切诸佛的无碍庄严来庄严自身，能够掌握时节因缘而为大众说法。

不可说的菩萨大众，各从他方的种种国土前来会集。大众集会完全的清净，法身安住在无二的境界，没有任何的依止之处，而且能够自在现起佛身的妙行。

当佛安坐在宝座上，宫殿中自然出现无量无数特殊妙好、超过诸天所供养的宝具；这些供养宝具，有所谓的华鬘、衣服、涂香、末香、宝盖、幢幡、妓乐、歌赞。如此微妙的供养品，每一种都是不可称数计算的。

就像这个世界的兜率陀天，以广大心恭敬尊重供养佛陀；十方世界的一切兜率陀天，也都是如此供养。

【注释】

❶ 频婆帐：频婆，梵语 bimba，意译作"身影"，在帐上刺绣种种身的形状，称为"频婆帐"。又，频婆为赤色的果之名，此帐的色彩像此果色，故名之。

❷ 阿楼那：梵语 aruṇa，又音译为"阿卢那"，意为"红赤色"。

❸ 牟陀罗：意译作"锋鼓"，为三面之鼓。天上的奏乐中，最初所演奏者。

❹ 以下为十住菩萨。

❺ 阿迦尼吒：梵语 Akaniṣṭha，意译作"色究竟"。此天是色界十八天的最上天，为有形体之天处的究竟，又名"有顶天"。

❻ 萨婆若：梵语 sarvajña，意译作"一切种智"，就是诸佛究竟圆满果位的大智慧。

兜率宫中偈赞品第二十四

卷第二十三

《兜率宫中偈赞品》导读

本品是第五会的第二品,内容结构与《须弥顶偈赞品》、《夜摩宫中偈赞品》相似。本品承上一品之后,由佛陀神力,十方有十大菩萨来集,化出宝座后以偈赞佛德,而相应于十回向法门。此会释尊是由两膝轮放光明照耀一切法界。

十大菩萨都是以幢为名,所居国土之佛也以幢为名。幢表五义:高出义、建立义、归向义、摧伏义、灭怖义。佛若同名为幢,表十回向之智。

首先金刚幢菩萨说偈道:

> 如来不出世,亦无有涅槃,以本大愿力,示现自在法。
> 是法难思议,非心所行处,智慧到彼岸,乃见诸佛境。

如来已出世,也已涅槃,为何如来不出世亦无涅槃?这甚深的不可思议法,是唯有般若波罗蜜才能知道的。所以色身、音声皆非佛,但却可依此见佛之神通境界。因此不能以色身见如来,以音声求如来,否则则为邪道,不能见真实如来法身。

第四位光明幢菩萨则说佛身幻化道:

> 譬如一心力,能生种种心,如是一佛身,普现一切佛。
> 菩提无二法,亦复无诸相,而于二法中,现相庄严身。

以心的种种变化功能作比喻，来说明佛陀能分身十方无量世界。但佛陀示现一切身却是自然而现的，这是由正觉所成之故，即菩提正觉虽无相无二，却能显现种种的庄严。

卷第二十三
兜率宫中偈赞品第二十四

【原典】

　　尔时，佛神力故，十方各有一大菩萨，一一各与万佛刹微尘数诸菩萨俱，从万佛刹微尘数国土外诸世界中，来诣佛所。其名曰金刚幢菩萨、坚固幢菩萨、勇猛幢菩萨、光明幢菩萨、智幢菩萨、宝幢菩萨、精进幢菩萨、离垢幢菩萨、星宿幢菩萨、法幢菩萨。所从来国，谓妙宝世界、妙乐世界、妙银世界、妙金世界、妙摩尼世界、妙金刚世界、妙波头摩世界、妙优钵罗世界、妙栴檀世界、妙香世界。各于佛所，净修梵行，所谓无尽幢佛、风幢佛、解脱幢佛、威仪幢佛、明相幢佛、常幢佛、最胜幢佛、自在幢佛、梵幢佛、观察幢佛。其诸菩萨，至佛所已，顶礼佛足。以佛神力，即化作妙宝藏师子之座，宝网弥覆，周匝遍满。诸菩萨众，随所来方，各于其上结跏趺坐。其身悉放百千亿那由他阿僧祇清净光明，此无量光皆从菩萨清净心宝离众过恶大愿所起，显示一切诸佛自在清净之法。以诸菩萨平等愿❶力，能普救护一切众生。一切世间之所乐见，见者不虚，悉得调伏。其菩萨众悉已成就无量功德，所谓遍游一切诸佛国土无所障碍，见无依止清净法身，以智慧身现无量身，遍往十方承事诸佛，入于诸佛无量无边不可思议自在之法，住于无量一切智门。以智光明善了诸法，于诸法中得无所畏，随所演说，穷未来际，辩才无尽。以大智慧开总持门，慧眼清净入深法界，智慧境界无有边际，究竟清净犹若虚空。如此世界兜率天宫诸菩萨众如是来集，十方一切兜率天宫，悉有如是名号菩萨而来集会，所从来国、诸佛名号，亦皆同等，无有差别。

尔时，世尊从两膝轮，放百千亿那由他光明，普照十方尽法界、虚空界、一切世界。彼诸菩萨皆见于此佛神变相，此诸菩萨亦见于彼一切如来神变之相。如是菩萨皆与毗卢遮那如来于往昔时同种善根，修菩萨行，悉已悟入诸佛自在甚深解脱，得无差别法界之身，入一切土而无所住，见无量佛，悉往承事。于一念中，周行法界自在无碍，心意清净如无价宝。无量无数诸佛如来，常加护念，共与其力，到于究竟第一彼岸，恒以净念住无上觉，念念恒入一切智处。以小入大，以大入小，皆得自在，通达无碍。已得佛身，与佛同住，获一切智，从一切智而生其身，一切如来所行之处，悉能随入。开阐无量智慧法门，到金刚幢大智彼岸，获金刚定，断诸疑惑。已得诸佛自在神通，普于一切十方国土，教化调伏百千万亿无数众生，于一切数虽无所著，善能修学成就究竟方便，安立一切诸法。如是等百千亿那由他不可说无尽清净三世一切无量功德藏诸菩萨众，皆来集会，在于佛所，因光所见，一切佛所，悉亦如是。

尔时，金刚幢菩萨承佛神力，普观十方，而说颂言：

如来不出世，亦无有涅槃，以本大愿力，示现自在法。
是法难思议，非心所行处，智慧到彼岸，乃见诸佛境。
色身非是佛，音声亦复然，亦不离色声，见佛神通力。
少智不能知，诸佛实境界，久修清净业，于此乃能了。
正觉无来处，去亦无所从，清净妙色身，神力故显现。
无量世界中，示现如来身，广说微妙法，其心无所著。
智慧无边际，了达一切法，普入于法界，示现自在力。
众生及诸法，了达皆无碍，普现众色像，遍于一切刹。
欲求一切智，速成无上觉，应以净妙心，修习菩提行。
若有见如来，如是威神力，当于最胜尊，供养勿生疑。

尔时，坚固幢菩萨承佛神力，普观十方，而说颂言：

如来胜无比，甚深不可说，出过言语道，清净如虚空。
汝观人师子，自在神通力，已离于分别，而令分别见。
导师为开演，甚深微妙法，以是因缘故，现此无比身。
此是大智慧，诸佛所行处，若欲了知者，常应亲近佛。
意业常清净，供养诸如来，终无疲厌心，能入于佛道。
具无尽功德，坚住菩提心，以是疑网除，观佛无厌足。
通达一切法，是乃真佛子，此人能了知，诸佛自在力。
广大智所说，欲为诸法本，应起胜希望，志求无上觉。
若有尊敬佛，念报于佛恩，彼人终不离，一切诸佛住。
何有智慧人，于佛得见闻，不修清净愿，履佛所行道？

尔时，勇猛幢菩萨承佛神力，普观十方，而说颂言：

譬如明净眼，因日睹众色，净心亦复然，佛力见如来。
如以精进力，能尽海源底，智力亦如是，得见无量佛。
譬如良沃田，所种必滋长，如是净心地，出生诸佛法。
如人获宝藏，永离贫穷苦，菩萨得佛法，离垢心清净。
譬如伽陀药，能消一切毒，佛法亦如是，灭诸烦恼患。
真实善知识，如来所称赞，以彼威神故，得闻诸佛法。
设于无数劫，财宝施于佛，不知佛实相，此亦不名施。
无量众色相，庄严于佛身，非于色相中，而能见于佛。
如来等正觉，寂然恒不动，而能普现身，遍满十方界。
譬如虚空界，不生亦不灭，诸佛法如是，毕竟无生灭。

尔时，光明幢菩萨承佛神力，普观十方，而说颂言：

人间及天上，一切诸世界，普见于如来，清净妙色身。

譬如一心力，能生种种心，如是一佛身，普现一切佛。

菩提无二法，亦复无诸相，而于二法中，现相庄严身。

了法性空寂，如幻而生起，所行无有尽，导师如是现。

三世一切佛，法身悉清净，随其所应化，普现妙色身。

如来不念言，我作如是身，自然而示现，未尝起分别。

法界无差别，亦无所依止，而于世间中，示现无量身。

佛身非变化，亦复非非化，于无化法中，示有变化形。

正觉不可量，法界虚空等，深广无涯底，言语道悉绝。

如来善通达，一切处行道，法界众国土，所往皆无碍。

尔时，智幢菩萨承佛神力，普观十方，而说颂言：

若人能信受，一切智无碍，修习菩提行，其心不可量。

一切国土中，普现无量身，而身不在处，亦不住于法。

一一诸如来，神力示现身，不可思议劫，算数莫能尽。

三世诸众生，悉可知其数，如来所示现，其数不可得。

或时示一二，乃至无量身，普现十方刹，其实无二种。

譬如净满月，普现一切水，影像虽无量，本月未曾二。

如是无碍智，成就等正觉，普现一切刹，佛体亦无二。

非一亦非二，亦复非无量，随其所应化，示现无量身。

佛身非过去，亦复非未来，一念现出生，成道及涅槃。

如幻所作色，无生亦无起，佛身亦如是，示现无有生。

尔时，宝幢菩萨承佛神力，普观十方，而说颂言：

佛身无有量，能示有量身，随其所应睹，导师如是现。

佛身无处所，充满一切处，如空无边际，如是难思议。

非心所行处，心不于中起，诸佛境界中，毕竟无生灭。

如翳眼所睹，非内亦非外，世间见诸佛，应知亦如是。

饶益众生故，如来出世间，众生见有出，而实无兴世。

不可以国土，昼夜而见佛，岁月一刹那，当知悉如是。

众生如是说，某日佛成道，如来得菩提，实不系于日。

如来离分别，非世超诸数，三世诸导师，出现皆如是。

譬如净日轮，不与昏夜合，而说某日夜，诸佛法如是。

三世一切劫，不与如来合，而说三世佛，导师法如是。

尔时，精进幢菩萨承佛神力，普观十方，而说颂言：

一切诸导师，身同义亦然，普于十方刹，随应种种现。

汝观牟尼尊，所作甚奇特，充满于法界，一切悉无余。

佛身不在内，亦复不在外，神力故显现，导师法如是。

随诸众生类，先世所集业，如是种种身，示现各不同。

诸佛身如是，无量不可数，唯除大觉尊，无有能思议。

如以我难思，心业莫能取，佛难思亦尔，非心业所现。

如刹不可思，而见净庄严，佛难思亦尔，妙相无不现。

譬如一切法，众缘故生起，见佛亦复然，必假众善业。

譬如随意珠，能满众生心，诸佛法如是，悉满一切愿。

无量国土中，导师兴于世，随其愿力故，普应于十方。

尔时，离垢幢菩萨承佛神力，普观十方，而说颂言：

如来大智光，普净诸世间，世间既净已，开示诸佛法。

设有人欲见，众生数等佛，靡不应其心，而实无来处。

以佛为境界，专念而不息，此人得见佛，其数与心等。

成就白净法，具足诸功德，彼于一切智，专念心不舍。

导师为众生，如应演说法，随于可化处，普现最胜身。

佛身及世间，一切皆无我，悟此成正觉，复为众生说。

一切人师子，无量自在力，示现念等身，其身各不同。

世间如是身，诸佛身亦然，了知其自性，是则说名佛。

如来普知见，明了一切法，佛法及菩提，二俱不可得。

导师无来去，亦复无所住，远离诸颠倒，是名等正觉。

尔时，星宿幢菩萨承佛神力，普观十方，而说颂言：

如来无所住，普住一切刹，一切土皆往，一切处咸见。

佛随众生心，普现一切身，成道转法轮，及以般涅槃。

诸佛不思议，谁能思议佛？谁能见正觉？谁能现最胜？

一切法皆如，诸佛境亦然，乃至无一法，如中有生灭。

众生妄分别，是佛是世界；了达法性者，无佛无世界。

如来普现前，令众生信喜，佛体不可得，彼亦无所见。

若能于世间，远离一切著，无碍心欢喜，于法得开悟。

神力之所现，即此说名佛，三世一切时，求悉无所有。

若能如是知，心意及诸法，一切悉知见，疾得成如来。

言语中显示，一切佛自在，正觉超语言，假以语言说。

尔时，法幢菩萨承佛神力，普观十方，而说颂言：

宁可恒具受，一切世间苦，终不远如来，不睹自在力。

若有诸众生，未发菩提心，一得闻佛名，决定成菩提。

若有智慧人，一念发道心，必成无上尊，慎莫生疑惑。

如来自在力，无量劫难遇，若生一念信，速登无上道。

设于念念中，供养无量佛，未知真实法，不名为供养。

若闻如是法，诸佛从此生，虽经无量苦，不舍菩提行。

一闻大智慧，诸佛所入法，普于法界中，成三世导师。

虽尽未来际，遍游诸佛刹，不求此妙法，终不成菩提。

众生无始来，生死久流转，不了真实法，诸佛故兴世。

诸法不可坏，亦无能坏者，自在大光明，普示于世间。

注释

❶ "愿"，大正本原作"眼"，今依三本及宫本改之。

【白话语译】

这时，由于佛陀威神力的加持，十方世界各有一位大菩萨，同一万佛刹微尘数的大众，从一万佛刹微尘数国土外的各个世界前来参拜佛陀。他们的名号是金刚幢菩萨、坚固幢菩萨、勇猛幢菩萨、光明幢菩萨、智幢菩萨、宝幢菩萨、精进幢菩萨、离垢幢菩萨、星宿幢菩萨、法幢菩萨。他们各别是从妙宝世界、妙乐世界、妙银世界、妙金世界、妙摩尼世界、妙金刚世界、妙波头摩世界、妙优钵罗世界、妙栴檀世界、妙香世界前来的。他们各自在自身世界中的佛陀所在，修行清净的梵行。这些佛陀就是无尽幢佛、风幢佛、解脱幢佛、威仪幢佛、明相幢佛、常幢佛、最胜幢佛、自在幢佛、梵幢佛、观察幢佛。

这些菩萨到了佛陀跟前，就五体投地顶礼佛陀的双足。因佛陀神力的加持，地上立即化现出无数的妙法藏师子宝座，宝座四周覆盖着宝网。众菩萨随着所前来的方向，在这些宝座上结跏趺端坐。他们的身体都放射出百千亿那由他阿僧祇的清净光明，这些无量光明都是从远离各种过恶的大愿力中生起，能够显示一切诸佛自在清净的大法。因为菩萨大众的平等愿力，能够普遍救护一切的众生，世间之人莫不乐见，见到的人都功不唐捐，能得到菩萨调伏教化。

这些菩萨众，都已经成就了无量的功德。这些功德就是遍游一切的诸佛国土没有任何障碍，见到没有任何依止的清净法身；用智慧的妙身，示现无量的色身，遍往十方世界承事供养诸佛；进入诸佛无量、无边、不可思议的自在大法，安住在无量的一切智慧之门，用智慧的光明善巧了知诸法；在诸法当中得证了无所畏惧的境界，随顺着所演说的佛法，穷尽未来际的时间，始终具足无尽的辩才；用智慧开启总持的法门，用清净的慧眼进入深奥的法界，智慧的境界没有任何的边际，究竟清净宛若虚空一般。

就像在这个世界当中的兜率天宫，所有的菩萨大众共同来集会一般；十方世界中的一切兜率天宫，也都有同样名号的菩萨参与集会，他们所来自的国土，以及国土中诸佛名号，也都与此处相同，没有任何的差别。

这时，佛陀世尊从两脚的膝轮上，散射百千亿那由他种的光明，普遍明照着十方穷尽法界、虚空界的一切世界。其他世界的菩萨众，都看见了这个世界佛陀神通变化的妙相；这个世界的菩萨众，也见到了其他世界一切诸佛如来神通变化的妙相。

其实这些菩萨，在过去都与毗卢遮那如来种下善根，不仅勤修菩萨的胜行，而且也都已悟入了诸佛自在甚深的解脱，得证了无差别的法界妙色身，进入一切的国土而没有染着。他们能前往承事供养无量的佛陀。他们在一念当中，能够自在无碍普遍周行所有法界。他们的心意完全清净，就宛如无价的珍宝一样名贵。无量无数的诸佛如来，时常加持护念他们，赐与力量，使他们达到究竟圆满的彼岸。他们常以清净的心念，安住在无上的正觉，念念都能进入一切智慧之处。他们能以神通变化，从小入大，从大入小，都完全自在无碍。

这些菩萨众，已经证得佛陀的妙色身，与佛陀共同安住。他们获证了一切智，而且从一切智当中出生妙身。他们也能自在随顺趣入一切如来周行的处所。并且阐扬无量的智慧法门，到达金刚幢大智慧的解脱彼岸，获证金刚大定，断除所有疑惑。他们已经得证诸佛的自在神通，因此能普遍在一切十方国土，教化调伏百千万亿的无数众生。他们虽毫不执着一切的数量知识，但却能善巧勤修学习，成就究竟的方便，而且安立一切的诸法。

这些成就了无量功德宝藏的诸菩萨，都来到佛陀跟前集会。因为佛陀的光明普照，因此他们也能看见十方世界一切诸佛所在，彼方也示现相同的菩萨众会。

这时，金刚幢菩萨承着佛陀威神力的加持，普遍观照十方世界，而宣说偈颂：

> 如来不出于世，亦无有谓涅槃，
>
> 以根本大愿力，示现大自在法。
>
> 是法难可思议，非心之所行处，

智慧到于彼岸，乃见诸佛境界。

色身非是佛陀，音声亦复皆然，

亦不离于色声，见佛大神通力。

少智不能了知，诸佛真实境界，

久修清净业行，于此乃能了知。

正觉无有来处，去亦无所从去，

清净微妙色身，以神力故显现。

无量世界之中，示现如来妙身，

广说微妙大法，其心无所染着。

智慧无有边际，了达一切诸法，

普入于法界中，示现自在威力。

众生以及诸法，了达皆无障碍，

普现各种色相，遍于一切刹土。

欲求一切智慧，速成无上正觉，

应以清净妙心，修习菩提妙行。

若有亲见如来，如是大威神力，

当于最胜至尊，供养心勿生疑。

这时，坚固幢菩萨承着佛陀威神力的加持，普遍观照十方世界，而宣说偈颂：

如来殊胜无比，其深不可言说，

出过言语之道，清净宛如虚空。

汝观人中师子，自在大神通力，

已远离于分别，而令分别见之。

导师为彼开演，甚深微妙大法，

以是因缘之故，现此无比妙身。

此是广大智慧，诸佛所行之处，

若有欲了知者，常应亲近佛陀。

意业恒常清净，供养诸佛如来，

终无疲厌之心，能趣入于佛道。

具足无尽功德，坚住大菩提心，

以是疑网皆除，观佛无有厌足。

能通达一切法，如是乃真佛子，

此人实能了知，诸佛大自在力。

广大智慧所说，志欲为诸法本，

应起殊胜希望，志求无上正觉。

若有尊敬佛陀，忆念报于佛恩，

彼人终不远离，一切诸佛住处。

何有智慧之人，于佛能得见闻，

而不修清净愿，履佛所行大道？

这时，勇猛菩萨承着佛陀威神力的加持，普遍观察十方世界，而宣说偈颂：

譬如光明清净眼，因日能睹众色相，

清净心念亦复然，佛力乃能见如来。

如以勇猛精进力，能尽法海穷源底，

广大智力亦如是，得见无量佛如来。

譬如良善美沃田，所种必定得滋长，

如是清净之心地，乃能出生诸佛法。

如人能获大宝藏，永远离于贫穷苦，

菩萨如是得佛法，离垢心净得清净。

譬如阿伽陀仙药，乃能消除一切毒，

佛法亦复为如是，能灭一切烦恼患。

究竟真实善知识，为佛如来所称赞，

以彼广大威神故，得闻一切诸佛法。
假设能于无数劫，财宝布施于佛陀，
不知佛陀真实相，此亦不名真布施。
无量所有众色相，微妙庄严于佛身，
非于色相当中求，而能亲见于佛陀。
诸佛如来等正觉，寂然恒住常不动，
而能普遍示现身，周遍满于十方界。
譬如法界虚空界，本然不生亦不灭，
诸佛妙法亦如是，毕竟现前无生灭。

这时，光明幢菩萨承着佛陀威神力的加持，普遍观察十方世界，而宣说偈颂：

人间以及天上，一切诸世界中，
普见于佛如来，清净微妙色身。
譬如一心之力，能生种种心念，
如是一佛之身，普现一切诸佛。
菩提无二妙法，亦复无有诸相，
而于二法之中，现相大庄严身。
了法体性空寂，如幻因而生起，
所行无有穷尽，导师如是示现。
三世一切诸佛，法身悉皆清净，
随其之所应化，普现微妙色身。
如来从不念言："我作如是之身。"
自然而为示现，未尝起于分别。
法界本无差别，亦无有所依止，
而于世间当中，示现无量色身。
佛身为非变化，亦复非非变化，

于无变化法中，示有变化身形。

正觉不可测量，法界等同虚空，

深广无有涯底，言语道悉断绝。

如来善巧通达，一切处所行道，

法界一切国土，所住皆无障碍。

这时，智幢菩萨承着佛陀威神力的加持，普遍观照十方世界，而宣说偈颂：

若人心能信受，一切智慧无碍，

修习大菩提行，其心不可限量。

一切国土之中，普现无量妙身，

而身不在其处，亦不住于法中。

一一诸佛如来，神力示现妙身，

不可思议时劫，算数莫能尽计。

三世一切众生，悉可了知其数，

如来之所示现，其数不可得数。

或时示现一二，乃至无量色身，

普现十方佛刹，其实无有二种。

譬如清净满月，普现一切水中，

影像虽现无量，本月未曾有二。

如是无碍智慧，成就正等正觉，

普现一切刹土，佛体亦无有二。

非一亦非为二，亦复非无量数，

随其所应教化，示现无量色身。

佛身本非过去，亦复非为未来，

一念示现出生，成道以及涅槃。

如幻所作众色，无生亦无有起，

佛身亦复如是，示现本无有生。

这时，宝幢菩萨承着佛陀威神力的加持，普遍观照十方世界，而宣说偈颂：

佛身无有限量，能示有量之身，
随其所应睹见，导师如是示现。
佛身本无处所，能充满一切处，
如空亦无边际，如是难可思议。
非心所行之处，心不于中现起，
诸佛境界之中，毕竟本无生灭。
如翳眼所睹见，非内亦非于外，
世间见诸佛陀，应知亦复如是。
饶益众生之故，如来出现世间，
众生见有出兴，而实无兴世间。
不可以佛国土，昼夜而见佛陀，
岁月一刹那中，当知皆悉如是。
众生如是宣说："某日佛陀成道。"
如来证得菩提，实不系于日时。
如来离于分别，非世超越诸数，
三世人天导师，出现皆复如是。
譬如清净日轮，不与昏夜相合，
而说某日某夜，诸佛法亦如是。
三世一切时劫，不与如来合一，
而说三世诸佛，导师法亦如是。

这时，精进幢菩萨承着佛陀威神力的加持，普遍观照十方世界，而宣说偈颂：

一切诸佛导师，身同义亦复然，
普于十方佛刹，随应种种示现。
汝观牟尼至尊，所作甚为奇特，
充满遍于法界，一切皆悉无余。
佛身不在于内，亦复不在于外，
神力故而显现，导师法复如是。
随诸众生之类，先世所集诸业，
如是种种身相，示现各有不同。
诸佛身亦如是，无量不可计数，
唯除大觉至尊，无有能思议者。
如以我为难思，心业莫能执取，
佛陀难思亦尔，非心业所示现。
如刹不可思议，而见清净庄严，
佛陀难思亦尔，妙相无不示现。
譬如一切诸法，众因缘故生起，
见佛亦复皆然，必假众善业成。
譬如随意宝珠，能满足众生心，
诸佛法亦如是，悉满一切众愿。
无量国土之中，导师出兴于世，
随其愿力之故，普应满于十方。

这时，离垢幢菩萨承着佛陀威神力的加持，普遍观照十方世界，而宣说偈颂：

如来广大智慧光，普遍清净诸世间，
世间既已清净毕，开示一切诸佛法。
假设有人欲亲见，众生数等诸佛陀，
靡不相应于其心，而实无有去来处。

若以诸佛为境界，专念一志而不息，
此人必定得见佛，诸佛其数与心等。
成就洁白清净法，具足一切诸功德，
彼于法中一切智，专念于心不暂舍。
诸佛导师为众生，如其相应演说法，
随于一切可化处，普现最殊胜妙身。
佛身以及诸世间，一切实相皆无我，
悟此成就等正觉，复为众生而宣说。
一切人中大师子，无量自在大威力，
示现与念相等身，其身各示现不同。
世间如是一切身，诸佛妙身亦复然，
了知诸身其自性，是则说名为佛陀。
诸佛如来普知见，明了所有一切法，
佛法以及大菩提，二俱本然不可得。
诸佛导师无来去，亦复性空无所住，
远离一切诸颠倒，是则名为等正觉。

这时，星宿幢菩萨承着佛陀威神力的加持，普遍观照十方世界，而宣说偈颂：

如来本无所住，普往一切刹土，
一切土皆往诣，一切处咸亲见。
佛随众生之心，普现一切色身，
成道转大法轮，及以示般涅槃。
诸佛不可思议，谁能思议佛陀？
谁能见等正觉？谁能示现最胜？
一切于尔皆如，诸佛境界亦然，
乃至无有一法，如中而有生灭。

众生妄加分别，是佛或是世界；

了达法性之人，无佛亦无世界。

如来普现在前，令众心生信喜，

佛体本不可得，彼亦复无所见。

若有能于世间，远离一切执着，

无碍心生欢喜，于法而得开悟。

神力之所示现，即此说名为佛，

三世一切时中，求悉本无所有。

若能如是知见，心意以及诸法，

一切悉能知见，疾得成就如来。

言语之中显示，一切诸佛自在，

正觉超于语言，假以语言宣说。

这时，法幢菩萨承着佛陀威神力的加持，普遍观照十方世界，而宣说偈颂：

宁可永恒具受，一切世间苦恼，

终不远离如来，而不睹自在力。

若有诸般众生，未发大菩提心，

一得闻佛名称，决定得成菩提。

若有智慧之人，一念而发道心，

必成无上至尊，慎莫心生疑惑。

如来自在威力，无量时劫难遇，

若生一念信心，速登无上佛道。

设于念念之中，供养无量诸佛，

未了知真实法，不能名为供养。

若闻如是妙法，诸佛从此出生，

虽经无量苦恼，不舍菩提胜行。

一闻广大智慧，诸佛所趣入法，
普于法界之中，圆成三世导师。
虽尽于未来际，遍游诸佛刹土，
不能求此妙法，终不成就菩提。
众生无始以来，生死恒久流转，
不了真实佛法，诸佛故而兴世。
诸法不可败坏，亦无能败坏者，
自在广大光明，普示于诸世间。

十回向品第二十五

卷第二十三（续）
《十回向品》导读

　　本品是第五会"兜率天宫会"的主体，阐扬菩萨十种回向大行，此十回向为十住、十行、十回向三贤之本，修此十种回向圆满则进入地上的圣位。本品品名据梵本及晋译《六十华严》，都是"金刚幢菩萨十回向品"，这是同时举出说法者和所说法的缘故。本品的卷帙相当庞大，在《华严经》中仅次于"入法界品"，共有十卷半左右。

　　回向的意义，是回转自己所修的种种万行，趣向于三处：菩提、众生、法性实际。简单说有三种回向，即菩萨回向、众生回向、实际回向。广说有十义：一，回自向他；二，回少向多；三，回自因行向他因行；四，回因向果；五，回劣向胜；六，回比向证；七，回事向理；八，回差别行向圆融行；九，回世向出世；十，回顺理事行向理所成事。

　　本品由金刚幢菩萨来宣说菩萨的十种回向。首先金刚幢菩萨入菩萨智光三昧（晋译作"明智三昧"），十方诸佛摩顶后便宣说十种回向。这十种回向是充满法界不可思议的大愿，普能救护一切的众生，即：

　　一，救护一切众生离众生相回向。菩萨以自己所修一切善根回向一切众生，使其远离众苦而得究竟清净。

　　二，不坏回向。于佛、法、僧及一切善法得不坏净信而回向于一切智，成熟众生，供养诸佛，与真如法性相应。

　　三，等一切诸佛回向。随顺诸佛之回向而修持，更以此善根回向诸佛、回向菩萨、回向一切众生。

　　四，至一切处回向。以所修善根功德之力到达一切处，如真如法性无所不遍，一切善根皆悉回向。如此便能护持佛种，成熟众生，严净国土，于一毛孔普入一切世界。

五，无尽功德藏回向。于一切善根皆随喜而回向庄严一切佛土，随顺诸大菩萨充满其中利益众生。住此回向则成就无比色相庄严，而得十种无尽藏，即见佛、入法、忆持、决定慧、解义趣、无边悟解、福德、勇猛智觉、决定辩才、十方无畏无尽藏。

六，入一切平等善根回向。此菩萨或当帝王而一切皆布施，以此善念而回向，愿一切众生皆得圆满普贤行愿根器，成就十方而现正觉，因此随顺佛住，为诸佛之所护念。

七，等随顺一切众生回向。以一切善根回向成众生功德藏，而拔一切众生出于生死，安住善法中。

八，真如回向。一切善根皆悉回向一切种智，证得无量清净法门，而能现正觉，说法无畏。

九，无着无缚解脱回向。尊重一切善根而回向，成就普贤平等无执之身、语、意业，以无着无缚之解脱心，住普贤行，成就普贤回向之地，成就自在神通。

十，入法界无量回向。以法施为首之善根回向转法轮无碍，善入一切法界而作种种无量之回向，如是成满普贤无量无边的菩萨行愿。

回向是非常重要的修行法门。巴呼特（Bharhut）佛塔石雕是现存最早的佛教石雕之一，其上显示，约公元前一、二世纪时，就有"功德回向给父母"之铭文，可以想见功德回向是一切菩萨行、一切普贤行的共同心声。

卷第二十三（续）
十回向品第二十五之一

【原典】

尔时，金刚幢菩萨承佛神力，入菩萨智光三昧。入是三昧已，十方各过十万佛刹微尘数世界外，有十万佛刹微尘数诸佛，皆同一号，号金刚幢，而现其前，咸称赞言："善哉！善哉！善男子！乃能入此菩萨智光三昧。善男子！此是十方各十万佛刹微尘数诸佛神力共加于汝，亦是毗卢遮那如来往昔愿力、威神之力，及由汝智慧清净故，诸菩萨善根增胜故，令汝入是三昧而演说法。为令诸菩萨得清净无畏故，具无碍辩才故，入无碍智地故，住一切智大心故，成就无尽善根故，满足无碍白法故，入于普门法界故，现一切佛神力故，前际念智不断故，得一切佛护持诸根故，以无量门广说众法故，闻悉解了受持不忘故，摄诸菩萨一切善根故，成办❷出世助道故，不断一切智智故，开发大愿故，解释实义故，了知法界故，令诸菩萨皆悉欢喜故，修一切佛平等善根故，护持一切如来种性故，所谓演说诸菩萨十回向。佛子！汝当承佛威神之力而演此法，得佛护念故，安住佛家故，增益出世功德故，得陀罗尼光明故，入无障碍佛法故，大光普照法界故，集无过失净法故，住广大智境界故，得无障碍法光故。"

尔时，诸佛即与金刚幢菩萨无量智慧，与无留碍辩，与分别句义善方便，与无碍法光明，与如来平等身，与无量差别净音声，与菩萨不思议善观察三昧，与不可沮坏一切善根回向智，与观察一切法成就巧方便，与一切处说一切法无断辩。何以故？入此三昧善根力故。

尔时，诸佛各以右手摩金刚幢菩萨顶。金刚幢菩萨得摩顶已，即从定起，告诸菩萨言："佛子！菩萨摩诃萨有不可思议大愿，充满法界，普能救护一切众生，所谓修学去、来、现在一切佛回向。佛子！菩萨摩诃萨回向有几种？佛子！菩萨摩诃萨回向有十种，三世诸佛咸共演说。何等为十？一者救护一切众生离众生相回向，二者不坏回向，三者等一切诸佛回向，四者至一切处回向，五者无尽功德藏回向，六者入一切平等善根回向，七者等随顺一切众生回向，八者真如相回向，九者无缚无著解脱回向，十者入法界无量回向。佛子！是为菩萨摩诃萨十种回向，过去、未来、现在诸佛，已说、当说、今说。

"佛子！云何为菩萨摩诃萨救护一切众生离众生相回向？佛子！此菩萨摩诃萨行檀波罗蜜，净尸波罗蜜，修羼提波罗蜜，起精进波罗蜜，入禅波罗蜜，住般若波罗蜜，大慈、大悲、大喜、大舍，修如是等无量善根。修善根时，作是念言：'愿此善根普能饶益一切众生，皆使清净至于究竟，永离地狱、饿鬼、畜生、阎罗王等无量苦恼。'菩萨摩诃萨种善根时，以己善根如是回向：'我当为一切众生作舍，令免一切诸苦事故；为一切众生作护，悉令解脱诸烦恼故；为一切众生作归，皆令得离诸怖畏故；为一切众生作趣，令得至于一切智故；为一切众生作安，令得究竟安隐处故；为一切众生作明，令得智光灭痴暗故；为一切众生作炬，破彼一切无明暗故；为一切众生作灯，令住究竟清净处故；为一切众生作导师，引其令入真实法故；为一切众生作大导师，与其无碍大智慧故。'

"佛子！菩萨摩诃萨以诸善根如是回向，平等饶益一切众生，究竟皆令得一切智。佛子！菩萨摩诃萨于非亲友守护回向，与其亲友等无差别。何以故？菩萨摩诃萨入一切法平等性故，不于众生而起一念非亲友想。设有众生于菩萨所起怨害心，菩萨亦以慈眼视之，终无恚怒，普为众生作善知识，演说正法，令其修习。譬如大海，一切众毒不能变坏。菩萨亦尔，一切愚蒙，无有智慧、不知恩德、嗔恨顽毒、骄慢自大、其心盲瞽、不识善法，如是等类诸恶众生，种种逼恼，无能动乱。譬如日天子出现世间，不以生盲不见故隐而不现。又复不以乾闼婆城、阿修罗手、阎浮提树、崇岩邃谷、尘雾烟云，如是等物之所覆障故隐而不现；亦复不以时节变改故隐而不现。菩萨摩诃萨亦复如是，有大福德，其心深广，正念观察，无有退屈。为欲究竟功德智慧，于上胜法心生志欲，法光普照，见一切义，于诸法门智慧自在，常为利益一切众生而修善法，曾不误起舍众生心。不以众生其性弊恶、邪见、嗔浊、难可调伏，便即弃舍，不修回向，但以菩萨大愿甲胄而自庄严，救护众生，恒无退转。不以众生不知报恩，退菩萨行，舍菩提道。不以凡愚共同一处，舍离一切如实善根。不以众生数起过恶难可忍受，而于彼所生疲厌心。何以故？譬如日天子，不但为一事故出现世间。菩萨摩诃萨亦复如是，不但为一众生故修诸善根，回向阿耨多罗三藐三菩提；普为救护一切众生故而修善根，回向阿耨多罗三藐三菩提。如是，不但为净一佛刹故，不但为信一佛故，不但为见一佛故，不但为了一法故，起大智愿，回向阿耨多罗三藐三菩提。为普净一切佛刹故，普信一切诸佛故，普承事供养一切诸佛故，普解一切佛法故，发起大愿，修诸善根，回向阿耨多罗三藐三菩提。

　　"佛子！菩萨摩诃萨以诸佛法而为所缘，起广大心、不退转心，无量劫中，修集希有难得心宝，与一切诸佛悉皆平等。菩萨如是观诸善根，信心清净，大悲坚固，以甚深心、欢喜心、清净心、最胜心、柔软心、慈悲心、怜愍心、摄护心、利益心、安乐心，普为众生真实回向，非但口言。佛子！菩萨摩诃萨以诸善根回向之时，作是念言：'以我善根，愿一切趣生、一切众生，皆得清净，功德圆满，不可沮坏，无有穷尽，常得尊重，正念不忘，获决定慧，具无量智，身、口、意业，一切功德，圆满庄严。'又作是念：'以此善根，令一切众生承事供养一切诸佛，无空过者。于诸佛所，净信不坏，听闻正法，断诸疑惑，忆持不忘，如说修行；于如来所，起恭敬心，身业清净，安住无量广大善根，永离贫穷，七财满足。于诸佛所，常随修学，成就无量胜妙善根，平等悟解，住一切智，以无碍眼等视众生。众相严身，无有玷缺，言音净妙，功德圆满，诸根调伏，十力成就，善心满足，无所依住。令一切众生普得佛乐，得无量住，住佛所住。'

"佛子！菩萨摩诃萨见诸众生，造作恶业，受诸重苦。以是障故，不见佛，不闻法，不识僧。便作是念：'我当于彼诸恶道中，代诸众生受种种苦，令其解脱。'菩萨如是受苦毒时，转更精勤，不舍、不避、不惊、不怖、不退、不怯，无有疲厌。何以故？如其所愿，决欲荷负一切众生令解脱故。菩萨尔时作是念言：'一切众生在生老病死诸苦难处，随业流转，邪见无智，丧诸善法，我应救之，令得出离。'又诸众生爱网所缠，痴盖所覆，染著诸有，随逐不舍，入苦笼槛，作魔业行，福智都尽，常怀疑惑，不见安隐处，不知出离道，在于生死轮转不息，诸苦淤泥恒所没溺。菩萨见已，起大悲心、大饶益心，欲令众生悉得解脱，以一切善根回向，以广大心回向，如三世菩萨所修回向，如《大回向经》所说回向，愿诸众生普得清净，究竟成就一切种智。复作是念：'我所修行，欲令众生皆悉得成无上智王，不为自身而求解脱，但为救济一切众生，令其咸得一切智心，度生死流，解脱众苦。'复作是念：'我当普为一切众生备受众苦，令其得出无量生死众苦大壑。我当普为一切众生，于一切世界一切恶趣中，尽未来劫，受一切苦，然常为众生勤修善根。何以故？我宁独受如是众苦，不令众生堕于地狱。我当于彼地狱、畜生、阎罗王等险难之处，以身为质，救赎一切恶道众生，令得解脱。'复作是念：'我愿保护一切众生，终不弃舍，所言诚实，无有虚妄。何以故？我为救度一切众生发菩提心，不为自身求无上道，亦不为求五欲境界及三有中种种乐故修菩提行。何以故？世间之乐无非是苦。众魔境界，愚人所贪，诸佛所诃，一切苦患因之而起。地狱、饿鬼及以畜生、阎罗王处，忿恚斗讼，更相毁辱。如是诸恶，皆因贪著五欲所致。耽著五欲，远离诸佛，障碍生天，何况得于阿耨多罗三藐三菩提！'菩萨如是观诸世间，贪少欲味，受无量苦，终不为彼五欲乐故，求无上菩提，修菩萨行；但为安乐一切众生，发心修习，成满大愿，断截众生诸苦罥索，令得解脱。

"佛子！菩萨摩诃萨复作是念：'我当以善根如是回向，令一切众生得究竟乐、利益乐、不受乐、寂静乐、无依乐、无动乐、无量乐、不舍不退乐、不灭乐、一切智乐。'复作是念：'我当与一切众生作调御师，作主兵臣，执大智炬，示安隐道，令离险难，以善方便俾知实义。又于生死海，作一切智善巧船师，度诸众生，使到彼岸。'佛子！菩萨摩诃萨以诸善根如是回向，所谓随宜救护一切众生，令出生死，承事供养一切诸佛，得无障碍一切智智，舍离众魔，远恶知识，亲近一切菩萨善友，灭诸过罪，成就净业，具足菩萨广大行愿、无量善根。

"佛子！菩萨摩诃萨以诸善根正回向已^❸，作如是念：'不以四天下众生多故，多日出现，但一日出，悉能普照一切众生。又，诸众生不以自身光明故，知有昼夜，游行观察，兴造诸业，皆由日天子出，成办斯事，然彼日轮但一无二。'菩萨摩诃萨亦复如是，修习善根回向之时，作是念言：'彼诸众生不能自救，何能救他？唯我一人，志独无侣，修习善根如是回向。所谓为欲广度一切众生故，普照一切众生故，示导一切众生故，开悟一切众生故，顾复一切众生故，摄受一切众生故，成就一切众生故，令一切众生欢喜故，令一切众生悦乐故，令一切众生断疑故。'

"佛子！菩萨摩诃萨复作是念：'我应如日，普照一切，不求恩报。众生有恶，悉能容受，终不以此而舍誓愿。不以一众生恶故，舍一切众生。但勤修习善根回向，普令众生皆得安乐。善根虽少，普摄众生，以欢喜心广大回向。若有善根，不欲饶益一切众生，不名回向。随一善根，普以众生而为所缘，乃名回向。安置众生于无所著法性回向，见众生自性不动不转回向，于回向无所依、无所取回向，不取善根相回向，不分别业报体性回向，不著五蕴相回向，不坏五蕴相回向，不取业回向，不求报回向，不染著因缘回向，不分别因缘所起回向，不著名称回向，不著处所回向，不著虚妄法回向，不著众生相、世界相、心意相回向，不起心颠倒、想颠倒、见颠倒回向，不著语言道回向，观一切法真实性回向，观一切众生平等相回向，以法界印印诸善根回向，观诸法离贪欲回向。解一切法无种植善根亦如是，观诸法无二、无生、无灭回向亦如是。以如是等善根回向，修行清净对治之法，所有善根皆悉随顺出世间法。不作二相，非即业修习一切智，非离业回向一切智，一切智非即是业，然不离业得一切智。以业如光影清净故，报亦如光影清净；报如光影清净故，一切智智亦如光影清净。

离我、我所一切动乱思惟分别，如是了知，以诸善根方便回向。'菩萨如是回向之时，度脱众生，常无休息，不住法相。虽知诸法无业无报，善能出生一切业报而无违诤，如是方便善修回向。菩萨摩诃萨如是回向时，离一切过，诸佛所赞。佛子！是为菩萨摩诃萨第一救护一切众生离众生相回向。"

尔时，金刚幢菩萨，观察十方一切众会暨于法界，入深句义，以无量心修习胜行，大悲普覆一切众生，不断三世诸如来种，入一切佛功德法藏，出生一切诸佛法身，善能分别诸众生心，知其所种善根成熟，住于法身，而为示现清净色身，承佛神力，即说颂言：

不思议劫修行道，精进坚固心无碍，为欲饶益群生类，常求诸佛功德法。

调御世间无等人，修治其意甚明洁，发心普救诸含识，彼能善入回向藏。

勇猛精进力具足，智慧聪达意清净，普救一切诸群生，其心堪忍不倾动。

心善安住无与等，意常清净大欢悦，如是为物勤修行，譬如大地普容受。

不为自身求快乐，但欲救护诸众生，如是发起大悲心，疾得入于无碍地。

十方一切诸世界，所有众生皆摄受，为救彼故善住心，如是修学诸回向。

修行布施大欣悦，护持净戒无所犯，勇猛精进心不动，回向如来一切智。

其心广大无边际，忍力安住不倾动，禅定甚深恒照了，智慧微妙难思议。

十方一切世界中，具足修治清净行，如是功德皆回向，为欲安乐诸含识。

大士勤修诸善业，无量无边不可数，如是悉以益众生，令住难思无上智。

普为一切众生故，不思议劫处地狱，如是曾无厌退心，勇猛决定常回向。

不求色声香与味，亦不希求诸妙触，但为救度诸群生，常求无上最胜智。

智慧清净如虚空，修习无边大士行，如佛所行诸行法，彼人如是常修学。

大士游行诸世界，悉能安隐诸群生，普使一切皆欢喜，修菩萨行无厌足。

除灭一切诸心毒，思惟修习最上智，不为自己求安乐，但愿众生得离苦。

此人回向得究竟，心常清净离众毒，三世如来所付嘱，住于无上大法城。

未曾染著于诸色，受想行识亦如是，其心永出于三有，所有功德尽回向。

佛所知见诸众生，尽皆摄取无有余，誓愿皆令得解脱，为彼修行大欢喜。

其心念念恒安住，智慧广大无与等，离痴正念常寂然，一切诸业皆清净。

彼诸菩萨处于世，不著内外一切法，如风无碍行于空，大士用心亦复然。

所有身业皆清净，一切语言无过失，心常归向于如来，能令诸佛悉欢喜。

十方无量诸国土，所有佛处皆往诣，于中睹见大悲尊，靡不恭敬而瞻奉。

心常清净离诸失，普入世间无所畏，已住如来无上道，复为三有大法池。

精勤观察一切法，随顺思惟有非有，如是趣于真实理，得入甚深无诤处。

　　以此修成坚固道，一切众生莫能坏，善能了达诸法性，普于三世无所著。

　　如是回向到彼岸，普使群生离众垢，永离一切诸所依，得入究竟无依处。

　　一切众生语言道，随其种类各差别，菩萨悉能分别说，而心无著无所碍。

　　菩萨如是修回向，功德方便不可说，能令十方世界中，一切诸佛皆称叹。

注释

❷ "办"，大正本原作"辨"，今依三本及宫本改之。

❸ "已"，大正本原作"己"，今依圣本改之。

【白话语译】

这时，金刚幢菩萨承着佛陀威神力的加持，进入菩萨的智光三昧。进入这个智慧光明三昧之后，十方世界各超过十万佛刹微尘数的世界之外，各有十万佛微尘数的诸佛，他们的名号都叫作金刚幢如来，他们一齐示现在金刚幢菩萨身前，共同称赞金刚幢菩萨说："善哉！善哉！善男子啊！只有你才能证入这个菩萨智光三昧。善男子啊！这是十方各有十万佛刹微尘数的诸佛神通威力所共有加持于你才有的境界，也是毗卢遮那如来往昔的大愿力与威神力，以及由于你自己清净的智慧，再加上菩萨众增胜善根，所以你才能证入这个三昧，演说大法。

"为了使所有的菩萨众得证清净与无畏，为了具足无碍辩才，为了证入无碍的智慧境地，为了安住在一切智的广大心境，为了成就无尽善根，为了满足没有障碍的清净白法，为了证入普门法界，为了示现一切诸佛神力，为了由前际而来的忆念智慧相续不断，为了得到一切佛陀护持诸根不坏，为了用无量门径广说众法，为了听闻之后能完全了解佛法受持不忘，为了摄受菩萨众的所有善根，为了成功地圆满出世之辅助道法，为了不断除一切智智，为了开发广大愿力，为了解释真实义理，为了了知法界实相，为了使菩萨众欢喜，为了修习一切诸佛的平等善根，为了护持一切如来的种性。为了以上种种的原因，你要演说的就是菩萨的十种回向❶法门。

"佛子啊！你应当承受佛陀威神力的加持，以演说这个大法啊！这都是为了得到诸佛陀护念，为了安住在佛家，为了增益出世功德，为了得证陀罗尼光明，为了进入无碍佛法，为了使大光明普照所有法界，为了聚集无过失的清净法，为了安住在广大智慧的境界，为了得证无障碍的智慧光明。"

这时，诸佛即刻持金刚幢菩萨无量的智慧，加持毫不留滞障碍的辩才，加持分别文句义理的善巧方便，加持无障碍的智慧光明，加持如来的平等法身，加持能够示现无量种种差别的清净音声，加持菩萨不可思议的善巧观察三昧，加持不可毁坏的一切善根回向智慧，加持观察一切法成就的巧妙方便，加持在一切处所宣说一切法无间断的辩才。为何金刚幢菩萨能受诸佛加持呢？这是因为他证入智光三昧所具备的善根力量啊！

这时，诸佛各用右手抚摩金刚幢菩萨的头顶。金刚幢菩萨得到诸佛的摩顶之后，就从三昧大定中起身，告诉菩萨大众："佛子啊！菩萨摩诃萨有不可思议的广大愿力充满整个法界，能够普遍救护一切众生。这种广大愿力就是修学过去、未来、现在三世一切诸佛的回向。佛子啊！菩萨摩诃萨的回向到底有几种呢？佛子啊！菩萨摩诃萨的回向总共有十种，是过去、未来、现在三世诸佛共同演说的。这十种回向就是：一，救护一切的众生而远离众生相的回向；二，不坏灭的回向；三，等同一切诸佛的回向；四，至一切处的回向；五，无尽功德藏的回向；六，证入一切平等善根的回向；七，随顺一切众生的回向；八，真如相的回向；九，无缚无着解脱的回向；十，入法界无量的回向。佛子啊！以上这十种回向，是三世诸佛过去已宣说、未来当宣说、现在正宣说的大法。

"佛子啊！什么是菩萨摩诃萨救护一切众生而远离众生相的回向呢？

"佛子啊！菩萨摩诃萨修行布施波罗蜜、清净戒律波罗蜜、修习忍辱波罗蜜、生起精进波罗蜜、证入禅定波罗蜜、安住般若波罗蜜，用大慈、大悲、大喜、大舍的心境，勤修无量善根时，心里这样想：'希望这个善根能普遍饶益一切众生，使他们都能完全清净，达到究竟的境界，永远离开地狱、饿鬼、畜生、阎罗王等恶道境界与无量的苦恼。'

"菩萨摩诃萨种下善根时，以所得的善根如此回向众生：'我应当作众生的舍宅，保护他们，免除他们的苦恼；作众生的守护者，为他们解脱各种烦恼；作众生的依归，使他们完全远离各种恐怖畏惧；作众生趣止的方向，使他们能够到达无碍智慧的境界；作众生安住之处，使他们得到究竟的安稳处所；作众生的光明，使他们得到智慧光明，消灭愚痴黑暗；作一切众生的火炬，破除他们的无明黑暗；作众生的灯光，使他们安住究竟清净的处所；作众生的导师，引导他们进入真实法中；作众生的导师，给予他们无碍的智慧。'佛子啊！菩萨摩诃萨用各种善根如此回向众生，平等饶益一切众生，使他们都能证得佛智。

"佛子啊！菩萨摩诃萨对于非亲非友的守护与回向，与对自己亲友的守护与回向，是平等无差别的。为什么呢？因为菩萨摩诃萨已经证入了一切法平等体性，所以他对众生不会生起一念不是亲友的想法。假如有众生在菩萨的道场，心生一念怨恨伤害，菩萨仍然以慈悲心看待，不会嗔恚与忿怒。他能普遍作为众生的善知识❷，为他们演说正法，使他们修习佛法。

"就譬如大海一样，再多的毒素也不会败坏大海的水质。菩萨也是这样，他的心量无边，一切的恶念都无法撼动他如此不动的心境。所以一切愚痴迷蒙、无有智慧、不知报恩、嗔恨顽狠、骄慢自大、心智如盲、不识善法等各种恶性众生，他们的种种逼迫恼害，丝毫不会动摇菩萨的慈悲大心。

"更譬如大日天子出现世间的时候，不会因为生来就盲眼的人没有见到他，就隐没不出现；也不会因为有乾闼婆城、阿修罗手、阎浮提树、高山崇岩、幽深邃谷、尘埃大雾、迷烟云彩等事物障碍大地，而隐没不现；也不会因为时节气候的改变，而隐没不现。

"菩萨摩诃萨也是如此，他的福德广大，心量悠远深广，常常用正念观察世间，不曾退却屈服。他为了究竟圆满功德智慧，所以对于上胜的佛法，心里始终志求不断。因为佛法的光明普照，使他得见一切佛法要义，通达自在各种法门。

"菩萨时常为了利益众生而勤修善法，不曾生起任何舍弃众生的念头。他不会因为众生的秉性弊恶、邪见、嗔恚、愚痴、难以调伏，就舍弃众生，而不为他们修学回向。他只是以菩萨广大愿力的甲胄庄严自己，救护所有的众生永不退转。他不会因为众生不知报恩，就退失菩萨行，舍弃菩提道。他也不会因为与凡夫愚痴的人同处，就舍离了一切如实的善根。他不会因为众生常常生起过错与恶心，就难以忍受，而心生起疲厌。为什么呢？这就譬如大日天子，不会只为了一个因缘出现世间。菩萨摩诃萨也是如此，他不只是为了某个众生，而勤修各种善根以回向无上正等正觉；他是为了普遍救护所有众生，而勤修各种善根以回向无上正等正觉。菩萨也不只是为了清净某个佛刹，也不只是为了信奉某位佛陀，也不只是为了见到某位佛陀，也不只是为了某种法，而生起广大的智慧愿力，回向于无上正等正觉；而是为了普遍清净一切佛刹，为了普遍信奉一切诸佛，为了普遍承事供养一切诸佛，为了普遍解悟一切佛法，而发起广大愿力，修学各种善根，回向无上正等正觉。

"佛子啊！菩萨摩诃萨依恃各种佛法，生起广大心以及不退转心，在无量时劫，修习聚集稀有难得的心灵宝藏，与一切诸佛平等。菩萨如此的观察各种善根时，他的信心清净、悲心坚固。他用甚深的心、欢喜的心、清净的心、最胜的心、柔软的心、慈悲的心、怜悯的心、摄受爱护的心、利益的心、安乐的心，普为回向所有的众生，不是空口说说而已。

"佛子啊！菩萨摩诃萨用所有的善根回向时，心中如此念着：'但愿我的善根，能够清净各趣各类的众生，并证得圆满的功德，永远不会沮败毁坏，也没有穷尽的时候；能够受大众的尊重，忆持正念不忘；获得决定的智慧，具备无量的智力；所有的身、口、意三业，都圆满庄严。'

"他又心生此念：'我愿用这个善根，使众生能承事、供养一切诸佛，没有空过不供养的；能在诸佛净土，生起清净的信心从不毁坏；能听闻正法，断除各种疑惑，忆念总持而不忘失，心口如一地实践修行；能对如来心生恭敬，以清净的身业，安住在无量广大的善根中；永远离开贫穷，圆满具足信、戒、惭、愧、多闻、舍离、慧等七财；能在诸佛所在，时常随从修学，成就无量殊胜微妙的善根；能平等悟解佛法，安住一切智中，用无碍的智慧法眼平等视察众生；能以各种妙相庄严自身，没有任何的缺失；语音清净微妙，功德具足圆满，诸根调伏柔软，具足佛陀十力，善心得以满足，没有任何的依住与染着。希望一切的众生，普遍获得佛陀的安乐，得到无量的清净安住，住于佛所安住的境界。'

"佛子啊！菩萨摩诃萨看到众生，因为造作各种恶业，而遭受各种苦痛，不能见到佛陀，不能听闻法要，不能认识僧众。菩萨的心中便作此念：'我应当在这些恶道当中，代替所有众生接受这些痛苦，使他们解脱。'当菩萨代受种种苦毒的时候，他更加精进勤修，不舍弃、不躲避、不惊恐、不怖畏、不退却、不怯懦，毫不疲倦厌弃。为什么呢？因为这正是菩萨一心祈求的，决心负起众生的痛苦，使众生解脱。

"菩萨这时心想：'一切的众生在生、老、病、死的各种苦难中，随着业力的流转，心生邪见与无明，丧失各种善法。我应当救度他们，使他们出离这些苦难。'

"而且众生又受着爱欲之网的纠缠，被愚痴所覆盖，染着各种存有的现象，穷随追逐不肯舍弃，苦痛不已，造作诸魔业行，福德与智慧几乎丧亡，心中猜疑不断，不能找着安稳的处所，也不知道出离的道路，在生死当中轮转不息，被各种痛苦淹没沉溺。菩萨为了使众生解脱，便生起了大悲心、大饶益心，愿用一切的善根回向，用广大的菩提心回向，如三世菩萨所修的回向一样，也如《大回向经》中所说的回向一样，希望众生能够普遍得证清净，究竟圆满一切种智。

"菩萨接着又生起此念：'我所有的修行，都是为了使众生能证得佛智，成为无上的智慧法王，不是为了自身而祈求解脱；都是为了救济一切众生，使他们都能证得一切智心，度过生死之流，解脱各种苦痛。'

"菩萨又作此念：'我应当为一切的众生来接受各种痛苦，使他们出离无量的生死与各种病苦的深坑。我应当穷尽未来时劫，普遍为众生在一切世界的所有恶趣恶道中，接受一切痛苦，常为众生勤修善根。为什么呢？因为我宁愿单独承受这些痛苦，也不愿众生堕入地狱恶趣。我应当在这地狱、畜生、阎罗王等恶趣险难的处所，质押自己的身体，救赎一切身处恶道的众生，使他们解脱。'

"菩萨又作此念：'我愿意保护一切众生，永远都不舍弃他们，我说的句句实在，没有任何的虚妄。为什么呢？因为我是为了救度一切众生而发起菩提心，不是为了自身才祈求无上道。我也不是为了要求得五欲的享乐境界，以及为了欲界、色界、无色界三有中存在的种种享乐而修习菩提行。为什么呢？因为世间的快乐无非是痛苦而已，不是绝对真实的快乐。所谓的快乐，不过是众魔的境界，但是愚人却贪着无厌，这是诸佛所呵斥的，一切的苦难正是因此而起。所有的地狱、饿鬼、畜生、阎罗王等恶趣之处，以及忿怒嗔恚、斗争缠讼、互相的诋毁与侮辱，这种种的过恶，都是因为贪着五欲的快乐所引起的。耽溺在五欲当中，只会远离诸佛，障碍生天，更障碍证得无上正等正觉。'

"菩萨如此观察世人，为了贪着少许的欲望，结果却引来无量的痛苦。所以菩萨不会为了五欲享乐，而修习菩萨行，求证无上菩提。菩萨只会为了安乐一切众生，才发心修习，圆满广大愿力，断除众生痛苦的绊索，使众生解脱。

"佛子啊！菩萨摩诃萨又作此念：'我应当用善根如此回向，使一切的众生证得究竟的喜乐、利益的喜乐、不受染着的喜乐、寂静的喜乐、无依的喜乐、无动的喜乐、无量的喜乐、不舍不退的喜乐、不灭的喜乐、一切智的喜乐。'又作此念：'我应当作众生的调御导师，作带领众生与魔对抗的主兵大臣。我应当擎起智慧的火炬，指示安稳的大道，使他们离开危险与急难，用善巧方便使他们知晓实相的义理。在生死的大海中，作智慧善巧的船师，救度所有的众生，使他们度过生死的大海，到达涅槃安乐的彼岸。'

"佛子啊！菩萨摩诃萨用各种善根如此回向：'愿我能随顺时宜因缘，救护一切众生，使他们逃出生死大海，承事供养一切诸佛，得证毫无障碍的一切智智，舍离所有的众魔，远离一切的恶知识，亲近一切的菩萨善友，灭除各种的过错与罪业，成就清净的净业，具足菩萨的广大行愿与无量善根。'

"佛子啊！菩萨摩诃萨用各种善根回向之后，心中如此思索：'这个世界不会因为四天下的众生数量不可胜数，而出现许多太阳；因为只要有一个太阳出现，就能够普照所有的人了。而且，众生不是靠着自身的光明，而知道有昼有夜，有所行动与观察，或造作各种业行，这实在是因为大日天子的出现明照，才能完成这些事情，但是太阳只要一个就够了。'

"菩萨摩诃萨也是这样，当他修习聚集善根回向的时候，心中如此思索：'这些众生连自救都成问题，怎能救护他人呢？现在只有我一人能修习聚集善根，发起如此回向。我的所作所为，都是为了广度众生，为了普照众生，为了引导众生，为了开悟众生，为了眷顾众生，为了摄受众生，为了成就众生，为了使众生欢喜，为了使众生快乐，为了使众生断除疑惑。'

"佛子啊！菩萨摩诃萨又生起此念：'我应当如同太阳一般普照一切，而不希求回报。假如众生有过恶的话，我不仅能够完全容受，而且更不会因此舍弃我的大愿。我不会因为某个众生十分凶恶，而舍弃一切的众生。我只是不断的精勤修习回向善根，希望众生都能得到安乐。我的善根虽然微薄，但我还是要普遍摄受众生，用欢喜心广大回向。如果我因为自己只有一点善根，而不饶益众生，就不能名为回向。随顺每一分善根，普遍以众生为所缘的回向对象，才能够名为回向。我在回向时，应当将众生安置在没有执着的法性，彻见众生的自性而不倾动、不转变，不依止与取着于任何回向，不执取善根相，不分别业报体性，不执着五蕴相，不败坏五蕴相，不执取业力，不希求回报，不染着因缘，不分别何种因缘所起，不执着名称，不执着处所，不执着于虚妄之法，不染着众生相、世界相与心意相，不生起心颠倒、想颠倒、见颠倒，不执着于语言之道，观察一切法真实性，观察一切众生平等相，用法界印印证各种善根，观察诸法远离贪欲。并且了解一切法是性空，种植善根也是性空；观察诸法无二、无生、无灭，所有的回向也是无二、无生、无灭。用如此的种种善根回向，修行清净的对治法门，所有的善根都完全随顺出世间的法要，不造作相对的二相❸。不在业行上修习一切智，也不离开业行而回向一切智，一切智虽非我们的业行，然而我们却不能离开业行而证得一切智。假如业行如光影般清净的话，所受的果报也会如光影般清净；假如所受的果报像光影般清净的话，一切智智也会宛如光影般清净。远离我与我所执着的一切动乱与思惟分别，在了解到这个之后，就能用各种善根方便来回向。'

"菩萨如此回向的时候，为了救度众生不曾休息，但却不住于法相。他虽然知道诸法是无业力、无受报的，但却能够善巧地出生一切业报，而不违背法性。他以如此的方便善巧来修学回向。菩萨摩诃萨如此回向时，远离一切的过患，诸佛都对此赞叹不已。

"佛子啊！以上是菩萨摩诃萨的第一种回向——救护一切众生而远离

众生相的回向。"

这时，金刚幢菩萨观察十方世界中一切的大众集会，以及整个法界。他证入深奥的文句义理，以无量心修习伟大的菩萨胜行，用大悲心普遍覆盖众生，不曾断绝三世诸如来的种性。他证入一切诸佛的功德法藏，出生一切诸佛的法身，能够善巧分别众生的心念，知道他们栽植善根的成熟状况，安住于法身而为他们示现清净的色身。这时，他承着佛陀神力的加持，而宣说如下的偈颂：

不思议劫修行佛道，精进坚固心无挂碍，

为欲饶益诸群生类，常求诸佛功德法要。

调御世间等无等人，修治其意甚深明洁，

发心普救诸生含识，彼能善入回向宝藏。

勇猛精进十力具足，智慧聪达意念清净，

普救一切诸群生类，其心堪忍而不倾动。

心善安住无与等比，意常清净生大欢悦，

如是为物精勤修行，譬如大地普能容受。

不为自身祈求快乐，但欲救护一切众生，

如是发起广大悲心，疾得入于无碍境地。

十方一切诸世界中，所有众生悉皆摄受，

为救彼故善住安心，如是修学一切回向。

修行布施生大欣悦，护持净戒无所犯失，

勇猛精进心不动摇，回向如来一切智慧。

其心广大无有边际，忍力安住而不倾动，

禅定甚深恒能照了，智慧微妙难可思议。

十方一切世界之中，具足修治清净妙行，

如是功德悉皆回向，为欲安乐有情含识。

大士精勤修诸善业，无量无边不可计数，

如是悉以饶益众生，令住难思无上智慧。

普为一切众生之故，不思议劫身处地狱，
如是曾无厌退之心，勇猛决定恒常回向。
不求色声香与味尘，亦不希求各种妙触，
但为救度一切群生，常求无上最胜智慧。
智慧清净宛如虚空，修习无边大行胜行，
如佛所行一切行法，彼人如是恒常修学。
大士游行所有世界，悉能安稳无量群生，
普使一切悉皆欢喜，修菩萨行无有厌足。
除灭一切诸种心毒，思惟修习最上智慧，
不为自己祈求安乐，但愿众生能得离苦。
此人回向已得究竟，心常清净离于众毒，
三世如来之所付嘱，住于无上广大法城。
未曾染着于诸外色，受想行识亦复如是，
其心永出离于三有，所有功德尽皆回向。
佛所知见一切众生，尽皆摄取无令有余，
誓愿皆令证得解脱，为彼修行广大欢喜。
其心念念恒能安住，智慧广大无与等比，
离痴正念恒常寂然，一切诸业皆悉清净。
彼诸菩萨处于世间，不着内外一切诸法，
如风无碍行于空中，大士用心亦复皆然。
所有身业悉皆清净，一切语言无有过失，
心常归向于佛如来，能令诸佛悉生欢喜。
十方无量诸佛国土，所有佛处悉皆往诣，
于中睹见大悲世尊，靡不恭敬而瞻奉养。
心常清净离诸过失，普入世间无所畏惧，
已住如来无上大道，复为三有大法湖池。
精勤观察一切诸法，随顺思惟有及非有，
如是趣于真实谛理，得入甚深无诤之处。

以此修成坚固大道，一切众生莫能沮坏，
善能了达诸法体性，普于三世无所染着。
如是回向到于彼岸，普使群生离于众垢，
永离一切诸所依止，得入究竟无依止处。
一切众生语言之道，随其种类各有差别，
菩萨悉能分别演说，而心无着亦无所碍。
菩萨如是修习回向，功德方便不可言说，
能令十方世界之中，一切诸佛悉皆称叹。

【注释】

❶ 回向：将自己所修的种种善根功德，全部向于众生，也向于佛道。

❷ 善知识：指对于我有增益，引导我趋于善道的朋友或师长。

❸ 二相：即入世、出世，若有、若无，若即、若离等，都称为二相。